국정감시자

국정감시자
여성 보좌관이 풀어낸 민생 해법 스토리

2021년 12월 15일 초판 인쇄
2021년 12월 20일 초판 발행

지은이 황훈영
펴낸이 이찬규
펴낸곳 북코리아
등록번호 제03-01240호
전화 02-704-7840
팩스 02-704-7848
이메일 ibookorea@naver.com
홈페이지 www.북코리아.kr
주소 13209 경기도 성남시 중원구 사기막골로 45번길 14
우림2차 A동 1007호
ISBN 978-89-6324-831-8 (03350)

값 19,000원

여성 보좌관이 풀어낸
민생 해법 스토리

국정감시자

황훈영 지음

북코리아

15년 선물 보따리

나는 1995년부터 정치부 기자로 국회를 드나들었다. 1999년부터 2003년까지 중국 베이징에서 모 언론사의 전문위원으로 활동한 기간을 빼면 20년 넘게 국회는 나의 일터였다. 국회에서 이슈를 국민들에게 전달하는 데 그치지 않고, 우리 사회가 가장 필요로 하는 의제(어젠다)를 입법화하는 작업에 힘을 쏟았다.

그러던 중 2004년 3월 초 내가 몸담고 있었던 언론사가 문을 닫았다. 기자가 알리고자 했던 사회적 의제를 담아낼 곳이 사라졌다. 그때 참새 방앗간처럼 드나들었던 모 국회의원실에서 나에게 보좌진을 제안했다. 사회적 의제를 직접 법안으로 만들고, 정부 부처에 정책제안을 할 수 있는 대박 기회였다. 그렇게 2004년 3월 31일 국회 별정직 공무원이 됐다. 국회의원과 운명을 같이하는 공익근무요원이 된 것이다.

남편은 국회의원 보좌진으로 일한다는 것에 대해 싸늘하게 반응했다. 사흘도 못 가서 그만둘 게 뻔하다고 했다. 나처럼 주장이 강한 사람은 국회의원 밑에서 일하기 힘들다는 것이었다. 틀린 말은 아니었다. 보좌관은 자신의 이름을 걸고 일하는 존재가 아니라, 국회의원의 의정활동을 보좌하는 최전선의 참모진이었기 때문이다. 그래서 보좌관을 국회의원의 그림자라고 불렀다.

남편의 우려에도 불구하고 15년 동안 국회의원 보좌관으로 일했다. 자기 절제가 필요한 직업이었다. 누구보다 보좌관이 갖춰야 할 덕목이 겸손이라는 걸 잘 알고 있었다. 공익 실현에 기여하고 있다는 자부심이 장수의 비결이었다. 국회의원의 의정활동을 보좌해서 얻는 선한 영향력이 나의 이름을 걸고 썼던 기사보다 훨씬 더 명예롭고 값지게 다가왔기 때문이다.

2006년부터 열다섯 번의 국정감사를 치러냈다. 국정감사에서 다루어졌던 모든 의제는 민생과 연결되어 있었다. 교도소에서 여성 수형자의 노동권과 아동 인권이 묵살되고 있음을 발견했다. 탈성매매를 돕고 있는 사회복지사들의 일터에서 국가가 불법 대부사업을 하는 현장을 목격했다. 전기원 노동자들의 파업 현장에서 전봇대 잔혹사의 비극을 들을 수 있었다. 난방료를 둘러싼 아파트 주민들 간의 불화 현장에서 정부의 직무유기를 발견했다.

지난 15년간 국책사업의 비리도 엄청나게 터져 나왔다. 수십조 원의 국부가 유출되고, 수천억 원의 혈세가 낭비되어 민생파탄을 초래했다. '에너지 빈국'이라는 약점을 이용해서 자원외교를 한답시고 수십조 원의 국부를 유출시킨 정권의 민낯을 보았다. 2009년 9월 11일 광역대정전을 계기로 정부가 실시한 에너지 절약 캠페인 이면에는 전력 마피아들의 음모가 숨어 있었다. 오보청으로 낙인찍힌 기상청은 쓸모없는 한국형수치모델 개발에 수천억 원을 쏟아붓고 있었다.

나는 15년간 여섯 명의 여성 국회의원을 보좌했다. 모두가 우리나라 여성운동의 선구자 역할을 해왔던 분들이었다. 그분들은 정치영역에서 기울어진 운동장을 바로 세우기 위해 여성할당제를 도입했고, 우리 사회 모든 분야에서 유리천장을 깨기 위해 노력했다. 여성상품화와 디지털 성폭력에 맞서 전쟁을 선포했다. 나는 이분들을 '성평등 전사'라고 불렀다. 성평등 전사들 곁에서 함께 걸을 수 있었다는 것에 감사했다.

국회의원의 보좌관으로 살아온 15년은 나의 인생에서 가장 큰 선물이었다. 선물을 받았을 때보다 누군가에게 줄 선물을 고르고 포장하는 그 시간이 가장 행복하다. 나에게 15년은 국민들과 함께 행복한 질서를 만들어갈 수 있었기에 값진 선물이었다. 공익실현이라는 대의가 무너지고 국회의원의 심기를 보좌하면서 자괴감이 들 때도 많았다. 자괴하는 시간이 길어지면 보좌관의 공적 업무는 빛을 발하지 못한다. 그때는 국회의 시간을 끝내야 한다.

내가 15년간 민생현장에서 찾아낸 소중한 의제를 책으로 엮은 이유는 단 하나다. 지금 이 시간에도 의원회관에서 민생도우미가 되고자 고군분투하고 있는 보좌진 후배들에게 선물 같은 선배가 되고 싶었기 때문이다.

15년의 선물 보따리를 후배들에게 바친다.

2021년 10월

만리재에서

목차

2부 관피아와의 전쟁

1

젠더 불평등

교도소에 사는 아이들

"2005년 7월 21일 청주여자교도소에서 영아 사망사건이 발생했다. 사기와 절도죄로 복역 중이던 김 모 씨가 교도소 화장실에서 혼자 출산을 한 뒤 영아를 한 시간 이상 방치한 결과 아이가 숨진 채로 교도관에 의해 발견됐다."

2005년 7월 22일 조간신문에 실린 1단 기사였다. 당장 청주여자교도소에 전화를 걸어 영아 사망사건의 전모를 알아보았다. 아이 엄마 김 모 씨는 영아를 유기·방치한 책임을 물어 징역형 6개월이 선고됐다. 그런데 김 모 씨가 임신한 사실을 전혀 알지 못한 채 임산부를 방치했던 교도소는 면죄부를 받았다.

「형의 집행 및 수용자의 처우에 관한 법률」(이하 행형법)에는 신입 수형자는 물론 이감될 때에도 건강검진을 하게 되어 있는데, 교도소의 수형자에 대한 건강검진 위반 사실이 전혀 문제가 되지 않았다. 2005년 7월 21일 청주여자교도소에서 발생한 영아 사망사건은 우리나라 여성 수형자에게 '모성권'은 보호될 수 없다는 것을 보여주는 증거였다.

2006년 3월 민주당 국회의원실에 여성 수형자의 모성권에 대한 현장점검을 제안했다. 의원은 보좌진들과 함께 청주여자교도소를 방문하기로 했다. 나는 그때 취재기자로 동행했다.

소변검사도 없는 건강검진

우리 일행은 청주여자교도소에서 발생한 영아 사망사건은 여성 수형자의 건강권이 보장되지 못한 인재(人災)라고 판단했다. 교도관은 신입자와 이송된 수형자들에게 행형법에 따라 건강검진을 실시했다고 답변했다. 그러나 이 건강검진 항목에 임신여부를 확인하는 소변검사가 포함되어 있지 않아 임신 사실을 몰랐다는 황당한 해명을 내놨다. 김 모 씨가 대전교도소에서 청주여자교도소로 이송될 당시에 이미 임신 6개월에 접어들었다. 임신 6개월 정도면 육안으로도 임신여부를 확인할 수 있었다. 게다가 건강검진을 할 때 소변검사조차 하지 않는다면, 신체검사이지 건강검진이라고 할 수는 없었다.

국가인권위원회가 2003년 12월 10개 교도소에 수용되어 있는 여성 수형자 500여 명을 대상으로 실시한 인권실태조사에서도 여성 수형자의 건강권이 방치되고 있었다. "입소 후 건강진단을 받은 적이 있느냐"는 질문에 42.1%(211명)만 "있다"고 답변했다. "입소 후 부인과 정기검진을 받은 적이 있느냐"는 질문에는 79.6%(399명)이 "없다"고 응답했다.

당시 법무부가 제출한 자료에 따르면, 최근 5년간 임산부 수용자는 매년 50~80명 선을 유지하고 있었다. 이처럼 수용자 가운데 임신한 여성이 꾸준히 증가하고 있음에도 교도소나 구치소는 임산부의 건강권 보호를 위해 어떤 조치도 취하지 않고 있었다. 2006년 3월 기준으로 산부인과 전문의를 배치하고 있는 구치소는 전국에 단 두 곳에 불과했다.

당시 행형법에는 임신한 수용자에 대한 처우를 규정하지 않았다. 다만 행형법 제30조에 임산부와 노쇠자는 질병에 걸린 수용자에 준하여 처우한다고 되어 있었다. 임신을 질병으로 간주하고 있었기 때문이다. 즉시 행형법 개정안 발의를 준비했다.

산부인과 등 진단과목을 건강검진 항목에 포함하여 건강검진 수준을 대폭 상향하고, 임신 중인 수용자에 대해서는 모성보호 및 건강유지를 위해 적극적으로 배려해야 한다는 내용을 개정안에 담았다. 임신은 질병이 아니라 여성의 고유한 모성보호권에 해당하는 기본권이다. 따라서 비록 감옥에 갇혀있지만, 모성보호권은 사회적 지위 여하를 막론하고 국가가 적극적으로 보호해야 할 평등권적 기본권에 해당한다. 행형법 개정안은 2007년 11월 23일 본회의를 통과했다.

하루 30분 일조권을 누리는 아기 천사들

우리 일행은 청주여자교도소에서 천사 같은 눈망울을 가진 세 명의 아이들을 만났다. 두 평 남짓한 거실에서 세 명의 영아들이 푸른 죄수복을 입은 엄마들과 함께 살고 있었다. 교도소 규정상 영아는 만 18개월까지만 엄마와 함께 교도소 안에서 거주할 수 있었다.

한 아이는 호적상 만 18개월이 되지 않아 엄마와 함께 살고 있었지만, 실제 나이는 24개월이었다. 제법 사물을 알아볼 수 있는 연령이었다. 우리 일행을 만났을 때 아이는 외부인에 대한 두려움 때문인지 경계하는 빛이 역력했다.

아이들이 햇볕을 보는 시간은 하루 30분이 고작이었다. 엄마의 바깥운동에 허용된 시간이 하루 30분이기 때문이다. 나머지 시간은 쇠창살로 굳게 닫힌 거실에서 하루 종일 놀아야 한다. 아이들 놀이방으로 이용되고 있는 거실에는 햇볕이 거의 들지 않았다. 아이들도 엄마와 같이 감옥살이를 하고 있었다.

청주여자교도소 정문 입구에는 예쁘게 단장한 3층 건물의 '햇살

어린이집'이 있었다. 교도관 자녀들이 다니는 직장보육시설이다. 교도소 입구에는 햇살을 마음껏 누리며 보육교사들의 보살핌을 받는 아이들이 있었고, 칙칙한 교도소 건물 안쪽에는 하루 종일 형광 불빛 아래 엄마와 함께 감옥살이를 하는 아이들이 있었다.

교도소 안에서 자라는 아이들에게 유엔아동권리협약에서 보장하는 아동의 권리는 예외사항이었다. 아이들이 부모를 선택하여 태어나지 않았음에도 어떤 부모를 만났느냐에 따라 양육의 조건은 달랐다.

수형생활을 하고 있는 엄마의 입장에서는 감히 아동의 권리를 이야기할 수 없다. 아이와 함께 지낼 수 있는 것만으로도 감지덕지한 상황이었다. 행형법상 모자가 함께 살 수 있는 기간을 만 18개월까지만 허용한 것은 만 18개월이 넘어가면 사물에 대한 인지능력이 발달해 교도소라는 공간에 대한 인지력이 생기기 때문이다. 그래서 아이가 만 18개월이 지나 엄마 품을 떠나는 날은 교도소 전체가 눈물바다로 변할 수밖에 없다.

부모의 사회적 지위에 따라 양육환경에 차별이 있어서는 안 된다는 생각이 떠나질 않았다. 결국 법률을 손보는 수밖에 없었다. 당시 행형법상 교도소장의 재량으로 양육권을 인정하고 있었던 것을 '부모의 신청으로 양육권을 보장하고, 양육에 필요한 보육시설을 설치하고, 보육교사도 배치하도록' 법률 개정안을 준비했다.

여성 수형자는 청소·취사 당번

행형법상 징역형이 확정된 기결수들은 교도소 내에서 교도작업을 하도록 되어 있다. 이는 출소 이후의 재활을 위한 수단으로 기술 습득을 하기 위한 것이다. 특히 장기수들의 경우 교도작업은 출소 뒤 자활을 위한 종잣돈을 마련할 수 있는 좋은 기회였다. 게다가 직업훈련을 받아서 취득한 기술 자격증은 사회에 복귀하여 안정적 삶을 영위할 수 있는 중요한 수단이었다.

우리 일행이 의정부교도소를 방문했을 때 놀라운 광경을 목격했다. 교도작업에도 성차별이 존재하고 있었다. 여성 수형자들이 작업하고 있는 환경이 어떠한지 궁금해서 현장으로 안내해줄 것을 교도관에게 부탁했다. 여성 수형자들의 교도작업은 딱 한 곳에서만 이루어지고 있었다. 교도관들이 이용하는 직원식당이었다.

남성 수형자들에게는 수십 가지의 직업훈련과 작업 종류가 보장되고 있는 데 반해, 여성 수형자들은 직원식당에서의 취사작업이 유일한 교도작업이었다. 왜 여성 수형자들에게는 취사 외에 직업훈련과 교도작업 기회를 주지 않느냐고 물었다.

이유는 간단했다. 여성 수형자는 소수이고, 누군가는 사동 청소와 취사를 해야 하기 때문에 여성 수형자에게 취사와 청소를 맡기고 있다는 것이다. 청주여자교도소에 빈방이 수두룩했지만 이들에게 교도관들의 밥을 하게 하고 사동 청소작업을 시키기 위해 여성 수형자를 전국 교도소에 분산하여 수감하고 있었던 것이다. 이렇게 여성 수형자들의 노동권(작업권)이 침해당하고 있었다.

청주여자교도소를 제외한 아홉 개 교도소(의정부, 전주, 대구, 대전, 마산, 안동, 제주, 여주, 김천)의 여성 수형자의 작업현황을 살펴봤더니, 여성 수형자들은 사동 청소와 직원식당 취사가 작업의 전부였다. 그마저도 청소와 취사작업을 하고 있는 여성 수형자들은 행형점수가 높은 수형자들이었고, 나머지는 직업훈련과 작업배치도 없이 하루 종일 방에 갇혀 지내고 있었다. 출소 후 노동을 할 수 있는 기회를 박탈당하고 있었다.

교도작업을 하는 모든 수형자에게는 작업수당이 지급된다. 취사와 청소작업을 하는 여성 수형자들은 당시 일당 200원으로 최저의 작업수당을 받고 있었다. 21세기에도 대한민국 교도소는 여성이 가사와 육아를 전담하던 봉건시대의 관습을 그대로 따르고 있었다.

의원은 교도소 현장을 다녀온 뒤, 법무부 장관에게 “교도소에서까지 교도관들을 위해 밥하고 빨래하는 일을 여성이 해야 하느냐”며 “여성 수형자들도 출소 후에 먹고살 수 있는 기술을 습득하고 목돈을 마련할 수 있는 작업의 기회를 보장해야 한다”고 일갈했다.

여성 수형자의 노동력 착취라는 비난 여론이 쏟아지자, 법무부는 2008년까지 교도관 식당에서 취사를 담당하던 여성 수형자 인력을 민간 조리원 채용으로 바꾸겠다고 발표했다.

그해 10월 국정감사에 앞서 의원은《여성 수형자의 모성보호권과 노동권》이라는 정책자료집을 내면서 법무부가 여성 수형자들에 대한 직업훈련 기회와 다양한 직종의 작업을 즉각 시행할 것을 촉구하는 기자회견을 가졌다.

국가가 성매매 임대사업을 하고 있었다

2004년 3월 22일 성매매방지법이 제정됐다. 성매매방지법이 시행된 뒤 경찰은 집창촌부터 단속을 시작했다. 성매매가 불법화된 상황에서 빨간 유리방 안에서 성매매 여성들이 호객행위를 하고 있는 집창촌을 방치할 수 없었기 때문이다.

경찰의 집중단속의 효과는 바로 나타나기 시작했다. 성매매방지법 시행 1년 만에 전국의 집창촌에 거주했던 성매매 여성들이 절반으로 줄어들었다. 물론 경찰단속으로 집창촌 영업이 수그러들었지만 서울 지역의 경우 재개발사업과 맞물리면서 영업장을 떠나는 여성들이 많았다.

재개발과 함께 사라지는 집창촌

2006년 9월 정기국회를 앞두고 성매매방지법 시행 효과를 점검하기 위해 의원과 함께 서울 미아리, 용산, 경기도 파주, 부산 완월동 등 전국의 집창촌을 둘러보기로 했다.

서울시 성북구 하월곡동(미아리)을 찾았다. 과거 1990년대까지 미아리 텍사스라고 불리며 호황을 누리던 곳이었다. 성매매방지법 시행으로 경찰단속이 속도를 내던 2005년 3월 하월곡동 성매매 집결지에서 화재사고가 발생했다. 이 사고로 다섯 명의 성매매 여성이 목숨을 잃었다. 화재사고가 발생한 지 1년이 지나 찾은 하월곡동은 골목골목에 칙칙함이 깔려 을씨년스러웠다.

재래시장과 연결된 골목 귀퉁이에 성매매 업소들이 몸을 숨기고 있었다. 그날 저녁은 여름비가 추적추적 내린 탓인지 더욱 인적이 드물었다. 우리 일행을 안내하러 나온 종암경찰서 경위는 저녁 10시가 넘어야 취객들이 업소를 찾는데, 경찰서에서 순방을 나오는 날이면 거리가 조용해진다고 했다. 게다가 그날 저녁은 사복을 입긴 했지만 경찰서너 명이 국회의원을 대동하고 골목을 누볐으니 더더욱 조용할 수밖에 없었다.

영등포시장 뒷골목과 용산 집결지는 재개발이 확정되면서 성매매 업소로 사용됐던 건물들이 하나둘씩 철거되고 있었다. 재개발로 일터를 잃은 사람들이 걸어놓은 생존권 보장을 외치는 현수막이 여기저기 눈에 띄었다. 서울지역은 성매매 여성들이 집결지를 떠나는 가장 큰 이유가 재개발이었다. 그러나 지방은 달랐다.

경기도 파주시 용주골 집결지를 찾았을 때 놀라운 소식을 접했다. 지역에서 성폭력상담소를 운영해온 여성단체가 성매매방지법이 시행된 뒤 성매매 여성들의 탈성매매를 지원하기 위해 매일 저녁 아웃리치 활동을 하고 있었다.

여성단체 활동가들이 업소로 아웃리치를 나갈 때마다 새 얼굴이 보였고, 어느 업소에는 '신장개업' 간판까지 걸렸고, 이웃 업소에 떡을 돌리는 진풍경이 벌어지고 있었다. 서울지역 집창촌을 빠져나온 여성들이 경찰단속이 드물고 재개발사업도 없는 지방으로 몰리고 있었다. 포주들은 경찰 눈치 안 보고 좋은 환경에서 일하게 해주겠다며 여성들을 이곳으로 유인했던 것이다.

파주 시내에서 멀찌감치 떨어져 있는 용주골은 경찰단속도 거의 없는 치외법권지대였다. 가끔 화대를 놓고 시비가 붙어 폭행사건이 발생하면 경찰이 출동했지만, 성구매자는 돌려보내고 성매매 여성만 잡아갔다. 파주시청도 무관심하기는 마찬가지였다. 파주 LCD 단지가 들어서면서 새로운 경제신도시의 면모를 갖춰가고 있던 파주시에 '용주골'을 신흥 유락단지로 만들어야 한다는 소문이 파다하게 번지고 있었다.

신장개업하는 용주골 성매매 업소

용주골은 하천부지가 많은 지역이었다. 게다가 대부분 성매매 업소로 사용되고 있는 주택이 불법건축물인 경우가 많았다. 성매매피해상담소 활동가들의 주도로 파주시청에서 살다시피 하면서 몇 달 동안 용주골 성매매 업소의 토지대장과 건축물 대장을 들춰보았다.

예상대로 용주골은 하천부지가 많았고, 그 부지 위에 불법건축물이 우후죽순 들어서면서 성매매집창촌으로 이용되고 있었다. 놀랍게도 재정경제원(현 기획재정부), 건설교통부(현 국토교통부) 소유의 국유지 7필지, 경기도 소유의 도유지 2필지가 성매매 업주들에게 임대되어 불법 성매매 업소로 이용되고 있었다. 당초 하천부지였던 국·공유지를 임대해 그곳에 불법으로 무허가 건물을 짓거나 전답지를 업소용 주차장으로 불법 전용하는 등 용주골은 그야말로 무법천지, 치외법권 지대였다.

국공유지에서 성매매 영업을 하면서 정부에게 임대료를 지급하고 있었다. 불법 영업으로 수익을 내고, 범죄수익을 임대료로 챙기는 침묵의 카르텔이 수십 년 동안 이어지고 있었던 것이다. 정부와 경기도는 「성매매알선 등 행위의 처벌에 관한 법률」과 「범죄수익은닉의 규제 및 처벌 등에 관한 법률」을 위반했다. 그럼에도 국·공유지 관리업무를 담당하고 있는 파주시청은 국유재산법에 의거해 임대했을 뿐이지, 그 땅이 성매매 업소로 사용되고 있는 것은 몰랐다고 해명했다.

끊임없는 감시와 추적

파주 용주골은 경기도 일대 유명한 집창촌이라는 것을 파주 시민이면 누구나 다 알고 있었다. 그런데 파주시청만 몰랐다는 것은 용주골이 수십 년간 치외법권 지역이었다는 것을 지방자치단체가 스스로 고백한 것이다. 국·공유지를 성매매 업소에 임대한 것은 성매매알선죄에 해당된다는 사실을 주지시키자, 파주시청은 부랴부랴 대부계약을 해지하겠다고 밝혔다. 파주시청은 대부계약을 해지했으니, 이것으로 '할 일 다했다'는 식이었다.

대부계약 해지 통보로 끝날 일이 아니었다. 용주골 일대의 불법 무허가 건물 56곳이 적발됐다. 무허가주택 55곳과 무허가 상가 건물 한 곳이 성매매 업소였다. 파주시청은 건축법에 따라 불법건축물에 대해서는 '강제이행금'을 부과하고 있다고 밝혔다.

의원은 2006년 11월 2일 국회여성가족위원회 국정감사에 앞서 국회기자회견장에서 〈정부의 집창촌 임대사업〉에 대해 기자회견을 가졌다. 국정감사에서 국·공유지가 불법 성매매 업소에 임대되고 있는 사실을 폭로하면서 정부가 성매매 근절에 대한 강력한 의지를 보여줄 것을 촉구했다. 집창촌에 대한 경찰의 단속을 강화하는 것이 그 시작이었다.

국정감사가 끝나고 의원실은 사후 감독에 나섰다. 하나는 불법건축물에 대한 행정지도가 제대로 이루어지고 있는지 점검하는 일이었다. 다른 하나는 경찰청에 공문을 띄워 집창촌이 있는 지역에 성매매전담 단속반을 배치할 것을 촉구했다.

그해 12월, 용주골 불법건축물 현장시찰이 필요하다는 〈파주인권센터〉의 요청으로 의원과 함께 현장을 다시 방문했다. 성매매 업소 대다수가 유리방을 불법으로 개축해 성구매자들을 유인하는 장소로 쓰고 있었다. 불법건축물에 대해 강제이행금(벌금)을 부과할 뿐, 수십 년째 불법 성매매 영업을 방치하고 있었다.

의원과 함께 파주시청 건축과장을 만났다. 대부계약 해지는 물론 불법 증개축물을 철거할 것을 요구했다. 파주시청은 불법 유리방에 대해 2007년 1월 15일까지 철거를 명령하는 계고장을 발부한 상태라고 보고했다. 한 번의 계고장 발부로 수십 년 동안 불법 영업을 해온 포주들이 순순히 철거명령을 따를 것이라고 생각하지는 않았지만, 일단 파주시청의 성매매 근절 의지를 지켜보기로 했다.

다음은 경찰이 성매매 단속에 대한 의지를 실행에 옮길 차례였다. 경찰서의 급은 인구수에 따라 결정되는데, 보통 1급서는 인구 20만 명이 기준이다. 현행 1급서에만 성매매전담 단속반이 배치되고 있어, 인구 20만 명을 넘지 못한 파주경찰서에는 집창촌 인구가 늘고 있음에도 성매매전담 단속반이 배치되지 못했다.

경찰청은 용주골 집창촌이 있는 파주경찰서에 긴급인력을 투입해 성매매단속 전담반을 구성하겠다고 발표했다. 그 뒤 치외법권 지역이었던 용주골에는 놀라운 변화가 나타났다. 성매매단속반이 매일 순찰을 돌고, 파주시청에서 철거 계고장이 날아들고, 시청 공무원들이 불법건축물 점검에 나서면서 용주골이 술렁거리기 시작했다. 일부 업소들은 불법 유리방을 자진 철거했고, 아예 문을 닫는 곳도 있었다.

"이제야 용주골이 탈성매매 지역으로 바뀌고 있구나!"

이런 안도감은 오래가지 않았다. 〈파주인권센터〉로부터 비보(悲報)가 들려왔다. 집창촌에 대한 집중단속이 시작되면서 위축됐던 성매매 업소들이 꼼수를 부리고 있었던 것이다.

유리방 철거하고 내부 리모델링

불법 유리방 자진철거나 일시적 영업정지 등은 새로운 영업방법을 모색하기 위한 눈속임이었다. 업주들은 경찰단속과 시청의 감시가 강화되자, 소란을 피하기 위해 잠시 영업을 멈추었다. 그 시간에 건물 내부를 리모델링해서 영업을 확대하겠다는 전략을 세우고 있었다.

파주시청이 자진철거를 경고한 계고기간이 만료되자, 업주들이 집단행동을 하기 시작했다. 변호사를 선임해서 "철거기간을 6월 말까지 연기해주면 불법건축물을 스스로 철거하겠다"는 공증서류를 파주시청에 제출했다. 파주시청은 이들의 요구를 일부 수용하여 5월 31일까지 철거시행 기일을 연장해주었다. 파주시청은 철거를 강행할 경우 용역업체와 업주들 간에 벌어질 물리적 충돌이 부담스러웠다. 그래서 철거 기일을 연장해주고 자진철거를 유도하는 것이 더 낫다고 판단했던 것이다.

그러나 업주들은 다른 속셈을 가지고 있었다. 철거 기일이 미루어지는 동안 고급형 성매매 영업을 하기 위한 내부 공사를 준비하려고 했던 것이다. 업주들은 업소를 떠나는 여성들에게 "유리방이 없어진다고 우리가 망하는 게 아니다. 더 쾌적하고 좋은 환경에서 일할 수 있게 해주겠다"며 성매매 여성들의 동요를 막아왔다.

우리 일행은 파주시청에 업주들이 이런 꿍꿍이를 벌이고 있다는 것을 알지 못했는지 추궁했다. 그러나 파주시청 건축과장은 "불법건축물에 대해 철거를 완료하는 것이 시청의 임무이지, 성매매를 단속하고 처벌하는 것은 경찰과 검찰의 몫"이라고 책임을 회피했다. 성매매가 불법인 줄 알면서도 업주들의 이 같은 편법행위에 속수무책인 상황이 기가 막혔다.

그해 여름 의원과 함께 전국의 집창촌 현장답사를 다닐 때, 의원의 부군이셨던 교수님께서 하신 말씀이 떠올랐다. "성매매는 인류 역사

이래 가장 오래된 직업인데, 일개 의원이 성매매를 없앨 수 있겠느냐.” 안 되는 일에 매달리면서 에너지를 소모하지 말라는 말씀이었다. 나 역시 성매매는 ‘반인권적 행위’라는 당위적 명제만으로 근절될 수 없다는 것을 뼈저리게 느끼고 있었다. 교수님 말씀처럼 가장 오래된 직업이기에 가장 오랜 시간 끈질기게 성매매의 반인권성과 부당성을 알려야 하고, 강력한 단속과 처벌이 뒤따라야 한다고 생각했다.

성매매는 성을 사는 사람과 파는 사람의 이해관계 충돌의 문제가 아니라, 성매매가 반인권적 행위라는 사회적 공감대가 형성됐기에 불법으로 제도화된 것이다. 그렇다면 사법당국은 불법행위에 대해 엄정한 법의 잣대를 적용해야 하고, 지방정부는 성매매가 더 이상 발을 붙일 수 없는 주거환경을 만들기 위해 모든 행정력을 발동해야 한다. 행정당국이 지역유지로 군림하고 있는 성매매 업주들의 저항에 눈치를 보며 성매매 근절을 외면한다면 독버섯처럼 자라는 성매매는 결코 사라지지 않을 것이다.

IMF가 낳은 조손가정 아이들

2002년 영화 〈집으로〉가 개봉됐다. 아이가 엄마 손에 이끌려 낯선 시골에서 외할머니와 함께 살게 되면서 겪는 이야기였다. 산속의 시골집에서 할머니와 손자가 서로를 의지하며 살아가는 아름다운 영화였다. 그런데 이 영화를 보는 내내 상호는 그 어린 나이에 왜 엄마와 함께 살지 못하고 외딴 시골로 보내져야 했을지 생각했다. 감독은 그 대답을 때로는 유쾌하게 때로는 가슴 아리게 전달하고 있었다.

〈집으로〉가 개봉했을 때만 해도 나는 조부모에게 맡겨져 자라는 아이들을 우리 사회가 돌봐야 한다는 생각을 하지 못했다. '조손가정'이 우리 사회의 또 하나의 소외된 가족을 형성하며 양극화의 극단에 처해 있었다는 사실을 깨닫지 못했던 것이다.

2007년 5월, MBC에서 조손가정에 대한 다큐멘터리를 방송했고, 그 다큐멘터리를 쓴 방송작가를 우연히 만나게 됐다. 남편의 대학 후배였다. 그녀에게 IMF 이후 급격하게 증가된 조손가정의 취재 뒷이야기를 들으면서 가슴이 먹먹해졌다.

조손가정에서 자라는 아이들은 주민등록상에 부양의무자인 부모가 있기 때문에 국가의 보호대상에서 제외되어 있었다. 양친의 사망으로 조부모에게 맡겨진 아이들도 조부모가 농지 등을 소유하고 있으면 또 보호대상에서 제외되었다.

조손가정은 오래전부터 존재해온 가정의 형태이다. 그러나 1997년 IMF 외환위기 이후 경제적 어려움, 이혼 등으로 가정해체가 증가하면서 조손가정이 급격히 증가했다. 통계청 자료에 따르면 2000년 45,225가구 153,117명이던 조손가정이 2005년 58,101가구에 196,076명으로 28%가 증가했다.

생계 능력이 없는 조부모와 함께 사는 아동은 극빈자에 속한다. 과거 농경사회에서는 시골 인심이 넉넉해 부모 없는 아이들을 마을 사람들이 키워줬다는 얘기는 이제 전래동화가 되어버린 지 오래다. 경제적 어려움을 겪는 조손가정의 아이들을 이제는 국가가 돌보아야 함에도 이들을 지원하는 법률을 제정해야 한다는 것을 아무도 생각하지 못하고 있었다.

당시 모·부자복지법에는 아동양육비 지원 대상이 모 또는 부로 한정되어 있었다. 그래서 모 또는 부를 대신하여 양육을 담당하고 있는 조모 또는 조부에 대한 지원근거를 만들기로 했다.

부모가 사망하거나 경제적인 이유 등으로 행방불명되어 조모 또는 조부가 18세 미만의 아동을 양육하고 있는 경우에는 그 조모 또는 조부를 모 또는 부로 간주하여 조부모의 손자녀 양육비를 지원하도록 했다.

모·부자복지법 개정안은 2007년 6월 4일에 발의되어, 그해 9월 20일에 본회의를 통과했다. 조손가정의 아동에게도 양육비가 지급되는 기초를 마련했다는 데 의미를 두었다.

깔창 생리대

유한킴벌리가 신제품 생리대 가격을 8% 인상하겠다는 소식이 전해졌다. 정부는 2009년 생활필수품 가격 안정화 정책에 따라 생리대도 부가세 감면 품목에 포함시켰다. 그런데 유한킴벌리가 신제품 출시를 계기로 가격을 올리자, 네티즌들은 유한킴벌리의 '꼼수 인상'에 분노를 표출했다.

생리대 가격 인상으로 여론이 들끓던 2019년 5월 23일 온라인 커뮤니티에 생리대 빈곤에 시달리는 소녀들의 이야기가 올라왔다. 저소득층 여성 청소년들이 생리대 살 돈이 없어 휴지를 사용한다는데 생리대 가격을 올리면 어떻게 하느냐는 내용이었다. 초등학교 고학년 때 생리를 시작했는데 아버지한테 말을 하지 못해 신발 깔창으로 생리대를 대신했다는 이야기도 올라왔다. 심지어 한 교사는 제자가 일주일 동안 결석을 해서 집에 가봤더니 수건을 깔고 누워있었다고 토로했다.

1인당 국민총소득(GNI)이 3만 달러를 넘어서는 대한민국에서 여성 청소년들의 건강권이 신발 깔창 속에서 신음하고 있는 현장을 감히 누가 상상할 수 있었을까. 네티즌들의 분노가 삽시간에 인터넷을 뜨겁게 달구었고, 국회에까지 전달됐다.

보건교사의 반란

20대 국회 개원을 앞두고 각 정당마다 지도부 회의에서 깔창 생리대 사건이 논의됐다. 일부 지방자치단체는 저소득층 여성 청소년들에게 생리대를 무료로 나눠주겠다고 발표했다. 대기업들도 사회공헌 활동으로 학교 밖 청소년과 집안 형편이 어려운 청소년들에게 생리대 보급을 약속했다.

사회적 이슈가 제기되면 국회에서는 가장 먼저 입법을 고려한다. 생리대 빈곤 이슈도 복지 사각지대를 해소한다는 차원에서 의원들의 법안 발의가 이어졌다. 6월 2일 가장 먼저 민주당 중진의원이 「학교보건법 일부개정법률안」을 대표발의했다. 학교의 장이 생리대 등 학생의 신체발달 과정에 필수적인 기구를 구비하여 비치해야 한다는 내용이었다. 구체적인 절차는 교육부 장관이 정하도록 하고 있지만, 기존 학교 보건실에 생리대를 비치하고 있었기 때문에 보건교사의 업무로 지정될 가능성이 높았다.

나는 학교보건법에 생리대 보급에 관한 규정을 두기보다는 학교 밖 청소년까지 포괄하는 보편적 입법이 추진되어야 한다고 생각했다. 나는 우선 학교별로 생리대 등 보건위생용품 구입 예산 현황을 파악한 뒤, 13세 이상의 모든 여성 청소년들에게 생리대를 지급할 경우 추가 예산 규모를 살펴보기로 했다.

우선 교육부에 전국 초·중·고교 보건위생용품 구매 예산 현황에 대한 자료를 요청했다. 교육부는 시도별 교육청을 통해 일선 학교에서 자료를 취합하려면 두 달 이상의 시간이 소요된다고 했다. 교육부와 교육청이 일선 학교에 일괄 또는 선택적으로 교부한 금액을 제출하면 될 것을 왜 굳이 일선 학교에서 자료를 받아야 하는지를 납득하기 어려웠다.

교육부에 자료를 요구한 지 일주일쯤 지났을 때였다. 학교 보건교사들의 항의전화가 빗발쳤다. 전화를 받느라 의원실 업무가 마비될 지경이었다. 보건교사가 학생들에게 생리대 나눠주는 사람이냐, 보건교사 업무가 얼마나 많은지 알고나 있느냐, 왜 보건교사가 이런 잡무까지 해야 하느냐 등등 맥락 없이 소리를 질러댔다. 나는 분명히 일선 학교에서 보건위생용품 구입비를 얼마나 책정하고 있는지를 알아보기 위해 자료를 요구했던 것인데, 보건교사들은 민주당 중진의원이 발의한 학교보건법 개정안을 통과시키기 위한 사전조사로 오해하고 있었다.

학교보건법 개정안을 발의한 의원실에도 항의전화가 폭주해 업무가 마비된 상태라고 했다. 급기야 학교보건교사협의회 회장까지 민주당 중진의원을 찾아와 법안 철회를 요구했다. 그 회장은 우리 의원실에도 들러 보건교사들의 업무과중을 토로하며 준비하고 있는 법안을 거둬줄 것을 요청했다. 나는 학교에 비치된 보건위생용품의 예산 규모를 파악하고자 했던 것이지 학교보건법 개정으로 보건교사에게 생리대 관리 업무를 전가하려는 의도는 없었다고 밝혔다.

교육부도 우리 의원실이 학교를 통해 생리대 보급을 추진하려는 것으로 오인하고 일선 학교 보건교사들을 동원하여 사전에 입법을 막아보겠다는 전략을 썼던 것이다. 교사들의 항의전화는 일주일 넘게 이어졌다. 전화 홍역을 치른 뒤 나는 교육부에 일침을 가했다. 교육부는 국회의 요구자료에 성실히 답변할 의무가 있음에도 이를 곡해하여 보건교사들을 동원해 입법권을 침해했다는 것을 상기시켰다. 교육부는 도리어 자신들도 보건교사들에게 항의를 받았다고 볼멘소리를 쏟아냈다.

모든 보건교사들이 불만이었던 것은 아니었다. 일부 보건교사들은 깔창 생리대 사건에 안타까움을 드러내며 국회에서 관심을 보여준 데 대해 고마움을 표시하기도 했다. 인천의 한 고등학교 보건교사는 지금은 생리대가 필요한 학생들이 보건실에 찾아오면 생리대를 주면서 나중에 반납하라고 이야기를 하고 있다고 했다. 전남의 한 여자고등학교 보건교사는 생리대 자판기가 복도에 설치되어 있어 남학생들의 시선을 의식해야 하는 불편함이 있다면서 여학생 화장실 내에 자판기를 설치해야 한다고 제안했다.

여성 청소년에게 보편적 건강권을 허하라

나는 이 교사들의 제안에서 아이디어를 얻을 수 있었다. 우리나라가 1960~1970년대는 공공 화장실은 물론이고 학교 화장실에도 휴지가 없었다. 1988년 서울 올림픽을 치러내면서 우리나라 공공 화장실부터 달라지기 시작했다. 지금은 모든 공공 화장실과 국공립학교 화장실에 휴지가 의무적으로 비치되어 있다.

지금도 일부 공공 화장실에는 보건위생용품을 파는 자판기가 설치되어 있다. 마찬가지로 초·중·고교의 여자 화장실과 청소년들이 이용하는 공공시설 내 화장실에는 생리대 자판기를 필수적으로 설치해야 한다고 생각했다. 무상 공급이 어렵다면 최소 금액으로 생리대를 공급하여 자판기 관리비용으로 대체하는 것도 방법 중의 하나였다.

20대 국회가 개원하고 6월 한 달간 깔창 생리대 이슈를 놓고 수많은 정책간담회와 토론회가 열렸다. 국민 여론은 복지 사각지대에 놓인 여성 청소년의 건강권을 보호하고, 지원을 확대하는 쪽으로 모아졌다. 그런데 국가가 저소득층의 여성 청소년에 국한하여 생리대 지원을 하게 되면 사회적 낙인으로 부작용이 발생할 것이라는 우려도 제기됐다. 경제규모가 세계 10위인 국가에서 여성 청소년의 보편적 건강권을 실행하지 못한다는 것은 부끄러운 일이었다.

국가가 모든 여성 청소년에게 보편적 건강권을 보장해야 한다는 취지로 법률안을 마련하기로 했다. 다행히 「청소년복지지원법」에 관련 규정을 추가할 수 있는 여지를 발견했다. 청소년복지지원법 제5조 제1항 "국가와 및 지방자치단체는 청소년의 건강 증진 및 체력 향상을 위한 질병 예방, 건강 교육 등의 필요한 시책을 수립하여야 한다. 제2항

국가 및 지방자치단체는 관련 기관과 협의하여 청소년의 건강·체력 기준을 설정하여 보급할 수 있다"고 되어 있었다.

기존 조항의 '청소년의 건강' 부분을 '성별 특성을 고려한 청소년의 건강'으로 개정안을 성안했다. 제5조 제1, 2항의 개정안을 근거로 제3항 신설이 가능했다. 제3항에 국가 및 지방자치단체는 여성 청소년의 건강한 성장을 위하여 여성 청소년의 보건위생에 필수적인 물품을 지원할 수 있다는 내용을 신설하여 「청소년복지지원법 일부개정안」을 완성했다. 그리고 2016년 7월 13일 공동발의자 10인을 확보하여 의원 명의로 개정안을 대표발의했다. 동시에 국회예산정책처에 개정안에 따른 비용추계를 요청했다.

한 달 뒤에 비용추계 결과가 도착했다. 개정안에 따라 여성 청소년에게 보건위생용품(생리대)을 지원하는 경우 5개년 추가재정은 총 9,372억 원이 소요될 것으로 분석됐다. 지원 연령은 만 11세에 해당하는 초등학교 6학년부터 고등학교 여학생을 대상으로 약 160만 명에 달했다. 생리대 가격은 종류나 브랜드, 판매처에 따라 차이가 있었다. 당시 일부 지방자치단체에서 지원하고 있는 생리대 가격(월 1만 원)을 준용했다. 그 결과 전국의 여성 청소년에게 월 1만 원의 생리대를 1년간 지원할 때 연평균 1,874억 원이 필요하다는 계산이 나왔다.

여성가족부의 소극적 태도

당시에 깔창 생리대에 대한 국민적 공분이 워낙 높았기 때문에 법안은 무난하게 통과될 것으로 기대했었다. 그런데 예상치 못한 곳에서 복병을 만났다.

국회여성가족위원회 법안심사를 앞두고 있었다. 업무보고를 위해 국회에 들른 여성가족부 청소년정책과장에게 청소년복지지원법 개정안을 적극 검토해줄 것을 요청했다.

여성가족부 입장에서는 연간 1,800억 원에 달하는 예산 집행권을 확보할 수 있는 절호의 기회였다. 그런데 청소년정책과장은 여성가족부는 이미 기업 협찬을 받아서 학교 밖 청소년들에게 생리대 등 생활용품을 지원하고 있다면서 초·중·고교 여학생들까지 보건위생용품을 챙겨줘야 할 의무가 없다고 말했다.

청소년정책과장의 이런 인식을 어떻게 이해할지 몰라 말문이 막혔다. 부처 간 칸막이 정책의 민낯을 보고야 말았다. 그 과장에게는 학교 밖 청소년 사업만 잘해내면 될 뿐, 1천억 원이 넘는 예산이 여성가족부에 교부되어 전체 여성 청소년들의 건강권을 보장하는 사업은 귀찮은 일로 치부되고 있었다.

2016년 11월 18일 국회여성가족위원회 법률안심사소위원회에서 「청소년복지지원법 일부개정안」이 논의됐다. 이때 여성가족부 차관은 제5조 제1, 2항(성별 특성을 반영해 청소년 건강시책을 수립한다)은 통과시키되, 제3, 4항(여성 청소년에게 대통령령으로 정하는 기준과 범위 내에서 보건위생에 필요한 물품을 지원할 수 있다)은 재정부담을 이유로 보류해줄 것을 요청했다. 여성가족부는 재정당국인 기재부와 협의가 이루어지고 난 뒤 추진하자는 입장을 고수했다.

의원은 두 가지 이유로 원안대로 통과되어야 한다고 설득했다. 첫째는 제5조 제3, 4항이 강행규정이 아니라 임의규정이기 때문에 제1, 2항에 따라 성별 특성을 고려한 건강권 보호의 필요성을 인정하고 있고, 지금도 일부 기초생활보장 등에 보건위생용품 등이 편성되어 있기 때문에 제3, 4항도 함께 통과되어야 한다는 설명이었다. 둘째는 생리대 빈곤 문제를 일부 대기업과 지방자치단체의 지원으로 해결하는 방법보다는 국가 책임을 명확히 하기 위한 법적 근거를 만들 필요가 있다고 설득했다.

정부는 끝까지 재정확충 없이 법률안을 통과시키는 것에 대한 부담을 호소했다. 2017년에는 보건복지부가 기편성한 30억 원 정도의 예산과 일부 지자체의 지원으로 충당하고, 2017년 상반기에 여성가족부가 신청한 예비타당성 결과가 나오면 그때 법안을 다시 제출하기로 하고 논의를 마쳤다. 그해 12월 1일 청소년복지지원법 개정안 중 성별 특성을 반영한 청소년 건강시책을 수립하도록 한 제5조 제1, 2항이 위원회 대안으로 본회의를 통과했다.

생리대 선택지원에서 보편지원으로

의원은 2017년 2월 3일 청소년복지지원법 제5조 제3, 4항 개정안을 재발의했다. 이때 여당의 중진 여성의원이 여성 청소년에 대한 보건위생용품을 지원하되, 지원방법까지 대통령령에 위임하는 내용으로 청소년복지지원법 개정안을 발의해 두 개의 법안이 2017년 9월 25일 국회여성가족위원회 법안소위에서 병합하여 심사됐다. 이로써 법적 근거 없이 부처 간 중복지원되고 있었던 위생용품 지원사업을 법률에 명시하여 여성가족부가 여성 청소년들의 건강권 보호 차원에서 위생용품을 안정적이고 지속적으로 지원할 수 있는 토대가 마련됐다.

2019년 여성 청소년을 대상으로 생리대를 지원하는 국가사업이 여성가족부로 이관됐다. 2018년까지 보건복지부가 저소득층의 여성 청소년들에게 현물로 지원하는 방식이 사회적 낙인으로 여성 청소년들을 위축시킬 수 있다는 지적에 따라 여성가족부는 2019년 전자바우처 방식을 도입했다. 2019년 청소년 생리대 지원예산 규모는 약 68억 원, 연간 1인당 12만 6천 원으로 총 13만 3천 명에게 지원하겠다는 계획을 세웠지만, 실집행율이 67.6%로 약 20억 8천만 원이 불용됐다. 여전히 생리대 지원은 보편적 지원이 아닌 저소득층 여성 청소년을 대상으로 하는 선택적 지원에 머물렀고, 이마저도 30% 이상이 지급되지 못했다.

21대 국회에서 더불어민주당 여성의원이 모든 여성 청소년에게 생리용품을 지원하는 내용의 「청소년복지지원법」을 재발의하여 2021년 3월 24일 본회의를 통과했다. 2016년 깔창 생리대 사건이 발생한 뒤 5년 만에 여성 청소년들 누구에게나 생리대가 지급될 수 있는 길이 열렸다.

성범죄자를 끝까지 추적하라

2020년 12월 12일 새벽 6시 아동성범죄자 조두순이 출소했다. 12년 징역을 살고 만기출소했다. 조두순은 법원의 결정에 따라 7년간 전자발찌를 부착하고, 밤 9시 이후 외출금지, 혈중알코올농도 0.03% 이상의 음주 금지, 교육시설 출입금지, 피해자로부터 200미터 내 접근금지, 성폭력재범방지 프로그램 성실 이수 등 다섯 가지 특별준수사항을 지켜야 한다. 조두순이 특별준수사항을 어길 시에는 관련 법에 따라 3년 이하의 징역이나 1천만 원 이하의 벌금에 처할 수 있다.

이런 강력한 제재조치에도 불구하고 안산 시민은 물론 국민들은 아동성범죄자 조두순에 대한 공분을 멈추지 않았다. 13세 미만의 아동을 대상으로 극악무도한 성범죄를 저지른 조두순에게 음주감경이라는 형법 제53조의 작량감경을 적용한 사법부에 대한 공분이었다.

아동성범죄자에게 음주감경하는 나라

2009년 9월 29일 아침, 아동성범죄자 조두순에 대한 대법원 판결을 두고 비난 여론이 들끓었다. 대법원이 2008년 12월 등교하던 초등학교 2학년 나영이(가명)를 잔혹하게 성폭행하여 영구 장애를 입힌 조두순에게 1심 판결과 동일한 징역 12년을 최종 선고했다는 기사가 나왔다.

현행법에 따르면 최대 무기징역까지 선고할 수 있는 이 사건을 재판부가 징역 12년으로 최종 선고한 이유는 음주감경을 적용했기 때문이다. 조두순이 범행 당시 만취로 인한 '심신미약' 상태였다고 판단한 것이다.

아이들의 신체는 물론 영혼까지 파괴하는 아동성범죄에 대해 우리나라처럼 관대하게 처벌하는 나라가 있을까. 영국의 경우 음주상태의 범행에 대해 가중처벌을 적용하고 있는데, 음주로 인한 심신미약을 이유로 감경을 하는 대한민국 사법부를 국민들은 도저히 용납할 수 없었다.

나는 의원에게 국민들의 공분을 국회가 대변해야 한다고 말씀드렸다. 의원은 다음 날 2009년 9월 30일 국회여성위원회 위원장 명의로 성명서를 발표했다. 피해 아동과 가족에게 한없이 죄스럽고 무한한 책임을 통감하는 사과문을 발표했다. 이어 음주 후 성폭력은 감경요인이 아니라 가중처벌의 대상이 되어야 한다는 것을 사법부에 전달하는 기자회견을 열었다.

물론 국회가 기자회견을 했다고 사법부의 판결에 변화가 있을 것이라는 기대는 하지 않았다. 2009년 3월 국회여성가족위원회는 모든 성범죄에 대해 음주·합의·반성·초범 등을 이유로 감경을 해서는 안 되며, 법정형량대로 판결할 것을 대법원 양형위원회에 의견서를 제출했다. 그럼에도 대법원 양형위원회는 국회의 의견을 받아들이지 않았고, 조두순에 대해 음주상태의 심신미약을 근거로 1심 판결과 똑같이 징역 12년형을 확정했기 때문이다.

대법원이 국민여론과 국회의 제안을 반영하지 않는다면 입법부가 나서서 법개정을 하는 수밖에 없었다. 2009년 9월 30일 저녁, 개정안을 성안하는 밤샘작업에 들어갔다. 모든 성범죄에 대해 음주나 약물로 인한 심신미약, 초범 혹은 가해자의 반성, 피해자와의 합의 등을 이유로 형량을 줄이지 못하도록 하는 개정안을 만들기 시작했다. 여기에 더해 의원은 미성년자 대상의 성폭력 범죄에 대해서는 공소시효를 배제시켜, 아동을 성폭행하면 끝까지 추적당해 처벌받는다는 경각심을 심어줘야 한다고 강조했다. 그래야만 아동성범죄 예방효과가 있다는 말씀이었다.

나는 다음 날 새벽까지 아동성범죄에 대해 공소시효를 인정하지 않고 있는 외국사례를 찾아냈다. 영화 〈피아노〉를 제작한 로만 폴란스키 감독은 13세 소녀를 강제추행한 혐의로 1977년 체포됐다가 보석으로 풀려난 뒤 해외로 도피했다. 그 뒤 33년이 지난 2009년, 76세의 나이로 영화제 수상을 위해 스위스 취리히에 나타났던 폴란스키는 미국 법무부의 요청으로 스위스 경찰에 체포되어 미국으로 송환됐다. 아동성범죄자에 대해 공소시효를 적용하지 않고 끝까지 추적하는 미국법이 부러운 순간이었다.

우리나라는 모든 범죄에 대해 법정형량에 따라 공소시효가 적용되고 있었다. 특히 아동 대상의 성범죄의 경우, 피해아동이 성년이 되어 피해사실을 알려도 공소시효가 지나 가해자를 처벌할 수 없는 경우가 다반사였다. 아동의 경우 성폭력을 당해도 신고율이 매우 낮았다. 이런 점 때문에 아이들이 더 쉽게 범죄에 노출되고 있었던 것이다.

10월 1일 오전, 모든 성범죄에 대한 감경배제와 아동성범죄에 대한 공소시효 폐지를 담은 「형법 개정안」과 「성폭력범죄의 처벌 및 피해자보호 등에 관한 법률 개정안」을 들고 공동발의를 해줄 의원실을 찾아다녔다. 놀랍게도 서너 시간 만에 30명 이상의 의원이 공동발의에 참여했다. 그날 오후 형법 개정안은 36명, 성폭력처벌법 개정안은 35명의 공동발의 서명을 받아 국회 의안과에 제출했다. 조두순에 대한 대법원의 판결 이후 제출된 첫 법률 개정안이었다.

10월 7일까지 국회 의안과에는 조두순의 대법원 판결에 공분한 여론을 대변하듯 아동 성폭력 범죄에 대한 형량강화 등을 담은 수십 개의 법률 개정안이 접수됐다. 국민여론을 의식한 탓인지 국회는 신속하게 법률안 심사를 진행시켰다. 그런데 이 과정에서 또 다른 복병을 만났다. 국회 법제사법위원회에서 여야 합의안이 만들어진 것이다.

여야 타협안, 성폭력범죄처벌특례법안

13세 미만 아동 대상 성범죄의 법정형량을 2~3년 정도 강화했을 뿐, 정작 문제가 됐던 감경과 공소시효 배제 조항이 빠져버린 것이다. 음주로 감경을 받게 된 조두순 사건에 대한 국민적 공분을 의식한 탓인지 "음주 및 약물로 인한 심신미약상태는 감경요인에서 배제할 수 있다"는 임의조항만을 신설했고, 아동 대상의 성범죄에 대해서는 피해자가 성인이 된 날부터 시효를 기산하기로 하여, 공소시효 기간을 연장하는 선에서 합의안을 만들어낸 것이다.

이렇게 합의한 내용이 「성폭력범죄의 처벌 등에 관한 특례법안」에 포함되어 2010년 3월 31일 본회의에 상정됐다. 아무리 정치가 타협을 중시한다고 해도 아동성범죄에 대해 또다시 관용을 베푸는 타협안에 무릎을 꿇을 수는 없었다. 그래서 특례법안의 일부 내용을 당초 의원발의안으로 수정안을 만들었다. 의원에게 31일 본회의에 앞서 열리는 민주당 의원총회에서 당론으로 수정안 발의를 제안하는 발언을 하셔야 한다고 말씀드렸다.

의원총회가 열리기 직전, 민주당 원내수석부대표가 의원에게 "이번만은 여야합의안대로 갈 수 있도록 해달라"며 "공소시효 폐지와 감경배제 문제는 4월 국회에서 재논의해서 개정될 수 있도록 하겠다"고

사정을 해왔다. 민주당이 여야합의안을 깨고 수정안을 내게 되면, 다른 사안에 대해 여야 협상이 곤란해진다는 것이었다.

의원은 이런 원내수석의 말을 전하면서 다음 기회를 엿보아야 할 것 같다고 했다. “의원님은 원내수석의 말을 믿습니까? 4월 국회에서 재논의하겠다는 것은 핑계에 불과합니다.”

헌법기관인 국회의원도 정당인이기 때문에 당에 해가 되는 일을 할 수 없다는 걸 잘 알면서도, 나는 국회도 사법부와 다를 게 없다는 생각에 감정을 통제하지 못하고 의원에게 버럭 화를 내고 말았다. 의총장을 뒤로하고 걸어가는데, 의원은 “아이구, 황 보좌관이 화가 많이 났군. 그래도 원내수석이 한 말인데 믿어봐야지” 하는 말이 들려왔다.

의원총회를 마치고 사무실로 돌아온 의원은 눈이 퉁퉁 부어오른 나에게 “반대토론 준비 안 하고 뭐하시나” 하면서 어깨를 다독여주었다. 반대토론문을 준비하라는 의원의 말에 억울하고 서운했던 마음이 순식간에 사라졌다. 본회의 시작까지 남은 시간은 30여 분. 속기사처럼 반대토론문을 써 내려갔다.

“성범죄자들에게 형량을 높인다고 해도 음주를 이유로, 초범이라는 이유로, 피해자 부모와 합의했다는 등 수많은 요인으로 형량을 낮추고 있습니다. 도대체 우리 법은 피해자 보호가 우선인지, 가해자에 대한 관용이 우선인지 사법부에 묻고 싶습니다. (중략)

지금 이 순간도 어린 시절 성폭행의 성처가 몸서리치는 기억으로 남아 피해자들을 괴롭히고 있습니다. 그들에게 그 상처는 영원히 씻기지 않을 것입니다. 어떻게든 버둥거리며 살아보겠다고 뒤늦게 피해사실을 밝히고 가해자에 대한 처벌을 요구할 때는 이미 공소시효가 지나버린 뒤라 아무것도 할 수가 없습니다. 공소시효는 수사의 효율성이라는 이유로 범죄자들에게 면죄부를 주는 것에 다름 아닙니다.”

의원은 반대토론을 마치고 단상을 내려왔다. 잠시 휘청거림이 보였지만 의연한 모습이었다. 2009년 3월 31일 「성폭력범죄 등에 관한 특례법안」은 원안대로 통과됐다.

피해자들의 절규가 이어졌다

특례법안이 통과된 뒤에도 성인이 된 피해자와 부모들의 절규는 계속됐다. 하루에도 수십 통의 전화, 등기우편물이 쌓여갔다. 대부분 피해자들은 어린 시절에 친인척이나 한 동네에 거주하는 이웃집 아저씨에게 성폭행을 당했다.

어느 날 미국에서 국제전화가 걸려왔다. 60대 후반의 한 여성은 어린 시절 성폭행 후유증으로 지금도 정신과 치료를 받고 있다고 했다. 이 여성은 12살 때부터 수차례 작은아버지로부터 성폭행을 당했고, 그 사실을 숨기며 살다가 결혼을 해서 미국으로 이민을 갔다. 낯선 이민생활에 적응하면서 그녀를 가장 힘들게 했던 것은 어린 시절 성폭행에 대한 기억이었다. 그녀는 수십 년 동안 그 기억을 지우기 위해 노력했지만, 도리어 자신을 더욱 황폐화시켰다. 자신의 상처로 인한 스트레스와 정신분열증은 두 아이의 양육에도 영향을 미쳤고, 큰아들마저 정신과 치료를 받고 있다고 했다.

결국 그녀는 나이 60이 넘어 평생 자신을 괴롭혔던 그 기억을 세상에 꺼내놓기로 했다. 가해자였던 작은아버지를 고소한 것이다. 그러나 가해자는 성폭행 사실을 부인했고, 오히려 조카인 그녀를 무고죄로 고소했다. 성폭행 사건은 이미 공소시효가 지나버렸고, 민사소송도 공소시효가 지나 승소하기 어렵다고 했다.

충남 공주에 살고 있는 70대 아버지는 딸아이가 이웃들에게 당한 성폭행의 상처를 평생 보듬고 살고 있다는 사연을 보내왔다. 아버지는 지능이 약간 떨어지는 딸이 서른이 됐을 때 중매로 결혼을 시키려고 했다. 그런데 딸은 "무섭다"며 결혼을 거부했다. 아버지는 그때서야 딸이 어린 시절 동네 사람들에게 수년 동안 성폭행을 당해왔다는 것을 알게 됐다. 딸은 열 살 때부터 아버지의 친구인 자전거 수리점 아저씨를 비롯해 같은 동네에 사는 청년들, 친인척들의 성욕의 대상이 되어왔던 것이다. 딸은 서른이 될 때까지 그 사실을 꽁꽁 숨기고 살았다.

딸의 기억 속에 가해자로 지목된 사람들은 한결같이 "신고할 테면 해봐라"라는 식의 배짱을 부렸다. 신고를 한다고 해도 공소시효는 지나버렸고, 딸아이 혼삿길만 막힐 것이 뻔했다. 아버지는 딸을 위해 아무것도 하지 못했고, 아무것도 할 수 없다는 무력감에 어찌할 바를 몰랐다. 아버지가 쓴 편지에는 자신에 대한 무력감, 원통함, 그리고 딸에 대한 가여움에 피가 마른다는 절규가 담겨있었다.

이런 절규와 비통함을 담은 사연을 그대로 의원에게 전달했다. 특례법이 시행된 지 1년도 지나지 않아 개정안을 발의해도 통과가 쉽지 않다는 것을 잘 알고 있었다. 그러나 수십 년을 지옥 같은 삶을 살아야 했던 피해자들의 절규를 듣고 가만히 있을 수는 없었다. 의원은 공소시효 폐지법안을 다시 발의하자고 했다.

2010년 7월 20일 모든 성범죄에 대한 감경배제 그리고 아동성범죄에 대한 공소시효 폐지를 담아 「성폭력처벌 등에 관한 특례법 개정안」과 「아동청소년의 성보호에 관한 법률 개정안」을 다시 발의했다. 성범죄자의 재범방지를 위한 법안으로 「성폭력처벌 등에 관한 특례법 개정안」과 「행형법 개정안」도 발의했다. 성폭력범죄는 대다수가 습관성이기 때문에 치료와 교육만이 재범예방의 지름길이라고 생각했다. 당시에는 성범죄자에게 형식적인 집단교육을 하는 게 전부였다. 개정안에는 유죄판결을 받은 모든 성범죄자에 대해 최소 500시간 이상의 재범방지교육과 치료교육을 이수하도록 했고, 교도소에서는 무조건 성범죄예방교육을 실시하는 내용을 담았다.

국민서명운동으로 공소시효 폐지

조두순 사건 이후에도 강호순 사건, 김길태 사건 등 미성년자 대상의 잔인한 성폭행 사건이 줄을 이었지만, 감경배제와 공소시효 폐지는 실현되지 않았다. 2010년 7월 재발의한 법률 개정안은 1년여 이상을 국회에서 논의되지 못하고 수면상태에 있었다. 속이 타들어갔다.

2011년 5월, 어린이날을 맞아 초록우산 어린이재단이 아동성범죄에 대한 공소시효 폐지 캠페인을 벌였다. 우리 의원이 발의한 공소시효 폐지법안에 대한 심사를 촉구하는 서명운동이었다. 초록우산은 10월 초까지 10만 명을 목표로 국민서명운동에 나섰다.

초록우산 어린이재단 자원봉사자들은 온라인 서명을 비롯해 거리에서 시민들에게 성폭력으로부터 아이들을 지키기 위해서는 공소시효가 폐지되어야 함을 알리면서 서명을 받기 시작했다. 날마다 서명자 수가 어린이재단 홈페이지에 올라왔다. 그런데 생각보다 서명에 참여하는 사람들이 많지 않았다.

때마침 영화 〈도가니〉가 개봉되면서 서명운동에 가속도가 붙기 시작했다. 청각장애인들의 특수학교인 광주인화학교에서 발생한 성폭력 사건을 배경으로 공지영 작가가 쓴 실화소설 《도가니》가 영화로 만들어진 것이다. 영화는 순식간에 국민들의 관심을 불러일으켰다. 대한민국을 성폭력에서 해방시켜야 한다는 공감대를 만들어냈다. 영화 〈도가니〉의 흥행은 공소시효 폐지 서명운동에 불을 지폈다.

2011년 9월 27일 다음커뮤니케이션 토론방 〈아고라〉 운영자로부터 한 통의 전화가 걸려왔다. 의원실이 초록우산 어린이재단과 함께 벌이고 있는 공소시효 폐지 운동에 동참하고 싶다는 것이었다. 〈아고라〉 운영자의 전화를 받는 순간 "이제 됐다"는 안도감에 탄성이 터져 나왔다. 운영자의 요청으로 아고라 토론방에 "아동 대상의 성범죄자를 끝까지 추적하기 위해서는 공소시효가 반드시 폐지되어야 한다"는 내용의 글을 올렸다. 서명운동은 급물살을 타기 시작했다. 9월 27일 〈아고라〉에서 시작된 서명운동은 3일째 되는 날 10만 명을 넘어섰다. 매일매일 아고라 서명란에는 수천 명의 네티즌 서명글이 올라왔다.

영화 〈도가니〉가 국민들의 마음을 움직이고 있었다. 언제나 그랬듯이 입법은 국민여론의 힘으로 이루어진다는 것을 깨달았다. 2011년 정기국회에서 공소시효 폐지의 가능성이 열리고 있었다. 2011년 10월 11일 30만 명의 서명자 명단을 국회 법제사법위원회에 제출하기로 했다. 그날 오후 4시 국회 기자회견장에서 의원은 초록우산 어린이재단, 작가 공지영과 함께 공소시효 폐지법안의 신속한 심의를 촉구하는 기자회견을 가졌다.

30만 명의 서명자 명단이 들어 있는 상자를 하나씩 둘러메고 우리는 국회법제사법위원회 위원장실로 들어갔다. 국회법제사법위원장은 당황하는 기색이 역력했다. 30여 개의 상자를 차곡차곡 위원장실에 쌓아놓고 이번에는 꼭 공소시효를 폐지해줄 것을 간곡하게 요청했다.

영화 〈도가니〉의 아쉬운 승리

그로부터 2주가 지났다. 공소시효 폐지법안은 '도가니법'이라는 이름을 달고 국회본회의에 상정됐다. 국회법제사법위원회에서 아홉 개의 법률안을 병합심의한 결과, 대안이 만들어졌다. 장애여성과 13세 미만의 여아를 대상으로 강간죄를 범했을 경우에만 공소시효를 폐지한다는 내용이 포함됐다. 음주나 약물로 인한 심신미약을 감경요인에서 배제하도록 하는 '강행규정'은 이번에도 빠져있었다.

공소시효 폐지 대상을 장애여성과 13세 미만의 여아를 대상으로 한 성범죄로 제한한 것도 문제가 됐다. 현행 형법에서 강간의 피해자를 부녀만을 대상으로 하고 있기 때문에 특례법에서도 강간피해를 장애여성과 여아로 한정해 공소시효를 폐지하기로 했다는 것이다. 아동 성폭력 사건의 피해자의 10% 정도가 남자아이인데, 이를 배제한 것은 명백한 입법 오류였다.

또다시 수정안을 내야 하는 상황이 벌어졌다. 2009년 3월 31일 특례법 제정 당시의 악몽이 되살아났다. 그럼에도 의원은 감경배제 부분은 다음 기회로 넘기로 하고, 공소시효 폐지로 법의 보호대상에 남아를 포함시키는 수정안을 만들자고 했다. 급히 수정안을 만들어 의원총회에서 30명의 공동발의자를 모으기로 했다. 역시나 이번에도 여야합의안의 거대한 벽을 넘지 못했다.

민주당 원내대표는 정부가 형법 개정안을 마련하고 있으니, 형법을 개정하면서 자연스럽게 특례법 조항도 고칠 수 있다며 의원의 수정안 발의를 만류했다. 의원은 또 그냥 속아주는 척 넘어가야 하나, 수만 가지 생각에 괴로워하는 모습이 역력했다.

의원은 “한 번에 완벽한 법률을 만들면 좋으련만, 그건 내 욕심인가 보다”라며 “19대 국회에서 누군가 다시 이 문제를 풀어주기를 기대해야 할 것 같다”며 나를 위로했다. 의원은 19대 국회를 끝으로 정년퇴직을 할 예정이었기에 결국 이 문제는 19대 국회에도 보좌관으로 남아 내가 풀어야 할 숙제가 됐다.

19대 국회가 개원하자마자 의원의 1호 법안으로 아동성범죄에 대한 법관의 양형 재량권을 제한하고, 재범예방교육 이수 시간을 대폭 늘리는 「아동 청소년의 성보호에 관한 법률 개정안」을 발의했다.

길고 긴 싸움이었다. 공소시효 폐지대상에 13세 미만의 남아 피해자는 포함됐지만, 음주와 약물로 인한 심신미약은 여전히 감경배제 임의조항으로 남게 됐다. 20대 국회에서 일명 ‘섬마을교사법’을 발의하면서 음주상태의 계획범죄에 대해서는 가중요인으로 적용해야 한다는 법률 개정안을 발의하여 여성가족위원회 대안에 포함됐으나 법제사법위원회의 두터운 심사의 벽을 넘지 못하고, 임기만료로 폐기됐다.

청소년 미혼모의 학습권

한국사회에서 미혼모는 여전히 '주홍글씨'이다. 특히 청소년 미혼모들은 학교에서부터 낙인이 시작된다. 중·고생이 임신을 하게 되면 학교를 떠날 수밖에 없는 현실이었다.

2009년 국가인권위원회에 한 통의 진정서가 접수됐다. 인천의 한 여자고등학교 3학년에 재학 중이던 여학생이 임신을 하게 됐고, 이 사실을 알게 된 학교장은 여학생에게 자퇴를 강요했다. 여학생의 어머니는 딸이 고등학교 졸업장을 받기를 원했다.

당시 국가인권위원회는 인천의 해당 학교를 찾아가 여학생이 학업을 지속할 수 있는 방안을 논의했지만, 거부당했다. 다른 학생들에게 나쁜 영향을 줄 수 있다는 게 가장 큰 이유였다. 결국 여학생은 학교를 자퇴하고, 국가인권위원회의 주선으로 대안학교로 옮겨갈 수밖에 없었다.

자퇴를 강요당하는 청소년 미혼모

2008년 국가인권위원회가 실시한 '청소년 미혼모 교육권 실태조사'에 따르면, 청소년 미혼모 중 71.4%가 임신 당시 이미 학업을 중단한 상태였다. 임신 사실을 학교에 알린 6명은 모두 자퇴를 권유받았다. 그해 교육부 조사에서도 임신한 학생의 85%가 학업을 중단한 것으로 나타났으며, 이 중 60%는 학교 교육을 간절히 원하고 있는 것으로 조사됐다. 그럼에도 학교는 교칙만을 강조하면서 미혼모 청소년들을 학교 밖으로 내몰고 있었다.

2009년 3월 16일 국회인권위원회의 요청으로 국회여성위원회, 국회교육위원회가 공동으로 '청소년 미혼모 학습권 보장을 위한 공개토론회'를 개최했다. 이날 토론회에 국가인권위원회에 진정서를 접수했던 인천의 여자고등학교에서 자퇴한 여학생의 어머니가 참석했다. 어머니는 "우리 딸이 친구들과 함께 졸업사진을 찍는 일이 이렇게 어려운 일인지 몰랐다"며 눈시울을 붉혔다.

어떠한 경우에도 학교가 학생을 학교 밖으로 내모는 일은 없어야 한다는 게 토론회의 결론이었다. 곧바로 청소년 미혼모들의 학습권을 보장하기 위한 법률 개정작업에 착수했다. 학교가 임신·출산을 이유로 청소년들을 징계하는 조치를 금지하고, 학생이 원할 경우 결석 또는 휴학을 허용하도록 하는 개정안을 만들어냈다. 의원은 2010년 8월 4일 「교육기본법 개정안」, 「초·중등교육법 개정안」을 대표발의했다.

교육과 돌봄이 공존하는 스톡홀름 공립학교

의원은 2010년 4월 국회외교통상통일위원회에서 스웨덴으로 출장을 갔을 때, 일부러 스웨덴의 한 공립학교를 방문했다. 스웨덴의 학교에서는 어떻게 청소년 미혼모들을 포용하고 있는지 알고 싶었기 때문이다. 이 학교에서는 청소년 엄마의 학습권을 보장하면서 아이돌봄도 함께 하고 있었다.

학교 안에 보육시설이 있었다. 청소년 엄마는 아이와 함께 등교해서 아이는 보육시설에서 돌봄을 받고, 엄마는 교실에서 친구들과 함께 공부했다. 엄마가 아이를 보고 싶어 하면, 보육교사가 아이를 엄마에게 데려다준다. 의원 일행이 그 학교에 갔을 때도 어린아이가 교실 바닥에서 놀고 있었다. 교실 안의 어떤 학생도 청소년 엄마와 아이가 자신들의 삶에 피해를 주고 있다고 생각하지 않았다. 우리나라 고등학교 교실에서는 감히 상상할 수 없는 풍경이었다. 스톡홀름에는 교육과 돌봄이 공존하는 이런 학교가 여러 군데 있었다.

스웨덴 정부도 처음부터 학교에서 아이를 함께 양육할 수 있도록 허용한 것은 아니었다. 청소년들의 임신과 출산은 늘어만 가는데, 그 부모들도 대다수가 직장을 다니고 있어 가정에서 미성년 자녀의 아이를 돌볼 수가 없었던 것이다. 그래서 청소년 미혼모가 되면 그들은 학업을 포기하고 양육을 전담해야 했다. 학교를 졸업하지 못한 미혼모들은 직장을 구하기가 어려워 빈곤층으로 전락했고, 그들의 생활비는 고스란히 정부의 몫이 됐다. 그래서 국가가 나서 청소년 미혼모의 학습권을 보장하고, 그 자녀의 양육도 책임지기 시작했던 것이다.

미국도 1950년대부터 1970년대까지 미혼모에 대한 사회적 낙인이 심각했다. 많은 미혼 여성들이 모성을 포기했다. 애플사 창업자인 스티브 잡스 역시 미혼모의 자녀로 노동자 부부에게 입양됐다. 그러나 지금은 미혼모 양육 포기율이 1% 수준이다. 국가가 나서서 10대 미혼모를 위한 특별학급을 설치하고, 교내 탁아시설을 두고 양육과 교육을 동시에 실시한 결과였다. 대만은 2004년 성평등교육법을 제정하여 임신한 학생의 학습권을 법적으로 보장하고 있다.

그런데 우리나라는 '청소년 미혼모'를 격리 대상으로 간주하고 있다. 청소년 미혼모가 계속 학교를 다니게 되면, 풍기문란으로 다른 학생들에게 해(害)가 된다고 생각한다. 우리 교육에는 포용과 관용의 정신이 없었다. 일상에서 일탈한 학생들은 학교에서 추방되어 일탈을 반복하면서 빈곤 계층으로 전락하는데도 국가는 아무런 책임을 지지 않았다.

2000년 전국 미혼모시설에 거주하는 청소년 미혼모를 대상으로 실태조사를 실시했다. 전체 224명 중 60%가 1년 안에 재임신을 했다는 충격적인 결과가 나왔다. 학교는 어떠한 경우에도 학생들을 밖으로 내몰아서는 안 된다. 미성년이 감당하기 벅찬 임신과 출산을 했다면, 국가가 자립을 지원하고 양육을 책임져야 한다.

20대 국회, 21대 국회에서도 청소년 미혼모의 학습권을 보장하는 법률안을 발의했다. 지금도 여전히 청소년 미혼모들은 풍기문란을 이유로 공립학교에서의 학습권은 보장되지 않고, 일부 학교 밖 청소년 대안학교에서 학습을 이어가고 있다.

"모든 어머니는 자신의 아이를 키울 권리가 있다"

2010년 이른 봄, 미국의 안과의사인 리처드 보아스(Richard Boas) 박사가 국회를 찾아왔다. 한국정부가 미혼모 자녀들의 양육을 지원할 수 있도록 입법을 요청하기 위한 방문이었다.

보아스 박사는 1988년 생후 4개월 된 한국 아이를 입양했다. 그 뒤 입양재단을 만들어 미국 부모들의 입양을 돕던 중 2006년 재단의 사회복지사들과 함께 한국을 방문했다. 보아스 박사는 대구의 한 미혼모시설을 방문했을 때 큰 충격을 받았다고 했다. 한국의 미혼모 70%가 아이 양육을 포기하고 입양을 보내고 있다는 사실을 알게 된 것이다.

당시 미국에서는 미혼모가 아이 양육을 포기하는 비율은 1%에 불과했다. 이 엄청난 격차를 어떻게 받아들여야 할지 그는 매우 혼란스러웠다. 그는 "세상의 모든 어머니는 자신의 아이를 키울 권리가 있지 않은가"라고 되물었다. 미국으로 돌아가면서 그는 입양을 돕는 일보다는 한국의 미혼모들이 스스로 아이를 키울 수 있도록 자립을 지원하는 일을 해야겠다고 결심했다.

한국 미혼모 지원 네트워크는 2007년 미국의 입양부모였던 보아스 박사에 의해 설립됐다. 우리는 1950년 이후 수백만 명의 전쟁고아들을 자국에서 키워내지 못하고 미국으로 보냈고, 이제는 미혼모들의 자녀 양육까지 미국인의 도움을 받는 부끄러운 나라에서 살고 있었다.

보아스 박사의 연구비 지원으로 2008년 한국여성정책연구원에서 처음으로 미혼모들의 자녀양육 실태조사가 시작됐다. 정부출연기관인 한국여성정책연구원이 외국인의 연구비 지원을 받아 국내 미혼모정책을 연구한다는 것을 어떻게 해석해야 할까.

보아스 박사가 2008년 한국 미혼모 지원 네트워크 실무자에게 보낸 편지의 한 대목을 소개한다.

"세계 12위의 경제대국이며 민주국가인 한국이 왜 자국의 여성과 아이들을 더 돌보지 않고 있을까? 결혼하지 않고 홀로 아이를 키우는 한국 여성들은 사회와 가정에서 고립과 차별을 견뎌야 한다. 자녀 양육에 필요한 정부의 지원은 매우 부실하다. 생부가 있더라도 미혼모 혼자서 주변의 따가운 눈초리, 출산과 양육을 떠맡고 있다. 여성은 결혼과 상관없이 임신과 출산으로 이미 엄마가 됐고, 모든 엄마들은 아이를 키울 권리가 있다."

보아스 박사의 눈에 비추어진 한국정부의 미혼모 자녀 양육의 현실은 전쟁고아를 입양 보내던 1950년대와 다르지 않았다. 정부는 저출산문제를 국가적 위기로 인식하고, 출산율을 높이기 위해 출산장려금을 지급하고, 전 국민 무상보육을 추진하고 있었다. 그런데 이런 정부의 지원과 관심대상에서 미혼모가 낳은 아이들은 제외되어 있었다.

매년 약 1천 2백여 명, 하루 평균 대여섯 명의 아이들이 외국 가정으로 입양되기 위해 비행기에 태워지고 있었다. 입양아동의 90%가 미혼모가 낳은 아이들이었다. 나머지 10%는 장애아동이다. 2010년 당시 우리나라는 OECD국가 중에서 출산율은 꼴찌, 해외 입양은 세계 4위라는 이중적인 모습을 보이고 있었다.

2010년 이른 봄, 보아스 박사가 국회를 찾아와서 "한국정부가 미혼모들이 아이를 키울 수 있도록 조금만 더 관심을 갖고 지원해달라"고 호소했다. 미국 입양부모로부터 그런 부탁을 들어야 한다는 현실이 너무나 부끄러웠다. 의원은 보아스 박사와 약 한 시간가량 면담을 가졌다. 미국정부는 양육 미혼모에 대한 경제적 자립을 적극적으로 지원하고 있었다. 또한 정부가 생부에게 구상권을 청구하고 있었다. 그 결과 미국은 현재 미혼모들의 99%가 자립하여 자녀를 양육하고 있다고 했다.

국가가 양육을 책임져야 한다

보아스 박사를 면담하고 난 뒤 의원은 내게 미혼모들의 양육권을 지켜낼 수 있는 방안을 찾을 것을 지시했다. 그때부터 두 달 동안 홀트아동복지회를 비롯해 전국의 미혼모시설을 둘러보았다. 그리고 공개토론회를 개최하여 입양문제와 미혼모 자립지원 방안에 대한 해답을 찾기로 했다.

당시 한림대 부총장이었던 허남순 교수에게는 입양문제, 여성정책연구원 김혜영 박사에게는 미혼모 자립에 대해 발표를 부탁했다. 2010년 5월 29일 국회에서 이 두 분을 모시고 '저출산 시대, 미혼모 자녀양육 및 입양정책의 방향'을 주제로 공개토론회를 열었다.

이날 토론회에는 미혼모시설을 운영하며 양육미혼모를 지원하고 있는 애란원 한상순 원장, 홀트아동복지회 신두진 소장, 해외입양인센터를 운영하며 입양인들의 뿌리 찾기를 지원하고 있는 김도현 목사를 비롯한 다수의 입양인과 미혼모들이 참석했다.

참석자들은 한결같이 우리 정부가 미혼모들의 자녀양육을 지원해야 한다고 주장했다. 해외입양을 담당해온 홀트아동복지회도 정부가 돌보지 못하는 아이들에게 좀 더 나은 양육환경을 찾아주기 위해 해외입양이라는 불가피한 선택이 이루어졌다고 말했다. 일부에서는 홀트를 비롯한 해외입양단체가 미혼모시설을 운영하면서 미혼모가 낳은 아이들을 해외로 입양시켜 엄청난 수수료를 챙겼다는 의혹을 제기하기도 했다. 하지만 1950년대부터 '고아수출국'이라는 오명을 쓰면서도 지금까지 해외입양을 계속 추진했던 것은 정부가 빈곤가정의 아이들을 제대로 돌보지 않았기 때문이다.

그날 토론회는 결혼 여부에 상관없이 임신과 출산을 통해 엄마가 된 모든 여성들이 아이를 직접 키울 수 있도록 국가가 적극 지원해야 한다는 데 의견이 모아졌다. 우리나라에서 태어난 모든 아이들은 국가가 책임지고 양육해야 한다는 것이었다.

의원은 보건복지부와 여성가족부에 양육 미혼모에 대한 자립 지원을 대폭 강화할 것을 요구했다. 현행 미혼모시설 입소자에 대해서만 1인당 월 5만 원의 아동양육비를 지원하는 방식을 재가 미혼모들에게까지 확대하고 양육비 현실화를 요구했다. 하반기부터 만 25세 미만의 청소년 미혼모에게 월 10만 원의 양육비가 지급됐고, 10년이 지나서야 중위소득 60% 이하인 청소년 한부모 가족에게 아동 1인당 월 35만 원의 양육비가 지급될 수 있었다. 청소년 한부모 자립지원을 위해 자립촉진 수당 월 10만 원, 검정고시 학습비로 연 154만 원까지 지원하고 있다.

국가가 모든 아동의 양육을 책임지는 사회가 될 때 저출산문제는 해결의 실마리를 찾을 수 있다. 그 첫걸음이 2019년 시행된 아동수당이다. 부모의 소득수준에 관계없이 0세부터 만 7세까지의 아동에게 월 10만 원의 아동수당이 지급되고 있다.

외교와 성평등의 결합

유엔은 2000년 밀레니엄 시대를 개막하면서 빈곤과 굶주림으로 고통받는 인구를 2015년까지 절반으로 줄이겠다고 선언했다. 이를 위해 여덟 가지 목표(극심한 빈곤과 기아 퇴치, 초등교육의 완전 보급, 성평등 촉진과 여성권익 신장, 유아사망율 감소, 임산부의 건강개선, 에이즈와 말라리아 등 질병과의 전쟁, 환경의 지속 가능성 보장, 발전을 위한 전 세계적인 동반관계 구축)를 정해 새천년계발계획을 발표했다.

새천년개발계획의 여덟 가지 목표는 모두 성평등 이슈에 해당한다. 이들 목표는 여성과 밀접하게 관련되어 있어 여성에 대한 투자와 참여 없이는 달성이 불가능한 일이었다. OECD개발원조위원회(이하 DAC)도 개발도상국과의 개발협력에서 '성평등'을 최우선 이슈로 적용할 것을 권고했다. 영국의 경제주간지 The Economist는 칼럼에서 "세계 GDP를 움직이는 것은 중국과 인도 같은 신흥강대국도 아니고, 인터넷이라는 신기술도 아닌 바로 여성"이라고 강조했다. 이렇게 세계는 여성을 미래 성장동력으로 인식하고 성평등을 실현하는 데 최선을 다하고 있었다.

우리나라도 이런 세계적 흐름에서 예외일 수 없었다. 의원은 당시 국회외교통상통일위원과 국회여성위원장을 겸임하고 있었기에 성평등 관점을 우리나라 외교안보정책에 결합시키는 일에 사명감을 갖고 있었다.

외교정책과 여성 의제의 결합

2009년 6월 2일 제주도에서 한·아세안 특별정상회의가 개최됐다. 정상회의를 몇 달 앞두고 외교부는 한·아세안 국가 간의 공동실천 의제에 관해 정부 부처와 시민사회로부터 여론을 수렴하고 있었다. 여성계 역시 학계를 중심으로 젠더 이슈를 공동의제에 포함시켜야 한다는 주장이 나왔다.

2009년 5월 중순, 아시아여성학회장 장필화 이화여대 교수가 국회여성가족위원장실을 방문했다. 장필화 교수는 당시 외교통상부 자문위원으로 활동하고 있었다. 누구보다 한·아세안 정상회의 공동의제에 젠더이슈를 포함시키는 데 많은 노력을 기울였다. 외교부를 통해 젠더이슈를 의제로 제안했지만, 공동선언문 초안에 포함되지 못했다. 그래서 국회에 도움을 요청하러 급한 걸음을 한 것이다.

때마침 5월 26일 국회외교통상통일위원회 회의가 예정되어 있었다. 의원은 이날 회의에서 한·아세안 정상회의 공동의제에 포함되어야 할 여성 의제와 그 당위성을 피력하기로 했다. 공동선언문에는 총 20개 분야에 걸친 40개 항목에 대해 한·아세안 국가 간의 교류와 협력을 약속하는 내용이 담길 예정이었다. 그런데 선언문 초안에는 성인지 관점을 반영한 여성 의제는 단 한 군데도 없었다.

의원은 유엔이 2000년에 발표한 8대 목표의 새천년개발계획을 언급했다. 전 세계가 성평등을 인류의 지속 가능한 성장을 위한 필수 의제로 삼고 있는데, 한·아세안 정상회의 공동선언문에 여성 의제가 단 한 건도 포함되지 않는다는 것은 세계적 흐름에 역행하는 것이라고 강조했다. 당황한 외교통상부 장관은 "아직은 초안이기 때문에 더 검토가 필요하다"고 답변했다.

그날 이후 외교부 실무팀과 조율작업을 하는 것은 나의 몫이 되었다. 정상회의까지 일주일도 남지 않았다. 그때부터 한·아세안 특별정상회의 담당 실무부서였던 외교부 동남아과 외교관들과 밀고 당기는 샅바 싸움이 시작됐다. 나는 우선 40개 항목으로 구성된 공동선언문에 담긴 의제를 꼼꼼히 살폈다. 정치안보, 경제 및 개발협력 강화, 사회문화 교류 증진, 범세계적 이슈에 대한 협력 등에 관련된 구체적인 젠더 이슈를 적시하여 외교부 동남아과에 전달했다.

외교부 담당 실무자는 난색을 드러냈다. 사회문화 교류 분야에만 포괄적으로 여성권익 신장을 위해 노력한다는 정도로 들어가면 되지 않겠느냐고 했다. 여성 의제를 모든 분야에 포함시키면 장애인이나 노인 등 다른 계층과의 형평에 맞지 않는다는 논리였다. 여성은 모든 계층에 포함되는 인적 구성원임에도 불구하고 외교부는 여성을 하나의 계층으로 분류하고 있었다. 소외계층에 대한 배려 차원에서 여성 의제를 포함시키는 것이 아니라, 미래의 성장동력으로 여성을 인식해야 한다는 점을 끈질기게 설득했다. 나는 거의 매일 외교부에 전화를 걸었다.

6월 2일 정상회의가 개최되기 직전에 두 개 부문에서 여성 의제를 포함시키는 것으로 외교부와 합의가 이루어졌다. 하나는 '경제 및 개발협력 강화' 부문에서 '남녀 고용평등' 분야를 추가하여, 향후 5년간 아세안 국가의 초청 연수생 중 여성 비중을 높이는 근거를 마련했다. 두 번째는 '사회·문화교류 증진' 부문에서 2010년 이후 한·아세안 협력기금을 기존 3백만 달러에서 연간 5백만 달러 규모로 증액하기로 하고, 증액되는 협력기금을 청소년 및 여성교류 프로그램, 문화적 인식 증진 등 문화·인적교류사업에 우선적으로 사용하기로 했다.

비록 모든 부문에서 여성 의제를 담아내지는 못했지만, 한·아세안 국가 간 교류·협력 분야에 여성 의제가 포함되어 인적 교류의 물꼬를 텄다는 점에서 커다란 성과였다. 또한 외교부 실무자의 처음 제안대로 '포괄적 교류', 즉 선언적 의미가 아닌, 연간 2백만 달러에 달하는 협력 기금을 명시적으로 청소년과 여성 교류 프로그램에 사용하기로 했으니, 예상치 못했던 대어(大魚)를 낚은 셈이었다.

DAC 가입 앞두고 ODA 성주류화 작업 시동

우리나라는 2009년 하반기 OECD 산하 'DAC'의 가입을 앞두고 있었다. 우리나라는 1993년 OECD 가입계획을 세운 뒤 3년 만에 회원국이 됐다. 마찬가지로 OECD 산하 DAC 가입을 추진하기 위해서는 여러 단계를 거쳐야 했다. 연간 1억 달러 이상을 개발도상국에 지원하고, 국민총소득(GNI) 대비 0.2%를 원조해야만 가입 자격이 주어진다. 이 밖에도 DAC 특별동료검토(peer review)라는 실사를 거쳐야 한다.

우리는 2008년 특별동료검토 실사에서 2008년 기준으로 GNI 대비 0.09% 수준인 공적개발원조(이하 ODA) 규모를 2015년까지 0.25% 수준(약 30억 달러)으로 끌어올린다는 약속을 했다. 구속성 원조 비율도 대폭 줄이겠다고 약속했다. ODA 사업의 공통이슈인 여성 의제에 대한 적용이 매우 미흡하다는 평가를 받아, ODA 사업 전 분야에 성인지 관점을 결합시킬 것을 약속했다.

우리 정부는 일단 DAC의 특별동료검토 실사를 통과하기 위해 '성평등 통합정책'을 선언적으로 약속했을 뿐, 구체적인 계획을 세우지 않고 있었다. 한·아세안 정상회의 공동선언문에 여성 의제를 포함시킬 때처럼 여성계에 자문을 구하기로 했다.

2009년 8월 25일 ODA 사업의 성주류화 확대방안을 마련하기 위한 정책토론회를 개최했다. 국제개발협력 전문가인 이화여대 김은미 교수가 DAC가 제시하는 성평등 가이드라인에 대해 발표를 맡았다. 한국여성정책연구원 정혜선 전문연구원이 우리나라 무상원조 사업에 어떻게 성인지 관점을 결합할 것인지에 대해 분석한 자료를 발표했다.

이날 토론회에서 대한민국의 열악한 원조 수준이 공개됐다. 한국의 무상원조 규모가 OECD 27개 회원국 중 19위로 매우 낮았다. 더구나 전체 무상원조사업에서 여성대상 사업이 차지하는 비중은 0.129%에 불과했다. 게다가 외교부가 기후변화에 대응하는 사업을 확대하면서, 여성대상 사업부서를 환경 담당부서와 통합시킨 사실이 드러나 충격을 주었다.

2009년 국회외교통상통일위원회 국정감사에서 의원은 외교통상부 장관에게 불호령을 내렸다. DAC 가입을 앞두고 젠더 분야의 사업을 확대해야 함에도 여성대상 사업부서를 없앤 것은 DAC 가입을 포기하겠다는 것이냐고 호통을 쳤다. 의원은 DAC가 제시한 성평등 가이드라인을 준수해야 한다면서 즉각 여성대상 사업부서를 신설할 것을 요구했다.

그럼에도 외교부는 계속 고집을 부렸다. DAC가 제시한 대로 ODA 사업 전체에 성인지 통합을 추진하고 있기 때문에 별도의 여성대상 사업부서가 필요하지 않다는 것이었다. 우리나라 외교부 공무원의 무지한 성인지 감수성이 확인되는 순간이었다.

나는 외교부 실무자와 한국국제협력단 사업단장을 불러 다시 설득에 나섰다. 유엔이 선언한 새천년개발계획의 8대 목표 모두에 성인지 관점이 반영되고 있음에도, 세 번째 목표에 '성평등 촉진과 여성권익 신장'을 별도로 구분하고 있는 이유를 설명했다. 세계의 빈곤인구 절반을 줄이겠다는 새천년개발계획을 실천하기 위해서는 절대빈곤인구를 차지하는 여성에 대한 투자와 인력활용이 수반되어야 함을 강조했다. 그래서 개발도상국의 경제발전을 지원하는 무상원조사업에서도 반드시 여성에 대한 투자와 지원이 필요했기 때문이다.

ODA기본법에 성평등 끼워넣기

그래도 외교부는 설득되지 않았다. 빈곤 퇴치를 위해 여성인력을 활용해야 한다는 국제사회의 주장을 체감하지 못하고 있었다. 그렇다면 방법은 하나뿐이었다. 성인지 관점을 반영한 정책과 사업을 집행할 수 있는 법률적 근거가 필요했다. 당시 국회외교통상통일위원회에는 DAC 가입을 앞두고 7건의 「국제개발협력기본법안」(이하 ODA기본법)이 상정됐다.

의원입법안 일곱 건을 꼼꼼히 살펴보았지만, 어디에도 무상원조사업에 성평등 관점을 반영해야 한다는 규정은 없었다. 그렇다고 지금 와서 성평등 원칙을 포함하는 법안을 만들 수도 없었다. 국회는 법률안이 제출되고 45일의 숙려기간을 거쳐 해당 상임위에 상정된다. 물론 긴급법안은 전체 상임위 회의에 상정을 거치지 않고 바로 법률안심사소위원회로 직접 회부되기도 한다. 그런데 당장 법률안을 성안해 제출할 수 없는 상황이었기 때문에 끼어들기를 하는 수밖에 없었다.

법률안심사소위원회에서 7건의 법률안을 병합해서 심사한 뒤 위원회 대안으로 전체회의에 상정되면, 그때 '성평등 원칙'을 법률안에 포함시키는 방안을 찾기로 했다. 상임위원회 전체회의에서 법안소위 심사결과에 대해 의원들의 발언권을 보장하고 있었기에 가능한 일이었다.

의원은 그날부터 외통위원들을 만나러 다녔다. 가장 먼저 박상천 의원에게 성평등 관점이 ODA기본법에 반영될 수 있도록 지원을 부탁했다. 박상천 의원이 새정치국민회의 원내총무를 할 때 여성 비례공천 30% 할당제를 도입하는 데 결정적 역할을 한 적이 있었다. 의원은 이미경 의원과 박선영 의원에게도 직접 전화를 걸어 협조를 당부했다.

2009년 11월 25일 파리 OECD 본부에서 열린 개발원조위원회에서 대한민국의 DAC 가입이 결정됐다. 바로 그날, 국제개발협력기본법안이 국회외교통상통일위원회 전체회의에 상정됐다. 의원은 국제개발협력기본법안 의결에 앞서 국제개발협력기본법 제3조(기본정신 및 목표)에 '여성의 인권향상과 성평등 실현'을 추가하고, 제7조(국제개발협력위원회)에 '여성 위원을 3분의 1 이상으로 한다'는 내용을 추가할 것을 제안했다.

박진 위원장을 비롯한 외교통상통일위원회 위원들은 놀라는 기색이 역력했다. 의원의 제안에 동의하는 의원이 없다면 사실상 이 제안은 받아들여지기 어려운 의제였다. 그래서 민주당 의원들에게 미리 도움을 요청했던 것인데, 이미경 의원과 박선영 의원은 상임위 회의에 참석하지 않았고, 가장 믿었던 박상천 의원은 오히려 반대의사를 표시했다.

상임위 회의장은 숨이 막힐 정도로 얼어붙었다. 그때 구세주가 나타났다. 국제의원연맹(IPU) 부의장을 맡고 있었던 한나라당 진영 의원이 지지발언에 나선 것이다. 진영 의원은 "국제사회에서 성평등 실현은 모든 일에 가장 우선적 가치로 인정되고 있다. 특히 가난한 나라일수록 여성과 남성의 빈부격차가 커서 가난을 극복하는 데 여성의 지위향상과 남녀평등 실현을 기본요소로 삼고 있다"면서 "성평등 실현을 기본정신에 포함시켜 명문화하는 것이 국제사회의 흐름에 맞다"고 말했다.

진영 의원의 발언을 듣고 눈물이 핑 돌았다. 진영 의원과 눈이 마주쳤고, 나도 모르게 고개를 숙여 감사를 표시했다. 진영 의원의 지지발언이 끝나자 구상찬 의원과 김충환 의원이 연달아 동의를 표시했다. 당시 외교통상통일위원장은 한나라당 박진 의원이 맡고 있었다. 박 위원장은 같은 당 의원들이 연달아 동의를 표시하자, 국제개발협력기본법 제3조를 "국제개발협력에 여성과 아동의 인권향상과 성평등 실현을 기본정신으로 한다"로 수정안을 제시하여 의결했다.

ODA 성주류화에 시동을 걸다

국제개발협력기본법안은 그해 12월 30일 본회의를 통과했다. 제3조 기본정신에 "여성과 아동의 인권향상과 성평등 실현"이 포함됨에 따라 우리나라 ODA 사업의 성주류화를 실현할 수 있는 발판을 구축하게 됐다.

한국국제협력단은 ODA기본법 제3조를 근거로 '성평등'을 개발협력사업의 범분야의 과제로 규정하고, 사업기획, 집행, 평가의 모든 단계에 성인지 관점을 반영하기 위한 조직개편에 착수했다. 협력단은 「성평등 증진 및 여성역량강화에 관한 규정」을 마련하고, 성인지담당관 직제를 신설하기로 했다.

여성에게 불모지나 다름없었던 외교영역에서 성평등 관점을 반영하여 개발도상국에 원조사업을 펼 수 있게 된 것은 기적과 같은 일이었다. 무엇보다 원조를 받던 수원국 대한민국이 세계 최초로 원조를 주는 공여국이 되면서 '성평등'이라는 범세계적 이슈를 실현하는 법적 토대를 갖췄다는 데 큰 의미가 있었다.

전시 성폭력 STOP : 유엔 안보리 결의 1325호

1994년 국제연합개발계획(이하 UNDP)은 '인간안보'를 새로운 안보개념으로 제시했다. 탈냉전 이후 분쟁은 대부분 내전 형태로 발생했고, 최대 피해자는 민간인이었다. 특히 여성과 아동에게 피해가 집중됐다.

유엔은 2000년 새천년 시작과 함께 두 가지 중요한 선언을 하게 됐다. 하나는 2015년까지 세계 빈곤인구를 절반으로 줄이는 새천년개발목표(MDGs)이며, 다른 하나는 유엔안전보장이사회가 무력분쟁에서의 여성에 대한 폭력을 종식하고 평화구축 과정에서 여성의 동등한 참여를 촉구하는 결의 1325호이다.

힐러리, 성평등과 인간안보 연계

유엔 안보리는 반인륜적 범죄 종식과 평화정착을 위해 유엔 회원국들에게 결의 1325호 이행을 촉구했다. 유엔 안보리는 결의 1325호 이행을 위한 후속조치로 결의 1820, 1888, 1889, 1960호를 연달아 채택했다. 유엔 안보리의 폭력종식을 위한 결의에는 힐러리 미국 국무부 장관의 공이 매우 컸다.

힐러리는 2009년 9월 30일 미국이 유엔 안보리에 제출한 '전쟁지역에서의 성폭력 종식을 위한 결의안(결의 1888호)'이 회원국 만장일치로 채택된 뒤 기자회견을 가졌다. 여기서 힐러리는 여성인권 보호는 국가안보의 핵심이며, 인간안보와 맞닿아있다고 강조했다.

"오늘날 전 세계 여성들의 인권은 매우 심각한 상황이다. 여성인권 침해는 도덕적·인간적·사회적·경제적 문제일 뿐만 아니라, 국가안보와도 직결되어 있다. 수많은 여성들이 자신들이 일으키지도 않은 전쟁에서 희생자가 되고 있다. 여성들은 평화의 창조자이자 수호자로서 엄청난 잠재력을 가지고 있다."

힐러리는 젠더안보가 인간안보의 핵심이라고 강조했다. 힐러리의 젠더안보에 대한 호소는 유엔회원국들이 여성, 평화, 안보에 대한 실천의지를 발휘하는 데 큰 동력이 됐다. 2011년 당시 분쟁이 종료된 지역과 북유럽 25개국이 결의 1325호 이행을 위한 국가행동계획을 수립하고, 평화재건에 나섰다.

세계 유일의 분단국, 대한민국은?

성평등과 외교의 결합을 시도하고 있던 시기에 젠더안보는 굉장히 매력적인 의제로 다가왔다. 특히 세계 유일의 분단국가이자 전쟁이 정지된 상태였던 대한민국은 가장 먼저 결의 1325호에 대한 이행계획을 제출해야 할 당사국이었다.

우리나라 역시 6·25전쟁으로 인해 여성과 아동이 가장 큰 피해자였고, 전쟁복구 과정에서도 여성들의 희생과 노력이 없었다면 세계 12위라는 경제대국에 올라서지 못했을 것이다. 그런데도 우리나라의 평화와 안보정책에서 여성은 늘 소외됐고, 주변부에 머물러 있었다. 일본군 위안부 피해자들 역시 전쟁의 가장 큰 피해자였음에도 명예회복을 하지 못하고 있었다.

때마침 사단법인'평화를 만드는 여성회'에서 유엔 안보리 결의 1325호 이행을 촉구하는 성명서를 전달하기 위해 의원실을 방문했다. 국회에 국가행동계획 수립을 촉구하는 결의안을 채택할 것을 제안했다. 의원이 외통위원으로 있기 때문에 결의안 발의는 어려운 일이 아니었다. 하지만 결의안 통과에 앞서 우리 정부가 왜 결의 1325호 이행계획을 수립해야 하는지에 대한 공감대 형성이 더 중요하다고 판단했다. 형식적으로 제출되는 이행계획이 아니라, 실천의지를 담아야 했기 때문이다.

나는 우선 다른 나라가 유엔에 제출한 국가행동계획서를 살펴보기로 했다. 유엔 안보리 결의 1325호를 비롯한 후속결의안, 그리고 23개국이 제출한 국가행동계획서를 번역하고, 우리 정부가 국가행동계획서에 담아내야 할 실천계획을 점검했다. 마침 의원실에 영국 옥스퍼드대학을 졸업하고 인턴으로 채용된 재원이 있었기에 가능한 일이었다.

번역작업을 진행하면서 동시에 국가행동계획서에 담길 의제를 찾기 위해 전문가들의 자문을 구했다. 2011년 7월 '평화·안보 분야에서의 여성의 역할'이라는 주제로 공개토론회를 개최했다. 토론회에서 수렴된 전문가들의 의견은《평화·안보 분야의 성주류화 현황과 과제》(부제: 유엔 안보리 결의 1325호 이행에 대한 제언)라는 제목의 정책자료집으로 발간됐다.

이 자료집의 분량은 1천 페이지가 넘었다. 국회 역사상 최대 분량의 정책자료집이 발간됐다. 23개국의 국가행동계획서 원문과 번역을 실었고, 유엔결의안을 모두 수록했다. 또한 우리 정부가 제출해야 할 국가행동계획서에 부처별로 촘촘히 정리한 수십 가지 의제를 담아냈다. 워낙 많은 분량을 담아내다 보니, 자료집 제작비용이 엄청나게 들었다. 권당 10만 원 수준으로 100권을 인쇄했다.

이 자료집은 외교통상통일위원회와 여성가족위원회 소속 위원들에게 전달됐고, 외교부, 여성가족부, 통일부 등 관련 부처 공무원들에게도 일부 배포했다. 의원은 자료집 발간사에 친필로 "더 이상 여성과 아동이 분쟁의 희생자가 되지 않도록 하기 위해 국제사회가 펼치고 있는 여성평화운동에 관심을 가져달라"고 적었다. 이 자료집은 평화운동가들에게 큰 선물이었다. 국회와 정부에 배포하고 남은 자료집을 평화운동단체와 NGO 활동가들에게 전달했다.

그해 국회외교통상통일위원회 국정감사는 이 한 권의 정책자료집으로 모두 해결할 수 있었다. 의원은 외교부와 통일부 국정감사에서 유엔 안보리 결의 1325호 이행을 위해 우리 정부가 그동안 어떤 노력을 해왔는지에 대해 집중적으로 물었다. 외교부, 통일부 장관 모두 당혹감을 감추지 못했다. 유엔 안보리 결의 1325호를 알고만 있었을 뿐, 이행을 위한 어떤 준비나 노력이 없었던 것이다.

유엔 안보리 결의 1325호를 비롯한 후속 결의안은 한결같이 분쟁지역과 평화재건지역에서 성폭력 피해자에 대한 구호 및 지원활동을 권고하고 있었다. 그러나 우리 정부는 2010년 7월 아프가니스탄 지방재건(PRT) 사업에 젠더 자문관 1명을 파견한 것이 전부였다. 세계 유일의 분단국가이자 전쟁 피해 당사국이었던 대한민국 정부는 '결의 1325호' 이행 의지가 전혀 없었다.

의원은 외교부가 지금부터라도 분쟁지역의 평화재건 과정에 여성을 배려하고 참여시키는 외교정책을 펴줄 것을 당부했다. 그리고 외교부가 주도하여 통일부, 여성가족부, 국방부 등과 함께 '결의 1325호 국가행동계획수립을 위한 태스크포스'를 꾸릴 것을 제안했다.

외교부에는 분쟁지역 재건사업에서 여성과 아동 피해자들에 대한 구호활동과 평화재건사업에서 여성참여 비율을 확대하는 계획을 수립할 것을 주문했다. 국방부에는 해외파병을 할 때 파병군인에 대한 성인지교육 훈련을 강화할 것을 요구했다. 통일부에는 남북대화 및 교류사업에서 여성의 참여를 확대하고, 민간 차원의 여성교류 확대계획을 세우도록 했다. 여성가족부에는 2008년 제3차 여성정책기본계획이 수정되면서 통일·외교·안보 분야의 성주류화 전략이 삭제된 것을 다시 복원할 것을 요구했다.

일본군 전시 성폭력, 사면대상 아니다

의원은 외교부와 통일부 국정감사에서 일본군 위안부 피해자의 명예회복 문제를 질의했다. 일본군 위안부 피해자에 대한 법적 배상 문제를 국가행동계획에 반드시 포함시켜야 한다고 제안했다.

의원은 외교부가 일본군 위안부 피해자들의 기본권을 보장하기 위해 외교적 노력에 나서야 하는 이유를 차분하게 설명했다. 유엔 안보리 결의 1325호에 따르면, 전쟁에서 행해진 성범죄가 처벌받지 않고 빠져나가는 상황을 종식하고, 반인륜적 범죄를 저지른 이들에 대한 기소 책임을 국가가 져야 한다고 명시하고 있다. 그런데 우리 정부는 제2차 세계대전 당시 '일본군 위안부'라는 이름으로 행해진 반인륜적 성범죄에 대해 일본정부를 상대로 어떤 외교적 노력도 하지 않았다. 이는 직무유기에 해당한다고 지적하자, 외교통일위원회 회의장은 숙연해졌다.

2006년 7월 5일 일본군 위안부 피해자들이 자국민 피해구제 및 보호를 위해 아무런 노력을 하지 않았던 외교부를 상대로 '헌법소원심판청구'를 하게 됐다. 당시 외교부는 "소모적인 법적 논쟁으로 발전할 가능성이 있다. 외교관계의 불편을 초래한다"는 등을 이유로 위안부 피해자들의 호소를 외면했다.

2011년 8월 30일 헌법재판소는 일본군 위안부 피해자의 명예회복을 위해 한국정부가 일본정부에 대해 아무런 조치를 취하지 않은 것은 자국민 보호조치를 위반한 것으로 위헌 판결을 내렸다. 국회에서도 매 회기마다 위안부 피해자에 대한 법적 배상과 일본정부의 공식사과를 촉구하는 결의안이 채택됐지만, 외교부는 매번 1993년 김영삼 대통령 담화에서 "위안부 문제는 일본이 진실을 밝히는 것이 중요하며, 물질적 보상은 필요하지 않다"고 밝힌 것을 근거로 '금반언의 원칙'(이미 표명한 언행과 모순되는 행위를 할 수 없다는 원칙)에 위배된다며 일본정부와의 외교적 노력을 거부했다.

이렇게 우리 외교부는 일본과의 외교 관계에서만 위안부 피해자 문제를 해석하려고 했다. 그러나 국제사회는 이미 제2차 세계대전 당시 일본의 만행을 반인륜적인 범죄로 규정하고 있었다. 유엔 안보리는 2000년 결의 1325호를 통해 전시 성폭력과 같은 반인륜적 범죄는 국제법상 사면대상이 아니며, 평화와 인간안보 실현을 위해 반드시 그 책임을 물어야 한다고 밝혔다.

유엔 안보리의 결의 1325호 채택으로 1993년 김영삼 대통령의 담화는 효력을 상실했고, 우리 정부는 국제사회의 결의에 대한 반인륜적 범죄 당사국인 일본에게 명백히 그 책임을 물어 피해자의 명예를 회복시킬 의무가 있었다. 의원은 이 같은 내용으로 차분하게 외교부 장관을 설득했다.

국정감사가 끝난 뒤 외교부의 태도에 변화가 감지됐다. 그동안 꿈쩍도 하지 않던 외교부가 9월 29일 위안부 문제 해결을 위한 '태스크포스'를 구성하고, 일본정부와 본격적인 양자협의를 추진하겠다고 밝혔다. 그러나 양자협의는 이루어지지 않았다. 이에 우리 정부는 10월 11일 유엔총회를 통해 다자외교 차원에서 압박에 나섰다.

제66차 유엔총회 제3위원회의 여성지위향상 토론에서 신동익 주유엔대표부 차석대사는 "일본정부는 군대 위안부 문제가 법적으로 해결됐다고 주장하고 있으나, 군대위안부 문제는 반인륜적 범죄에 해당하는 사안으로 한·일 청구권협정에 의해 해결됐다고 볼 수 없으며, 일본정부의 법적 책임이 여전히 남아있다"고 밝혔다. 우리 정부가 유엔 총회에서 위안부 문제를 거론하며 일본정부의 법적 책임을 언급한 것은 1997년 제52차 총회 이후 처음이었다.

외교부가 유엔 안보리 결의 1325호 국가행동계획 수립을 위해 부처 간 협의체를 구성하겠다고 밝힌 것도 큰 성과였다. 18대 국회 후반기 최영희 의원의 대표발의로 제출된 '유엔 안보리 결의 1325호에 따른 국가행동계획 수립 촉구 결의안'이 2012년 2월 본회의를 통과했다. 이에 따라 우리 정부는 신속하게 결의 1325호 이행계획을 수립하기 위한 태스크포스를 가동시켰다. 여기에는 시민사회단체도 함께 참여했다.

2014년 5월 우리 정부는 「여성, 평화와 안보를 위한 유엔 안보리 결의 1325호」의 체계적이고 효과적인 국내 이행을 위해 '국가행동계획(National Action Plan: NAP)'을 수립하고, 유엔에 처음으로 계획서를 제출했다.

박근혜 정부의 망국적 외교

박근혜 정부가 들어서고 일본군 위안부 문제를 다시 돈으로 해결하려는 움직임이 일고 있었다. 1965년 박정희 대통령의 한일청구권협정에 이어 2015년 12월 28일 박근혜 대통령의 지시에 의한 한일 외교장관 합의가 이루어진 것이다. 박정희 대통령은 위안부 피해자의 희생을 경제성장의 밑돌로 활용했고, 박근혜 대통령은 10억 엔으로 피해자의 입을 틀어막아 외교적 성과를 남기려고 했다.

2015년 12월 28일 한일 양국 외교장관은 "일본정부가 거출한 10억 엔으로 한국정부가 위안부 피해자들을 위한 재단을 설립하고, 이를 전제로 위안부 문제가 최종적 및 불가역적으로 해결될 것임을 확인한다"는 내용의 합의문을 발표했다.

이 합의문에 적힌 “위안부 문제가 최종적 및 불가역적으로 해결될 것임을 확인한다”는 마지막 문구의 의미를 둘러싸고 위안부 피해자 할머니를 비롯한 국민의 70% 이상이 분노했다. 외교부가 일본정부가 거출한 10억 엔으로 재단법인을 만들어 일부 할머니들에게 위로금을 전달하는 과정에서 엄청난 갈등이 빚어졌다. 할머니들의 명예회복을 도왔던 시민단체 정대협은 할머니들은 돈이 아니라 일본정부의 공식사과와 법적 배상을 원한다면서 한일 외교장관 합의(이하 12·28 합의)는 파기되어야 한다고 주장했다. 거의 1년간 한국사회는 12·28 합의의 진의를 둘러싸고 대혼란에 빠져들었다.

나는 의원을 통해 2016년 국회여성가족위원회 국정감사에서 다시 유엔 안보리 결의 1325호의 선언문을 꺼내 보였다. 국제법상 전시 성폭력과 같은 반인륜적 범죄는 사면대상이 아니며, 반드시 당사국에 책임을 묻도록 하고 있음을 상기시켰다.

“1965년 박정희 정부의 한일청구권협정에 따른 5억 달러 보상금, 2015년 박근혜 정부의 12·28 합의에 따른 10억 엔 치유금으로 일본정부가 저지른 반인륜적 범죄가 사면될 수 없습니다. 일본정부가 공식적으로 범죄를 인정하고, 잘못을 사과한 뒤 법적 절차를 밟아 배상금 또는 보상금을 지불한 것이 아니기 때문입니다. 12·28 합의는 국제법상 효력이 없는 양국 정부 간의 합의일 뿐입니다. 언제든 우리 정부는 국제사회를 통해 일본정부에게 그 책임을 물을 수 있습니다.”

일본정부가 왜 한일 외교장관 합의문에 “최종적 및 불가역적으로 해결된 것”이라는 꼬리표를 달았는지 한국정부가 모를 리가 없었다. 합의문에는 유엔 등 국제사회에 이 문제에 대한 비난을 자제한다는 내용도 포함되어 있었다. 외교문서를 통해 다시는 위안부 문제를 국제사회에서 거론하지 않겠다는 사인을 받은 것이다.

결과적으로 박정희, 박근혜 정부에 의해 대한민국은 유엔 회원국으로서 유일하게 유엔 안보리 결의 1325호를 정면으로 위배한 반인권 국가로 남게 됐다. 12·28 합의는 2017년 촛불정국에서 다시 규탄의 대상이 됐고, 위안부 피해자를 중심으로 시민단체는 "12·28 합의문은 반인권적 합의로 무효화시켜야 한다"고 목소리를 높였다.

2017년 5월 9일 촛불혁명을 통해 문재인 정부가 출범했다. 외교부는 그해 7월 31일 한일 일본군 위안부 피해자 문제 합의 검토 TF(이하 위안부 TF)를 공식 출범시켰다. 오태규 위안부 TF 위원장이 국회를 방문했을 때, 나는 의원과 함께 배석하여 "유엔 안보리 결의 1325호에 따르면, 전시 성폭력은 국제법상 사면대상이 아니기 때문에 12·28 합의는 무효이며, 일본정부에게 법적 책임을 물어야 한다"고 재차 강조했다.

2018년 10월 강경화 외교부 장관은 일본정부가 거출한 10억 엔으로 설립한 화해치유재단을 해산하겠다고 일본에 통보했다. 이로 인해 12·28 합의는 유명무실해졌지만, 10억 엔 반환 여부 등 후속조치는 아직도 해결점을 찾지 못하고 있다.

성평등기본법, 블랙홀에 빠지다

내가 18대 국회에서 보좌했던 의원은 당시 여성의원들의 대모(大母)였다. 의원은 성평등 실현을 위한 큰 그림을 그리면서 여성계의 숙원 과제를 풀어냈다. 15대 국회에서 여성특별위원장을 역임하면서 여성의 정치참여 확대를 위해 비례대표 여성의원 30% 할당제를 도입했고, 가정폭력방지법을 제정하는 등의 성과를 거두었다.

18대 국회에서 민주당은 의원에게 또다시 국회여성위원장을 맡겼다. 한사코 거부하던 의원은 18대 국회를 마지막 의정활동으로 여겼기에 우리 사회 여성이 더 큰 도약을 하기 위한 발판을 만들겠다는 사명감으로 국회여성위원장직을 수락했다. 그리고 1995년에 제정된 여성발전기본법을 전부 개정하여 '성평등기본법'으로 만드는 작업에 들어갔다.

성평등기본법 시안이 나오기까지

여성발전기본법은 1995년 베이징 세계여성대회 행동강령의 후속

작업으로 1995년 12월 제정되어 거의 15년간 우리나라 여성정책을 추진하는 밑돌이 되어 주었다. 학계와 시민단체는 15년 전에 제정된 여성발전기본법이 변화된 환경을 반영하지 못하고 있어 시대흐름에 맞게 개정해야 한다는 입장이었다.

이 같은 시민사회의 여론을 반영하여 성평등기본법안으로 전부 개정할 필요성이 제기됐다. 2009년 3월 26일 국회여성위원회 전체회의에서 여성발전기본법 전부개정안을 성안하는 사업을 추진하기로 의결했다. 이에 따라 위원회 산하에 입법자문위원회를 구성하기로 하고, 학계·법조계 등 전문가를 각 당에서 추천받아 총 아홉 명으로 자문위원회를 구성했다. 개정작업을 위한 실무지원단도 꾸렸다. 실무지원단에는 각 당 여성정책 전문위원, 수석전문위원실, 위원장실 보좌관, 비교섭단체 의원 보좌관, 그리고 여성가족부 공무원이 옵저버로 참여했다.

입법자문위원회는 2009년 4월 7일 발족한 뒤 총 다섯 차례에 걸쳐 자문회의를 개최했다. 실무지원단은 2009년 1월 21일부터 약 5개월간 총 일곱 차례에 걸쳐 의견수렴 및 시안검토 작업을 추진했다. 대외적으로는 두 차례에 걸쳐 공개토론회가 있었다. 그 결과, 2009년 6월 15일 「성평등기본법」이라는 제명으로 여성발전기본법 전부개정안 시안이 마련됐다.

여성발전기본법은 '여성의 능력을 개발하여 여성발전을 도모함으로써 남녀평등을 촉진하는 것'을 목표로 삼고 있었다. 그러나 성평등기본법 시안은 '사회의 모든 분야에서의 성차별을 금지하고, 남녀가 모든 분야에서 동등하고 공정하게 참여하는 성주류화 조치를 통해 성평등을 촉진하는 것'을 목표로 삼았다. 다시 말해 '여성발전'이라는 패러다임이 '성평등 촉진'으로 변화된 내용을 담고 있었다.

국회여성위원회는 2009년 6월 15일 성평등기본법 시안에 대한 입법토론회를 개최했다. 대다수는 '성평등 촉진'으로 패러다임을 전환해야 하는 데 공감했지만, 일부는 법률 제명에서 '여성'이 사라지고 '성평등'이 사용되는 것에 대한 불안감을 내비쳤다. 「여성발전기본법」으로도 얼마든지 양성평등을 실현할 수 있는데, 굳이 논란이 되는 성평등을 제명으로 사용해야 하느냐는 문제제기가 있었다.

여성부가 성평등 입법을 가로막다

2009년 1월에 시작된 여성발전기본법 전부 개정작업은 연말까지 빡빡한 일정으로 진행됐다. 입법자문위원회는 2009년 11월 23일 성평등기본법 시안 보고서를 국회여성위원회에 제출했다. 이제 국회여성위원회 법률안심사소위원회의 심사검토를 거쳐 위원회안으로 국회에 제출하는 일이 남아있었다. 위원장은 여야 간사들과 협의하여 그해 11월 31일 성평등기본법안을 전체회의에 상정하기로 했다.

그런데 여성부가 느닷없이 제동을 걸어왔다. 성평등기본법 시안을 전체회의에서 논의하는 것을 보류해달라고 요구했다. 결국 그날 전체회의에서 여당위원들의 반대로 성평등기본법 시안을 법안소위로 회부하지 못했다. 지난 1년간 여성부 여성정책국장은 입법 실무지원단에 참여하면서 단 한 차례도 문제제기를 하지 않았다. 그런데 국회 상임위 법안심사소위로 회부하기 직전에 정부가 제동을 걸고 나선 것은 매우 이례적인 일이었다.

국회여성위원장은 정부의 이 같은 무례가 입법권 침해로 해석될 수 있었음에도 감정적으로 대응하지 않았다. 위원장은 도리어 성평등기본법으로 제명이 바뀌면 여성부의 역할이 축소될 수 있다고 오해할 수 있다면서 직접 여성부 장관을 만나 설득해보겠다고 했다. 역시 여성부 장관은 성평등기본법에 대한 심각한 오해를 하고 있었다.

여성부 장관은 여성발전기본법이 성평등기본법으로 개정되면 여성부가 그동안 추진해왔던 여성정책이 축소되지 않겠느냐고 우려했다.

여성부 장관은 가정학회 출신으로 가족정책을 여성부의 핵심 업무로 끌어올린 장본인이었기 때문에 그런 오해가 충분히 가능했던 것이다.

위원장은 성평등기본법으로 전환된다고 해도 여성부가 그동안 추진해온 모든 업무는 그대로 존속·유지될 것이며, 오히려 다른 부처의 성평등정책을 총괄 조정하는 업무를 수행함으로써 여성부의 권한이 강화될 것이라고 강조했다. 위원장의 간곡한 설득에도 불구하고 장관은 긍정도 부정도 하지 않은 채 듣고만 있었다.

위원장은 정부의 체면을 생각해서 위원회 차원에서 다시 한번 공청회를 열어 국민들의 의견을 수렴하기로 했다. 여야 간사가 협의하여 공청회 일정을 잡도록 했다. 그런데 몇 달이 지나도록 공청회 일정은 잡히지 않았다. 여당 간사가 여성부의 제동으로 계속 공청회 일정 협의를 미루고 있었던 것이다. 때마침 정부조직개편으로 가족·청소년 업무가 여성부로 이관을 추진하고 있는 상황에서 더 이상 법률안 심의를 미룰 수 없었다. 위원장은 2010년 4월 14일 위원장 직권으로 여성위원회 전체회의를 소집하여 성평등기본법 시안을 법안소위로 회부했다.

성평등기본법 시안이 법안소위로 회부됐지만, 당시 여당 간사가 법안심사소위원장을 맡고 있어 법안심사 안건으로 상정되지 못했다. 결국 성평등기본법 시안은 국회여성위원회에서 논의되지 못하고 18대 전반기 국회가 끝나고 말았다. 2010년 5월 30일자로 국회여성위원장 임기를 마친 의원은 2010년 6월 23일 여야 의원 43명의 공동발의 서명을 받아 의원 대표발의로 국회 의안과에 접수했다.

여성정책기본법으로 정부안 발의

그 무렵 여성부는 정부안 발의를 앞두고 분주히 움직이고 있었다. 여성부는 정부안 입법예고를 앞두고 한국여성정책연구원에서 입법 공청회를 개최했다. 나는 국회여성위원회 심의관과 함께 공청회에 참석하여 정부안에 대한 의견을 제시했다.

정부안은 일단 법률안 제명부터 시대 흐름에 역행하고 있었다. 1995년 제정된 여성발전기본법이 지향하고 있는 '여성발전, 여성능력개발'이라는 패러다임을 고수하고 있었다. 기본법은 관련 정책의 큰 방향을 제시하고, 개별법을 선도해야 한다. 그런데 정부안은 여성가족부가 직접 추진하는 사업을 규정하는 데 급급한 법률안이었다. 무엇보다 여성부의 중요한 업무인 '성평등 정책조정 기능'이 빠져있어 정부 스스로 업무를 축소하고 있었다. 여성발전기본법보다 더 후퇴한 법률안이었다. 정부는 2010년 11월 9일 「여성정책기본법」이라는 제명으로 여성발전기본법 전부개정법률안을 국회에 제출했다.

성평등 의제로 대정부 질의에 나서다

의원은 정부가 변화된 환경에 맞는 성평등 정책을 펴나갈 수 있도록 견인하는 것이 국회의 역할이라고 믿고 있었다. 의원은 2011년 2월 임시국회에서 국무총리를 상대로 대정부 질의에 나서기로 했다. '성평등'이라는 단일 의제로 대정부 질의가 이루어진 것은 국회 개원 이래 처음이었다.

의원은 18대 국회에서 처음이자 마지막으로 대정부 질의에 나섰다. 준비과정에서 의원은 대정부 질의 원고를 23번에 걸쳐 수정했다. 원고 전체를 뒤집은 것은 아니었지만, 단어 하나까지 세심하게 공을 들여 완성됐다. 여성운동 1세대로서 의원은 미래의 지속 가능한 성장을 위해서는 성평등 의제가 국가적 어젠다로 추진되어야 함을 강조했다.

18대 국회 후반기 2011년 3월 10일 국회여성가족위원회는 「여성발전기본법 전부개정안」으로 제출된 정부안(여성정책기본법)과 의원

입법안(성평등기본법)에 대한 공청회를 개최했다. 정부안을 대변하는 진술인들은 '성평등기본법안'의 제명에 대해 심각한 우려를 나타냈다. 그들은 성평등기본법안으로 개정될 경우, 결혼이민자가족, 탈북여성 등 취약계층 여성에 대한 지원이 어렵게 된다는 억측에 가까운 주장을 폈다. 이들은 여성발전과 성평등 사이의 가치중립적인 용어로 '여성정책'을 제명에 포함시켜야 한다고 주장했다.

의원이 발의한 성평등기본법안을 지지하는 진술인들은 우리나라 여성정책 방향이 미래지향적으로 변화되어야 함을 강조했다. UNDP의 발표에 따르면 우리나라의 여성발전지수는 세계 150여 개국 중에서 25위를 차지할 정도로 매우 높은 수준이었다. 그런데 현실에서는 여전히 넓고 강고한 유리천장이 존재하고 있었다. 그 이유는 강고한 성차별 구조가 깨지지 않고 있기 때문이라는 설명이었다. 진술인들은 성차별 구조를 해소하기 위해서는 국가가 나서서 모든 영역에서 성평등을 촉진하는 정책을 펼칠 수 있도록 기본법이 든든한 밑돌이 되어야 한다고 강조했다.

이날 공청회는 아무런 결론을 내지 못했다. 세계는 이미 성평등 이슈를 미래 성장동력으로 인식하고 있는데, 우리는 여전히 보수와 진보의 이데올로기 영역으로 간주하는 한계를 극복하지 못하고 있었다. 우리 정부는 아직도 여성을 복지의 수혜대상이기 때문에 여성이 사회의 주류로 참여하는 것은 시기상조라고 인식하고 있었다.

대통령 설득에 나서다

수차례의 공청회를 비롯해 위원회 차원의 입법 추진, 대정부 질의까지 국회에서 할 수 있는 노력은 다 해보았지만, 여성발전기본법 전부개정 작업은 한 발짝도 앞으로 나가지 못했다. 그래도 의원은 성평등 입법을 포기하지 않았다.

우리 속담에 "하늘은 스스로 돕는 자를 돕는다"는 말이 있다. 성평등 입법을 위해 최선을 다해 노력하는 의원에게 해당되는 속담이었다. 드디어 대통령을 만나 설득할 기회가 찾아왔다. 국회외교통상통일위원회에서 미국으로 출장을 갔던 의원이 하루 일찍 귀국하겠다는 연락을 보냈다. 의원은 내게 인사동에서 대통령이 주관하는 친목모임이 있으니, 성평등기본법안 자료를 갖고 모임 장소로 급히 와달라고 했다.

의원은 과거 시민단체 대표를 할 때 당시 대기업 사장이었던 대통령과 친목모임을 함께 했던 인연이 있었다. 대통령은 취임 이후 이 친목모임 멤버들과 처음으로 오찬을 하는 자리를 마련했다. 의원은 여성발전기본법이 왜 성평등기본법으로 개정되어야 하는지에 대해 직접 손편지를 작성했다. 이 편지는 입법 자료와 함께 대통령에게 전달됐다.

나는 의원이 어떤 내용을 편지에 담았는지 무척 궁금했다. 며칠 지나서 의원에게 편지 내용을 조심스럽게 물었다.

"성평등은 이념의 문제가 아니라고 했어요. 국가의 발전과 위상을 높일 수 있는 의제라는 점을 강조했지요. 이 정부에서 성평등기본법이 통과되면 대통령에게는 큰 업적이 될 것이니 잘 검토해달라고 했어요."

의원의 진심이 담긴 편지글이 대통령의 마음을 움직였다. 청와대에서 국회여성가족위원회 심의관실로 성평등기본법안 진행상황에 대해 문의하는 전화가 걸려온 것이다. 대통령이 직접 검토해보라는 지시가 있었다고 했다. 그로부터 얼마 뒤에 돌부처 같았던 여성부가 움직이기 시작했다. 여성부 차관이 청와대 지시를 받고 정부안과 의원입법안을 놓고 합의점을 찾기 위해 의원실을 방문했다.

차관은 법률안 내용은 크게 바꾸지 않되, 제명에서 '성평등'이라는 말을 빼면 안 되겠느냐고 물었다. 의원은 제명이 사실상 내용을 결정하고 압축해서 표현하는 것인데, 제명에서 성평등을 빼면 내용과 제명이 불일치하게 된다며 차관의 제안을 거절했다.

18대 국회의 숙원사업이었던 성평등기본법안은 회기만료로 폐기됐고, 19대 국회의 공으로 넘겨졌다. 19대 국회가 시작됐다. 국회여성가족위원장이 여성발전기본법 전부개정안을 성평등기본법으로 재발의했고, 여당의원은 제명을 양성평등기본법으로 발의했다. 19대 국회에서도 수차례 제명을 둘러싸고 논란을 벌였지만, 결국 정부가 여당의원이 발의한 법안에 손을 들어주면서 2014년 5월 28일 여성발전기본법은 「양성평등기본법」으로 전부 개정됐다.

「성평등기본법」이라는 제명에 대해 우리 사회가 그토록 수용하기 어려웠던 이유는 남녀의 양성이 아닌 제3의 성에 대한 금기가 있었기 때문이었다. 여전히 제3의 성은 우리 사회에서 불가침의 영역이며, 금기로 인식되고 있었다.

성주류화를 향한 여정

1995년 중국 베이징에서 유엔 제4차 세계여성대회가 열렸다. 이 세계대회는 21세기 밀레니엄 시대를 앞두고 여성의 사회적 역할에 대한 새로운 비전이 제시되는 매우 중요한 자리였다. 유엔 회원국 정부와 NGO들이 다 함께 참여하여 여성 청소년부터 여성 노인까지 세대별로 제기될 수 있는 모든 의제가 다루어졌다.

꿈만 같았던 세계여성대회 취재기

나는 당시 취재기자로 베이징 세계여성대회에 참가했다. 참가신청이 늦어 기자들이 묵는 3성급 호텔을 잡지 못했다. 어쩔 수 없이 한국 NGO대표단이 묵고 있는 호텔의 한 객실에 끼어들기를 할 수밖에 없었다. 한국전문직여성클럽(BPW) 대표임원으로 참석한 선배와 룸메이트가 됐다. 나는 하루도 빠짐없이 호텔 측이 마련해준 셔틀버스를 타고 베이징 시내에서 한 시간가량 달려 화이러우 행사장으로 출근했다.

행사장에는 세계 각국의 여성들이 축제를 벌이고 있었다. 파푸아

뉴기니에서 온 여성들은 전통의상을 입고 섬나라 문화를 알렸다. 행사장 곳곳에 마련된 텐트에서는 크고 작은 세미나가 열렸다. 그중 한 곳이 눈에 들어왔다. 12세 이하의 소녀들이 만든 텐트였다. 그들은 성적 학대를 받는 아동청소년들의 현실을 고발하면서 세계인들의 관심과 구조를 요청하고 있었다. 그 어린 나이에 조직을 만들어 세계여성대회에 참가했다는 사실이 놀라웠다.

수십 개의 텐트를 기웃거리다가 지칠 지경이었다. 그래서 날짜별로 한눈에 세미나 일정을 볼 수 있는 팸플릿을 구하러 세계대회 비정부기구(NGO) 사무국 텐트를 방문했다. 나는 거기서 동양인 남성 자원봉사자를 발견했다. 세계대회 참가자 및 자원봉사자가 모두 여성이었는데, 유일하게 청일점을 발견한 것이다. 혹시나 한국인이 아닌가 싶어 한국말로 팸플릿을 구할 수 있냐고 물었는데 돌아오는 대답이 명쾌한 한국말이었다. 그는 미국 뉴욕에서 정보통신회사를 다니다가 한 달간 휴가를 내고 세계여성대회 자원봉사자로 참여하게 됐다고 했다. 그날 저녁식사를 하면서 인터뷰를 하게 됐다. 그를 통해 미국 여성운동의 역사를 들을 수 있었고, 그가 유년기를 보냈던 페루에서의 여성의 삶에 대해 많은 이야기를 들을 수 있었다.

나는 그날 호텔로 돌아가는 셔틀버스를 놓쳐버렸다. 때마침 베이징으로 들어가는 빵차(택시 용도로 쓰이고 있는 미니 봉고차)가 있어 합승을 하게 됐다. 호텔로 돌아오니, 자정이 넘었다.

설상가상으로 다음 날 아침 프런트에서 몇 시에 퇴실하는지 문의하는 전화가 걸려왔다. 내가 보증금으로 걸었던 숙박료가 다 소진되어 오늘 퇴실을 해야 한다는 것이다. 나는 그때서야 내가 묵고 있었던 호텔이 5성급인 데다 세계여성대회 기간 동안 숙박료를 두 배로 올렸다는 것을 알게 됐다. 하루 숙박료가 20만 원이 넘었다.

갑자기 노숙자 신세가 되어버렸다. 짐을 챙겨 나와 여성신문 기자에게 전화를 걸어 그 방에서 신세를 질 수 있겠냐고 물었다. 같이 방을 쓰고 있는 룸메이트가 있어서 세 명이 머물기는 어렵다고 했다. 당시 한국NGO대표단 대변인이 같은 호텔에 묵고 있어서 도움을 청해보기로 했다. 대변인은 1인실을 쓰고 있었다. 대변인은 바닥에 침구를 놓고 지낼 수 있으면 같이 지내도 좋다고 했다. 그렇게 3박 4일을 대변인과 한 방에서 지냈다. 밤마다 잠들기 직전에 마셨던 서양 발효주 '꼬냑'의 맛을 잊을 수가 없다. 그 대변인은 22년 후, 2017년 문재인 정부의 첫 외교부 장관에 임명됐다.

유엔 세계여성대회, 성주류화 시동

베이징 세계여성대회에서 여성과 빈곤문제를 포함한 12개 의제에 대한 행동강령이 제시됐다. 이 행동강령에는 여성이 정치, 경제, 문화, 사회 등 모든 분야에서 주체적으로 참여하여 성평등을 실현해야 한다는 '성주류화(gender mainstreaming)'전략이 담겨 있었다.

유럽국가들이 성주류화 실천에 가장 빠른 행보를 보였다. 유럽의회는 2003년 3월, '성인지예산결의문'을 채택했다. 이에 따라 유럽국가들은 국가 주요사업에서 성별 불균형을 해소하기 위한 '성인지예산서'를 작성하여 의회에 제출했다. 국제의원연맹(IPU)도 2004년 《의회와 성인지예산과정》이라는 책자를 발간하고, 회원국들에게 입법부가 성인지예산 제도화에 나서줄 것을 권고했다.

이런 국제적 흐름에 부합하여 우리나라도 본격적인 성주류화 시대를 열어갔다. 성주류화의 3대 정책도구로 성별분리통계, 성별영향평가, 성인지예산 제도를 갖추어 나갔다. 2007년 통계법을 개정하여, 모든 국가사업에서 남녀를 구분한 통계체계를 구축하고 성평등 정책 및 예산 편성에 기초자료로 활용하기 시작했다. 2002년 여성발전기본법을 개정하여, 국가의 주요 정책 및 사업에 대해 성별수혜격차 등을 분석평가하여 입법과 예산에 성평등 정책 대안을 제시하는 성별영향평가를 실시하도록 했다. 마지막으로 2006년 국가재정법을 제정하면서, 정부는 예산이 여성과 남성에게 미칠 영향을 미리 분석한 보고서, 즉 성인지예산서를 작성하여 국회에 제출하도록 했다. 2009년 10월 처음으로 '2010 회계연도 성인지예산서'가 국회에 제출됐다.

아시아국가 최초로 '성인지예산제도' 도입

우리나라는 아시아국가 중에서 가장 먼저 성인지예산제도를 도입했다. 2009년 아시아 개발도상국가 공무원들의 국회 방문이 이어졌다. 그들은 우리나라의 성주류화 입법과정을 들으면서 자신들의 나라에서도 이 제도를 도입하고 싶다는 강한 의지를 드러냈다. 국회여성위원장은 개도국 공무원들에게 1995년 베이징 세계여성대회 이후 우리가 제정한 여성발전기본법을 시작으로 가정폭력방지법, 남녀고용평등법, 일·가정 양립 지원에 관한 법률 등 여성의 권익보호와 관련된 입법과정을 자세하게 설명했다. 또한 성인지예산서를 비롯한 성주류화 입법으로 정부가 모든 정책과 사업에서 성평등을 촉진하는 기반을 마련했다고 소개했다.

국회여성위원장의 성주류화 입법에 대한 자부심에도 불구하고, 정부가 2009년 처음으로 국회에 제출한 2010 회계연도 성인지예산서는 어디에 내보일 수 없을 정도로 부실한 보고서였다. 통계상의 오류는 다반사였고, 성별분리통계도 없는 사업이 성인지예산 대상사업으로 기재됐고, 성평등 목표는 물론 실행계획도 없었다. 성인지예산서를 왜 작성해야 하는지에 대한 공감대가 전혀 없는 무지한 보고서였다.

이런 성인지예산서를 근거로 국가정책과 사업에서 성평등 효과를 기대한다는 것은 어불성설이었다. 국회의 무관심이 더 큰 문제였다. 국회가 예산심의를 통해 잘못된 성인지예산서에 대해 교정을 해줘야 함에도 국회예산정책처는 물론 각 상임위원회 입법조사관들도 성인지예산서를 심의할 준비가 되어 있지 않았다.

성인지예산 교육을 시작하다

2009년 11월 2010 회계연도 예산안 심의를 앞두고 있었다. 의원은 우선 국회여성위원회 위원들을 대상으로 성인지예산제도 교육 간담회를 하자고 제안했다. 이 간담회에는 성인지예산서를 작성하는 각 부처 공무원들에게 컨설팅을 실시했던 한국양성평등진흥원 교수, 성인지예산서 작성의 주무부처인 기획재정부(이하 기재부) 문화예산과장, 여성가족부 성별영향평가과장이 참석해서 위원들의 이해를 도왔다. 나는 심의관과 함께 '성인지예산안 심의에 관한 매뉴얼'을 만들어 배포했다. 보좌진들의 실무를 돕기 위한 참고자료였다.

이런 노력에도 불구하고 2010 회계연도 예산안 부속서류로 제출된 성인지예산서는 제대로 심의되지 못했다. 국회여성위원회, 보건복지위원회 등 일부 상임위원회 소속 위원들만 몇 가지 성인지예산대상사업 선정의 오류를 지적했을 뿐이다. 국회의원 대다수가 '성인지예산'을 '여성 관련 예산'으로 인지하고 있었다. 국가재정의 성주류화를 실천하기 위한 사전보고서라는 인식이 전혀 없었다. 이런 수준으로 어떻게 성인지예산을 끌고 갈 수 있을지 막막했다.

성주류화의 3대 정책도구가 제대로 활용되지 못하고 있는 것도 큰 문제였다. 성별분리통계는 꾸준히 보완되고 있었지만 여전히 미비했고, 정부 주요사업에 대한 성별영향평가 결과도 성인지예산으로 반영되지 않고 있었다. 게다가 예산담당 공무원이 겸무를 하고 있어 성인지예산이 공무원들에게 골칫덩이가 되고 있었다.

국회성인지예산제도연구회 발족

오직 여성가족부만이 성주류화제도를 안착시키기 위해 고군분투하고 있었다. 2011년 1월, 여성가족부가 한국여성정책연구원에서 성별영향평가와 성인지예산의 연계 방안에 대해 전문가 간담회를 개최했다. 나는 국회여성가족위원회 여당 간사위원 보좌관과 함께 간담회에 패널로 참석했다. 이날 간담회에는 성인지예산서를 직접 작성하는 중앙부처 공무원들이 참석하지 않아 현장의 어려움을 듣지 못한 아쉬움이 있었다.

국회로 돌아오는 길에 나는 여당 간사위원 보좌관에게 성인지예산제도 공부모임을 만들자고 제안했다. 국회가 성인지예산 심의를 제대로 하려면 먼저 보좌진들의 예산서 분석능력을 키워야 한다고 생각했기 때문이다. 그런데 운영 경비가 문제였다. 직원연구단체는 연간 예산이 60만 원 정도로 세미나 한 건을 하기에도 부족했다. 나는 "뜻이 있는 곳에 길이 있지 않겠냐"며 여당 간사위원 보좌관을 설득했다. 우리는 다음 날부터 바로 정회원을 모집하기 시작했다.

그리고 일주일이 지났다. 2011년 1월 18일 국회성인지예산제도연구회를 발족시켰다. 대표는 내가 맡기로 했고, 여야 보좌진 간사까지 갖추고, 국회여성가족위원회 심의관을 연구회 고문으로 모셨다. 국회사무처 입법조사관 3명, 의원실 보좌진 14명이 정회원으로 가입했다. 2009년 5월 유럽으로 성인지예산제도 연수를 갔을 때 동행했던 국회예산결산특별위원회(이하 예결위) 입법조사관을 연구회 정회원으로 가입시켰다는 게 나름의 성과였다. 예결위 검토보고서에 한 줄이라도 성인지예산서에 대한 검토의견을 남길 수 있는 기회였기 때문이다. 연구회는 한 달에 한 번 점심시간을 활용해 세미나를 열어 상임위별로 성인지예산서를 검토하기 시작했다.

전문가 발제가 필요하면 주로 국회예산정책처 예산분석관이나 여성가족부 성별영향평가과장 등을 불러 도움을 요청했다. 같은 기관 소속이거나 정부 부처 공무원들은 별도의 사례비를 받지 않았다. 한 번 세미나를 할 때마다 도시락 비용 정도만 소요됐기 때문에 6개월 정도는 큰돈을 들이지 않고도 꾸려갈 수 있었다.

하지만 외부 연구기관에서 발표자를 섭외하거나 세미나 자료집 제작 등을 하기에는 예산이 턱없이 부족했다. 그래서 나는 국회의원 연구단체를 새로 만들어서 성주류화 정책을 본격적으로 다루어볼 것을 의원에게 제안했다. 당시 국회사무처에 약 100여 개의 의원연구단체가 등록되어 있었지만, 성주류화를 의제로 다루는 의원연구단체는 없었다. 솔직히 의원연구단체에 지원되는 연간 2천만 원이 넘는 예산이 우리에게는 너무 필요했기 때문이다.

나의 제안에 의원은 고개를 저었다. 국회의원 연구단체는 의욕적으로 일할 수 있는 초선의원이 중심이 돼서 꾸려가는 게 맞다고 했다. 자신이 나서면 초·재선 의원들에게 민폐가 될 수 있다는 것이었다. 초선의원들을 배려하는 마음을 익히 알고 있었기에 더 이상 권하지 못했다. 의원은 대신 보좌관이 국회 직원들과 성인지예산 공부모임을 하는 데는 적극적으로 예산을 지원하겠다고 했다. 그 뒤 의원실과 국회성인지예산제도연구회의 공동 주최로 수차례 세미나를 개최하여 큰 도움을 받았다.

유럽은 어떻게 성인지예산서를 작성하고 있을까

2009년 5월, 국회여성위원회 심의관의 추천으로 유럽의 성인지예산제도가 어떻게 정착되어가고 있는지를 살펴볼 기회를 갖게 됐다. 한국여성정책연구원이 주관하고, 기재부, 여성가족부, 국회여성위원회가 참여하는 연수 프로그램이었다. 우리는 노르웨이, 스웨덴, 프랑스 3

개국을 다녀왔다. 젠더 이슈를 주로 다루는 관련 부처 국장, 성인지예산서를 작성하는 재정부 국장들과 수차례 미팅을 가졌다. 그들은 성인지예산(gender burget) 도입 배경과 기대효과 등을 자세히 설명했지만, 우리나라에서 이 제도를 접목시킬 구체적인 방안을 찾지는 못했다. 원론적인 강의를 듣는 수준이었다. 당시 우리는 성인지예산서 작성을 경험해보지 못한 상황이었기 때문에 비교대상이 없어 그들이 쓰고 있는 성인지예산서가 매우 막연하게 느껴졌던 것이다.

그런데 2011년 5월에 있었던 2차 해외 성인지예산제도 시찰은 큰 의미가 있었다. 2009년 11월 우리 정부가 처음으로 작성했던 성인지예산서가 국회에 제출됐을 때, 부실하게 쓰인 예산서에 대해 다양한 비판이 제기됐고, 보좌진들이 공부모임까지 하고 있었기 때문에 유럽국가의 사례를 직접 듣고 볼 수 있었던 시찰은 우리에게 매우 유용한 경험이었다.

2011년 해외시찰에는 2009년과 달리 한국여성정책연구원 성인지예산센터와 국회성인지예산제도연구회가 참여했다. 스웨덴 스톡홀름과 봇쉬르카 지방정부, 오스트리아 비엔나 연방정부를 방문했다.

스웨덴은 유럽국가 중에서 가장 먼저 성인지예산제도를 도입했다. 1988년에 경제정책에 성주류화를 도입하여, 예산서 부록으로 「여성과 남성의 경제적 자원 배분 보고서」를 발간했다. 1999년 성평등 관점을 정부의 모든 정책에 반영하기 위한 연구가 시행됐고, 2002년부터는 성평등국과 재정부가 협력하여 지역발전, 사회적 서비스, 교통 등 정책영역에서 평등한 분배를 위한 프로젝트가 시범사업으로 진행됐다. 2004년 중앙정부는 5개년 계획으로 성주류화 계획을 채택하여 모든 정책에서 성평등 분석을 시행하고, 성평등 목표와 결과지표를 포함한 보고서를 의회에 제출했다.

스웨덴 중앙정부는 2003년 각 부처의 성주류화제도 운영을 위해 21명의 성평등담당관(gender equalith coordinatiors)를 지정했다. 또한 정부

기관 내 약 150명의 성주류화 관련 실무그룹이 구성되어 있고, 각 부처의 성평등담당관과 성주류화 업무를 담당하는 성평등국 공무원으로 구성된 부처 간 성평등 작업그룹이 유기적으로 연계되어 있었다. 2005년 1월 중앙정부에 '성주류화 전문가위원회'를 결성했고, 위원회에서는 각 부처 간 성주류화 정보를 제공하고 각 부처의 경험을 공유하는 포럼 등을 추진하고 있었다.

우리 일행은 스웨덴 중앙정부 성평등국의 소개로 봇쉬르카시를 방문했다. 봇쉬르카시는 스웨덴 26개 지방자치단체 중의 하나로 다섯 번째로 큰 도시였다. 봇쉬르카시는 2008년부터 2011년까지 단계적 목표를 세워 성인지예산제도 도입을 준비했다. 2008년에는 각 부서의 예산담당관을 대상으로 성주류화의 정책도구인 성별분리통계, 성평등 분석 등에 관해 기본교육을 실시했다. 이 교육과정에는 340여 명의 지역 정치인들 중 100여 명이 참가할 정도로 높은 관심을 보였다. 2009년에는 각 예산사업에 성별분리통계를 제시해 기존 예산 편성과제에 변화를 시도했다. 2010년에는 각 부처 공무원들에게 성인지예산의 평가·모니터링뿐만 아니라 성평등 분석을 통해 발견된 성불평등을 개선하기 위한 조치를 취하도록 했다.

오스트리아는 2009년 1월 헌법 개정을 통해 2005년부터 진행하던 성인지예산제도를 법제화했다. 이에 따라 연방정부는 2009년 처음으로 일반 예산에 반영된 성인지예산의 활동을 전반적으로 기술한 연방정부 전략보고서를 발간했다. 연방정부는 2013년부터 예산서에 사업예산의 결과목표(성과목표)를 최대 다섯 개까지 명시하도록 하고, 최소 한 개 이상의 성과목표는 반드시 성평등을 직접적으로 다룬 내용을 포함시키도록 했다.

오스트리아 지방정부는 연방정부보다 훨씬 앞서 성인지예산제도를 시행했다. 2005년 1월 비엔나 정부는 일반예산에 성인지예산을 포함시켜 성주류화 전략을 확장시켰다. 지방정부 예산실에 성인지예산

담당관을 지명하여 2006년부터는 예산서에 성인지예산과 관련한 구체적인 부분이 포함되어 작성됐다.

오버외스터라이히 주정부는 2004년 파일럿 프로젝트로 성인지예산 분석을 시도하며 성인지예산을 체계적으로 도입했다. 이 프로젝트는 유럽연합(EU)의 지원을 받았다. 보건, 교육, 스포츠 분야의 정책에서 성격차 해소를 위한 방안 연구를 통해 성과목표 달성을 위한 세부지표를 개발했다.

지방정부의 정책에 성주류화를 실현하기 위해 성주류화센터가 설치됐다. 센터는 사회학, 경제학, 정치학을 전공한 성주류화 전문 코디네이터들이 워크숍이나 교육행사 등을 통해 정책과 사업에 성주류화를 실현시킬 수 있도록 공무원들을 상담하고 예산서 작성을 지원하고 있었다. 우리나라가 지방자치단체 산하에 성별영향평가센터를 설치하여 지자체 공무원들의 성주류화 시행을 지원하는 것과 같은 방식을 취하고 있었다.

지역살림에 성인지 현미경이 필요하다

우리도 중앙정부가 성인지예산을 적극 활용하지 못하고 있는 사이에 지방정부에서 먼저 성인지예산 도입의 필요성이 제기되기 시작했다. 2006년부터 지방자치단체의 예산감시운동에 참여한 여성단체가 지역살림에 성평등 관점의 필요성을 제기하고 있었다. 급기야 성인지예산네트워크가 결성되어 지방정부 예산을 집중적으로 들여다보기 시작했다.

여성단체는 당시 각 지방자치단체에서 지역축제 행사에 단골 프로그램으로 등장했던 미인선발대회 지원예산을 전액 삭감하고, 지역특산품 판매에 예산을 전환해야 한다고 주장했다. 또한 농촌진흥청이 추진행던 여성 농민 일자리 사업을 확대해서 여성 농민의 소득을 늘릴 것을 요구했다. 농촌진흥청은 1990년대부터 여성 농민의 노동력을 이용해 농산품 가공사업, 농식품 체험사업을 지원하고 있었다. 당시 약 1,500여 명의 여성 농민들이 사업장을 운영하고 있었고, 사업장별로 연평균 7천만 원 이상의 매출을 올렸다.

2004년부터 시작된 성별영향평가사업도 중앙부처는 굵직한 몇 개의 사업만을 형식적으로 평가하고 있는 데 반해, 지방정부에서는 수백 개가 넘는 사업에 대해 성별영향평가사업이 진행되고 있었다. 지방정부가 추진하는 대다수 사업이 생활밀착형이었기 때문에 여성들의 참여를 독려할 수 있었다. 경기도의회는 '성평등 조례'까지 제정하여, 성인지예산제도 시행을 위한 만반의 준비를 갖추고 있었다. 중앙정부에서는 외면받고 있던 성인지예산제도가 지방에서는 시민단체와 지방정부가 합심하여 성평등사업을 적극적으로 발굴해나가고 있었다.

생활밀착형 예산 사업의 상당수가 성인지예산사업으로 분류되고 있었다. 지방정부가 적극적으로 성인지예산사업을 편성할 수 있도록 날개를 달아줄 필요성이 제기됐다. 그러자면 지방재정법에 근거를 만들어야 했다. 의원은 평소 생활정치에 큰 관심과 애정을 갖고 있었기에 지방정부에서부터 성인지예산을 관철시키자는 제안을 흔쾌히 받아들였다. 의원은 2009년 8월 19일 지방재정법 개정안을 대표발의했고, 이 법률 개정안은 2011년 3월 8일 국회본회의를 통과하여 2013년부터 지방정부도 성인지예산서를 지방의회에 제출하게 됐다.

주민참여예산과 융합된 성인지예산

지방정부의 성인지예산은 주민참여예산제도와 결합되어 주민들이 직접 만들어가는 민주주의예산으로 발전하고 있었다. 주민참여예산제도는 1989년 브라질 히우그란지두술(Rio Grande do Sul)주의 주도인 포르투알레그레(Porto Alegre)에서 최초로 실시됐다. 주민들이 직접 참여한 예산 편성 과정이 성공적으로 운영됐고, 1996년 국제연합에서 '세계 40대 훌륭한 시민 제도'로 선정될 만큼 모범적이라는 평가를 받았다. 이후 이 제도는 브라질 내에서 빠르게 확산됐고, 전 세계로 퍼져나갔다.

우리나라 지방자치단체 중 주민참여예산제도가 최초로 도입된 곳은 광주광역시 북구였다. 이후 울산광역시 동구, 대전광역시 대덕구 등으로 확대됐고, 2011년 3월부터 지방재정법에 모든 지방자치단체가 주민참여예산제도를 의무적으로 운영하도록 개정됐다. 주민참여예산제도는 예산 편성을 중심으로 예산 집행과 결산 및 성과 평가 등에 이르기까지 지방의회의 예산 심의·의결 과정을 제외한 예산 과정 전체로 확대됐다.

주민참여예산제도는 주민들이 자발적으로 참여예산위원회를 구성하고, 공청회 등을 통해 주민의견을 수렴해서 지자체의 예산 편성 및 심의까지 직접 참여할 수 있기 때문에 지방재정의 직접민주주의를 실현할 수 있는 매우 귀중한 제도이다. 따라서 참여예산위원회에 성인지예산분과위원회를 두고 지방정부의 성인지예산서를 분석하고, 성평등 목표에 직접적으로 기여하는 성인지예산사업을 제안할 수 있게 됐다.

성인지예산제도 도입 10년째 제자리걸음

지방정부에서는 시민단체와의 거버넌스가 가능했기 때문에 성인지예산제도가 비교적 빠른 속도로 정착될 수 있었다. 그러나 국가재정에서 성평등 제고를 기대할 수 있는 곳은 국회의 관심뿐이었다. 국회가 성인지예산서 작성이 충실하게 이루어지고 있는지를 감시하지 않는다면 아무런 의미를 갖지 못하는 부속서류에 불과했다.

나는 성인지예산서에 대한 관심의 끈을 계속 잡고 있어야 했다. 일종의 의무감이었다. 19대 산업통상자원위원회에서도 성인지예산대상사업으로 이공계 산업인력육성사업에 가산점 제도를 도입해서 여성 참여비율을 늘려야 한다는 것을 계속 강조했다. 20대 환경노동위원회에서도 고용노동부가 전문성을 갖는 정규직 일자리에 여성 비율을 높일 수 있는 유인책을 추진할 것을 강조했다. 경력단절 여성들의 재취업율을 높이는 것도 중요하지만, 남녀 근로자 모두에게 출산·육아휴직제도를 도입하여 경력단절을 예방하는 사업이 성인지예산에 포함되어야 함을 지적했다. 여성의 고용안정은 모성보호가 기본정책으로 추진될 때 가능하다고 생각했기 때문이다.

정부와 언론은 성인지예산에 대한 잘못된 인식을 가지고 있었다. 매년 성인지예산서가 국회에 제출되면 언론은 앞다투어 성인지예산 규모의 증감여부를 단순화시켜 보도했다. 성인지예산서는 일반 예산과 달리 증감의 규모가 중요하지 않았다. 대상사업의 성별 수혜격차를 얼마나 줄였는지를 평가하고, 국가재정의 성별 불균형 해소에 어느 정도 기여했는지를 평가하는 분석보고서라는 점을 간과하고 있었다.

20대 하반기 국회기획재정위원회에 배정되면서 나는 비로소 성인지예산을 총괄하는 기재부를 움직이게 할 기회를 잡았다. 늘상 외곽에서 헛발질만 하다가 센터에 들어온 기분이었다. 성인지예산제도가 도입된 지 10년이 지났는데도, 왜 성인지예산은 제자리걸음을 할 수밖에 없는지에 대한 종합적인 검토가 필요했다.

2018년 10월 기재부 국정감사에서 10년간 허술하게 운영된 성인지예산제도의 문제점을 조목조목 짚었다. 2017년 기준으로 OECD 회원국 성별임금격차 평균이 13.6%인데, 우리나라는 34.6%로 최하위로 나타났다. 세계경제포럼이 발표한 성별격차지수(GGI)도 144개 회원국 중 118위로 최하위 수준이었다. 이는 성인지예산서가 국가재정을 성평등하게 배분하는 데 기여하지 못했다는 것을 드러내는 징표였다.

성인지예산서를 총괄하는 기재부가 컨트롤타워 역할을 하지 못하고 있다는 게 가장 큰 문제였다. 기재부는 각 부처와 공공기관이 작성한 성인지예산 대상사업을 취합해 예산서로 묶어내고 있을 뿐이었다. 기재부는 한 해 약 500조 원에 달하는 국가예산을 계획하여 분배하고 편성하는 권한을 갖고 있으면서도, 성인지예산서는 여전히 찬밥 취급을 하고 있었다.

2018년 3월 유엔여성차별철폐위원회(이하 CEDAW)도 기재부에 성인지예산제도 운용과 관련하여 적극적 조치를 권고했다. 2014년 6월부터 기재부, 여성가족부, 행정안전부, 통계청, 한국여성정책연구원 등 다섯 개 기관과 민간위원으로 구성된 성인지 예·결산 상설협력체가 운영되고 있었지만, 법적 근거를 갖추고 있지 않아 인력 및 재정지원이 수반되지 않았다. CEDAW는 세계 각국이 추진하고 있는 성인지예산제도가 여성의 경제적 불평등을 해소하는 데 주요한 역할을 한다고 판단하고, 성인지예산서가 국가재정의 성평등을 견인할 수 있도록 하기 위해서는 상설협력체가 법률에 근거하여 운영되어야 한다고 권고했다.

당시 기재부는 복지예산과에서 35개 중앙부처에서 작성된 성인지예산서를 취합하여 묶어내고 있었다. 모든 예산사업을 성인지 관점으로 평가·분석하여 작성된 예산서를 총괄 분석하려면 기재부 예산실에 성인지 예·결산 담당관을 둘 필요가 있었다. 의원은 2018년도 기재부 국정감사에서 경제부총리에게 성인지 예·결산담당관 직제를 신설할 것을 제안했다.

경제부총리는 기재부에 새로운 직제를 신설하는 것은 행안부와 협의를 거쳐야 하는 등 복잡한 절차가 있어 쉬운 일이 아니라고 했다. 다만, 경제부총리는 직제 신설은 어렵지만, 여성가족부 등이 참여하는 상설협의체에서 긴밀하게 협의해서 성인지예산서가 충실하게 작성될 수 있도록 노력하겠다고 답변했다. 야당위원들까지 공무원 수를 증원하는 것은 국민적 공감대를 얻기 어렵다고 반대했다. 의원은 2019년 국정감사에서 다시 제기하겠다며 한발 물러섰다.

2019년 10월 국정감사에서 기재부의 성인지예산 부실운용의 문제를 다시 제기했다. 이번에는 35개 중앙부처가 제출한 2020회계연도 성인지예산 대상사업을 집중적으로 분석해서 성의 없이 제출된 성인지 예산서의 실태를 드러냈다.

국회사무처는 2019, 2020년 단 한 건, '대한민국 어린이국회'(1억 2,900만 원) 사업을 성별수혜 통계도 없이 성인지예산 대상사업으로 선정했다. 이 사업은 학교 단위로 남녀 구분 없이 초등학교 6학년 어린이들의 신청을 받아 법률안 작성 등 의회정치 체험기회를 제공하고 있었다. 국회사무처는 한국여성정책연구원 성인지예산센터에 '어린이국회' 사업을 2020년 성인지예산 대상사업에서 제외해줄 것을 요청했다. 이에 연구원은 "어린이 의정교육의 기회가 성별로 평등하게 부여되는지를 확인하는 등 지속적인 점검이 요구된다"며 계속 성인지예산대상사업으로 선정을 권고했다. 2020년에도 어린이국회사업은 억지춘향 격으로 성인지예산사업으로 제출됐다.

반면, 국회사무처는 성평등 목표 달성에 직·간접적으로 기여하는 사업들을 대거 누락시켰다. △국회 성희롱·성폭력 예방교육, △성희롱 고충상담실(공감) 운영, △여성정치학교 운영 및 여성정치사 편찬 사업(사단법인 여성의정 보조금사업), △국회어린이집 돌봄 연장 지원, △의원회관 보좌진 출산 및 육아휴직 대체인력 지원사업 등이다. 국회사무처는 이런 사업이 성인지예산 대상사업에 포함되어야 한다는 것을 인지하지 못하고 있었다.

중앙선거관리위원회(이하 중선관위)도 성인지예산 대상사업 발굴에 소극적이었다. 중선관위 예산사업 중 수십억 원 규모인 여성추천보조금사업과 여성정치발전사업은 성평등 목표 달성에 직접적으로 기여하는 사업이다. 그런데 이런 사업은 성인지예산대상사업에서 누락됐고,

2019, 2020년 각각 '여성정치참여교육(1억 6,800만 원)' 사업만을 성인지예산대상사업으로 제출했다.

억지로 끼워맞춘 성인지예산 대상사업도 있었다. 국토교통부가 제출한 '환승센터구축지원'(247억 원) 사업은 대중교통 이용객의 성별 통계도 없이, 여성이 대중교통 의존도가 높다는 주관적 평가를 바탕으로 성인지예산사업으로 제출됐다. 여성들이 신고 다니는 하이힐 굽이 보도블록에 끼기 쉽다는 이유로 보도블록 교체사업도 성인지예산에 반영됐다.

기재부가 약속을 지켰다

2019년 10월 23일 기재부 국정감사 마지막 날, 의원은 허술하게 제출된 성인지예산서를 조목조목 지적하면서 "기재부의 젠더의식 부재가 10년째 알맹이 빠진 성인지예산서를 제출하게 만든 원인"이라고 비판했다. 의원은 "모든 국고보조금사업에 평가위원회가 있듯이 성인지예산에도 평가관리위원회를 도입해야 하지 않느냐. 지금 실무자가 와서 이야기했다는데 부총리는 이런 대안에 대해 왜 말씀을 적극적으로 안 하시는지 모르겠다"고 다그쳤다. 마치 속사포처럼 쏘아붙이는 의원의 질의에 경제부총리는 당황하며 "더 보완하는 방안을 강구하도록 하겠다"고 답변했다.

나는 23일 기재부 국정감사가 시작되기 전에 기재부 복지예산과장에게 잠깐 의원실에 들러달라고 부탁했다. 당일 국정감사장에서 의원이 부총리에게 성인지예산담당관 신설과 평가관리위원회 구성에 대해 질의를 할 테니, 미리 답변을 준비해달라고 과장에게 귀띔했다. 그 자리에서 과장은 국가보조사업 평가위원회처럼 성인지 예·결산사업도 평가단을 구성할 필요가 있다는 데 공감을 표시했다. 이미 기재부 내에서 평가단 구성과 관련해서 논의가 진행되고 있다고 했다.

나는 국정감사장에 있던 의원에게 기재부 과장과 사전 협의된 내용을 문자로 알렸다. 의원은 부총리에게 명쾌한 답변을 기대했으나, 부총리가 모호한 답변을 내놓자 실무자가 말한 내용까지 언급하면서 부총리를 다그쳤던 것이다.

의원의 질의가 끝나고 기재부 복지예산과장이 난처한 상황에 놓여있을 수 있다는 생각에 과장에게 문자를 보냈다. 과장은 부총리가 더 보완하는 방안을 강구하겠다고 한 답변은 사실상 의원의 제안을 수용하겠다는 뜻이 담겨있다고 말했다. 감사한 일이었다.

2019년 국정감사가 끝나고 기재부가 성인지예결산 운영협의체에 대한 법적 근거를 마련하기 위해 한국여성정책연구원에 연구용역을 의뢰했다는 소식이 들려왔다. 그리고 1년이 흘렀다. 2020년 10월 27일 성인지예결산협의회 운영규정이 기재부 훈령 제518호로 제정되어 국가법령정보센터에 올라왔다.

기재부 훈령으로 법적 근거를 갖게 된 성인지예결산협의회는 기재부, 여성가족부, 행정안전부, 보건복지부, 국토교통부 등 정부부처 관계자는 물론 민간위원까지 참여해 35개 중앙부처가 제출하는 성인지 예·결산서의 작성기준과 대상 사업의 선정기준을 꼼꼼하게 살필 수 있게 됐다. 또한 협의회가 정한 성인지예산서 작성지침과 대상사업 선정기준을 미리 검토하고 분석하는 전문평가위원회도 구성됐다. 성인지예결산협의회는 이제야 비로소 예산과 인력이 뒷받침되어 안정적으로 운영할 수 있는 기반을 구축하게 됐다.

35개 부처 양평담당관이 성주류화 주도

2019년 5월 19일 법무부, 대검찰청, 교육부, 고용노동부, 문화체육관광부, 보건복지부, 국방부, 경찰청 등 여덟 개 중앙부처에 양성평등정책담당관이 신설됐다. 2018년 사회 각계에서 미투 사건이 터져 나오자, 여성가족부가 모든 영역에서 성희롱·성폭력 사건에 대응하는 게 한계가 있다고 판단하여 각 부처의 특성에 맞는 성폭력 대응체계를 구축해야 한다는 취지로 8개 부처에 양성평등정책담당관이 신설됐다.

양성평등정책담당관(이하 양평담당관)은 성폭력 대응체계 구축과 더불어 정부의 양성평등 과제 발굴을 포함한 성주류화제도 운영을 전담하도록 했다. 양평담당관실이 설치된 2019년 5월은 2020년 성인지예산서를 각 부처에서 작성을 마치고 기재부에 제출이 완료된 시점이었다. 그렇지만 2021년에는 양평담당관이 직접 기획하고 발굴한 양성평등 과제가 성인지예산서에 반영될 수 있을 것으로 기대를 모았다.

2020년 10월, 21대 국회여성가족위원회 첫 국정감사에서 양평담당관이 있는 8개 부처의 성주류화 정책을 집중적으로 점검해보았다. 성인지예산서가 도입된 지 10년이 경과하고 있었지만 성인지예산 대상사업의 적절성 문제가 끊이지 않자, 기재부는 2019년 성인지예산서에는 성평등 목표달성에 직접 기여하는 사업과 간접 기여하는 사업으로 구분하여 성인지예산 대상사업을 제출하도록 지침을 마련했다.

2021년 성인지예산서의 직접목적사업의 규모가 크게 증가됐을 것이라는 기대가 있었다. 한국여성정책연구원에서 여덟 개 부처가 제출한 2021년 성인지예산서를 받고 기대는 곧 실망으로 변해버렸다. 2020년 대비 교육부는 189억 원, 문화관광체육부는 5억 원, 보건복지부는 무려 3,700억 원이 줄었다. 법무부, 경찰청, 고용노동부 등 세 개 부처는 전년 대비 직접목적사업 예산이 조금씩 증가했고, 국방부만 군어린이집 운영예산 488억 원이 새롭게 추가되어 증가폭이 높게 나타났다.

여덟 개 부처의 양평담당관실이 추진하는 모든 사업은 사실상 성평등 목표 달성에 직접 기여하는 성인지예산 대상사업에 해당한다. 양평담당관실에서 적극적으로 성평등사업을 기획하고 발굴해서 대상사업에 포함시켰다면 이런 결과가 나올 리가 없었다.

성평등 목표 달성에 직접 기여하는 사업예산이 줄어든 데는 여덟 개 부처의 양평담당관실 예산부족이 원인이었다. 2021년 정부안으로 편성된 여덟 개 부처 양평담당관실 예산규모는 거의 쥐꼬리 수준이었다. 이런 홀대 예산으로 각 부처가 세운 성평등 목표를 제대로 달성할 수 있을지 의문이 들었다. 법무부 2.5억 원, 대검찰청 1.5억 원, 경찰청 3.9억 원, 보건복지부 2.6억 원, 고용노동부 12.5억 원, 문화체육관광부 10.3억 원, 교육부 19.5억 원, 국방부 43.8억 원으로 부처별 격차도 매우 크게 나타났다.

특히 보건복지부는 2021년 직접목적의 성인지예산사업이 전년대비 3,700억 원이 감소됐다. 그 이유는 양평담당관실의 홀대예산에 있었다. 2021년 보건복지부 전체 예산규모가 90조 원인데, 보건복지부의 성평등정책을 총괄하는 양평담당관실 예산은 고작 2.6억 원이었다. 전체 예산의 0.0003%에 불과했다.

국방부가 43.8억 원으로 가장 큰 규모의 양평담당관실 예산안을 편성한 데는 성고충전문상담관(50명) 인건비 비중이 높았기 때문이다. 양평담당관실 예산으로 1억 원 내지 3억 원 미만을 편성한 부처는 사실상 양성평등정책 과제 발굴 및 성인지예산대상사업 발굴 등을 추진한다는 게 불가능했다. 이 예산으로는 각 부처에 의무적으로 설치한 양성평등위원회의 워크숍이나 정례회의 등을 추진하기에도 부족한 상황이었다.

여성가족부가 여덟 개 부처 양성평등정책담당관 협의체를 운영하고 있었다. 이에 여성가족부 장관은 부처의 양평담당관실이 제대로 성평등정책을 추진할 수 있도록 기재부와 협의하여 최소한의 예산안 가이드라인을 마련할 것을 주문했다.

또한 현재 여덟 개 부처에만 신설된 양평담당관실은 성인지예산서를 제출하는 35개 중앙부처에 모두 설치해야 한다. 성인지예결산협의회가 대상사업을 찍어주는 수동적인 방식을 지양하고, 각 부처의 양평담당관실에서 양성평등정책 과제를 적극적으로 기획하고 발굴하여 성인지예산으로 반영할 때 성주류화의 실현 가능성이 높아질 수 있다. 특히 성인지예산을 총괄하는 기재부에 성인지예결산담당관 혹은 양평담당관 신설은 성주류화의 도약을 위한 필수요소라는 점을 재차 강조했다.

화해치유재단, 일본정부의 친위대였나

2015년 12월 28일, 한·일 외교장관 합의문이 발표됐다. 일본정부가 거출한 10억 엔을 일본군 위안부 피해자들에게 지급하는 조건으로 일본군 위안부 문제를 최종적 및 불가역적으로 종결시키겠다는 합의였다. 한국정부는 2016년 7월 '화해치유재단'을 설립하여 일본정부가 거출한 10억 엔을 위안부 피해자와 사망자 유족에게 현금으로 지급하는 사업을 강행했다.

여성가족부가 조선총독부인가

2016년 5월 30일, 20대 국회가 개원한 뒤 '12·28 합의'는 정치권의 최대 화두가 됐다. 특히 국회여성가족위원회는 첫 회의부터 화해치유재단의 설립을 준비하고 있는 여성가족부에 대해 맹렬한 비판을 쏟아냈다.

1993년 제정된 「일제하 일본군위안부 피해자에 대한 보호、지원 및 기념사업 등에 관한 법률」(이하 위안부피해자지원법)은 여성가족부 소관 법률이었다. 이 법률은 일본군 위안부 피해자의 명예회복과 진상규명을 위한 기념사업을 수행하기 위하여 제정됐다. 또한 국가는 피해자의 명예회복과 인권증진 및 진상규명, 올바른 역사교육 등을 위하여 국내외적으로 적극 노력하여야 한다고 명시하고 있었다. 야당위원들은 여성가족부가 12·28 합의를 이행하기 위해 재단설립을 추진하는 것에 대해 일제히 비판하고 나섰다. 재단설립은 위안부피해자지원법의 취지에 반한다는 것이었다.

2013년 10월 당시 여성가족부 장관이 UN총회에서 사상 처음으로 일본정부에 위안부 피해자들에 대한 공식사과와 법적 책임을 요구했던 연설문을 떠올렸다. 당시 이 연설은 국제사회에 큰 울림을 주었다. 그 한 대목을 소개한다.

"국제사회는 무력분쟁지역에서의 여성에 대한 성폭력을 근절하기 위해 수많은 선언과 결의안을 도출했습니다. 또한 유엔 안보리는 결의안 1325를 통해 반인륜적 범죄를 행한 가해자에 대해 시기와 국적에 관계없이 조사하고 기소할 책임이 있다고 선언했습니다. 그럼에도 왜 이런 범죄가 여전히 자행되는 것일까요? 그것은 과거에 저지른 범죄를 제대로 청산하지 못했기 때문입니다. 잘못에 대한 진정한 반성과 사과가 없었기 때문입니다. 그 단적인 예가 바로 위안부 문제입니다. 상처를 치유할 수 있는 유일한 길은 당사국의 진정성 담긴 사과와 책임 있는 이행조치, 그리고 왜곡된 역사를 바로잡는 것입니다. 사과는 같은 잘못을 반복하지 않기 위한 용기 있는 노력이자 약속입니다. 위안부 피해 할머니들에 대한 일본정부의 사과와 책임 있는 조치를 촉구합니다."

여성가족부 장관이 UN총회에서 밝혔듯이 위안부 피해자들은 일본정부의 공식적인 사과와 법적 배상을 원하고 있었다. 일본정부가 거출한 10억 엔의 위로금을 원했던 것이 아니었다. 게다가 우린 국민의 73%가 2015년 12월 28일 한일 외교장관의 합의를 반대하고 있었다.

그 합의문에는 10억 엔이라는 위로금으로 반인륜적 범죄를 면책받겠다는 의도가 담겨있었기 때문이다.

일본정부의 이런 검은 속내는 오래지 않아 모습을 드러냈다. 2017년 1월 일본정부는 전쟁범죄를 부인하는 보고서를 유엔에 제출했고, 자민당 간부는 소녀상이 철거되지 않으면 재원을 출연할 수 없다는 망발을 쏟아냈다. 게다가 일본정부가 출연하겠다고 한 10억 엔이 법적 배상금이라면 민법상 피해자들에게 직접 전달해야 하는데, 우리 정부가 만든 제3의 비영리법인에게 그 책임을 돌리고 있었다. 한국정부가 위안부 피해자를 설득해서 강제로 위로금을 지급하라는 의미였다.

일본정부는 한 번도 10억 엔의 성격을 공식사과에 대한 법적 배상금이라고 한 적이 없었다. 당시 합의문이나 일본정부의 태도에 비춰볼 때 10억 엔은 명목상 위로금으로 다시는 위안부 문제를 들추지 말라는 강제성 기금이었다. 여성가족부는 위안부 피해자인 자국민의 인권과 존엄을 보호하고 지킬 의무가 있었다. 그런 여성가족부가 나서서 일본정부의 반인륜적 범죄에 면죄부를 주는 재단설립을 추진하는 것은 어불성설이었다. 국회여성가족위원회 야당위원들은 여성가족부가 과거 일제강점기의 조선총독부 역할을 하겠다는 것이냐며 위안부 피해지원재단 설립을 당장 중단할 것을 촉구했다.

우리 정부는 국민 대다수와 국회의 반대에도 불구하고 2016년 7월 일본정부의 요구대로 재단법인으로 '화해치유재단'을 설립했다. 그리고 위안부 피해자와 유족들을 일일이 찾아다니며 일본정부가 주는 '강제 위로금' 수령을 부추겼다. 야당위원들은 그해 여성가족부 국정감사에서 12·28 합의의 진실 규명을 위해 △12·28 협상 테이블에 앉았던 외교부 장관 및 관계자, △일본의 출연금 10억 엔을 수령한 화해치유재단 이사장, △위로금 수령을 거부하고 있는 일본군 위안부 피해 당사자 등을 핵심 증인과 참고인으로 채택하고자 했으나 여당의 반대로 무산됐다.

국회여성가족위원회 소속 야당위원들은 10월 12일 위안부 관련 증인채택을 거부한 여당을 규탄하는 기자회견을 가졌다. 야당위원들은 일본정부가 12·28 합의 이후에도 위안부에 대한 망언을 일삼고, 10억 엔을 준 대가로 '소녀상 이전'과 '위안부 기록물 유네스코 등재' 취소를 압박하고 있는데도 우리 정부는 계속 일본과의 협력만을 강조하고 있다고 비판했다. 정부의 이런 태도는 12·28 한·일 위안부 협상에서 이면합의가 있었을 것이라는 의혹을 불러일으켰다.

12·28 합의문 '동상이몽'

12·28 한일 외교장관이 발표한 공동선언문의 내용과 해석에도 차이가 있었다. 한국 외교부가 발표한 공동합의문은 다음과 같다.

1항. 일본정부는 위안부 문제에 대한 책임을 통감하고 사죄와 반성의 마음을 표명한다.

2항. 한국정부가 위안부 피해자들을 위한 재단을 설립하고 일본정부가 자금을 거출한다.

3항. 일본정부가 이상을 표명하며 이상 말씀드린 조치를 착실히 실시한다는 것을 전제로, 이번 발표를 통해 위안부 문제가 최종적 및 불가역적으로 해결될 것임을 확인한다. 또한 일본·한국정부는 향후 국제사회에서 이 문제에 대해 상호 비난·비판을 자제한다.

한국정부 외교부 홈페이지에 게재된 합의문과 일본 외무성 홈페이지에 올라온 합의문을 비교해보았다. 합의문 3항에서 큰 차이를 발견했다. 한국 외교부는 "이상 말씀드린 조치"에 1항과 2항을 포괄하는 것으로 해석하고 있었다. 반면 일본 외무성 홈페이지에는 "이상 말씀드린 조치" 대신 "2항의 조치"라고 분명하게 게재되어 있었다. 다시 말해 2항의 조치(한국정부가 위안부 피해자들을 위한 재단을 설립하고 일본정부가 자금을 거출한다)로 위안부 문제가 최종적 및 불가역적으로 해결된 것으로 보고 있었다.

한국정부는 일본의 공식사과와 10억 엔 출연을 전제로 위안부 문제가 해결됐다고 선언했지만, 일본정부는 (공식사과는 전제하지 않고) 10억 엔 출연으로만 모든 것이 끝났다고 해석하고 있었다. 그래서 일본정부는 12·28 합의 이후에도 전쟁범죄를 부인하는 보고서를 유엔에 제출할 수 있었던 것이며, 일본 아베 총리는 위안부 피해자에게 사죄편지를 보낼 의사가 없다고 당당히 말할 수 있었던 것이다.

10억 엔의 정체성 혼란

2016년 9월 26일 국회외교통상통일위원회 국정감사에서도 10억 엔의 성격을 두고 논란이 있었다. 외교부 장관은 일본정부가 출연한 10억 엔의 성격에 대해 명확한 답변을 하지 못했다. 일본정부가 공식사과의 대가로 10억 엔을 출연한 것이라면 법적 배상금이라고 답하지 못할 이유가 없었다. 여성가족부도 10억 엔의 성격을 명확하게 규정하지 못했다. 화해치유재단 이사장은 재단설립 준비위원회 1차 회의에서는 10억 엔을 '치유금'이라고 했다가, 국회 외교통상통일위원회 국정감사 증인으로 출석했을 때는 "배상금 성격을 지닌 치유금"이라고 궁색한 답변을 내놓았다.

한국정부의 이 같은 애매한 답변과 달리 일본정부는 일관된 입장을 유지했다. 일본은 1965년 한일청구권협정으로 일본군 위안부 피해자에 대한 법적 책임은 모두 끝났다는 입장이었다. 한일청구권협정 제1조와 제2조에 따르면 일본은 한국에 10년에 걸쳐 무상 3억 달러, 유상 2억 달러를 제공함으로써 식민지 지배에 따른 모든 보상문제가 완전하게 최종적으로 해결됐다고 보고 있었다. 그러나 우리 대법원과 헌법재판소, 그리고 국민들은 이 협정으로 모든 것이 끝났다고 판단하지 않았다.

2011년 8월 헌법재판소는 결정문에서 "일제강점기에 일본군 위안부로 강제 동원되어 인간의 존엄과 가치가 말살된 상태에서 장기간 비극적인 삶을 영위했던 피해자들의 훼손된 인간의 존엄과 가치를 회복시켜야 할 의무는 대한민국임시정부의 법통을 계승한 지금의 정부가 국민에 대하여 부담하는 가장 근본적인 보호의무에 속한다"며 우리 정부의 부작위(不作爲: 해야 할 일을 하지 않는 것)에 대해 위헌 결정을 내렸다. 2012년 5월 대법원도 "일제강점기의 강제동원 자체가 불법이고, 개인의 손해배상 청구권은 살아있다"고 판결했다.

게다가 2000년에 채택된 유엔 안보리 결의 1325호 11항에 따르면, 분쟁지역에서의 성폭력과 같은 반인륜적 범죄는 국제법상 사면대상이 아니며, 평화와 인간안보 실현을 위해 반드시 당사국에 책임을 물어야 한다고 밝히고 있었다. 이는 1965년 한일청구권협정에 따른 5억 달러의 보상금과 2015년 12·28 합의에 따른 10억 엔 출연으로 일본 정부가 저지른 반인륜적 범죄는 사면될 수 없다는 것을 의미했다.

우리나라 최고 사법기관은 물론 국제법으로도 일본군 위안부 문제는 돈으로 사면될 수 없다는 것을 명확하게 선언하고 있는데도 유독 박정희, 박근혜 정부에서만 두 번의 굴욕합의가 이루어졌다. 국민들은 박정희, 박근혜 부녀 정권에게 무엇 때문에 국민의 자존심을 짓밟으며 굴욕적 합의를 해야 했는지 엄중한 질문을 던지고 있었다.

화해치유재단, 10억 엔 강제수령 종용

일본군 위안부 문제는 위안부 피해자들이 12·28 합의 무효소송까지 제기할 정도로 상황이 악화됐다. 그럼에도 화해치유재단은 피해자와 유족들에게 위로금을 강제로 수령하게 하는 등 일본정부의 대리인처럼 행동하고 있었다. 2017년 1월 국회여성가족위원회 임시회에서는 화해치유재단의 10억 엔 강제집행을 질타하는 목소리가 터져 나왔다.

화해치유재단은 2016년 12월 말 기준으로 생존 피해자 46명 가운데 34명이 위로금을 신청했고, 31명에게 1억 원씩 지급했다고 밝혔다. 그런데 31명의 위로금 수령자 중의 일부가 재단 측의 강요에 따라 억지로 위로금을 받았다는 증언이 나왔다. 이에 대해 재단 측은 자발적 신청에 따라 위로금을 지급했다고 주장하면서도 합의서와 녹취록 등의 증거를 개인사생활 보호를 이유로 제출하지 않았다.

경남의 한 시민단체는 2017년 1월 18일 기자회견을 통해 화해치유재단이 위로금 집행 실적을 높이기 위해 할머니들과 가족들에게 강제로 돈을 지급하고 있다고 폭로했다. 경남 통영에 살고 있는 당시 99세였던 피해 할머니는 자신의 통장으로 1억 원이 들어온 사실도 알지 못했고, 그 돈이 무슨 돈인지도 알지 못했다. 그 돈은 조카 명의 통장으로 들어왔고, 조카가 관리하고 있었다. 창원에서도 비슷한 일이 있었다. 뇌경색으로 의사소통이 불가능한 할머니에게 돈을 받으려면 눈을 깜빡여보시라고 한 뒤에 재단 관계자들이 사진을 찍는 등 요식행위를 하면서 위로금을 집행했다.

12·28 이면합의 있었다

2017년 5월 문재인 정부가 들어서자, 일본군 위안부 합의를 둘러싼 진실 규명 작업이 새로운 국면을 맞이하게 됐다. 2017년 7월 외교부 장관 직속 '한·일 일본군 위안부 피해자문제 합의 검토 태스크포스'(이하 위안부 TF)를 발족하고, 2014년 4월의 제1차 국장급 협의부터 2015년 12월 28일 합의가 나오기까지의 과정을 조사했다. 위안부 TF는 2017년 12월 27일 조사보고서를 통해 12·28 합의는 당시 박근혜 대통령과 이병기 비서실장의 주도하에 강행됐고, 외교부는 고위급 '밀실 협상'을 감추기 위한 전달 창구 역할을 했고, 한·일 외교장관 합의문에 없었던 이면합의가 있었다고 밝혔다.

보고서에 따르면 한·일 정부 간 위안부 합의를 위한 협상이 본격 개시된 것은 2014년 3월 네덜란드 헤이그 핵안보정상회의에서 열린 한·미·일 3국 정상회담 직후다. 한·일 양국 정상은 이 자리에서 위안부 문제를 다루기 위한 국장급 협의 개시에 합의했고, 그해 4월 16일 제1차 외교 국장급 협의가 열렸다. 이듬해 1월까지 여섯 차례에 걸쳐 국장급 협의가 진행됐으나 양측이 접점을 찾지 못하면서 2015년 2월 고위급 비공개 협의가 열렸다.

일본 측에서는 국가안전보장회의 사무국장, 한국 측에서는 박 전 대통령의 지시로 이병기 당시 국가정보원장이 대표로 나섰다. 외교부는 이 고위급 협의에 참여하지 못했다. 국장급 협의는 여섯 차례나 더 열렸지만 외교부는 청와대로부터 협의결과를 전달받아 검토의견을 전달하는 역할만 맡았다. 고위급 '밀실' 협상을 감추기 위해 외교부가 연극을 했던 것이다.

한·일 고위급 비공개 협의는 2015년 2월부터 그해 12월 합의 발표 직전까지 모두 여덟 차례 열렸다. 이 과정에서 위안부 합의 이후 논란이 됐던 '최종적·불가역적 해결', '소녀상 이전 문제', '관련 단체 설득', '제3국 기림비 문제', '성노예 용어 사용' 등에 관한 조율이 이루어졌고, 이 부분은 비공개로 진행되어 공동합의문에는 포함되지 않았다.

보고서에 따르면, "비공개 언급 내용은 한국정부가 소녀상을 이

전하거나 제3국 기림비를 설치하지 못하게 관여하거나 '성노예(sexual slavery)' 표현을 사용하지 않기로 약속한 것은 아니나, 일본 쪽이 이러한 문제에 관여할 수 있는 여지를 남겼다"고 평가했다. 이어 "2015년 4월 제4차 고위급 협의에서 잠정 합의 내용이 타결된 뒤 외교부는 내부 검토회의에서 네 가지의 수정·삭제 필요사항을 정리했는데, 여기 비공개 부분의 제3국 기림비, 성노예 표현 두 가지가 들어 있고, 공개 및 비공개 부분의 소녀상 언급도 포함돼 있었다"며 "이는 외교부가 비공개 합의 내용이 부작용을 불러올 수 있음을 인지하고 있었다는 것을 보여준다"고 밝혔다.

보고서는 합의에서 가장 큰 논란을 야기한 문구 중 하나인 '불가역적'이라는 표현은 한국 측이 사죄의 불가역성을 강조하는 차원에서 먼저 거론했으나 합의에서는 당초 취지와 달리 '해결'의 불가역성을 의미하는 것으로 맥락이 바뀌었다고 설명했다.

위안부 TF는 "외교부는 협상을 진행하는 과정에서 피해자 쪽에 때때로 관련 내용을 설명했지만 최종적·불가역적 해결 확인, 국제사회 비난·비판 자제 등 한국 쪽이 취해야 할 조치가 있다는 것에 관해서는 구체적으로 알려주지 않았다. 돈의 액수(일본의 피해자 지원 재단 출연금 10억 엔)에 관해서도 피해자의 의견을 수렴하지 않았다. 결과적으로 피해자들의 이해와 동의를 이끌어내는 데 실패했다"고 평가했다.

화해치유재단, 일본 친위대 오명 쓰고 해산

화해치유재단도 일본정부의 친위대라는 오명을 쓴 채 해산절차에 들어갔다. 여성가족부는 2017년 12월 27일 화해치유재단 설립·운영 과정을 점검한 결과, 대통령 지시에 따라 재단이 졸속으로 설립됐고, 피해자들에게 지원금 수령을 종용했다는 조사결과를 발표했다. 우리 정부는 2018년 7월 10억 엔을 전액 정부 예산으로 충당하기 위해 예비비(103억 원)를 편성했고, 여성가족부는 2018년 11월 21일 화해치유재단 해산을 추진하고 재단 사업을 종료하기로 결정했다고 밝혔다. 이로써 화해치유재단은 발족 2년 4개월 만에 해산절차에 들어가게 됐다.

피해당사국의 역할은

여성가족부는 2001년부터 일본군 위안부 피해자 지원법에 근거하여 피해자들의 명예회복과 생활안정지원사업을 펼쳐왔다. 그랬던 여성가족부가 12·28 합의의 후속조치로 재단을 만들어 피해자들에게 위로금 강제수령을 종용했다는 것은 크나큰 실책이었다. 여성가족부의 존재 이유를 망각한 행동이었다.

2021년 3월 5일 일본군 위안부 생존자인 이용수 할머니가 위안부 문제를 국제사법재판소에 회부해달라고 호소하는 기자회견을 가졌다. 피해자들은 지난 30년간 일관되게 일본정부의 공식사과와 법적 배상을 요구해왔다. 그런데 한국과 일본정부는 1965년 한일청구권협정, 2015년 한일 외교장관 협의 등으로 두 번씩이나 정치적 협상으로 반인륜적 전쟁범죄를 덮으려고 했다. 지난 2월 12일 정복수 할머니의 별세로 정부에 등록된 일본군 위안부 생존자는 단 15명만 남았다. 그래서 이용수 할머니는 시간이 얼마 남지 않았다며 국제사법재판소에서 일본의 전쟁범죄를 밝히겠다고 나선 것이다.

국제사회는 이미 2000년 유엔 안보리 결의 1325호를 통해 성폭력과 같은 반인륜적 범죄는 국제법상 사면대상이 아님을 선언했다. 지금이라도 피해 당사국인 우리 정부가 평화와 인간안보 실현을 위해 국제사법재판소에서 일본의 책임을 규명할 수 있도록 나서야 할 때이다.

국회는 왜 미투 사각지대인가

2018년은 '#미투' 원년으로 기록됐다. 서지현 검사는 2018년 1월 29일 검찰 내부통신망 '이프로스(e-pros)' 게시판에 "나는 소망합니다"라는 글을 올렸다. 그 뒤 JTBC 뉴스룸에 출연하여 성추행 피해 사실을 고백했다. 이 사건은 한국판 미투 운동의 기폭제가 됐다. 교육, 문화, 체육계 등 우리 사회의 모든 분야에서 벌어졌던 성폭력 피해자들의 울분이 터져 나왔다.

미투 운동의 절정은 김지은의 고백이었다. 최고 권력자에 의한 성범죄가 얼마나 은밀하고 교묘하게 이루어졌는지, 그리고 한 여성의 인생이 어떻게 짓밟혔는지 보여주는 절정판이었다. 2018년 3월 5일, JTBC 뉴스룸에서 안희정 충남도지사가 자신의 수행비서를 8개월에 걸쳐 지속적으로 성폭행 및 성추행했다는 충격적인 내용이 보도됐다.

3월 5일 안희정 사건이 터져 나오기 전까지 정치권은 모두가 한목소리로 우리 사회의 미투 운동에 열렬한 지지와 응원을 보냈다. 그런데 안희정 사건 이후 진영논리가 개입되면서 음모론적 시각이 대두됐다. 민주진영에서 그것도 유력한 대권후보였던 정치인이 미투 가해자로 지목된 것은 엄청난 충격이었다.

국회의 첫 미투 '펜스룰' 등장

2018년 1월 서지연 검사의 미투 이후 '여의도 옆 대나무숲'이라는 이름으로 운영되는 소셜네트워크에서는 위계·위력에 의한 권력형 성폭행을 고발하는 목소리가 봇물 터지듯 쏟아지고 있었다. 모두가 익명으로 쏟아내는 분노였다. 국회라는 조직의 특성상 실명으로 미투를 하기에는 위험요소가 너무 많았기 때문이다. 국회의원과 상급자 보좌진에 의한 성희롱, 성추행, 언어폭력, 지속적 괴롭힘, 그리고 성폭력, 강간 피해까지 대나무 숲은 아비규환의 현장이었다.

그러다 3월 5일 오후 3시경 국회 홈페이지 내부망에 실명으로 성폭력 피해사실을 고발하는 글이 올라왔다. 국회에서의 첫 미투였다. 그는 2012년부터 3년간 4급 보좌관에게 위계에 의한 지속적인 폭력에 시달렸다고 털어놨다. 피해자는 내가 잘 아는 후배였다. 나는 이 글을 보는 순간 숨이 막힐 듯한 고통을 느꼈다. 얼마나 괴롭고 외로웠을까. 선배가 돼서 그런 고통을 당하고 있다는 것도 알지 못하고 어떠한 위로도 하지 못했다는 자책감에 한동안 넋이 나가 있었다.

직장 내 위계에 의한 성폭력은 끊임없는 괴롭힘을 동반한다. 국회 내 권력관계와 폐쇄성은 피해자들의 신고 자체를 불가능하게 만들고 있었다. 후배 역시 3년 내내 성희롱, 성추행 등 성폭력은 물론 조직에서 고립되는 등 괴롭힘에 시달렸다. 가해자에게 항의하면 할수록 권력과 정보를 독점하고 있는 직위를 이용해 괴롭힘의 정도가 심해졌다. 게다가 가해자의 지인과 동료들에 의한 2차 가해가 노골적으로 진행됐고, 남자 보좌진 사이에서는 '펜스룰'로 방어막을 치는 이들이 생겨났다.

국회 밖에서 터져 나오는 미투 외침에 대해서는 여야가 한 목소리로 응원과 지지를 보냈다. 그런데 막상 국회 내에서 첫 미투가 나오자 국회의원들은 침묵했고, 보좌진은 펜스룰을 치며 여성 보좌진을 경계하는 등 분위기가 이상하게 돌아갔다.

국회윤리특위, 국회 미투 실태조사

나는 여의도옆 대나무숲에서 익명으로 피해를 호소하는 이들에게 숨을 쉬게 해주고 싶었다. 우선 민주당보좌진협의회(이하 민보협)에서 국회 내 미투 실태조사를 추진할 것을 제안했다. 민보협은 예산부족으로 실태조사를 추진할 수 없어 더 이상 국회 미투 피해자가 발생해서는 안 된다는 취지의 성명서를 발표하는 데 그쳤다.

그러던 차에 의원이 마치 내 마음을 읽은 듯이 실태조사를 제안했다. 당시 의원은 국회윤리특별위원회(이하 윤리특위) 위원장을 맡고 있었다. 국회 상임위별로 전·후반기 각각 2천만 원 내외의 연구용역비를 집행할 수 있었는데, 윤리특위에서 미투 실태조사를 위한 연구용역을 시도해보자고 했다. 천군만마를 만난 것처럼 신이났다.

문제는 예산이었다. 의원은 전문 여론조사기관에 맡겨서 국회 직원 전체를 대상으로 실태조사를 해보자고 했지만, 1천만 원가량의 예산으로 여론조사기관을 섭외하기는 어려운 일이었다. 결국 여성운동 출신 연구진의 도움을 받을 수밖에 없었다. 성공회대 민주주의연구소와 인천 여성의전화팀이 참여해 국회 역사상 처음으로 미투 실태조사를 실시했다. 실태조사 대상도 의원회관에 근무하는 국회의원과 보좌진으로 축소됐다. 국회사무처, 예산정책처, 입법조사처, 국회도서관 등은 조만간 국회인권센터가 설치되면 그때 거기서 추진하는 것으로 미뤄두었다.

미투 조사, 못마땅한 민주당 의원들

성공회대 민주주의연구소팀과 의원실은 설문조사 문항 작성부터 배포, 수거까지 한 몸이 되어 움직였다. 2018년 4월 3일부터 5일까지 국회의원을 포함해 의원회관에 근무하는 보좌진 약 3천여 명을 대상으로 설문조사가 이루어졌다. 실무자들이 직접 의원실을 방문해 국회의원과 보좌진에게 설문지를 전달하고 하루 이틀 뒤에 직접 수거하는 방식으로 진행됐다.

국회에서 실태조사를 하기 전에 여성가족부가 국회를 포함해 국가기관 공무원들을 상대로 온라인투표 방식으로 미투 설문조사를 진행했지만, 참여율이 매우 저조했다. 그래서 우리는 참여율을 높이기 위해 조사대상자들이 직접 기입하고 전달하는 방식을 취하기로 했다.

4월 3일 설문조사가 시작된 첫날부터 반응이 나타나기 시작했다. 국회의원들의 대다수는 침묵으로 일관했고, 4급 남성 보좌관들의 일부는 "무슨 의도로 이런 설문조사를 하느냐"며 불평을 쏟아냈다. 그러나 인턴직과 7급 이하 보좌진들은 미투 설문조사를 반기는 분위기였다. 의원실로도 항의전화가 오기 시작했다. "왜 개별 국회의원이 이런 설문조사를 하느냐. 하려면 민주당 소속 의원실만 하면 되지, 왜 전체 의원회관 근무자를 잠재적 범죄인으로 취급하느냐"는 등 항의전화가 빗발쳤다.

그런데 뜻밖에도 미투 실태조사에 대해 민주당 소속 의원실에서 더 부정적인 반응을 보였다. 민주당의 대권 주자였던 안희정 지사의 성폭력 사건의 충격에서 벗어나지 못한 상황에서 국회로 미투가 번지는 것에 대한 두려움이 컸던 것으로 보여졌다. 민주당 소속 몇몇 의원들은 실태조사의 주최가 민주당 소속의 국회의원이라는 데 강한 불만을 표시하며 의원에게 강력히 항의했다.

4월 3일 오후 동료 의원들에게 엄청난 항의전화에 시달린 의원은 나에게 전화를 걸어 "설문지 문항에 대해 의원들의 문제 제기가 있는데 몇몇 문항을 고칠 수 있겠냐"고 물었다. 이미 인쇄된 설문지가 배포된 뒤였기에 불가능한 일이었다. 당 지도부의 비판을 예상치 못한 것은 아니었지만 막상 의원들로부터 비난이 쏟아지자 의원도 심적으로 부담을 느낄 수밖에 없었다. 그럼에도 의원은 나라 전체가 젠더폭력으로 몸살을 앓고 있는데, 민의를 대변하는 국회에서 젠더폭력 문제를 덮고 갈 수 없다고 판단하여 실태조사를 강행하기로 결정했다.

성폭력 신고할 엄두도 내지 못했다

국회 미투 실태조사 결과는 예상대로 충격적인 내용을 담고 있었다. 5월 2일 윤리특위 위원장실에서 〈국회 내 성폭력 실태조사〉 결과를 발표하는 기자간담회를 가졌다. 이번 조사는 국회의원 및 보좌진 2,750여 명을 대상으로 구조화된 설문지를 이용한 자기기입방식으로 진행됐다. 총 1,818부를 배포하고 958부를 회수해 52.7%의 응답율을 보였다. 여성은 43.1%, 남성은 56.6%가 응답했다. 예상보다 높은 회수율을 접하면서 그동안 국회의 구성원들이 얼마나 이런 소통에 목말라 했는지를 짐작할 수 있었다.

국회 내 성폭력 범죄의 피해경험에 대한 응답 결과는 충격 그 자체였다. 국회 의원회관 근무자들이 일상적으로 성희롱 및 성추행에 노출되어 있었다. 국회에 들어온 이후 지금까지 목격하거나 들은 적이 있는 성폭력 범죄는 '성희롱'(338명)이 가장 많았다. 그다음은 가벼운 성추행(291명), 심한 성추행(146명), 스토킹(110명), 음란전화나 음란문자, 음란메일(106명), 강간미수(52명), 강간 및 유사강간(50명) 순으로 조사됐다.

피해자의 대다수는 여성의 하위 직급에 몰려있었다. 직접 피해를 입었다는 응답자는 모든 성폭력범죄 유형에서 여성이 남성보다 월등히 많았다. 피해자의 현재 직급은 여성은 7급 이하가 월등히 높았고, 가해자로 지목된 남성은 6급 이상이 다수였다. 가해자에는 국회의원도 포함되어 있었다. 이 같은 결과는 국회 내의 성폭력 범죄 피해가 상급자에 의한 위계·위력에 의해 발생하고 있다는 것을 보여주었다.

가장 놀라운 대목은 국회 성희롱고충전담창구에 성폭력 피해 신고가 단 한 건도 없었다는 것이다. 「국회사무처 성희롱예방 및 처리지침」에 따라 국회사무처 인사과에 성희롱고충전담창구가 설치되어 있었다. 응답자의 다수가 성희롱고충전담창구가 설치되어 있다는 것을 '모르고 있다'(전혀 모른다 55.9%, 알더라도 내용은 잘 모른다 38.4%)고 답했다. 또한 국회 내 성폭력범죄가 발생한다면 해당 기구가 적절히 처리하지 못할 것이라고 생각하는 부정적인 응답이 64.1%에 달했다.

실태조사에 앞서 국회사무처로부터 성희롱고충전담창구에 접수된 피해신고를 포함하여 성비위사건으로 징계처분을 받은 자료를 받아보았다. 검찰 등 외부로부터 접수된 성비위행위자에 대한 징계처분이 최근 10년간 아홉 건이 있었고, 징계수위도 3개월 이내의 감봉이나 정직 1~2월 등으로 경미한 수준에 그쳤다. 10년간 국회 내 성희롱고충전담창구에 접수된 성고충 제기는 세 건에 그쳤고, 그중 한 건만 면직처분이 이루어졌다. 이 또한 국회사무처 소속 직원에 의한 고충제기였고, 국회의원회관 내 보좌진에 의한 고충제기나 신고는 한 건도 없었다.

주관식 설문조사에서 피해자의 대다수는 "국회사무처 내에 성고충전담창구가 있다는 걸 알고 있었지만 (해고 혹은 보복 등에 대한 두려움 때문에) 신고할 엄두를 내지 못했다"고 답했다. 다만 응답자의 상당수가 형식적으로 설치한 '성희롱고충전담창구'보다는 독립적인 기구로 '국회인권센터'가 설치될 경우, 국회 내 성폭력범죄 예방 및 피해자 인권보호에 도움이 될 것이라는 기대감을 내비쳤다.

가해자에 처벌강화가 압도적이었다

응답자들은 국회 내 성폭력범죄를 해결하기 위해서 가장 필요한 조치로 가해자 처벌 강화를 꼽았다. 가해자 처벌 강화(350명), 실효성 있는 성폭력 예방 및 피해자 보호지원 대책(252명), 2차 피해방지 대책(252명) 순이었다. 응답자들 다수가 가해자 처벌을 최우선으로 생각하고 있었고, 다음이 피해자 지원을 요구했다.

응답자들은 국회 내 성폭력범죄 방지대책으로 다양한 제안을 제시했다. '성인지교육 의무화 및 이수율 공개'(43건), '조직문화 개선'(31건), '신상공개 및 재고용 제한 등 가해자 강력 징계'(30건), '인사 및 고용시스템 개선'(15건) 등을 제시했다. 특히 남성 상급자에 의한 성폭력범죄 발생률이 높다는 점을 인식, 성폭력 대응조직으로 여성보좌진협의회를 구성하고, 상급 여성 보좌진을 확대해야 한다는 응답도 눈에 띄었다.

5월 2일 국회 미투 실태조사를 발표한 뒤 국회의 폐쇄적인 조직문화를 바꾸기 위한 법개정안 준비작업에 착수했다. 또한 국회윤리특위 위원장 주최로 5월 9일 '국회는 왜 미투 사각지대인가'라는 주제로 국회 내 성폭력 예방대책 마련을 위한 토론회를 개최했다. 발표는 실태조사의 책임연구원이었던 성공회대 민주주의연구소 연구교수가 맡았고, 토론자로 외부전문가 두 명(여성 변호사, 여성단체 대표), 국회사무처 고위직 두 명(기획조정실장, 운영위원회 수석전문위원), 국회 보좌진 대표가 참여했다.

이날 토론회에는 국회 첫 미투 증언자였던 후배가 재판 중인 상황임에도 변호사와 함께 토론회에 참석해주었다. 그녀는 가해자가 문자로 돌린 해명의 글이 부메랑이 되어 2차 피해를 당하는 등 많은 고초를 겪었다. 그녀는 3년간 지속적으로 성폭력과 괴롭힘을 겪으면서 자신의 존엄이 파괴되어가는 과정이 가장 견디기 힘들었다며 참았던 울음을 터트렸다.

가해자는 육아휴직을 신청하고 피해자를 무고죄로 고소해서 법정 다툼을 예고하고 있었다. 그녀 역시 가해자에 대한 처벌과 징계가 미약하다는 것을 지적했다. 사실 국회사무처는 성폭력 사건과 관련하여 내부 신고에 따른 사건처리 매뉴얼도 마련하지 않아 우왕좌왕하는 모습을 보이고 있었다. 이날 토론회에서도 국회사무처 성고충전담창구의 무용론이 제기됐고, 독립기구로 '국회인권센터'가 설치되어야 한다는 데 의견이 모아졌다.

국회성폭력 아웃법 발의

국회 내 성폭력 실태조사 결과와 토론회를 통해 수렴된 의견을 바탕으로 폐쇄적인 조직문화를 바꾸는 데 필요한 국회법 등 관련 법률개정안 여섯 건을 만들어냈다. 「국회법」, 「국회사무처법」, 「국회도서관법」, 「국회예산정책처법」, 「국회입법조사처법」의 개정안에 국회의원, 국회사무처·국회도서관·예산정책처·입법조사처 소속 공무원들에게 성폭력예방 등의 교육이수의무를 부과하고, 업무를 수행하면서 성폭력범죄의 발생 사실을 알게 된 때에는 이를 반드시 신고하도록 함과 동시에 그 신고를 이유로 누구도 불이익을 가할 수 없도록 하는 불이익조치 금지조항을 추가했다.

「국회의원수당 등에 관한 법률」 개정안은 국회의원의 보좌직원 중 5급 이상의 10분의 3 이상을 여성으로 채용하도록 의무화하고, 보좌진의 성범죄와 관련해 결격사유와 당연퇴직 사유를 강화했으며, 보좌직원들의 권익향상과 성폭력 피해자 보호 등을 위해 보좌직원협의회를 설립할 경우 국가가 해당 협의회의 운영을 지원할 수 있는 법적 근거를 마련했다.

의원은 2018년 5월 24일 국회법 개정안 등 여섯 개 법률 개정안(일명 국회성폭력아웃법)을 발의하면서 "여섯 개의 법률 개정안이 신속하게 통과되어 국회가 '미투운동'의 사각지대라는 오명을 불식하고, 입법기관으로서 대한민국을 성폭력 없는 사회로 만들어가는 데 앞장서길 기대한다"고 밝혔다. 그러나 20대 국회 임기가 끝날 때까지 '국회성폭력 아웃법'은 국회운영위원회에서 단 한 차례도 논의되지 못하고, 임기 만료로 폐기되고 말았다.

국회 밖에서 일어나는 성범죄에 대해서는 여야 모든 국회의원들이 "성폭력 아웃"을 외치면서, 국회 안에서 발생하는 성폭력 예방을 위한 최소한의 조치마저 외면하고 있었다.

디지털 성폭력과 웹하드 카르텔

20대 국회여성가족위원회 첫 국정감사를 앞두고 '디지털 성폭력'이라는 이름도 낯선 이슈를 접하게 됐다. 어느 날 여성가족위원회 담당 비서가 인터넷사이트에 올라오는 몰카 촬영물을 보여주었다. 구글(Google) 등 포털사이트에서 '국산', '몰카' 등의 검색어를 입력하면 불법 음란물을 판매하는 국내외 사이트로 연결되고 있었다.

한국 여성들이 나오는 불법 음란물을 '국산'이라고 표기하고 있었다. '조수석'이라고 검색하면 순식간에 엄청난 분량의 여자 다리 촬영물이 화면에 띄워졌다. '고등학생'이라고 검색하면 청소년들이 나오는 불법 성관계 영상물을 아주 쉽게 찾을 수 있었다. 게다가 '리벤지(revenge) 포르노'라고 해서 헤어진 여자친구의 나체사진, 성관계 영상물까지 범람하고 있었다.

이런 기막힌 사진과 영상물이 유료 사이트에서 수백만 명의 남성 회원들에게 팔리고 있었다. 온라인에서 불법촬영된 여성들의 반라 및 나체 영상과 사진들이 아무런 제재도 없이 버젓이 유통되고 있었다. 어디서부터 어떻게 손을 써야 할지 막막했다.

디지털 성폭력을 들어보셨나요

2016년 10월 여성가족부 국정감사에서 처음으로 디지털 성폭력 문제를 짚어보기로 했다. 당시 성폭력범죄특례법과 전기통신사업법에 의해 불법촬영물에 대한 단속과 심의가 진행되고 있어 관련 기관에 자료를 요구했다.

경찰청 집계에 따르면 2012~2016년 불법촬영범죄로 피해를 입고 신고한 사람이 26,654명에 달했다. 성별로는 여성이 22,402명(84%), 남성이 600명(2.3%)으로 여성이 압도적으로 많은 수를 차지하고 있었다. 민감한 신체부위가 찍혔지만 각도 등의 문제로 성별이 판명되지 않은 경우도 3,652건(13.7%)에 달했다.

같은 기간 방송통신심의위원회(이하 방심위)에 접수된 '개인 성행위 영상신고' 건수만 무려 18,809건에 달했다. 중복접수를 고려한 시정요구 건수만도 10,113건이었다. 그런데 신고를 접수하고, 심의하는 데 무려 한 달 이상이 걸려 그 사이에 영상물은 엄청나게 빠른 속도로 퍼지고 있었다. 심의결과 이용 해지 및 해당 사이트 폐쇄가 이루어졌다. 그러나 얼마 지나지 않아 똑같은 콘텐츠가 다른 사이트에서 유통되고 있었다. 방심위의 규제를 비웃기나 한 듯 사업자들은 계속 플랫폼을 옮겨가며 불법촬영물을 유포하고 있었던 것이다.

불법영상물을 유포하는 대부분의 사이트는 해외에 서버를 두고 있었다. 이런 사이트에는 청소년은 물론 불법영상물 구매를 원하는 사람은 누구든지 접근이 가능했다. 수백만 명의 회원을 보유한 이런 사이트에는 성매매, 카지노, 스포츠 토토 등 불법광고로 엄청난 수익을 내고 있었다.

그때까지도 피해자를 지원하고 보호해야 할 여성가족부는 디지털 성폭력 문제에 무방비 상태였다. 2016년 처음으로 인터넷 기사 모니터링 사업을 시작했지만, 주의 한 건을 심의한 게 전부였다. 피해자 개인들이 스스로 동영상 삭제 전문업체에 의뢰해서 유포된 영상을 지우고 있었다. 삭제비용은 매달 2백만 원에 달했고, 유포된 동영상을 찾아서 지우는 데만 최소 3개월에서 1년이 걸렸다. 돈이 없는 피해자들은 감히 엄두를 내지 못하는 상황이었다.

2016년 국정감사에서 의원은 여성가족부 장관에게 디지털 성범죄 대상이 되고 있는 불법영상물을 감시하는 데 총력을 기울일 것을 당부했다. 몇 년 전 경찰과 협조해서 '소라넷'이 폐쇄됐듯이 해외에 서버를 두고 각종 불법영상물을 유포하는 사이트를 폐쇄하기 위한 조치를 취해야 한다고 강조했다. 그리고 정부가 적극적으로 나서 피해 동영상을 삭제할 수 있도록 예산을 마련할 것을 요구했다.

정부의 무관심이 디지털 성폭력을 키웠다

국정감사가 끝나고 디지털 성폭력 피해자들의 목소리를 듣는 자리를 마련했다. 국회 아동·여성·인권정책포럼이 11월 29일 '디지털 성폭력 이대로 방치할 것인가'를 주제로 토론회를 개최했다. 이날 토론회에서 소라넷 폐지를 주도했던 활동가는 2016년 5월 한 달 동안 50개 사이트를 모니터링한 결과를 발표했다. 그녀가 랜덤으로 모니터링한 50개 사이트 중 47개 사이트에서 타인의 신상정보가 포함된 성폭행 영상이 유출되고 있었다고 밝혔다. 일반인도 이 같은 성폭행 영상을 찾아낼 수 있는데, 왜 경찰은 이런 사이트를 방치하고 있는지 도무지 이해하기 어려웠다. 당시 경찰은 해외계정 사이트나 남녀가 합의하에 찍은 영상물은 현행법상 단속하기 어렵다는 핑계를 대고 있었다.

'사이버 장의사'로 불리는 동영상 삭제 전문업체도 수소문 끝에 찾아냈다. 이 업체 대표는 "매달 평균 40건 정도의 성적 영상물과 사진을 삭제해달라는 의뢰가 들어오는데, 의뢰자의 90%가 청소년, 20~30대

여성"이라고 밝혔다. 그런데 삭제비용 자체가 워낙 비싸기 때문에 여성 피해자들이 감당하기 어렵다고 했다. 이 업체는 몇 년 전부터 연예인들에게 고비용을 받고 이런 동영상을 삭제해주는 일을 하고 있었다. 여성가족부도 이 업체에게 디지털 성폭력 피해 동영상 삭제비용을 문의했으나 비용부담 때문에 검토를 중단했다고 털어놨다.

발표에 나선 김 모 변호사는 △다양한 저장매체의 압수수색 확대, △저장매체에 대한 필요적 몰수규정 신설 검토, △단순보관자에 대한 처벌규정 마련, △촬영행위와 유포행위의 처벌 조항 분리의 필요성을 제기했다. 또한 불법촬영물 삭제비용 부담을 1차적으로 국가가 부담하고, 추후 피고인에게 구상하도록 하는 방안을 제시했다.

토론회를 마치고 두 가지 과제를 해결하기로 했다. 첫째는 국가가 피해 동영상 삭제지원 전담기구를 구성해서 직접 피해자 지원에 나서야 한다는 것이었다. 여성가족부는 사진 및 동영상 삭제 전문업체 신고·등록제, 국가의 비용지원 및 피고인 대상 구상권 청구 등 실질적으로 피해자에게 도움이 될 수 있는 방안에 대해 검토하기로 했다.

둘째는 카메라 등 불법촬영한 기계장치를 몰수하는 내용의 입법을 추진하기로 했다. 현행법에는 타인의 신체를 그 의사에 반하여 촬영 또는 유포한 경우에만 처벌하는 규정이 있고, 불법촬영된 영상물 및 촬영매체를 몰수하는 규정이 없어 재유포의 위험성을 안고 있었다. 실제 수사기관에서는 불법촬영된 영상물을 삭제한 것이 확인되면 카메라 등을 피의자에게 돌려주고 있어 촬영매체에서 영상이나 사진을 삭제한다 하더라도 삭제된 영상을 복원하여 재유포하는 일이 발생하고 있었다.

디지털 성폭력 아웃, 피해자들이 움직였다

온라인에서 유포되는 불법촬영물은 피해자들에게 불특정다수에 의해 성폭력을 당하는 것과 마찬가지로 엄청난 피해를 양산하고 있었다. 이들 피해자를 돕겠다고 나선 이들 역시 피해를 당한 20~30대 여성들이었다. 이들은 불법영상물이 유통되는 심야시간에 집중적으로 모니터링을 하기 시작했다. 매일매일 모니터링에서 포착된 수십 건의 불법영상물을 경찰에 신고하고, 무료로 삭제하는 일을 반복하고 있었다. 야간시간에 음란 퇴폐성 영상물을 찾아다니는 일은 엄청난 트라우마를 낳는 일이었다.

이들은 '디지털 성폭력 아웃'이라는 임의단체를 만들어 활동했다. 나는 이들에게 여성가족부에 법인 등록을 한 뒤 피해자 지원사업을 위탁받아 활동할 것을 권유했다. 디지털 성폭력 피해지원업무는 기존의 성폭력상담소가 엄두도 내지 못하는 고위험군에 속하는 사업이기 때문에 이들의 활동을 국가가 지원해야 한다고 판단했기 때문이다.

정부의 규제와 단속은 국내 부가통신사업자들이 불법촬영물을 온라인에서 상품화하는 속도를 따라잡지 못했다. 디지털 성폭력의 심각성을 공론화한 지 1년이 지나서야 정부는 '디지털 성범죄 피해방지 종합대책'을 확정하고, 정부합동 대책을 마련하기 시작했다.

2016년 방심위의 성매매·음란성 불법영상물 심의 건수는 2,872건에 달했다. 심의결과 시정요구를 분야별로 살펴보면, 삭제가 342건, 이용해지가 2,293건, 접속차단은 1건에 불과했다. 2017년 6월 기준, 심의건수는 718건, 시정요구는 삭제 40건, 이용해지 629건에 달했다. 이처럼 방심위가 불법영상물을 심의한 뒤, 사업자의 자발적인 삭제 및 해지에 의존하고 있어 디지털 성폭력을 근본적으로 차단하는 데는 많은 한계가 있었다.

웹하드 카르텔이 움직이고 있었다

2017년 국정감사를 앞두고 그해 여름, 의원실로 믿기 어려운 제보가 들어왔다. 몰카 등 불법 음란물을 대거 유통하는 국내 대형 웹하드사, 불법영상물을 필터링해주는 업체, 불법영상물을 삭제해주는 디지털 장의사가 긴밀하게 연결되어 있다는 제보였다.

웹하드사가 필터링 업체의 인사권과 운영권을 가지고 있었고, 이 필터링 업체는 '디지털 장의사 회사'를 차려서 피해자들에게 돈을 받고, 영상을 삭제해주는 시스템이었다. 웹하드사, 필터링 업체, 디지털 장의사가 그들만의 리그를 만들어 황금알을 낳은 시장을 구축했던 것이다.

피해자가 디지털 장의사 업체에 피해 영상물 삭제를 의뢰하자, 웹하드에 더 많은 피해영상이 올라왔다고 한다. 피해 건수별로 삭제비용이 책정되기 때문에 피해영상물이 많이 올라올수록 필터링 업체와 디지털 장의사들의 수익이 높아지는 구조였다.

이처럼 웹하드 카르텔이 형성될 수 있었던 것은 정부의 허술한 규제가 원인을 제공했다. 당시 방통위는 2016년부터 한국정보통신진흥협회(KAIT)에 위탁하여 55개 웹하드사업자에 대해 불법 음란물의 필터링 현황을 점검하고 있었다. 2016년 47,081건, 2017년 107,901건의 필터링이 이루어진 것으로 파악됐다. 2016년에는 PC 웹하드사업자만을 대상으로 필터링이 이루어졌는데, 2017년에는 PC 및 모바일까지 확대하면서 필터링 건수가 급증했다.

방통위는 파일공유 사이트(P2P, 웹하드, 토렌트 등)를 통해 유통되는 불법영상물에 대한 해시값 정보를 추출하여 구축한 DB(2017년 기준 71,873건)를 필터링 업체에 무료로 배포하고 있었다. 필터링 업체들은 방통위가 제공한 DB와 자체개발한 프로그램을 이용하여 웹하드사업자에게 수수료를 받고 불법음란물을 필터링해주고 있었다. 문제는 해시값 위주의 필터링으로는 편집되거나 일부 변형된 불법영상물은 유통을 차단하는 데 한계가 있었다. 또한 이런 불법영상물은 저작권이 없기 때문에 얼마든지 복제와 재유포가 가능했다.

2017년부터 여성가족부가 피해구제비용을 지원하게 되자, 2016년 11월 의원실에서 토론회를 열었을 때만 해도 2~3개에 불과했던 디지털 장의업체가 1년 사이에 급격히 증가했다. 그 무렵 불법영상물을 모니터링하면서 삭제까지 도맡았던 활동가들에게 웹하드사가 마수(魔手)를 뻗쳤다.

디지털 성폭력 피해구제를 위한 공익사업을 하겠다는 취지로 '디지털성폭력클린센터(DSAC)'라는 비영리민간단체(이하 NGO)가 출범했다. 이 NGO가 개설한 홈페이지 하단에 웹하드협회 소속 회원사 상호

디지털성폭력클린센터
홈페이지

이미지가 줄줄이 달려 있었다. 이들 웹하드업체가 NGO의 협력사라는 것을 홍보하고 있었다. 웹하드협회가 NGO 홈페이지 구축비용을 지원했고, 공익사업을 하는 클린센터를 앞세워 정부로부터 피해구제비용을 지원받고자 했던 것으로 추정됐다.

2017년 여성가족부 국정감사에서 웹하드 카르텔 구조가 공개됐다. 웹하드사가 자회사 형태로 필터링 업체와 디지털 장의사를 차려 불법음란영상물 시장을 확장하고 있다는 사실을 폭로했다. 게다가 디지털 성폭력클린센터가 웹하드사와 유착관계에 있는 것이 아니냐는 의혹까지 제기하자, 국정감사장 장내 분위기가 급속도로 술렁이기 시작했다.

의원은 여성가족부 장관에게 불법영상물 피해여성들이 웹하드사의 돈벌이 수단으로 이용되지 않도록 피해구제와 관련한 특별대책을 주문했다. 피해구제를 민간시장에 맡기게 되면 웹하드업체와 필터링 업체, 디지털 장의업체의 유착관계로 디지털 성폭력 시장은 더 커질 수밖에 없었기 때문에 국가가 피해구제를 전담해야 한다고 강조했다.

당시 과학기술부는 2017년부터 디지털 환경개선을 위해 약 50억 원을 투자해 DNA 필터링 기술을 개발하겠다고 밝혔다. 이런 계획이 발표되자, 웹하드 카르텔이 움직이기 시작했다. 2017년 9월 여야 여성의원들이 주최한'디지털 성폭력 근절을 위한 정책토론회'에서 웹하드 카르텔의 주요 멤버들이 토론자로 참여했다. 이들은 민간이 개발한 필터링 기술을 웹하드사들이 현재도 활용하고 있고, 이 기술을 더 업그레이드해서 활용하면 빠르게 확산되는 불법영상물을 쉽게 잡아낼 수 있다고 주장했다. 정부가 AI 기반의 필터링 기술을 개발하는 데는 3~5년 정도의 시간이 걸리기 때문에 그 기간에 불법영상물이 전 세계로 퍼져나갈 것이라고 우려했다. 이들은 국가 주도로 필터링 기술을 개발하게 되면 웹하드 카르텔로 구축된 시장에 균열이 생길 수밖에 없다는 것을 알고 있었다.

나는 국정감사 전에 국회 정책토론회에서 웹하드 카르텔의 정책

로비가 있었다는 사실을 의원에게 알렸다. 의원은 디지털 성범죄 피해 방지 사업이 민간업체에게 휘둘리지 않고, 국가 주도로 AI 기반의 필터링 기술을 개발하여 공적 목적으로 사용되어야 한다며 여성가족부 장관에게 과학기술부와 긴밀하게 협의할 것을 당부했다.

인터넷 환경 뒤쫓는 필터링 기술

디지털 성폭력은 인터넷 공간에서 플랫폼 시장을 바꿔가며 무한대로 확장되고 있었다. 웹하드에서 유통됐던 몰카 등 불법촬영물은 이제 값싼 영상물로 전락했고, '텔레그램' 등 해외 사이트에서 아동 성착취물, 유명 연예인의 얼굴에 나체 사진을 합성하는 딥페이크, RPS 등의 성착취 영상들이 유포되고 있었다.

여성가족부도 2018년부터 한국여성인권진흥원 내에 '디지털 성범죄 피해자 지원센터'(이하 디성센터)를 구축하여 삭제지원 업무를 수행하고 있었다. 2020년 7월 임시회 대정부질문을 준비하면서 여가부 디성센터에 AI 기반 필터링 기술의 활용현황을 살펴보았다. 과학기술정보통신부가 2017년부터 3개년 계획으로 59억 원을 들여 개발한 AI 기반 동영상 내 음란성을 분석하는 기술이 2019년 7월부터 불법영상물 삭제 지원에 활용되고 있었다.

그런데 이 기술이 불법영상물에 활용된 건수는 고작 100여 건에 불과했다. AI기술은 해외 음란사이트나 텔레그램 등에서 유포되는 불법촬영물에는 아무 쓸모가 없었다. 오직 웹하드 기반의 불법영상물을 모니터링하는 데만 활용할 수 있었던 것이다. 불법영상물을 유통시키는 인터넷 환경은 빠르게 변화하는 데, 규제수단인 기술력은 뒷걸음질치고 있었다.

디지털 성범죄에 대한 정부의 규제도 시늉에 그치고 있었다. 방통위는 처음부터 사업자의 자율규제에 의존하고 있었다. 단지 불법영상물을 유포한 사업자에게 이용해지 및 삭제 등의 기술적 조치를 취하고 있었다. 국회에서 불법영상물을 유통하는 사업자에게 영업정지나 사업자 처벌 등을 통해 디지털 성범죄를 근절해야 한다는 법률안이 나왔지만, 정부는 받아들이지 않았다.

국내 웹하드 업계 1, 2위 업체인 '위디스크'와 '파일노리' 실소유자였던 한국 미래기술 양진호 회장은 불법적인 음란물을 유포해 엄청난 부를 축적했다. 바로 양진호 회장이 웹하드 카르텔을 구축한 장본인이었다. 그런데 양 회장은 갑질 폭행을 계기로 구속되어 2020년 5월 1심 재판에서 특수강간, 강요, 상습폭행, 마약류관리법 위반, 총포 등 안전관리법 위반 등 여섯 개 혐의로 징역 7년의 중형을 선고받았다. 불법음란물 유통과 관련한 디지털 성범죄에 대해서는 아무런 처벌도 받지 않았다.

정부는 피해여성의 영혼 살인이라 불리는 디지털 성범죄를 저지른 사업자에게 무관용의 잣대를 적용하고 있었다. 디지털 성폭력의 폐해를 목도한 이들은 한결같이 불법음란물 사이트 운영자, 개발자, 유포자 등에 대한 인신구속 등 엄중한 처벌을 요구하고 있다. 빠르게 변화하는 인터넷 환경은 사업자들에게 무한대의 수익공간을 창출한다. 불법영상물을 제작·유통하는 사업자에 대한 강력한 처벌만이 디지털 성범죄의 악순환을 끊어낼 수 있을 것이다.

조선시대 노비로 살고 있었다

한국학중앙연구원은 1978년 6월 30일 한국학 진흥을 목적으로 설립된 교육연구기관이다. 한국학중앙연구원은 동북아역사재단 등 교육부 산하기관 중의 하나로 국정감사에서 크게 주목을 받는 기관은 아니었다. 다만 정권의 이념적 성향에 따라 학문적 연구방향이 편향성을 띄고 있어 국정감사 때마다 역사왜곡 등의 논란이 제기됐다.

젠더국감에 시동을 걸다

우리 의원실은 21대 국회 첫 국정감사에서 교육부는 물론 모든 피감기관의 '젠더감수성'이 어느 정도 수준인지 점검해보기로 했다. 한국학중앙연구원은 20대 국회 국정감사에서 직장 내 성희롱 사건이 워낙 큰 이슈로 부각됐기 때문에 사후조치가 제대로 이루어졌는지 살펴보기로 했다.

나는 젠더감수성이 뛰어난 의원실 막내에게 한국학중앙연구원을 맡겼다. 먼저 2017년 국정감사에서 제기된 성희롱 사건에 대해 연구원의 후속조치에 대해 살펴볼 것을 권했다. 10여 일이 지나서 막내는 내게 두 쪽짜리 보도자료를 내밀었다.

2017년 6월에 발생한 성희롱 사건은 성희롱 고충심의위원회가 중징계 결정을 내렸음에도 그해 8월 인사위원회에서 교직원행동강령 위반 건과 병합되어 경징계(감봉 1월)로 의결됐다. 그해 10월 국정감사에서 성희롱 사건이 의제로 다루어졌으나 가해자에 대한 징계처리 과정에서 한국학중앙연구원 임직원들은 피해자에게 합의를 종용하는 등 집단적으로 2차 가해를 한 사실이 드러났다. 심지어 피해자가 부서 이동을 한 곳의 팀장이 성희롱 가해자의 친척이었다.

피해자는 2018년 3월에 2015년 부서팀장에 의한 성희롱 사건과 2017년 6월 성희롱 사건을 둘러싼 2차 피해를 연구원 내 고충신고센터와 국가인권위원회에 신고했다. 연구원은 외부 전문가를 위원장으로 초빙하여 '성희롱 2차 피해 조사위원회'를 구성하여 수차례 조사위원회를 개최했지만, 연구원은 2차 가해자로 지목된 여덟 명에 대해 모두 무혐의 처분을 내렸다. 국가인권위원회도 신고가 접수된 지 2년이 지난 2019년에야 가해자의 친척과 피해자의 분리 등을 권고했지만, 연구원은 인권위원회의 권고를 이행하지 않았다.

막내가 쓴 이 보도자료에서는 무엇을 전달하려고 하는지 핵심을 파악하기 어려웠다. 2015년, 2017년 발생한 성희롱 사건이 어떤 연관성을 갖고 있는지, 2·3차 가해가 집단적으로 이루어진 것인지, 성희롱 사건을 빌미로 부당한 업무지시가 어떻게 이루어졌는지, 현재 피해자의 요구사항이 무엇인지가 보이지 않았다.

막내에게 피해자의 증언을 들어보았는지를 물었다. 그는 피해자에게 당시의 기억을 상기시키는 게 2차 피해를 줄 수 있다는 생각이 들어서 연락하지 못했고, 연구원에서 보내준 자료만으로 보도자료를 구성했다고 했다. 피해자에 대한 지나친 배려가 핵심을 놓치고 있었다. 그날 피해자에게 연락을 취했는데, 피해자는 기다렸다는 듯이 회사에 반차 휴가를 내고 국회로 달려왔다.

10년간 지옥에서 살았다

코로나19로 외부인의 국회 출입이 어려웠다. 국회 경내에서 민원인을 만나 이야기를 나눌 공간을 찾기도 어려웠다. 그래서 야외 벤치에 앉아서 녹음을 하며 이야기를 나누었다. 2012년부터 거의 10여 년간 그가 겪었던 직장 상사의 갑질과 집단 괴롭힘, 그리고 수차례의 성희롱 사건을 소상하게 들을 수 있었다. 그는 대화 도중에 자주 거친 숨을 몰아쉬었다. 절망의 늪에서 세상을 향해 살려달라고 외치며 울부짖는 소리를 들었다. 두 시간 정도 지났을까. 그녀는 나에게 들고 온 서류 뭉치를 건넸다. 2018년 성희롱 2차 피해조사 결과보고서 요약본이었다.

이 요약본을 통해 지난 10년간 한국학중앙연구원이 그녀에게 가했던 직장 내 갑질과 성희롱의 민낯을 파악할 수 있었다. 요약본에 등장하는 가해자들의 몰염치와 뻔뻔함에 분노가 솟구쳤다. 나는 그날부터 실시간으로 연구원에 자료를 요구하면서 10년간 고통을 감내했을 피해자의 억울함을 풀어줄 방법을 찾아나섰다.

사건의 발단은 스토킹

그녀는 2007년 12월 전산행정직 8급 정규직으로 한국학중앙연구원에 입사했다. 3년간 성실하게 일하며 높은 근무성적을 유지했던 그녀는 2011년 7급 행정직으로 승진했다. 그런데 2012년 2월 학술정보관 정보서비스팀에 팀장이 새로 오면서 그녀의 삶에 지옥의 문이 열렸다. 팀장의 악행은 근무 첫날부터 시작됐다.

팀장은 그녀를 스토킹 대상으로 삼았다. 팀장은 그녀에게 수시로 치근덕거렸고 속이 뒤집힐 것 같은 성희롱 발언을 일삼았다.

"늘 고민이 있어 보인다, 생각이 많은 눈이다, 내가 우울증을 겪어봐서 안다, 네 속을 모르겠으니 오빠라고 생각하고 다 털어놓고 상담을 해라, 너는 나를 만족시키지 못한다."

팀장은 공사 구분을 못하는 과대망상증 환자로 불렸다. 그의 비정상적인 행동은 학술정보관의 모든 여직원들에게 노출되어 있었다. 평소 사무실에서 옷을 갈아입는 등 민망한 모습이 여직원들에게 자주 목격됐다. 그때마다 그는 여직원들에게 "내 덕에 연구원 다닌다는 걸 명심해라. 조만간 국사편찬위원회와 통합되면 너부터 잘릴 줄 알아라"라는 등의 언행으로 모멸감을 주었다.

그러다 2012년 12월 학술정보관 직원 워크숍에서 사건이 발생했다. 팀장은 술에 취해 주사를 하더니 급기야 여직원들에게 성추행을 하기 시작했다. 여직원 뒤에 와서 와락 끌어안았고, 껴안으려다 제지당하는 등 소란이 일었다. 그간의 행동을 참다못한 학술정보관 소속 여직원들은 단체로 팀장에게 주의를 촉구했고, 재발방지를 약속받았다.

팀장은 2012년 12월 17일 학술정보관 소속 여직원들에게 각서를 제출했다. 그는 각서에서 "2012년 12월 12일 자료정보화실 및 정보서비스팀 여직원 일동이 제기한 다섯 가지 사항에 대해 모두 잘못했음을 인정하고 앞으로 이에 준하는 언행을 하지 않을 것을 맹세하며, 어겼을 시에는 어떠한 처벌도 감수하겠습니다"라고 다짐했다.

사람은 고쳐 쓰는 게 아니라고 했던 옛말이 팀장에게 딱 들어맞았다. 학술정보관에는 자료정보화실과 정보서비스팀이 속해 있었다. 팀장은 각서를 쓴 뒤 자료정보화실 여직원들에게는 다소 조심하는 태도를 보였지만, 정보서비스팀에서는 여전히 감정 통제를 하지 못했다.

2015년 9월 3일 정보서비스팀에서 저녁 회식이 있었다. 다음 날 새벽 4시경 팀장은 그녀에게 전화를 걸었다. 새벽에 전화벨 소리에 놀라 깬 그녀는 뜬눈으로 밤을 새웠다. 그날 아침 7시 30분경 팀장은 그녀에게 "새벽에 전화가 오작동으로 걸렸었나 보네. 무시해도 됨. 빨리 전화바꿔야겠다"는 문자를 보내왔다.

그녀는 2015년 9월 7일 부서장에게 경위서를 제출했다. 경위서를 본 관장은 "내가 무엇을 해주기를 바라느냐?"고 되물어 그녀를 당황하게 만들었다. 그녀는 "팀장과 자신 모두 계속 연구원에서 생활해야 하기 때문에 외부에 공론화시켜 문제를 삼기보다는 교육자이신 관장님이 도와줬으면 좋겠다"고 말했다. 관장은 조만간 조치를 취하겠다며 기다리라고 했다.

그런데 뜻밖의 결과가 그녀를 기다리고 있었다. 2016년 1월 7일 갑질과 성희롱 피해자였던 그녀를 가해자인 팀장과 같은 부서로 인사발령을 낸 것이다. 그녀는 부서장이 팀장을 다른 부서로 전보시킬 것을 기대했는데, 또다시 같은 부서(문화콘텐츠편찬실)로 발령을 낸 것이다. 팀장은 부서장이 연구원에 오기 전에 재직했던 대학에서 데리고 온 제자였다는 사실을 그녀는 뒤늦게 알았다.

부서장은 그녀를 비롯한 직원들이 모인 자리에서 팀장을 삼고초려해서 연구원으로 모셔온 인재라며 치켜세웠다. 그리고 가해자인 팀장은 2016년 4월 1일자로 전문위원 2등급으로 승진했다. 가해자에 대한 부당 승진과 비호를 지켜보면서 그녀는 인력개발팀에 고충신고를 하지 않고 조용히 덮고자 했던 자신의 우매함을 탓할 수밖에 없었다.

팀장은 2012년부터 그녀에게 불공정한 근무성적평정(이하 근평)을 주기 시작했다. 팀장은 그녀에게 행정업무보다는 팀장의 비서업무를 강요했다. 직속 상사인 팀장을 만족시키지 못했다는 억지를 부렸고, 성희롱과 함께 인격을 모독하는 언행으로 그녀를 괴롭혔다. 팀장과 같은 부서에 근무하는 동안 그녀의 근무성적은 항상 바닥이었다.

그녀는 학술정보관 정보서비스팀에서 근무할 당시 자료정보화실 행정직원의 육아휴직으로 공백이 생기자 그 직원의 업무까지 겸직하며 두 부서의 업무를 도맡았다. 또한 2014년 학술정보관 내부감사를 비롯하여 2015년 국정감사 업무를 전담하는 등 과중한 업무를 무사히 마무리하는 성과를 냈음에도 팀장은 그녀에게 최하위 근평을 매겼다. 2016년 9월 22일 그녀가 받아든 전년도 근평은 학술정보관 행정직 7급 19명 중 19위, 전체 행정직 58명 중에 기본연봉 순위가 꼴찌였다.

그녀는 2015년 근평에서 겸직업무를 제대로 평가받지 못했다. 그 점이 가장 납득하기 어려웠다. 2016년 당시 같은 정보서비스팀에 근무했던 동료는 문화콘텐츠편찬실에서 겸직근무하여 두 부서에서 각각 50%씩 근평을 받았다. 그런데 정보서비스팀장은 그녀의 자료정보화실 겸직업무 실적을 누락시키고 단독으로 "직무역량 부족"이라는 굴레를 씌워 최하위 근평을 매겼다.

근평은 직원들의 입을 막는 가장 강력한 통제수단으로 작용하고 있었다. 부서팀장의 비위를 고발했다는 이유로 그녀는 2016년 최저 근평을 받았고, 팀장은 친밀관계에 있던 부서장에게 최고 근평을 받아 2016년 전문위원 2등급으로 승진됐다.

그녀는 부당한 근평으로 2016년 최저 연봉액이 결정된 것에 대해 인력개발팀에 이의제기를 했다. 인력개발팀은 겸직업무의 근평 반영여부를 확인도 하지 않은 채 규정대로 처리했다는 답변을 내놓았다. 조직의 결정에 순응하지 못하고 이의제기를 했던 그녀는 또다시 부당한 인사발령에 내몰렸다.

팀장과 그녀가 문화콘텐츠편찬실로 전보된 지 8개월 만에 그녀는 2016년 9월 1일 한국학진흥사업단으로 전보됐다. 이는 전보된 부서에서 최소 1년 이상 근무해야 한다는 인사규정을 어긴 부당한 인사조치였다. 피해자를 보호하기는커녕 오히려 다른 부서로 쫓아버린 것이다. 결국 이런 인사발령으로 그녀는 가는 곳마다 말썽을 일으켜 오래 근무하지 못하는 직원이라는 굴레가 씌워졌다.

미운오리새끼로 전락한 피해자

한국학진흥사업단으로 쫓겨온 그녀는 직속 상관인 사업관리실장에게 동네북 취급을 받았다. 실장은 그녀에게 일상적으로 부당업무를 지시했고, 성희롱에 가까운 언행으로 고통과 학대를 가했다. 실장은 자신이 여성이라는 점을 교묘하게 이용했다. 실장은 업무보고 중에 느닷없이 "계속 같이 있었던 팀장이랑 무슨 일이 있었길래 근평이 그 모양이야?"라며 비아냥거렸다. 실장의 이런 인신공격은 계속됐고, 그녀가 두려움에 묻어두려고 했던 전 팀장의 갑질 폭력과 성희롱의 망령이 다시 2차 가해로 이어지고 있었다.

그녀는 한국학진흥사업단으로 발령난 지 한 달 만에 직속 상관인 실장에게 부당업무지시를 받았다. 2013년도 한국학총서사업의 결과평가를 연구주관기관에서 심사위원을 추천받아 진행하라는 것이었다. 그녀는 많은 고민 끝에 당시 원내 감사부에 미리 상담을 했으나 "상사에게 복종의 의무가 있다"며 그대로 진행하라는 답변을 받았다. 하지만 추후 문제가 되자 감사부에서는 '문서상 정식 신고'를 하지 않은 상담이었기에 사전 신고로 인정할 수 없다며 그녀에게 서면 경고장을 보냈다.

그 뒤에도 사업관리실장의 부당업무 지시는 계속됐다. 2010년도 시행된 아시아와 한류사업의 환수조치와 관련해 연구진에서 2016년 10월 교육부에 민원을 제기했다. 2017년 1월 20일 민원에 대한 후속조치를 위해 사업단 내에서 면담이 이루어졌다. 이때 연구팀 참여연구원은 환수조치가 내려진 심사결과에 대해 이의를 제기하며 연구진에서 추천한 심사위원들로 재심을 해야 한다고 주장했다.

이런 주장을 거부해야 마땅한데도 실장은 오히려 연구팀 참여연구원에게 “이왕이면 넉넉하게 10명 정도 추천하라”고 말했다. 실장은 그녀에게 2013년도 한국학총서사업 결과평가 방식과 똑같이 연구진에서 심사위원을 추천받아 재심을 진행할 것을 지시했다. 그녀는 반복되는 부당한 지시를 수행할 수 없다고 판단하고, 한국학진흥사업단 부단장에게 보고했다. 결국 부단장이 실장을 만류했고, 그녀는 KRI(한국연구자정보)를 통해 기존 학연 등으로 얽힌 한국인이 아니라, 오직 한국학 교재로서의 언어 수준을 정확히 평가할 수 있는 원어민 심사위원들을 한 명 한 명 섭외하여 공정하게 재심을 진행할 수 있었다. 이 사건으로 그녀는 실장에게 밉보여 또다시 최저 근평을 받게 됐다.

실장에게 그녀는 인격체가 아니었다

그녀는 사업단으로 발령이 난 뒤 과도한 업무 스트레스로 인해 건강에 적신호가 켜졌다. 2017년 1월 과민성 방광염 진단을 받고 통원치료를 받아왔다. 그러던 어느 날 초음파 검사를 실시했는데, 자궁내막증 진단이 나왔다. 의사는 나팔관이 막혀 불임이 될 수도 있으니 빠른 시일 내에 수술을 받아야 한다고 했다. 업무에 빈틈이 보이지 않아 수술을 차일피일 미루다가 몸상태가 점점 나빠져 급히 수술하기로 결정했다. 2월 3일 수술 당일 아침에 진단서를 첨부하여 병가신청을 내자, 실장은 그녀에게 위로는커녕 인격살인에 가까운 폭언을 퍼부었다.

그녀가 연구원장에게 보낸 탄원서에는 실장의 폭언이 고스란히 드러나 있었다.

“상사에게 상의도 없이 수술 날짜를 통보하는 게 말이 되느냐. 업무를 내팽개치려고 수술을 하는 것이냐. 내 눈에는 그저 도망치려는 것으로 보인다. 너같

이 무책임한 여자 때문에 여자들이 직장에서 욕을 먹는다. 나도 근종이 있어서 자궁 적출하라고 했지만 안 하고 잘 버티지 않느냐. 당장 안 하면 피 흘리고 죽는 게 아니지 않느냐. 수술하고 싶으면 쌓인 일들을 다 하고 나서 해라."

실장은 결국 그녀의 수술을 취소시켰다. 그녀는 매일 야근을 하며 사업단 업무를 도맡아서 처리했다. 그러다 또 탈이 나고 말았다. 2월 10일 금요일 연구원 전체 직원 워크숍이 있었지만, 그녀 혼자 사무실에 남아 일을 하고 있었다. 갑자기 구토증세를 보였고, 구토억제제를 맞아가며 버텼지만 구토가 멈추질 않아 급히 병원을 찾았다. 급성 장염이었다. 그녀는 종합병원 응급실에 누워 며칠 입원을 하게 됐다고 워크숍에 가 있던 실장에게 문자로 입원상황을 알린 뒤, 연구과제 심사평가 위원들에게도 문자로 섭외를 진행했다.

13일 퇴원 당일 위내시경 검사를 받고 몽롱한 상태에 있던 그녀는 실장에게 "오늘 출근은 하는 거냐"는 문자를 받았다. 그녀는 실장에게 미리 말씀드리지 않았느냐며 상황설명을 하자, 실장은 "그래도 미리 병가를 내고 쉬어야지 마음대로 쓰면 안 된다"며 전화를 끊었다. 그때 그녀는 자신이 개·돼지만도 못한 노예취급을 받고 있다는 자괴감이 들었다고 했다.

그녀는 2월 초에 취소된 수술을 다시 하기 위해 쌓여있던 모든 업무를 처리하고 2월 말에 실장에게 병가신청서를 제출했다. 실장은 이번에도 인수인계를 핑계로 계속 출근할 것을 종용했다. 그녀는 참다못해 실장에게 서운함을 토로했다. 그녀는 "실장님도 아이 셋을 낳은 같은 여성으로서 해도 해도 너무 하신다. 도무지 실장님은 저를 사람으로 보지 않고 도구로만 보시느냐"고 토로했다. 실장은 수긍하며 고개를 끄덕였다. 그녀는 직원을 인간이 아닌 도구로 여긴다는 실장과 더 이상 말을 섞고 싶지 않아 그 자리를 떠났다.

실장은 사무국장을 통해 병가 거부는 불법이라는 답을 듣고서야 병가신청서에 결재했다. 실장은 3월 3일 수술 당일 아침 8시부터 그녀에게 문자폭탄을 쏟아냈다. 여자 직원에게만 업무 인수인계를 하고, 남자 직원에게는 민감한 병명을 밝히지 않고 업무 인수인계를 하지 않았다며 억지를 부렸다.

여성 상사의 성희롱이 더 모멸감을 주었다

이뿐만이 아니다. 실장에게 성희롱은 일상의 언행이었다. 2017년 2월 어느 날, 실장은 업무보고를 듣던 중 그녀의 H라인 스커트를 보면서 "트인 치마 입었네?"라며 치마를 확 들추었다. 그녀는 너무 놀라 뒷걸음질을 치며 "왜 이러시냐"고 하자, 실장은 "예쁘길래 들춰본 것뿐"이라며 깔깔거렸다. 그녀는 순간 모멸감에 온몸이 떨렸다.

실장은 그녀의 수술을 취소시킨 2월 3일에도 성추행과 다름없는 폭언을 쏟아냈다. 실장은 항상 그랬듯이 그날도 퇴근 무렵 그녀에게 새로운 업무를 주며 야근을 지시했다. 실장은 퇴근하려다 그녀의 자리로 다가와서 "아가씨인데 수술을 하면 아래로 하느냐, 아니면 위로 하느냐"고 물었다. 그녀가 곤혹스러워하며 왜 그런 것을 물으시냐고 하자, 실장은 계속 조롱 섞인 성적 농담을 하며 그녀를 희롱했다.

실장은 2017년 1월 아시아 한류사업과 관련해 부당업무 지시를 내리면서도 그녀에게 성희롱을 가했다. 민원처리를 지시한 교육부 사무관이 그녀를 좋아하니까 잘 구워 삶아보라는 것이었다. 실장의 말은 그녀에게 성적으로 어필하며 업무를 하라는 것과 같았다. 그녀는 여성 상사의 성희롱이 더 큰 모멸감을 준다는 것을 그때 처음 알았다.

첫 성희롱 고충신고

그녀는 실장의 갑질 폭력과 성희롱 행위를 도저히 참을 수 없었다. 2015년 정보서비스팀장의 성희롱을 조용히 덮고 넘어가려고 했다가 더 큰 피해를 경험했던 터라 이번에는 인력개발팀에 정식으로 성희롱 고충신고를 하기로 했다. 그녀는 2017년 6월 5일 실장의 성희롱, 부당 업무 지시, 갑질 횡포 등 세 가지 건에 대해 고충신고를 접수했으나, 인력개발팀의 합의종용으로 인하여 어쩔 수 없이 6월 26일 연구원장에게 탄원서까지 제출했다.

고충신고가 접수되고 2주 뒤인 6월 19일 오전 10시, 성희롱 조사위원회가 열렸다. 실장은 그날 모든 가해사실을 인정했다. 그럼에도 인력개발팀장은 그녀에게 가해자와 합의하면 가해자가 다 인정하고 사과할 테니 추후에 문제 삼지 말라며 합의를 종용했다. 그녀는 실장과 화해할 의사가 전혀 없었기 때문에 합의서 작성을 거부했다. 그러자 인력개발팀은 6월 21일 실장의 상사였던 한국학진흥사업단장에게 6월 23일까지 합의서를 작성하면 사건처리가 빠르게 진행될 수 있다고 통보했다. 합의가 없을 경우 내년도 실장의 재계약이 난관에 봉착할 수 있다는 것을 의식했던 것이다.

그녀는 한국학진흥사업단장에게 불려가 2차 피해를 당했다. 단장은 6월 24일 오후 4시경 그녀를 호출했다. 단장은 그녀에게 한국학진흥사업단이 첫 부서가 아닌데, 가는 부서마다 문제가 있었고, 업무 효율성이 낮다고 하던데 해명을 듣고 싶다고 말했다. 그녀는 이번에 고충신고된 사건과 관련 없는 자신의 소문에 대해 해명을 하라는 단장의 요구를 납득하기 어려웠다. 두려움에 조용히 덮었던 2015년 정보서비스팀장의 성희롱 사건이 2017년 고충사건에 악용되어 그녀에게 2차 가해로 이어지고 있었다.

성희롱 가해자 경징계로 그쳐

연구원 내에서 성희롱 가해자인 실장의 징계를 낮추기 위한 눈물겨운 노력이 이어졌다. 2017년 6월 5일 고충신고를 접수한 뒤, 연구원의 구성원들은 그녀에게 수차례 가해자와의 합의를 종용했다. 6월 19일 성희롱조사위원회가 열려 가해자가 성희롱 사실을 모두 인정했음에도 계속 합의를 유도했다. 가해사실을 모두 인정했을 경우 바로 징계를 위한 인사위원회가 열려야 함에도 연구원은 7월에 두 차례나 성희롱고충심의위원회를 개최했다. 그리고 2017년 8월 10일 제10차 인사위원회는 실장에게 성희롱은 견책으로, 부당업무 지시 건과 병합하여 감봉 1월의 경징계를 의결했다.

제10차 인사위원회에서 실장의 성희롱 및 복무규정 위반과 교직원 행동강령규정 위반 등 두 개 혐의에 대해 심의가 이루어졌다. 두 건 모두 비위 정도가 약하고 경과실에 해당하므로 견책으로 각각 양정하되, 비위의 경합을 고려하여 최종 양정은 감봉으로 심의·의결한다고 밝혔다. 갑질 횡포 건은 구두경고 조치로 끝나 징계안에 포함되지 않았다.

그녀는 인사위원회의 징계의결 이후 3주가 지나서야 성희롱 고충처리 결과를 서면으로 통보받았다. 첫째, 성희롱을 인정한다는 내용과 함께 가해자에 대한 감봉 1월의 처분이 이루어졌다. 둘째, 공개사과는 당사자 간의 의사에 따른다(성희롱 고충심의위원회 결과, 공개사과 강제 시 신청인의 2차 피해 및 가해자의 인권침해 우려가 있다는 의견에 따른다). 셋째, 가해자에게 국가인권위원회에서 주관하는 특별인권교육을 수강하고 A4 5매 이상의 교육결과보고서 및 수료증을 제출하도록 한다. 아울러 연구원 내 성희롱 예방교육 프로그램을 내실화하여 운영할 수 있도록 계획을 수립한다.

인사위원회의 이 같은 경징계 처분은 2017년 두 차례 열렸던 성희롱 고충심의위원회의 심사를 완전히 뒤집는 결정이었다. 성희롱고충심의위원회는 원내 〈성관련 위법 행위자 징계세칙〉에 따라 중징계(정직) 처분을 해야 한다는 의견을 원장에게 보고했다. 이에 따라 한국학중앙연구원장은 2017년 8월 3일 실장을 '성희롱 및 복무규정(품위 유지의 의무) 위반' 사유로 중징계 의결을 요구하는 징계의결요구서를 인사위원회에 전달했다. 원장은 같은 날 실장의 부당업무 지시의 건은 '교직원행동강령규정 위반' 사유로 경징계 의결을 요구하는 징계의결요구서를 인사위원회에 전달했다.

원장의 이 같은 징계요구서를 전달받은 인력개발팀장은 실장의 성희롱 사건은 중징계가 내려질 것이라고 그녀에게 알려주었다. 그런데 인사위원회는 중징계를 요구한 원장의 징계요구서를 무시하고 실장에게 감봉 1개월의 경징계를 의결한 것이다. 또한 연구원은 인사위원회의 경징계 의결에 대해 재심을 요구할 수 있음에도 이의제기를 하지 않고 경징계 의결을 수용했다.

대다수 인사위원들은 제10차 인사위원회가 열리기 직전까지 피해자에게 가해자와의 합의를 종용하고 가해자를 비호했다. 2017년 7월 2차 성희롱고충심의위원회가 열린 다음 날 실장과 친밀관계에 있던 다른 부서의 실장은 그녀를 불러 고충신고로 인해 잃을 것과 얻을 것을 냉정히 판단해야 한다고 충고했다. 그녀에게 가해자에 대한 선처를 요청하라는 일종의 협박이었다.

인사위원회를 며칠 앞두고 한국학진흥사업단장을 지낸 교수들이 단체로 연구원장을 찾아가서 가해자의 구명운동을 했다는 소식이 전해졌다. 실장은 친밀관계를 이용해서 자신의 무고를 알리는 연판장을 돌렸고, 8월 10일 인사위원회가 열리기 직전까지 인사위원들을 찾아다녔다.

그녀는 2017년 6월 26일 원장에게 제출한 탄원서에 대한 처리결과를 8월 31일에 검사역실로부터 통보받았다. 그녀는 인사위원회가 결정한 가해자의 감봉 1개월 징계처분이 성희롱 사건에 국한된 것이 아니라 부당한 업무지시 건과 병합되어 처분됐다는 것을 그때서야 알게 됐다.

검사역실은 부당업무 지시의 건에 대해 실장에게 경징계(견책)를 통보했고, 피해자인 그녀에게도 서면으로 경고처분을 내렸다. 검사역실은 실장의 갑질 횡포에 대해서는 구두경고에 그쳤고, 고충처리 과정에서 합의를 종용했던 인력개발팀장, 인력개발팀 고충처리 실무자 2인, 한국학진흥사업단장에게도 모두 구두 경고조치를 했다.

연구원은 성희롱 고충신고가 접수된 직후 피해자와 가해자의 업무공간을 분리하기 위해 가해자를 전보조치해야 함에도 그 절차를 따르지 않았다. 그 이유는 가해자가 한국학진흥사업단 업무를 위해 개방형 직위로 채용됐기 때문에 전보가 어렵다는 것이었다. 그래서 고충신고인의 동의를 얻어 피해자를 2017년 8월 1일자로 타 부서(정보보안관리팀)로 전보했다는 것이 고충처리결과 기타 사항에 기재되어 있었다.

성희롱 사건을 국회에 제보하다

그녀의 성희롱 고충신고는 한국학중앙연구원의 설립 이래 처음이었다. 공공기관에서 내부고발이나 성희롱 사건이 발생할 경우 사건처리가 공정하게 이루어지는 경우는 거의 없었다. 한국학중앙연구원도 예외는 아니었다. 그녀는 성희롱 고충심의위원회의 중징계(정직) 결정을 인사위원회가 경징계(감봉 1월)로 뒤집은 불공정한 의결을 도저히 납득할 수 없었다.

그녀는 연구원의 부당한 결정을 바로잡기 위해 국회에 민원을 제기했다. 2017년 10월 국정감사를 일주일 앞두고 있었다. 그녀는 국회 교육위원회 소속 위원들에게 피감기관인 한국학중앙연구원의 내부 비리에 대한 감사 및 성희롱 사건의 징계처리를 바로잡아줄 것을 호소하는 진정서를 발송했다. 그 결과 국회교육위원회 국정감사에서 실장의 부당업무 지시 건과 성희롱 사건이 각각 언급됐다. 특히 교육기관에서 직원 성희롱 사건이 발생했다는 사실이 언론의 주목을 끌었다.

해당 의원실은 중징계 대상의 성희롱 가해자를 경징계 처분했을 뿐만 아니라 가해자의 상사였던 한국학진흥사업단장이 피해자에게 가해자와의 합의를 종용하고, 피해자가 부서를 옮길 때마다 문제를 일으켰다며 비난한 사실을 폭로했다. 이 사실이 한 방송사를 통해 알려진 다음날 사업단장은 피해자의 동의 없이 해명자료를 사내 인트라넷을 통해 전 교직원에게 발송했다. 이로 인해 사건을 인지하지 못한 교직원들에게까지 성희롱 사건을 확산시켰다는 비난이 쏟아졌다.

그녀는 2017년 11월 2일 한국학진흥사업단장을 성희롱 2차 가해자로 지목하여 고충신고를 접수했다. 2018년 7월 12일 제8차 인사위원회는 사업단장이 해명자료를 사내 인트라넷을 통해 전 직원에게 발송한 것은 성희롱 2차 가해에 해당한다고 판단, 경징계(견책)를 의결했다.

국회에까지 민원을 제기했지만 아무것도 달라지지 않았다. 오히려 국회에 사건을 공론화시킨 뒤에 그녀는 직장 내에서 더욱 설 자리가 좁아졌다. 부서장들은 노골적으로 그녀만 빼놓고 부서 회식을 갔고, 직원들도 윗사람들 눈치 때문에 그녀와 말을 섞으려고 하지 않았다.

인사위원회, 가해자의 재계약 임용 시도

그러던 와중에 2017년 12월 한국학진흥사업단 사업관리실장의 계약연장을 시도하는 인사위원회가 개최됐다. 2017년 8월 실장의 복무규정 위반과 성희롱 사건에 대해 경징계를 의결했던 인사위원들이 또다시 실장의 계약연장을 시도하고 있었다. 인사위원들 다수가 부서장이었다. 이들은 실장과 연구용역 수주관계를 맺고 있어 실장에게 매우 호의적이었다.

그녀는 실장을 비호했던 인사위원들이 계약연장을 시도하는 것을 막으려고 홀로 싸우기 시작했다. 제14차 인사위원회 개최를 불과 이틀 앞두고 그녀는 인사위원회 위원장인 연구원 부원장을 만나기 위해 부원장의 집무실 앞에서 몇 시간을 대기하고 있었다.

그때 2017년 11월 새로 부임한 연구원장을 복도에서 우연히 만나 원장실에 들어가서 인사위원들을 교체해줄 것을 호소했다. 연구원장은 인권을 중시하는 학자로 알려져 있었기에 그녀는 연구원장이 이 문제를 합리적으로 해결해줄 것으로 믿고 있었다. 그러나 연구원장은 자신에게는 인사권이 없다며 문제를 해결할 의지가 없음을 드러냈다.

교직원 징계의 건을 심의했던 인사위원들이 징계를 받은 교직원의 재계약 임용의 건을 심의한다는 것은 제척사유에 해당하며 원장은 인사위원 교체를 지시할 수 있는 권한을 가지고 있었다. 2017년 10월 국회교육위원회 국정감사에서도 한국학중앙연구원의 인사위원회가 징계와 임용의 건을 모두 심의하는 것은 문제라고 지적했고, 인사위원회와 징계위원회를 분리하여 운영하도록 제도 개선조치를 해야만 했다. 원장은 한국학중앙연구원의 이 같은 적폐를 청산해야 할 의무가 있었음에도 피해자의 눈물 어린 호소를 그 자리에서 외면하고 말았다.

사업관리실장 재계약 임용 부결

2017년 12월 26일 제14차 인사위원회는 위원 교체 없이 예정대로 개최됐다. 사업관리실장의 재계약 임용에 대한 찬반 의견이 팽팽하게 맞섰다. 제14차 인사위원회 회의록을 제출받아 인사위원들이 실장의 재계약 임용에 대해 어떤 판단을 내리고 있었는지를 살펴보았다.

재계약 임용에 찬성하는 위원들은 세 가지 이유를 들어 사업관리실장을 재임용해야 한다고 주장했다. 첫째, 실장이 개방형 직위에 임용된 후 8년간 사업단의 사업을 안정적으로 관리하여 연구원 발전에 기여했다. 둘째, 2017년 징계수위가 감봉 1개월로 경징계에 그쳤기 때문에 재임용에 문제가 없다. 셋째, 업무실적 확인서 중 2016년 실적에 대해 확인 내용이 미흡하여 한국학진흥사업단장의 재계약 임용 의견서만으로 판단하기에 부족한 점이 있다. 세 번째 이유는 재계약 임용을 거부해야 한다는 의견에도 반영됐다. 한국학진흥사업단장은 실장이 사업단에서 계속 근무하는 것에 동의하지 않았기 때문이다.

재계약 임용에 반대하는 의견에도 세 가지 이유가 제시됐다. 첫째, 한국학진흥사업단장이 실장의 재계약 임용을 동의하는 조건으로 제시한 타 부서로의 전보는 관련 규정(개방형임용세칙)상 불가하다. 둘째, 단장의 조건부 재계약 임용 동의서 내용이 사실상 실장을 사업단 소속으로 재계약 임용에 동의하지 않는다는 것이다. 셋째, '성희롱 및 복무규정'과 '교직원행동강령규정' 위반에 대한 징계는 개방형 직위 임용세칙의 계약해지 요건에 해당된다.

이렇게 팽팽한 의견대립으로 인해 사업관리실장의 재계약 임용은 합의에 이르지 못해, 무기명 투표로 의사결정을 할 수밖에 없었다. 이날 인사위원회는 참석대상 11명 중 7명만이 참석한 가운데 무기명 투표를 실시한 결과, 찬성 3표, 반대 4표로 재계약 임용을 하지 않을 것을 인사권자인 원장에게 건의하기로 했다.

미흡한 행정절차로 부당해고 구제신청 인용

한국학중앙연구원은 제14차 인사위원회 회의 의결을 수용하여 그해 12월 말에 사업관리실장에게 2018년 2월 1일 임용계약기간 만료로 면직을 통보했다. 결국 이 같은 면직 통보는 사업관리실장이 부당해고 구제신청을 제기하는 빌미가 됐다.

실장은 면직통보를 받은 뒤 2018년 1월 19일 경기 지방노동위원회(이하 지노위)에 부당해고 구제신청을 제기했다. 경기지노위는 2018년 5월 18일 신청인의 부당해고 구제신청을 인용하여 원직에 복귀시키고, 해고기간 동안 정상적으로 근로했더라면 지급받을 수 있었던 임금 상당액을 지급하라고 판결했다.

경기지노위는 두 가지 판단을 근거로 구제신청을 인용했다. 하나는 신청인은 기간의 정함이 없는 무기계약직에 해당하므로 계약기간 만료를 이유로 근로관계를 종료한 것은 정당한 사유가 없는 부당한 해고에 해당한다고 판단했다. 다른 하나는 신청인에 대해 계약종료를 결정한 인사위원회의 의사결정과정에 하자가 있어 절차적으로도 부당한 해고라고 판단했다.

지노위의 판정문에 따르면, 신청인(사업관리실장)은 사용자(한국학중앙연구원)가 주장하는 기간제법에 따른 기간제근로자 사용기간 제한의 예외에 해당하지 않으며, 기간제법 제4조 제2항에 따라 2년을 초과했으므로 기간의 정함이 없는 근로자로 전환됐다고 판단된다고 밝혔다. 또한 이 사건의 근로자를 기간의 정함이 없는 근로자로 판단한 이상, 갱신기대권이 인정되는지 여부 및 갱신거절의 합리적 이유가 있는지 여부에 대해서는 더 살펴볼 필요가 없다고 보았다.

지노위의 이 같은 판단에는 개방형직위 연구관리실장 모집공고에 표시된 단서조항이 결정적 근거를 제공했다. 사업관리실장을 채용할 당시 모집공고에 '사업상 필요한 경우 총 임용기간에는 제한이 없음'이라고 명시되어 있었기 때문이다. 한국학중앙연구원은 설립 이래 처음으로 2009년 11월 1일 한국학진흥사업단 연구관리실장을 개방형 직위로 지정하여 12월 1일 모집공고를 했다.

나는 지노위의 판정문을 민주노총 소속의 노동법 전문 변호사에게 보내 자문을 구했다. 변호사는 "기간제근로자에 해당하는 개방형 직위 모집공고를 하면서 임용기간을 무제한으로 규정하는 일은 찾아보기 어렵다"면서 "한국학중앙연구원의 잘못된 채용공고문이 부당해고 구제신청을 인용하게 된 결정적 근거가 됐다"고 설명했다.

지노위는 인사위원회의 의사결정 과정의 하자를 부당한 해고의 두 번째 근거로 제시했다. 한국학중앙연구원 인사규정 제9조에 따르면 "인사위원회 회의의 의사는 재적위원 과반수의 찬성으로 결정한다"고 규정되어 있다. 재적위원 11인 중 6인 이상의 찬성으로 인사위원회의 의사가 결정되어야 한다. 그런데 사업관리실장의 재계약임용 여부를 묻는 무기명투표에서 재계약 중단에 찬성한 위원은 네 명에 불과했다. 연구원은 명시적으로 반대 의사를 표시한 세 명도 찬성하는 것으로 의사를 변경했다고 주장했지만 회의록에는 기록이 남아있지 않았다. 따라서 지노위는 인사위원회 의사결정 과정에서 하자가 있었기 때문에 사업관리실장의 계약기간 만료에 따른 면직은 부당하다고 판결했다.

가해자 정규직으로 복직, 인사특혜

한국학중앙연구원은 지노위의 복직 판결을 즉각 수용했다. 연구원 설립 이래 수많은 부당해고 구제신청이 있었지만 1심 판정에 이의신청 없이 수용한 사례는 처음이었다.

한국학중앙연구원은 지노위의 판결문을 송부받고 일주일 만에 후속조치를 논의했다. 인사위원회는 지노위의 원직 복직 명령을 황당한 이유로 회피했고, 사업관리실장을 5년 계약직인 장서각 전문위원(전문직 2등급)으로 임용을 결정했다. 얼마 뒤 5년 계약직 전문위원은 정규직으로 전환됐다.

2018년 5월 24일 개최된 인사위원회 회의록에 따르면, 현재 사업관리실장의 개방형 직위가 해제됐고, 기존 근무 당시 '교직원행동강령규정' 위반 사항이 있는 점 등을 고려할 때 원직에 복직하는 것이 부적절하다는 의견을 고려하여 '개방형 직위 임용세칙' 제3조(임용의 원칙 등) 제4항에도 불구하고 유연한 인력 운영을 위해 전문위원(2등급)으로 전환하여 5년간(2018.6.1~2023.5.31) 복직·임용하는 것을 건의하기로 했다고 밝혔다.

연구원 인사위원회는 공정하고 객관적인 심의절차를 외면하고 있었다. 성희롱 및 복무규정 위반, 교직원행동강령 규정 위반을 이유로 전 사업관리실장의 원직 복직이 불가능하다는 것은 어불성설이었다. 성희롱 피해자는 이미 2017년 8월 1일 사업관리실에서 정보보안관리팀으로 자리를 옮긴 상황이었다. 게다가 개방형 직위 임용세칙 제3조 제4항에 따르면, 개방형 직위에 임용된 자는 타 부서로 전보, 다른 직종으로 전직, 다른 직위로 임용 등을 할 수 없다고 되어 있다. 이런 규정에도 불구하고 인사위원회는 전 사업관리실장을 유연한 인력 운영을 위해 전문위원(2등급)으로 전환하여 장서각으로 전보조치 했다.

개방형 직위 임용세칙 제3조 제4항은 사업관리실장의 재계약 임용의 건을 심의했던 제14차 인사위원회에서도 재계약 임용을 반대하는 근거로 제시됐던 규정이었다. 그런데 인사위원회는 전 사업관리실장의 복직을 수용하면서 다른 부서로 전보할 수 없다는 인사규정을 고무줄 잣대로 적용하는 인사 특혜를 베풀었다.

2017년 12월 26일 개최된 제14차 인사위원회의 안건으로 '개방형직위 재계약 임용의 건'을 상정한 것이 화근이었다. 이날 인사위원회가 2017년 '성희롱 및 복무규정'과 '교직원행동강령' 위반으로 징계를 받은 실장에 대해 개방형 직위 임용세칙 제11조(계약의 해지)에 근거하여 계약해지의 건을 안건으로 상정했었다면 가해자가 부당해고 구제신청으로 복직되는 일은 없었을 것이다.

성희롱 2차 가해 조사결과 '무혐의'

2017년 국회교육위원회 국정감사에서 한국학중앙연구원은 징계위원회와 인사위원회를 분리 운영하고, 성희롱고충조사위원회에 외부 전문가를 참여시켜 공정성을 확보할 것을 요구받았다. 피해자는 2018년 3월 9일 2015년 성희롱 및 2017년 성희롱 사건에서 파생된 성희롱 2차 가해자로 총 여덟 명을 지목하여 2차 고충신고를 접수했다. 한국학중앙연구원은 국회의 요구대로 외부의 전문가를 성희롱고충조사위원회 위원장으로 위촉하여 조사를 진행했다.

피해자가 고충신고를 하며 제출한 여덟명의 가해 내용을 살펴보면, 피해자는 지난 10년 동안 지옥에서 살고 있었다는 것을 알 수 있었다. 한국학지식정보센터 전 정보서비스팀장은 2012년부터 그녀에게 상습적으로 성희롱과 폭언을 일삼았고, 타 부서의 업무까지 겸직했음에도 단독으로 근평을 실시하여 최하위 점수를 주었다. 그는 2017년 6월 한국학진흥사업단에서 성희롱 사건이 발생하자 피해자에 대한 악의적인 소문을 유포했다.

한국학대학원 교수이자 한국학지식정보센터장은 정보서비스팀장의 성희롱과 폭언에 대한 경위를 보고받았으나, 아무런 조치를 취하지 않았다. 오히려 성희롱 가해자였던 정보서비스팀장을 전문위원 2등급으로 승진시켰다. 게다가 피해자와 가해자를 같은 부서로 인사발령을 냈다. 센터장 또한 2017년 성희롱 사건이 발생했을 때 그녀에 대한 악의적인 소문을 유포하는 데 가담했다.

한국학중앙연구원 인사팀을 총괄하고 있는 사무국장은 연구원장에게 그녀에 대해 음해성 허위사실을 유포했다. 그녀가 성과급을 더 받아 연봉을 올리고 그간의 불만사항들을 성희롱 한 건으로 전부 해결하기 위해 원장에게 탄원서를 제출한 것이라고 보고했다.

한국학대학원 교수이자 한국문화교류센터 소장은 부서 회식 자리에서 직원들에게 고충신고를 한 그녀를 이상한 사람으로 몰았고, 사업관리실장의 무고를 주장한 것으로 알려졌다. 한국학대학원 교수이자 전 장서각 관장도 직원을 연구실로 불러 고충신고자가 이상한 사람이라는 소문이 있다는 것을 재차 확인하는 2차 가해성 발언을 했다.

한국학대학원 교수이자 전 한국학진흥사업단장이었던 두 명의 교수는 당시 연구원장을 찾아가서 고충신고자가 불순한 의도를 가지고 성희롱 피해를 주장하고 있다면서 사업관리실장의 구제를 호소한 것으로 알려졌다. 연구원 감사실 검사역인 감사부장은 부당업무 지시를 신고한 그녀를 두 차례에 걸쳐 조사하는 과정에서 신고 의도를 왜곡하여 비난했고, 동료들의 제보를 녹취한 것을 두고 위법 운운하며 압박을 가했다.

성희롱 2차 피해 조사위원회는 5개월에 걸쳐 신청인과 피신청인, 그리고 참고인을 불러 대면조사 등을 벌였다. 그러나 피신청인 다수가 가해사실을 부인했고, 신청인에게 가해사실 등을 제보했던 참고인들은 진술을 회피했다. 피해자를 이상한 사람으로 몰아갔던 가해자 대부분이 부서장이었기 때문에 참고인들은 근평에 불이익을 받을 수 있다는 두려움에 떨고 있었다.

성희롱 2차 피해 조사위원회는 2018년 8월 7일 연구원장에게 조사결과보고서를 제출했다. 결과보고서의 성적은 초라했다. 조사위원회는 8명의 언행을 성희롱 2차 가해로 판단하지 않았다. 정보서비스팀장 등은 성희롱 및 2차 가해 혐의가 있었지만 연구원 인사규정에 따른 3년의 징계시효가 지났고, 2차 가해를 했다는 진술 부족을 이유로 여덟 명 모두 무혐의 처분을 받았다. 다만, 성희롱 인정 여부와 별도로 세 명의 피신청인에 대해서는 품위유지 위반 등을 이유로 각각 주의조치가 내려졌다.

갑질의 수단, 이의신청 없는 근평

한국학중앙연구원장은 성희롱 2차 피해조사 결과를 보고받고 2018년 8월 23일 내부결재를 통해 근평제도 개선을 지시했다. 근평제도 개선은 성희롱 2차 피해 조사위원회의 유일한 성과물이었다. 성희롱 2차 피해 대면조사에서 정보서비스팀장이 2015년 피해자의 겸임업무에 대해 자료정보화실장의 평정을 반영하지 않고 단독으로 시행한 사실이 드러났기 때문이다. 정보서비스팀장은 자료정보화실장과 함께 그녀의 겸임업무 평정을 했다고 진술했지만, 자료정보화실장은 서면진술에서 평정은 없었다고 진술하여 정보서비스팀장의 진술이 거짓인 것으로 밝혀졌다.

당시 연구원의 「교직원 평정규정」에는 겸직근무자에 대한 평정규정이 빠져있었다. 연구원은 2016년 교직원 정기 근평부터 겸임근무 중인 교직원에 대해서는 원 소속 부서에서 평정을 실시하되, 겸임 소속 부서에서의 업무실적확인서를 제출받아 이를 반영하여 평정하도록 업무지침을 내렸다. 그러나 2016년 이전에 겸직근무를 했던 교직원들은 관례적으로 겸임 부서에서도 근평을 받도록 안내하고 있었던 점에 비춰볼 때 그녀에 대한 정보서비스팀장의 단독 평정은 정당하지 못했다는 게 조사위원회의 판단이었다.

그녀는 이미 2016년 8월 2015년 겸직근무에 대한 평정이 누락된 것에 대해 연봉 결정액에 대한 이의신청을 제기했지만 연구원은 수용하지 않았다. 연구원은 근평 결과에 대한 이의신청 제도가 없다는 것을 악용하고 있었다. 인력개발팀은 그녀에게 연봉액 결정은 "타 겸직근무자와 동일한 기준으로 평가됐다"는 거짓 답변을 보내왔다.

그때까지 연구원의 「교직원 평정규정」 어디에도 이의절차를 별도로 규정하지 않았고, 「교직원 보수규정」에 따른 연봉결정에 대한 이의절차만 인정하고 있었다. 이 같은 제도의 절차상 결함은 근평의 결과에 따라 연봉이 결정되는 구조에서 직원들의 알 권리를 심각하게 침해할 가능성이 있다는 게 조사위원회의 판단이었다.

연구원장은 이에 2018년 8월 23일 내부결재를 통해 근평제도 개선을 지시했다. 교직원 평정규정에 겸직근무 시 별도의 평가규정을 마련하고, 근평 결과에 이의제기 절차를 마련하여 공정하고 투명한 평정이 이루어질 수 있도록 평정규정 개정을 지시했다. 그러나 2년이 지나도록 근평 개정은 감감무소식이었다.

홍해를 가르는 기적

한국학중앙연구원은 직원들의 근평 결과를 공개하지 않았고, 3년 연속 70점 미만이면 권고사직할 수 있다는 규정으로 직원들을 옭아매고 있었다. 직원들은 부서장이나 팀장에게 잘못 보이면 최저 근평을 받아 언제 해고될지 모르는 불안감에 시달리고 있었다. 하루빨리 근평을 개정하는 것이 직원들에게 숨통을 열어주는 길이었다.

연구원은 불공정한 근평을 비정규직 직원을 수시로 해고하는 무기로 사용했다. 2015년 2016년 국정감사에서도 연구원의 부당해고 문제가 도마 위에 올랐다. 특히 2016년 국정감사에서는 출산휴가와 육아휴직을 사용한 여성 직원에게 의도적으로 낮은 근무평점을 부여한 부당노동행위가 지적됐다.

성희롱 피해자였던 그녀도 2012년부터 낮은 근평 때문에 언제 해고될지 모른다는 불안에 시달렸다. 2016년 연봉 결정에 대해 이의신청을 한 결과, 자신이 부서 내 최저 근평을 받았다는 사실을 알게 됐다. 그때부터 수차례 근평 결과에 대한 정보공개를 요청했지만 연구원은 꿈쩍도 하지 않았다.

2020년 국정감사를 준비하면서 한국학중앙연구원에 그녀의 10

년간 근무성적 평가자료를 제출해줄 것을 요구했다. 2012년 정보서비스팀장이 새로 오면서부터 자신의 근평이 급락했을 것이라는 그녀의 예측은 적중했다.

2009년 12월 1일 연구원에 8급 행정직으로 입사한 그녀는 2011년 4월 1일 7급으로 승진했다. 2010년 79.78점 2011년 86.8점이었던 그녀의 근평은 2012년부터 확 떨어지기 시작했다. 그녀는 2012년부터 2019년까지 70점대 초반의 최저 근평을 받았고, 입사동기는 물론 후배들마저 모두 승진했지만 그녀는 거의 10년간 7급 행정직에 머물러 있었다.

당시 직원 근평 규정에 따르면, 그녀의 근무성적을 평가하는 1차 평정자는 소속 팀장과 실장이었고, 2차 평정자는 소속 부서장들이었다. 그녀의 근무성적을 평가했던 소속 팀장과 실장은 모두가 성희롱과 갑질 폭력의 가해자였다. 심지어 2차 평정자인 소속 부서장들은 피해자의 고충신고를 외면했고, 합의를 종용했던 2차 가해자였다.

나는 한국학중앙연구원 기획조정실장에게 근평제도 개선이 2년 넘게 지체되고 있는 이유가 무엇인지 따져 물었다. 그는 기다렸다는 듯이 지난 1년간 원내에 준비팀이 꾸려져 근평 개선안을 준비해왔고, 조만간 전 직원 대상으로 개선안을 공개할 것이라고 답했다. 이틀 뒤 기조실장은 근평 개정시안을 갖고 국회를 찾았다. 개정시안에는 투명하고 공정하게 근무성적을 평가하고, 그 결과를 공개하며, 근평 결과에 문제가 있을 경우 이의신청을 할 수 있는 절차가 담겨있었다. 그는 2020년 10월 8일 이틀간 홈페이지에 근평 개정안을 입안예고한 뒤 의견수렴을 거쳐 최종안을 마련하겠다고 밝혔다.

연구원 홈페이지에 근평 개정안이 올라오자 직원들은 연구원에 기적이 일어났다고 환호했다. 연구원의 근평제도 개선은 교육부 정기감사와 국정감사 때 단골 의제로 등장할 정도로 해묵은 과제였다. 2012년부터 부서 팀장에게 성희롱과 언어폭력을 당하면서 악의적인 근평을 받아왔던 그녀는 입안예고 소식을 접하고 "연구원에 홍해를 가른 기적이 일어났다"며 감격의 눈물을 보였다.

직원 인권보다 명예를 중시한 연구원장

나는 연구원이 수십 년간 직원 통제수단으로 사용했던 근평을 고쳐나가는 것을 보면서 가장 보수적인 공공기관으로 알려진 한국학중앙연구원도 달라질 수 있을 것이라고 기대했다. 인권을 중시했던 연구원장이 그런 성과를 만들어낸 것이라고 생각했다. 그런데 연구원장에 대한 기대는 2020년 10월 13일 국정감사 당일 물거품이 되고 말았다.

국정감사 이틀 전, 연합뉴스에서 "한국학중앙연구원 개방직, 성희롱 징계받고 정규직"이라는 제목으로 단독 기사가 나왔다. 13일 국정감사 질의서는 이 기사를 토대로 세부적으로 작성됐다. 13일 오전 국정감사가 시작되기 10분 전 의원은 내게 전화를 걸어 다급히 물었다.

"원장이 연합뉴스에 난 기사가 모두 잘못된 거라고 하는데, 정규직으로 복직한 적 없다고 완강히 부인하고 있어요. 우리가 낸 보도자료 내용이 틀림없는 거지요?"

주말에 수차례 검토한 뒤 보도자료를 냈음에도 의원은 정색을 하는 연구원장의 태도에 적잖이 당황한 것 같았다. 나는 일단 의원의 불안감을 없애줘야겠다고 생각했다. 그래서 보도자료 내용은 연구원 기조실장과 협력관도 모두 인정한 사실이라고 강조했다.

그럼에도 의원은 안심이 되지 않았던지 나에게 "혹시 피해자 한 사람의 말만 들은 거 아닌가요"라고 물었다. 연구원장이 저렇게 강하게 부인하는 걸 보면 우리가 미처 점검하지 못한 부분이 있을 거라는 불안감이 남아있었다. 그럼에도 보좌관이 거의 한 달 넘게 파고들어 밝혀낸 연구원의 잘못된 인사처리를 국감 당일 연구원장이 부인한다고 해서 피해자 말만 들은 게 아니냐고 묻는 의원에게 많이 섭섭했다.

그날 오후 질의가 시작됐다. 의원은 여전히 불안감을 떨치지 못하고 있었다. 그래서 한국학중앙연구원에 대한 질의를 건너뛸 수도 있다고 생각했다. 그런데 의원은 예정대로 연구원장에게 질의하기 시작했다. 2012년과 2017년 성희롱 피해를 신고했던 그녀의 10년간 근평 자료가 국정감사장 대형화면에 올라왔다. 의원은 연구원은 지난 10년간 성희롱 피해자에게 불리한 처우를 묵과했다면서 남녀고용평등법 제14조 제6항 위반사실을 추궁했다. 연구원장은 초반부터 의원의 질의에 무례한 답변 태도를 보였다. 의원이 성희롱 피해자에게 악의적으로 근평을 했던 가해자에 대한 징계를 요구하자 연구원장은 의원의 질의에 동의하기 어렵다며 답변을 회피했다.

연구원장의 무례한 답변에도 불구하고 의원은 준비했던 질의를 계속 이어갔다. 피해자에게는 불이익을 주고, 가해자들에게는 인사특혜를 줬던 연구원의 잘못된 인사정책을 꼬집었다. 피해자가 2015년 9월 부서장에게 정보서비스팀장의 성희롱, 폭언, 근평 불이익 등을 경위서를 통해 신고했음에도, 부서장은 피해자의 고충신고를 외면했고 도리어 정보서비스팀장에게 높은 근평을 줘서 2등급 전문위원으로 승진시킨 것은 명백한 부당승진이라고 지적했다. 연구원장은 이번에도 의원의 질의에 동의하기 어렵다고 답변을 거부했다. 의원은 여러 경로로 확인된 사실이라고 반박하자, 연구원장은 사실에 대한 해석이 다르다며 말문을 가로막았다.

의원은 성희롱 가해자에 대한 두 번째 인사특혜 문제를 지적하려고 하자, 연구원장은 질의가 끝나기도 전에 며칠 전 언론에 배포된 보도자료 내용을 물고 늘어졌다. 보도자료 내용이 사실과 달리 해석됐다는 반박이었다. 국정감사에서 다루어질 의제가 미리 언론에 보도됐을 경우, 해당 기관에서는 해명 보도자료를 내서 반박하는 게 관행이었다. 그런데 한국학중앙연구원은 국정감사 당일에 그것도 의원의 질의에 구두로 반박하는 방식은 유례를 찾아보기 어려운 일이었다.

의원은 여러 차례 검토한 결과 인사특혜가 이루어진 것을 확인했다면서 계속 질의를 이어갔다.

"연구원의 개방형 직위 임용세칙 제11조를 보면, 복무상 의무를 위반한 때는 계약기간에도 불구하고 지체 없이 계약을 해지하도록 되어 있는데 연구원은 계약을 해지하지 않고 계약만료로 면직을 결정했다. 이런 잘못된 결정이 실장으로 하여금 부당해고 구제신청을 하는 빌미를 제공했고, 지노위가 김 모 씨의 손을 들어 복직판정을 내렸다."

연구원이 당시 지노위에 제출한 답변서에 따르면, 개방형 직위로 임용된 사업관리실장을 계약기간 만료로 면직한 것은 부당해고에 해당하지 않는다고 주장했다. 그런데도 지노위의 판정에 이의신청 없이 즉각 수용한 것에 대해 의원은 의구심을 제기했다. 의원은 "지방노동위원회의 판정에 불복하면 중앙노동위원회로 가게 되는데, 왜 2심 제소를 하지 않았느냐"고 물었다. 연구원장은 "지방노동위원회의 그 판결에 대해 불만이 없었기 때문에 수용한 것"이라고 답변했다. 연구원장은 연구원이 지노위에 제출한 답변서 내용을 파악하지 못한 채 답변하고 있었다.

게다가 연구원장은 사업관리실장이 2017년 6월 성희롱 및 복무규정 위반으로 징계를 받고도 인사위원회에서 개방형 직위 임용세칙에 따라 해임하지 않고 계약기간 만료에 따라 면직을 통보한 것이 부당해고 구제신청의 빌미가 됐다는 사실을 제대로 이해하지 못하고 있었다. 연구원장은 오히려 성희롱 2차 피해신고 건으로 2년 동안 피해자 입장에서 최선을 다했고, 이 건으로 징계받은 사람이 대여섯 명이 넘는다는 위증까지 하면서 위기를 모면하려고 했다.

연구원장의 위증고발 불발되다

한국학중앙연구원장과 의원의 설전을 지켜보던 한 여당 의원이 의사진행 발언을 신청했다. 교육위원들이 산하기관장들에게 예의를 갖춰서 질의와 답변을 받는 중인데, 연구원장은 '내가 잘못한 것이 하나도 없고 할 만큼 다했는데 왜 국회의원이 질타를 하느냐'는 식으로 말하고 있다고 태도의 문제를 지적했다. 그날 연구원장의 태도는 권위적인 교수가 제자를 나무라는 것처럼 보였고, 그런 태도는 국민을 대표하는 국회의원을 대하는 기본 예의를 벗어난 것이라는 지적이었다.

의원은 그날 오후 보충질의에서 연구원장에게 국정감사는 논쟁을 하는 자리가 아니라고 못박았고, 연구원장의 답변 중에 위증이 있을 경우 이를 검토하여 조치하겠다고 밝혔다. 마침 국정감사 기간 중에 교육부가 연구원에 대한 정기감사를 진행하고 있어, 연구원의 성희롱 가해자에 대한 인사특혜와 남녀고용평등법 위반 문제는 교육부에 공을 넘기기로 했다.

나는 국회방송을 통해 교육위원회 국정감사를 모니터하면서 연구원장이 위증하고 있는 부분을 꼼꼼히 점검했다. 연구원장의 첫 번째 위증은 "성희롱 비위 건으로 징계했고, 징계에 따라서 그 사람을 해임시켰다"는 진술이었다. 연구원은 김 모 실장을 성희롱 및 복무규정 위반으로 개방형 직위 임용세칙에 따라 계약해지(해임)한 것이 아니라, 인사위원회에서 재계약 임용을 추진하다 부결되어 계약기간 만료로 면직을 통보한 것이었다. 연구원장은 실장이 복무규정 위반 등으로 징계를 받은 결과 해임(계약해지)된 것이 아니라, 계약기간 만료로 면직된 것의 차이를 구분하지 못하고 있었다.

두 번째 위증은 “피해자의 입장에서 2년 동안 성실하게 노력을 다 했고, 징계받은 사람이 대여섯 명이 넘는다”는 진술이었다. 2017년 6월 성희롱 사건 발생 후에 피해자는 2018년 3월, 여덟 명을 성희롱 2차 가해자로 지목하여 고충신고를 했다. 연구원장은 2018년 8월 23일 성희롱 2차 피해 조사위원회의 결과를 보고받았고, 여덟 명에 대한 성희롱 2차 가해를 인정하지 않았고, 성희롱 가해와는 별도로 품위유지 위반 등으로 3인에게 주의 조치를 했다. 당시 연구원의 인사규정 제7장(징계)에 따르면 ‘주의’는 징계에 포함되지 않는다. 성희롱 2차 피해로 징계받은 사람이 단 한 명도 없는데도 연구원장은 대여섯 명이 징계를 받았다고 위증했다.

세 번째 위증은 “지방노동위원회의 판정 결과에 따라 수용했을 뿐인데 그게 잘못됐다고 얘기하는 것은 문제가 있다”고 진술한 대목이다. 지노위는 신청인이 구제신청의 사유로 제기한 갱신기대권을 인용 사유로 삼지 않았고, 기간제법 제4조 제2항과 개방형 직위 채용공고 내용을 근거로 원직에 복직시켜야 한다고 판정했다. 다시 말해 김 모 실장의 부당해고 구제신청이 인용된 것은 연구원의 잘못된 인사정책이 빌미가 됐음에도, 연구원 측의 잘못된 행정절차를 시정하지 않고 복직 판정을 수용했다. 게다가 지노위는 원직 복직을 명령했지만, 연구원은 개방형 직위로 임용된 자는 타 부서로의 전보, 다른 직종으로 전직, 다른 직위로 임용할 수 없다는 개방형 직위 임용세칙을 위반하여 장서각 전문위원으로 위법한 인사발령을 감행했다.

나는 의원의 지시에 따라 한국학중앙연구원장의 위증 사실을 상세히 적시한 보고서를 작성하여 국회교육위원회 여당 간사위원실에 전달했다. 국정감사에서 기관 증인의 위증사실이 발견됐을 때는 여야 간사 합의에 의해 해당 상임위원회 의결을 거쳐야만 위증죄로 고발할 수 있다. 그런데 야당위원들이 피감기관에 대해 여러 건 고발을 추진하고 있어 여야 간사 합의가 이루어질지는 미지수였다. 당시 야당위원들의 고발은 여러 건이 있었고, 여당위원은 단 한 건에 불과했기 때문에 전략적으로 협상이 어려운 상황이었다. 그래서 여당 간사위원실에서도 고발조치보다는 화해를 권유했다.

물론 위증 고발까지 가지 않고 마무리할 수 있는 여지는 있었다. 「국회에서의 증언·감정 등에 관한 법률」에 따르면, 국정감사에서 증인 또는 감정인이 허위의 진술이나 감정을 했을 때에는 1년 이상 10년 이하의 징역에 처한다. 다만, 국정감사가 종료되기 전에 위증 사실을 자백을 했을 때에는 그 형을 감경 또는 면제할 수 있다고 규정하고 있었다.

나는 연구원 기조실장에게 국정감사가 끝나기 전에 연구원장이 위증사실을 인정하고 의원에게 사과할 것을 권유했다. 부원장까지 나서서 연구원장에게 답변이 잘못된 부분을 인정하고 사과할 것을 권유했지만 연구원장은 받아들이지 않았다. 결국 연구원장의 위증은 여야 합의가 이루어지지 않아 국회 차원의 고발조치는 실행되지 않았다.

연구원장은 여야 간사 합의가 어려워 위증죄 고발은 성사되지 못할 것이라는 것을 미리 알고 버티기를 했을지도 모른다. 이렇게 누구도 책임지는 사람 없이 가해자는 인사특혜를 받고, 피해자는 인사 불이익을 받은 채 성희롱 사건이 묻힐 위기에 처해있었다.

교육부 감사결과는 '사필귀정(事必歸正)'

연구원장은 그해 11월 퇴임했고, 연구원은 시간의 침묵 속으로 빠져들었다. 그로부터 반년이 지났다. 2021년 5월 18일 한국학중앙연구원에 대한 교육부의 종합감사 결과가 발표됐다. 2017년 6월에 발생한 성희롱 사건의 중징계 대상인 가해자에게 경징계를 내린 것과 관련하여 재심신청을 하지 않은 인사팀 관계자 다섯 명에게 문책을 통보했다. 또한 경징계를 받은 성희롱 가해자를 다른 직위로 부당 임용(복직)한 것과 관련 인사팀 관계자 다섯 명에게 문책을 통보했다.

교육부의 감사결과 처분서에 따르면, 한국학중앙연구원은 2016년 6월경 발생한 성희롱 고충신고에 대해 두 차례 성희롱 고충심의위원회를 개최했고, 성희롱고충심의위원회가 '중징계(정직 1월)'를 결정한 내용을 그대로 수용하여 인사위원회에 중징계 의결을 요구했으나 인사위원회는 '경과실(견책)'로 판단했고, 교직원행동강령 위반 건과 병합하여 경징계(감봉 1월) 결정을 내렸다. 교육부는 해당 사안이 무관용 원칙을 규정하고 있는 성희롱 사건임에도 가해자에 대한 인사위원회 결정에 대해 연구원은 재심을 요청할 수 있다는 인사규정을 적용하지 않았다며 관계자 5인에 대해 책임을 물어야 한다고 밝혔다.

교육부의 감사결과 처분서에 따르면, 한국학중앙연구원은 2018년 2월 1일 계약기간 만료로 면직처리된 사업관리실장이 위 면직 처분에 불복하여 구제신청한 지노위의 '원직복귀 명령' 판정을 수용·이행하면서, 개방형 직위에 임용된 자는 다른 직위로 임용이 불가하고 전문직 자격기준(2등급)에도 충족하지 않는데도 2018년 6월 1일 전문직 2등급으로 임용(복직)했다. 교육부는 사업관리실장의 타 부서로의 임용(복직)은 개방형 직위 임용세칙 및 전문직 임용세칙을 위반한 부당한 인사조치임을 지적하며 관계자 5인에 대해 책임을 물어야 한다고 밝혔다.

이 같은 교육부의 종합감사 결과 발표는 연구원 직원들에게 희소식이었다. 그럼에도 교육부의 경징계 처분은 연구원의 오랜 행정적폐에 균열을 가져오지는 못했다. 중징계를 받아야 할 성희롱 가해자의 복직은 여전히 유효했고, 부당복직을 추진하는 등 연구원의 오랜 적폐세력이었던 교수직 인사위원들은 누구도 징계명단에 포함되지 않았다. 교육부는 인사팀 실무진 10여 명에 대해서만 경징계 처분을 통보한 것이다.

한국학중앙연구원은 2021년 6월 2일 교육부 종합감사 지적사항을 눈 가리고 아웅 식으로 빠르게 조치했다. 교육부는 성희롱 징계사건의 재심을 신청하지 않은 인사팀 관계자 5인에 대해 경징계를 요구했지만, 연구원은 징계시효 도과로 두 명은 퇴직으로 경고할 수 없고, 세 명에 대해서는 경고장을 발부했다. 사업관리실장의 부당 복직을 추진한 관계자 5인에 대한 경징계도 시늉에 그쳤다. 연구원은 2021년 제1차 징계위원회를 열어 두 명에게만 견책으로 경징계를 의결했고, 한 명은 퇴직하여 징계를 할 수 없었고, 한 명은 징계위원회에 출석도 하지 않았다.

교육부 종합감사 후에도 바뀐 게 없다

교육부의 종합감사도 성희롱 가해자의 부당 임용을 바로잡지 못했다. 교육부는 전문직 임용세칙에 따른 해당 분야 박사학위, 관련 업무 경력까지 무엇 하나 제대로 갖추지 못한 성희롱 가해자를 전문직 2등급으로 채용한 것은 부당하다고 지적했다. 그럼에도 부당 임용을 결정한 인사위원회에 잘못된 인사의결을 바로잡는 처분을 내리지 않았다. 연구원의 인력개발팀은 '교육부에서 부당 채용된 자에 대해 어떠한 조치를 취하라는 지시가 없었다'며 가해자의 부당한 재임용을 철회할 의지가 없음을 드러냈다. 이렇게 시늉에 그친 교육부 감사결과는 연구원에 아무런 변화를 가져오지 못했다.

연구원은 남녀고용평등법 제14조에 반하는 인사행정으로 피해자 보호를 방치하고 가해자에게 온갖 인사특혜를 보장하고 있었다. 부당하게 임용된 가해자는 전문직종의 각종 이점을 누리면서 일반 기능직·행정직들이 하는 단순 행정업무를 맡아 유유자적한 삶을 누리고 있었다. 교육부도 이런 모순된 상황을 알고 있음에도 솜방망이 감사처분을 한 이유가 무엇일까. 연구원의 적폐를 해소할 의지가 있었던 것일까. 의문은 계속됐다.

조선시대 계급사회가 계속되고 있다

교육부 종합감사에서 성희롱 가해자를 비호하고 부당 복직을 추진한 교수직 인사위원들은 징계대상에서 빠지고, 아무런 권한도 없었던 인사위원회 실무자들만이 경고처분을 받았다. 한국학중앙연구원에는 교수들이 절대권력으로 군림하고 있었다. 이번 교육부의 종합감사 결과에서도 절대권력은 건드릴 수 없다는 불문율이 깨지지 않았다.

연구원 직원들은 지금도 조선시대의 계급사회에서 살고 있다고 토로했다. 조선시대에는 양반이 잘못하면 그 양반의 노비가 대신 징계받는 일이 관행이었다. 한국학중앙연구원의 조직문화는 여전히 조선시대에 머물러 있었다. 시대정신을 거스르고 있는 한국학중앙연구원이 과연 세계 속에 한국을 알리는 교육기관이라고 자부할 수 있을까? 2021년 국정감사에서 국회가 다시 한국학중앙연구원의 잘못된 인사행정을 의제로 올릴 수 있기를 기대해본다.

2

관피아와의 전쟁

광역대정전의 진실게임

2011년 9월 15일 오후 3시 18분경 전국 곳곳에서 전력공급이 30분간 차례대로 중단되는 정전사고가 발생했다. 사전 예고 없는 갑작스러운 단전으로 수천 개의 엘리베이터와 교통신호가 멈췄고, 양식장 횟집에서는 수산물이 집단 폐사하는 등 수조 원에 달하는 피해가 발생했다.

전력당국은 늦더위로 인해 전력수요가 급증했고, 당시 대다수 발전기가 계획정비에 들어가는 바람에 전력공급이 어려워 순환단전이 불가피했다고 밝혔다. 한여름 폭염기도 아닌 초가을에 30도를 웃도는 기온상승을 예측하지 못했다는 것이다. 9·15 전국 순환정전의 원인을 날씨 탓으로 돌린 것이다.

18대 국회 지식경제위원회에서도 2011년 9월 15일 광역 순환정전 사고의 원인을 둘러싸고 갑론을박이 이어졌다. 한전과 전력거래소 간의 소통 부재, 지식경제부의 전력계통운용기관에 대한 관리감독 부재 등의 문제가 지적되긴 했지만 광역순환정전사고의 핵심원인을 밝혀내지 못했다.

국회입법조사처의 보고서, 블랙아웃 경고

그로부터 9개월 뒤, 국회입법조사처에서 9·15 정전사고의 원인을 진단하는 보고서가 발표됐다. 「전력계통운영시스템 운용 현황과 개선 방안」이라는 제목의 현안 보고서였다. 이 보고서는 실시간 전력수급 상황을 조정하는 전력계통운영시스템(Energy Management System, 이하 EMS)이 비정상적으로 사용되고 있어 순환정전 사고가 발생했다고 분석했다. 다시 말해 전력거래소가 십수 년간 자동급전시스템인 EMS를 활용하지 않고, 수동급전방식으로 계통운용을 해왔다는 것이다. 이 분석이 사실이라면 전력산업에 대혼란을 초래할 수 있는 메가톤급 보고서였다.

2012년 6월 19대 국회 첫 지식경제위원회 업무보고를 앞두고 국회입법조사처에 도움을 요청했다. 입법조사처 산업경제팀 조사관들에게 에너지, 산업통상, 중소기업, 특허 등 4개 분야에 걸친 주요 의제에 대해 보고를 받았다. 첫날 에너지전력 분야의 핵심 의제를 보고받고 열띤 토론을 벌였다. 입법조사관은 보고를 끝내고 돌아가는 길에 전력 분야 콘퍼런스 초대장을 건넸다. 공부도 할 겸 나는 그 콘퍼런스에 참석했다. 「전력계통운영시스템(EMS) 운용 현황과 개선 방안」 이라는 현안 보고서를 발표하는 자리였다. 발표자인 입법조사관을 제외하고 참석자들 모두가 EMS를 이해하지 못하는 분위기였다. 나도 그중의 한 사람이었다.

그 무렵 국회에서는 2011년 3월 후쿠시마 원전사고의 여파로 전력 및 원전의 안전성에 관한 토론회가 봇물을 이루고 있었다. 6월 15일로 기억된다. 국회도서관에서 열린 에너지 관련 토론회에 참석했는데, 거기서 다시 입법조사관을 만났다. 그가 내민 보도자료를 읽어보았다. 엊그제 발표한 현안보고서의 내용을 축약한 자료였다. 발표를 들을 때만 해도 깜깜했던 내용이, 보도자료에는 비교적 쉽게 정리되어 있었다.

전력거래소가 관행적으로 수동급전을 해왔고, EMS에 대한 정보를 비공개했던 것이 전력위기를 초래한 근본적인 원인이라고 했다.

나는 입법조사관이 왜 이런 진단을 했는지에 대한 궁금증이 일기 시작했다. 이때부터 하루에도 몇 번씩 입법조사관을 만나러 국회도서관을 들락거렸다. 그가 낸 보고서를 수십 번을 읽었다. 전력용어를 이해하는 것도 쉽지 않았다. 그런데 시간이 지날수록 전력거래소가 무언가를 숨기고 있다는 확신이 생겼고, 점차 전력계통 문제에 빠져들었다.

EMS는 통제구역이었다

전기와 관련된 지식이 짧은데다 전기공학의 핵심 브레인이라고 하는 계통시스템을 완벽하게 이해한다는 것은 불가능한 일이었다. 나는 상식적으로 접근하기로 했다. 전력거래소는 9·15 사고가 났을 때 사고 원인을 밝히는 데 핵심 자료가 담겨 있는 EMS를 왜 공개하지 않았는지 그것이 가장 궁금했다. EMS는 블랙박스와 같은 기능을 하고 있었기 때문이다. 나는 보고서를 근거로 시간을 거슬러 사고의 원인을 추적해나갔다.

9·15 사고가 발생한 뒤 정부 합동조사반이 꾸려졌고, 전기학회 교수들이 대거 참여했다. 2011년 12월 28일 전기학회 주관으로 9·15 사고 조사결과를 발표하는 기자회견이 열렸다. 그때 정부합동조사반에 참여했던 부산대 B 교수가 조사결과를 발표했다. B 교수는 'EMS 운영 실태조사 필요성'을 언급하며, EMS의 실제 기능과 활용도에 대한 심층조사가 부족했다고 밝혔다. B 교수는 전력거래소가 EMS 설치 장소에 접근을 금지했고, 지역별 부하데이터, 안전도제약경제급전(이하 SCED), 자동발전제어 중인 발전기 상태 등에 관한 정보제공이 원활하지 않았다고 설명했다.

EMS는 전력계통을 실시간으로 감시·제어하고, 계통주파수를 자동으로 조정하여 전력계통 운용을 최적화하는 시스템이다. 전력계통 규모가 큰 나라에서는 EMS를 필수적으로 사용하고 있었다. 가장 연료비가 싼 발전기부터 급전지시를 하도록 명령하며, 수천 회선으로 연결된 송전망의 부하 상태를 추정해 안전하게 급전지시를 하도록 감시·조정하는 역할을 수행한다. 게다가 이런 안전도를 고려한 경제급전 명령 자료가 시스템에 그대로 축적되기 때문에 전력계통사고가 발생하게 되면 EMS를 반드시 열어봐야 했다.

전력교류이론에 따르면 운전예비력이 1kW라도 남아있으면 주파수가 떨어질 수가 없다. 그런데 우리의 표준 계통 주파수 60hz가 59.2hz까지 하락했는데, 그 원인이 무엇인지는 아무도 설명하지 못했다. 그래서 EMS를 조사하려고 했던 것인데, 보안통제구역이라는 이유로 접근이 불허됐고, EMS 사용실적 관련 자료는 공개되지 않았다. 나는 이런 사고조사의 허술한 현장을 보면서 전력거래소에 대한 의심이 깊어졌다. 전력거래소가 EMS를 사용했다면 공개하지 못할 이유가 없었기 때문이다.

자가당착에 빠진 전력거래소

입법조사처는 2011년 9·15 사고를 조사하면서 전력거래소로부터 EMS 사용에 관한 자료를 요구했다. 이때 전력거래소는 실시간 계통운용 자료가 아닌, 수동으로 작성된 자료를 제출했다. 입법조사처는 전력거래소가 제출한 수동급전 자료와 EMS 사용 매뉴얼을 비교한 결과, EMS가 정상적으로 사용되지 않고 있다는 증거를 확보하게 됐다. 나는 입법조사처가 분석한 보고서를 한 장 한 장 넘겨가며 다시 전력거래소에 확인 자료를 요구했다. 그런데 어찌된 일인지 전력거래소는 입법조사처에 제출했던 자료와 다른 내용의 자료들을 보내왔다. 자료 작성자에 따라 제출되는 자료의 내용이 달랐다. EMS를 계통운용에 사용했다면 다른 자료가 나올 수가 없었는데 말이다.

입법조사처에 이어 의원실까지 EMS에 관심을 보이자, 지식경제부와 전력거래소는 당황하기 시작했다. 이들은 무조건 의원실에 찾아와서 설명을 하겠다고 했다. 나는 아직 자료검토가 끝나지 않았다며 설명이 필요할 때 연락하겠다고 방문을 거절했다. 그런데 어느 날 불쑥 지식경제부 전력산업과 사무관과 전력거래소 EMS 팀장이 의원실을 방문했다. 이들은 다짜고짜 EMS는 정상적으로 사용되고 있는데, 입법조사처 조사관이 미래에나 실현 가능한 이론으로 현재 전력거래소의 EMS 기능을 분석해 엉터리 주장을 펼치고 있다고 목소리를 높였다. 게다가 입법조사관의 엉터리 주장에 속지 말라는 당부까지 곁들였다. 전력거래소가 제공한 EMS 운영매뉴얼로 분석한 것인데, 도대체 이들은 왜 미래의 이론이라고 말하는 것인지 납득할 수 없었다.

며칠 뒤 전력거래소 대외협력처장이 정보기술처장, EMS 팀장과 함께 의원실을 찾아왔다. 나는 EMS가 정상적으로 사용됐다면 왜 그 자료를 공개하지 않았느냐고 물었다. 정보기술처장은 바로 답변을 하지 못하고 머뭇거렸다. 그러자 대외협력처장이 고압적인 자세로 빨리 답변하지 못하냐고 소리를 쳤다. 마치 자신은 아무런 잘못이 없다는 듯이 정보기술처장에게 호통을 치는 그 모습이 더 이상하게 보였다. 정보기술처장은 당시 부산대 B 교수가 요구했던 자료는 EMS 사용실적 자료가 아니라, K-EMS 자료여서 제공할 수 없었다는 황당한 답변을 내놓았다. 나는 "K-EMS는 지금 천안급전소에서 시범운영 중이지 않느냐, B 교수가 그 사실을 모를 리가 없는 데 왜 K-EMS 자료를 요구했겠느냐"고 따져 물었다. 정보기술처장은 막무가내로 B 교수가 분명히 KEMS 자료를 요구했다고 우겨댔다. 자신의 잘못을 면책받기 위해 대한민국의 전기공학과 교수를 바보로 만들고 있었다.

그들이 돌아가고 난 뒤, 전력거래소의 답변이 사실인지 여부를 확인하기 위해 부산대 B 교수에게 이메일을 보냈다. 며칠이 지나도 답변이 없어 부산대 사무실로 전화를 걸었다. B 교수는 미국 출장 중이라고 했다. 19대 국회가 개원한 뒤 첫 상임위 회의를 앞두고 있었기 때문에 B 교수가 귀국할 때까지 기다릴 시간이 없었다. 그래서 B 교수에게 9·15 사고조사와 관련해 문의사항이 있으니, 귀국 즉시 연락을 달라는 문자를 남겼다.

상임위 회의가 열리기 전날 밤 9시에 부산대 B 교수는 인천공항에서 나에게 전화를 걸어왔다. 나는 B 교수에게 9·15 사고조사를 위해 전력거래소를 방문했을 때, 왜 EMS 자료가 아닌 K-EMS 자료를 요구했느냐고 물었다. B 교수의 답변은 이러했다.

"그게 무슨 말입니까? 아직 상용화되지도 않은 K-EMS에 대해 왜 자료를 요구합니까? 정전 당시 급전상황을 알아보기 위해 EMS 사용실적자료를 요구했는데, 거래소는 말로만 사용하고 있다고 했습니다. 그래서 자료를 가져오라고 하니까, 그쪽은 보안구역이라 접근할 수가 없다고 했어요. 우리는 책임을 묻자는 게 아니라, 2년마다 기술평가를 하고, 급전원 교육을 하면서 계통운용이 잘되도록 하자는 것이었습니다."

의원은 다음 날 상임위에서 전력거래소가 10년간 EMS를 제대로 사용하지 않았다는 증거로 전력거래소 직원의 거짓 해명을 제시했다. 그리고 EMS의 잘못된 운용을 이대로 방치하게 되면, 2011년 9·15 광역정전사고보다 더 위험한 상황이 발생할 수 있다는 점을 경고했다. 사고 재발방지를 위해 지금이라도 제3의 기관에게 EMS에 대한 기술조사를 맡겨야 한다고 당부했다.

상임위에서 제대로 망신을 당한 전력거래소는 의원실에 거짓보고를 한 데 대해서는 아무런 사과나 반성도 하지 않았다. 그리고서는 의원실의 의혹을 풀어주기 위해 전기학회에 의뢰해서 EMS에 대한 기술조사를 받겠다고 했다. 도둑이 제발 저린 격으로 전력거래소는 기술조사 추진을 서둘렀다. 이틀 뒤 전기학회 소속 홍익대 G 교수를 기술조사위원장으로 해서 조사위원을 구성했다고 의원실에 통보했다. 조사위원 면면을 들여다보니, 모두가 전력거래소가 발주한 용역을 수행했던 교수들이었다. 나는 전력거래소의 셀프조사 계획을 의원에게 보고한 뒤, 산업부에 조사 중단을 요구했다.

기술조사 비용 60억 원?

2012년 8월 초, 나는 지식경제부 전력산업과장을 불러 EMS 기술조사 방식에 대해 이야기를 나눴다. 전력거래소가 전기학회에 의뢰해 자체 기술감사를 한다는 것은 공정성을 기할 수 없으니 해외기관인 케마(KEMA)에 의뢰해 기술감사를 하는 방안을 추진하기로 협의했다. 기술조사에 필요한 비용은 지식경제부 감사실 운영자금을 활용할 수 있는지 알아보기로 했다. 일주일 뒤 김 모 사무관에게서 연락이 왔다. 외국기관에 연구용역을 의뢰한 경험이 있는 공기관에 문의했더니, 외국기관의 컨설팅 비용은 "부르는 게 값"이라고 했다는 것이다. 그래서 지식경제부 감사실 운영자금 2~3백만 원으로는 불가능하다고 했다.

지식경제부 김 모 사무관은 항상 말끝에 사족을 달아 의혹을 증폭시켰다. 그는 KEMA 컨설턴트는 프리랜서이기 때문에 의원실에서 우려하는 로비가 더 쉽게 작동할 수 있으니, 국회가 추천하는 국내학자들로 조사팀을 구성해서 기술조사를 하자고 제안했다. 사무관은 외국기관이 요구하는 정확한 기술조사 비용도 알아보지 않고, 로비 운운하며 기술조사를 대충 마무리하려는 기색이 역력했다.

나는 지식경제부에서 직접 KEMA에 컨설팅을 의뢰하는 공문을 보내고, 정확한 견적서를 받아서 검토한 결과를 놓고 다시 이야기하자고 했다. 그러자 김 모 사무관은 "쉽게 할 수 있는 방법이 있는데, 왜 의원실에서 일을 어렵게 하느냐, 국내학자는 신뢰하지 못하고 외국 전문가는 믿겠다는 거냐"며 불쾌감을 드러냈다.

해외기관의 공식적인 답변을 받아오라고 요구한 지 한 달이 지났다. 9월 10일 김 모 사무관에게서 연락이 왔다. KEMA 연락처를 알아보고, 답변을 받는 데 오랜 시간이 걸렸다고 했다. KEMA가 기술조사를 하는 데만 몇 개월이 걸리고, 비용도 수십억 원을 요구하고 있어 해외기관에 기술조사를 위탁하는 것은 어렵다는 얘기였다. 나는 사무관에게 문서로 보내라고 했다. 9월 11일 이메일로 문서화된 내용이 도착했다. 문서에는 KEMA 부산지사 연락처를 알아보는 데 10일이 걸렸고, KEMA 한국지사장과 통화한 결과 컨설팅 비용으로 60억 원을 요구했다는 내용이 담겨있었다.

나는 KEMA가 컨설팅 비용으로 60억 원을 요구했다는 사실을 믿기 어려웠다. 나는 KEMA 한국지사로 전화를 걸어 컨설팅 비용 60억 원의 실체를 확인하기로 했다. KEMA 한국지사장이었던 K 씨는 베트남 지사장으로 발령이 나서 한국을 떠난 상황이었다. K 씨의 이메일 주소로 60억 원 비용에 대해 문의했다. 며칠 뒤 K 씨로부터 답신이 왔다. KEMA는 영업비밀에 해당하는 컨설팅 비용을 구두로 이야기하지 않는다는 내용이었다. 지식경제부 김 모 사무관은 매번 이런 식으로 의원실의 요구를 기만했다. 그해 국정감사에서 의원은 지식경제부 김 모 사무관과 전력거래소 EMS 팀장을 국회에 허위자료를 제출한 것을 근거로 「국회 증언 및 감정에 관한 법률」에 따라 징계처리할 것을 요구했다.

EMS 박사로 불리다

2012년 7, 8월 임시회부터 EMS는 우리 의원실의 전담의제가 됐다. 어느 날 상임위에서 위원장을 비롯해 다수 위원들이 우리 의원을 EMS 박사라고 치켜세웠다. 그동안 전문영역이라는 이유로 아무도 문제 삼지 않았던 전력계통시스템의 문제를 수면 위로 끌어올렸다는 것만으로도 칭찬을 받기에 충분했다.

나는 EMS를 정상화하지 않으면 국민들에게 얼마나 큰 피해가 가는지에 대해 좀 더 구체적으로 알려야겠다고 생각했다. 대중성이 없는 의제는 고립될 수밖에 없었기 때문이다. 그리고 무엇보다 국민들이 이해할 수 있도록 쉽게 알리는 것이 중요했다. 그러기 위해서는 공부가 더 필요했다.

아주대 김 모 교수를 과외 선생님으로 모셨다. 김 교수는 주 2회 의원실을 방문하여 화이트보드에 그림까지 그려가며 전력이론과 계통시스템에 대한 기초 강의를 해주었다. EMS를 도입한 이유가 무엇인가? 거기서부터 강의가 시작됐다. EMS는 경제급전을 하기 위한 시스템이다. 연료비가 가장 싼 발전기부터 가동을 지시해 전력비용을 최소화하는 데 활용된다. 우리나라와 전력설비 규모가 비슷한 미국 중서부(Midwest)지역은 우리와 같은 제작사가 만든 EMS를 사용해 계통운용을 하고 있었다. 미국 중서부 전력계통운용본부(이하 MISO)는 EMS를 계통운용에 활용해 2011년 기준으로 연간 최소 7억 5천만 달러에서 최대 9억 5천만 달러의 연료비를 절약하고 있었다. MISO는 매년 EMS 경제급전 효과를 홈페이지에 공개하고 있었다. 그런데 우리나라는 EMS를 가동하고 있다고 주장할 뿐, EMS에 의한 경제급전 결괏값으로 전력비용을 정산하지 않고 있었다.

입법조사처는 우리가 EMS를 계통운용에 정상적으로 사용했다면, 적어도 총발전량의 1~2%의 연료비를 절약할 수 있었다고 밝혔다.

2011년 우리나라 생산전력량은 496,893GWh였다. EMS의 SCED 실행을 가정해보면, 연간 6,500억 원에서 8,300억 원 정도의 연료비를 아낄 수 있었다. 나는 국정감사를 준비하면서 전력거래소에 미국의 MISO처럼 우리도 EMS를 사용해서 연평균 연료비 절감액을 산출해 국민에게 공개할 것을 요구했다. 전력거래소는 EMS로 정산을 해본 적이 없어 연료비 절감액을 계산할 수 없다고 했다. 도대체 연료비를 절약하기 위해 EMS를 도입해놓고 연료비 정산에 활용하지 않고 있다는 게 있을 수 있는 일인가. 전력거래소는 EMS 도입에 220억 원, 10년간 유지보수비로 175억 원을 썼다. 아무런 기능도 하지 못하는 EMS에 왜 이렇게 큰 돈을 낭비했단 말인가. 미스터리였다.

18대 첫 국정감사, "EMS는 장식용이었다"

2012년 지식경제부에 대한 첫 국정감사가 과천 정부종합청사에서 열렸다. 의원은 질의 시나리오에 따라 전력비상시에 EMS가 어떤 반응을 하는지에 대해 질문을 던졌다. 전력거래소가 EMS를 계통운전에 활용했는지를 파악하기 위한 낚싯밥이었다. 전력거래소가 EMS를 정상적으로 사용하고 있었다면 9·15 사고 당시 주파수가 59.2hz로 떨어졌을 때 EMS는 자동으로 경고등이 켜져야만 했다. 그런데 아무도 EMS에 경고등이 켜졌는지 여부를 확인하지 않았다.

의원은 전력거래소 이사장에게 "9·15 사고 당시 EMS에 비상등이 켜졌다는 보고를 받았습니까?"라고 물었다. 이사장은 2011년 9·15 정전사고 이후 취임했기 때문에 당시 상황을 알지 못했다. 그럼에도 이사장은 잠시 침묵한 뒤 작은 목소리로 "경고등이 켜졌다"고 답변했다. 그 자리에 있던 사람은 누구나 그 말이 거짓임을 단박에 알아차릴 정도로 답변에 힘이 없었다.

다시 9·15 사고 당시로 거슬러 올라가 보았다. 9월 15일 15시 11분, 전력거래소 중앙급전실 전광판에는 공급예비력이 24만kW로 표시되어 있었다. 급전실은 급히 '심각'단계 경보를 발령하고 긴급 부하조정에 들어갔다. 그런데 전력거래소가 15시 11분 정부합동조사단에게 제출한 예비력은 142만kW였다. 어떤 예비력이 진짜인지 아무도 몰랐다.

이 밖에도 전력거래소가 EMS를 사용하지 않고 있다는 증거는 수두룩했다. 국정감사를 준비하면서 2개월간 전력거래소에서 EMS 사용과 관련된 자료를 제출받아 입법조사처에 분석을 의뢰했다. 국정감사 당일 분석결과를 《EMS는 장식용인가》라는 정책자료집에 고스란히 담아냈다. 의원은 이 자료집을 근거로 국정감사에서 여덟 가지 문제점을 지적했다.

첫째, 동일 시간대의 EMS와 시장운영시스템(이하 MOS)의 취득자료(발전기별 출력의 합)의 값이 서로 달랐다. 각 발전기가 동시에 EMS와 MOS에 송출신호를 보내기 때문에 두 시스템에서 취득한 발전기 출력의 합은 동일해야 한다. 그런데 두 시스템의 취득자료가 다르다는 것은 이 두 시스템을 실제 운전에 활용하지 않고 있다는 증거였다.

둘째, 운전예비력을 계산하는 과정에서 수기로 계산한 흔적이 발견됐다. 8천만kW의 전력규모에서 운전예비력은 EMS가 아닌 수기로 계산할 수 없다. 그런데 전력거래소는 EMS에서 상태추정(State Estimate, SE)을 하지 않는 원시 데이터(raw data)에 수기를 통해 계산한 자료를 합해 운전예비력을 산출하고 있었다.

셋째, EMS의 자동발전제어기능(이하 AGC) 관리화면에 나타난 부하량과 홈페이지상의 부하량이 서로 달랐다. 특정일을 지정해 비교한 결과 EMS 관리화면과 홈페이지상의 부하량에 약 24만kW의 격차를 보였다. 무엇을 기준으로 계통운용을 하는지 알 수가 없었다.

넷째, 계통사고 발생 상황이 실시간으로 업데이트되지 않고 있었다. 2012년 10월 2일 영광 5호기 정지사고로 105만kW의 발전기가 계통에서 탈락됐다. 탈락 시간은 약 10시 45시경으로 추정됐다. 이 결과가 홈페이지에 반영된 시간은 10분이 지난 뒤였다. EMS에서 실시간으로 발전기 및 송전선의 상태추정을 하고 있었다면 발전기 탈락 용량은 바로 화면에 표시되어야 한다.

다섯째, 실제 공급능력을 초과한 공급능력이 홈페이지에 발표됐다. 2012년 8월 24일 홈페이지에서 당일 최대 공급능력은 769만kW로 표시되어 있었다. 전력통계정보시스템(epsis)에서 8월 24일 중앙급전소에서 제어 가능한 최대 공급능력을 확인한 결과 783만kW였다. 그런데 이날 울진1호기를 비롯해 6개 발전기가 정지되어 총 36만kW의 발전량이 계통에서 탈락됐다. 그렇다면 당일 최대공급능력 783만kW에서 36만kW를 제외한 747만kW가 공급예비력으로 표시되어야 했다. 그런데 거래소 홈페이지와 에너지관리공단 홈페이지에는 실제 공급능력을 초과한 예비력이 표시됐다. 바로 이것이 중앙급전소의 EMS에서 각 발전기의 상태를 추정하지 못하고 있다는 것을 나타내주는 증거였다.

여섯째, 전력거래소는 EMS로 SCED를 하지 않고, 수동으로 급전지시를 하고 있었다. 그 증거로 전기신문 2012년 9월 10일자의 기사를 제시했다. 기사에 따르면 전력거래소 중앙급전소는 송전선이 추가로 끊어질 것에 대비해 영광원전에 출력을 낮추는 감발운전을 1시간 30분 앞서 지시했다. 송전선 탈락 등의 계통상황은 EMS가 상태추정을 한 뒤 안전도를 고려한 급전지시를 자동으로 조정해야 한다. 그런데 급전원이 이를 인위적으로 판단하여 사전에 급전지시를 하는 것은 잘못된 것이다. 급전원의 이 같은 수동급전은 EMS를 계통운전에 사용하지 않는다는 증거였다.

일곱째, MOS에서 계산된 기초 값을 급전원이 임의적으로 입력하고 있었다. 전력거래소는 MOS에서 경제급전의 값(FMD)을 5분 단위로 계산해 EMS로 전달된다고 했다. 이때 MOS와 EMS 연계 절차가 정상적으로 이루어진다면 굳이 운전원이 수작업으로 출력값을 지정할 필요가 없는 것이다. 그런데 전력거래소의 EMS 화면에서는 급전원이 임의적으로 출력값을 지정한 흔적이 보였다. 이는 MOS와 EMS를 강제로 연계시키는 과정에서 시스템에 문제가 발생해 동기화가 이루어지지 않았다는 증거이다.

마지막으로, 2011년 9·15 정전사태는 수요예측의 오류가 사고원인이 아니라, 전력거래소가 EMS를 계통운용에 사용하지 않아 발생한 인재(人災)였다는 증거를 제시했다. EMS의 제작사인 미국 알스톰사의 매뉴얼을 확인한 결과, 현재 거래소가 사용하고 있는 EMS에는 수요예측 프로그램이 내장되어 있었다. 그런데 전력거래소는 2005년부터 국내에서 개발한 '로피(LOPY)'라는 수요예측프로그램을 별도로 사용하고 있었다. 다시 말해 EMS는 상태추정, 상정사고분석, SCED, 예비력관리 프로그램 등 모든 것이 통합적으로 사용되어 최적화된 결괏값으로 발전기의 출력변경을 지시하는 컴퓨터 시스템이다. 그런데 이 시스템을 계통운전에 사용하지 않고, 각각의 기능을 별도의 프로그램으로 사용하여 계통운용 부실을 초래했던 것이다.

의원은 이처럼 전력거래소가 EMS를 사용하지 않고 있다는 증거를 조목조목 지적했다. 이에 대해 장관은 "전문적인 분야라 잘 모르겠다"며 "실무자에게 답변하도록 하겠다"고 했다. 실무자 역시 전력계통 분야에 대한 답변능력이 없었다. 지난 임시회 때도 장관은 "지경부 산하기관의 모든 업무를 다 파악할 수는 없다"고 말해 위원장에게 호되게 꾸지람을 들었다. 위원장은 "장관이 산하기관의 업무를 파악하지 못하고 있다는 것은 부끄러운 일이다. 모르면 의원에게 배워서라도 EMS의 문제가 무엇인지 파악해야 한다"고 했으나, 장관은 여전히 직무유기를 하고 있었다.

지식경제부의 눈치만 보고 있던 전력거래소는 국정감사 다음 날 황당한 보도자료를 배포했다. 우리 의원이 제기한 EMS를 사용하지 않았다는 증거자료는 모두 사실이 아니라는 내용이었다. 해명 보도자료에는 EMS를 사용했다는 증거자료도 제시하지 않고, 무조건 의원실이 오해하고 있다는 어거지 해명이 담겨있었다. 국정감사는 말 그대로 국가정책을 감시하고 문제가 있는 부분을 지적해 개선방안을 마련하기 위한 제도였다. 따라서 국정감사에서 문제가 제기된 부분에 대해 피감기관은 다시 면밀히 살펴본 뒤 시정조치를 해야 할 의무가 있다. 그런데 피감기관이 국회의원의 지적에 대해 반박 보도문을 언론에 배포했다는 것은 입법부에 대한 모독이었다. 의원은 전력거래소의 무례한 행위를 그냥 넘어갈 수 없다고 했다. 의원은 국정감사 마지막 날, 입법기관을 모독한 전력거래소에 대해 적절한 조치를 취해줄 것을 위원장에게 요구했다. 위원장은 그 자리에서 바로 전력거래소 이사장에게 국회에 대한 모독죄를 물었고, 그 자리에서 즉각 사과할 것을 명령했다.

MOS와 EMS의 부적절한 연계

전력거래소는 EMS와 MOS를 연계하여 전력계통운용에 사용하고 있었지만, 동기화가 되지 않아 엉터리 자료들이 산출되고 있었다. 9·15 사고 당시 전력거래소 중앙급전소에 근무했던 한 급전원에 따르면 EMS와 MOS를 연계시켜 계통운용을 하면서 잦은 고장과 문제가 발생해 아슬아슬한 순간이 많았다고 회고했다.

전력거래소는 2001년 미국 알스톰사로부터 220억 원을 주고 EMS를 구입했다. 그리고 2003년 전력산업구조 개편을 앞두고 ABB사로부터 474억 원을 주고 MOS를 들여왔다. 그런데 2004년 참여정부 노사정위원회의 결정에 따라 전력산업구조 개편이 중단됐다. 발전시장만 분할됐고, 판매시장은 여전히 한전 독점체제를 유지하게 된 것이다. 판매시장 분할에 대해 한전 노조가 강력히 반발하면서 노사정위원회가 판매시장 분할 중단을 선언했던 것이다. 이렇게 단일 판매시장을 유지하게 됨에 따라 시장운영시스템(MOS)은 무용지물이 될 수밖에 없었다.

그런데 전력거래소는 용도폐기된 MOS를 2004년부터 EMS와 연계해 계통운용에 사용하고 있었다. 전력거래소는 전력산업구조가 개편될 것으로 예상하고 474억 원이나 들여 도입한 MOS를 폐기처분하게 되면 손실이 너무 컸기 때문에 MOS의 5분 경제급전 기능을 EMS와 연계시켜 사용했다고 밝혔다. 474억 원의 예산을 날릴 뻔했는데, EMS와 연계시켜 계통운용에 활용했다는 공로로 당시 계통운영처장은 장관 포상까지 받았다고 했다.

그러나 사용 용도도 다르고 제작사도 다른 두 시스템을 연계하여 사용한다는 것은 불가능한 일이었다. 게다가 이 두 시스템을 연계하면서 외국기관에 컨설팅도 받지 않고, H대학 모 교수로부터 구두 자문을 받아 연계했다는 사실을 나중에 알게 됐다. 주먹구구식으로 계통을 운용하고 있었다는 사실들이 속속 드러났다. 국정감사에서 증인으로 출석한 충남대 김 모 교수는 "시장운영시스템(MOS)은 도매경쟁 시장이 개설됐을 때 필요한 것인데, 우리는 이런 시장이 없기 때문에 MOS는 필요 없었다. 그럼에도 MOS의 5분 경제급전 기능을 억지로 EMS에 연계시킴으로써 동기화가 되지 않아 EMS의 기능이 마비됐다"고 증언했다.

누구를 위한 안심예비력인가

2011년 9·15 정전사고 이후 국민들은 매년 혹서기 혹한기마다 엄청난 절전운동을 강요당하고 있었다. 정부는 공급예비력이 부족하면 전력대란이 올 수 있다며 국민들에게 절전을 강요했다. 공급예비력이 떨어지는 것에 대한 불안감을 해소하기 위해 기업과 국민을 상대로 연일 절전 협박을 강행하고 있었다.

게다가 2012년 원전비리 사건이 터지면서 한국수력원자력 직원들이 무더기로 구속됐고, 불량부품이 납품된 원전들은 부품교체를 이유로 차례대로 정지됐다. 원전 3~4기가 정지됨에 따라 공급예비력은 더욱 저하됐고, 정부는 에너지 절약을 하지 않으면 9·15 순환정전과 같은 전력대란이 올 수 있다며 위기상황을 부추겼다. 2012, 2013년 전력피크 기간인 하계와 동계 기간에 절전운동의 강도는 더욱 높아졌다. 심지어 민방위 훈련에 버금가는 절전훈련까지 실시하면서 전력대란 위기를 조장했다.

전력거래소는 전력시장운영규칙에 따른 '운영예비력'에 근거해서 전력수급 경보단계를 발동했다. 전력거래소는 전력계통에 병입된(연결된) 발전기 출력과 2시간 이내(동·하계는 20분) 기동이 가능한 발전기 출력 가운데 사용되지 않은 여분의 전력량을 '운영예비력'으로 규정했다. 전력거래소는 운영예비력의 규모에 따라 준비·관심·주의·경계·심각단계로 나눠 경보발령을 내렸다.

2012년 12월 11일에는 예비전력(운영예비력)이 400만kW 이하로 떨어질 때 발령되는 관심단계의 전력경보가 세 시간 넘게 이어졌다. 당시 정부는 전력사용이 조금만 더 늘거나 발전기 한두 개가 고장이 나면 블랙아웃이 올 수도 있다며 위기상황을 부추겼다. 많은 국민들은 2011년 9·15 정전사고 당시의 기억을 떠올렸고, 심각한 공포감에 휩싸였다. 혹한기에 난방을 줄이고 '내복 입기' 운동이 벌어졌다. 전력당국은 이렇게 무조건 예비전력을 400만kW 이상을 유지해야 안심할 수 있다고만 설명할 뿐, 예비전력이 떨어지는 것과 블랙아웃이 어떤 관계가 있는지는 설명하지 못했다.

전력당국은 2012년 한해 전력수요관리 비용으로 4,000억 원 이상을 전력산업기반기금에서 기업들에게 지급했다. 전력산업기반기금은 국민들이 낸 전기요금에 포함되어 있는 준조세의 성격을 갖고 있다.

대용량 전기를 쓰는 기업들에게 조업중단에 따른 피해보상액으로 수천 억 원의 전력수요관리비용이 보조금으로 지급됐다. 반면, 국민들은 한여름에 에어컨도 켜지 못하고 비지땀을 흘려가며 절전에 동참했는데도 아무런 대가나 보상이 없었다. 오히려 주택요금에만 누진제를 적용하고 있어 전력수요가 높은 동·하계 기간에는 요금폭탄을 맞아야만 했다.

발전사업자도 이익을 봤다. 과다 예비력을 확보하게 되면, 발전사들은 발전하지 않고 발전가능용량을 신고만 해도 돈을 벌 수 있었다. 이 과정에서 일부 발전사는 발전기의 발전가능용량을 속여서 용량신고를 하는 부정행위도 있었다. 발전사는 발전기를 가동하지 않아도 하루 전날 발전가능용량만 제시하면 그 용량만큼 투자회수비 형식의 고정비용을 받을 수 있었다. 이것을 용량요금(CP)이라고 한다. 한전은 십수 년째 1kW당 7.4원의 용량요금을 모든 발전기에 동일하게 지급해왔다. 예를 들면, 인천 복합화력이 하루 전날 50만kW를 전력거래소에 입찰신고를 하면, 당일 실시간 계통에서 30만kW를 발전했을 경우 이 발전량에 대해서는 연료비를 정산해준다. 그러나 발전하지 않은 20만kW와 발전한 30만kW는 모두 용량요금으로 정산받게 되는 것이다.

이렇게 과다한 예비력은 전력비용 상승으로 이어졌다. 덕분에 발전비용을 지급하는 한전은 2011년 9·15 사고 이후 계속 적자경영에 허덕였다. 한전은 적자보전을 위해 해마다 두 차례씩이나 전기요금을 인상했다. 전력당국의 무능한 전력계통운용으로 전기소비자인 국민에게 절전협박과 동시에 전기요금 인상 부담을 떠안겼다.

동·하계 기간에는 20분, 평상시는 2시간 뒤에 발전이 가능한 전력량은 사실상 전력비용만 낭비할 뿐, 전력계통의 안정성과는 아무런 상관이 없었다. 전력당국은 이런 사실을 숨긴 채 저수지에 물을 가득 채워놓으면 가뭄이 와도 안심할 수 있다는 심리를 계통운용에도 적용하고 있었다. 그런데 안타깝게도 전기는 저장이 불가능했다. 빛의 속도로 움직이는 전력흐름을 어떻게 20분 뒤에, 2시간 뒤에 공급이 가능한 발전기에 의존해서 전력계통을 운용한단 말인가? 빛의 속도로 움직이는 전력흐름을 감시하고 조정하는 일은 급전원의 경험으로 할 수 있는 일이 아니었다.

오직 EMS라는 프로그램만이 수행할 수 있는 일이다. EMS의 예비력관리프로그램(RMS)에 의해 전력계통에 병입된 발전기의 여유출력(운전예비력)을 계측하여 계통의 안전성을 도모해야만 한다. 보통 외국 전력회사의 경우 이런 운전예비력을 100~150만kW를 유지하고 있다. EMS에서 이런 운전예비력을 계측하지 못했던 전력거래소는 무조건 모든 발전기를 다 살려둔 채 500만kW, 1,000만kW의 공급예비력을 안심예비력으로 여기며 수동급전을 하고 있었다.

EMS만 제대로 운용한다면 예비력을 훨씬 효율적으로 관리할 수 있어 불필요한 전력비용을 줄일 수 있다. 게다가 EMS는 모선별 소비자 부하와 전압, 전류, 위상, 차단기 작동여부 등의 계통 상태를 파악하는 '상태추정'과 탈락된 발전기나 송전선 사고 등을 실시간으로 반영해서 안전도를 유지하며 경제적으로 출력을 변경하도록 지시하는 'SCED'를 수행한다. 이 기능이 제대로 작동하면 연료비 절약은 물론 사고의 위험을 예방하면서 계통운전을 할 수 있다.

결국 400만kW 이상의 예비력은 무능한 전력계통 운영자들이 불안감을 잠재우기 위한 안심예비력이었던 것이다. 그런데 이런 안심예비력 덕분에 연간 최소 1조 원 이상의 전력비용을 낭비하고, 국민들은 매년 전기요금 인상에 따른 부담을 져야 했으니, 그 피해가 너무 컸다.

계통마피아가 동원됐다

나는 전력거래소가 멍텅구리로 만들어버린 EMS를 어떻게든 복원하는 것이 반복되는 전력난을 극복하는 방법이라고 생각했다. 그런데 수 개월 동안 국회와 산업부(2013년 지식경제부에서 산업통상자원부로 개칭)는 EMS 기술조사 방법을 둘러싸고 합의점을 찾지 못하고 있었다. 나는 마지막으로 산업부 에너지실장과 만나 협의를 시도해보기로 했다. 에너지실장은 컨설팅 비용이 너무 비싸서 해외기관에게 기술조사를 의뢰하는 것은 불가능하니, 국내학자로 TF를 구성해 기술조사를 하고, 공정성 시비를 불식하기 위해 국회가 기술조사위원 전원을 추천해달라고 제안했다. 에너지실장의 이 같은 제안에는 꽤나 고심한 흔적이 보였다. 결국 기술조사와 관련한 모든 부분을 국회가 주관하기로 하고 추후 기획안을 마련해 구체적인 조사일정을 잡기로 했다.

국회도 고민에 빠졌다. 조사내용과 시기, 예산 등은 문제가 될 게 없지만, 조사위원 추천 문제가 녹록하지 않았다. 전력계통시스템을 아는 전문가들도 많지 않지만, 관련 논문을 쓴 사람이나 전공 교수들 대다수가 전력거래소가 발주한 용역과제와 직·간접적으로 연관되어 있었다. 이들은 9·15 사고는 EMS와 아무런 상관이 없다며 전력거래소의 대변인 역할을 자임하고 있었다. 과연 누구를 추천해야 할 것인지 걱정스러웠다. 몇몇 교수들에게 의견을 물었다. 국회가 신뢰하고 추천할 수 있는 전문가는 겨우 세 명 정도에 불과했다. 입법조사처 조사관까지 참여시킨다고 해도 네 명이었다. 나는 좀 더 시간을 갖고 전기학회 소속 교수들 중에서 용기 있는 분들을 좀 더 찾아보기로 했다.

그 사이 2012년 11월 13일 'EMS의 허와 실'을 주제로 EMS 개선 방안을 찾기 위한 정책토론회가 열렸다. 전력 분야 중에서도 전력계통시스템 분야는 워낙 전문적인 영역이어서 토론회를 한다고 해도 관심을 갖는 사람이 많지 않았다. 그럼에도 토론회 당일 약 80석 규모의 장소에 사람들이 넘쳐났다. 토론회장을 가득 메우고도 문밖에까지 줄을 서는 진풍경이 벌어졌다. 알고 보니, 전력거래소와 전기학회에서 자체 홍보를 통해 대거 동원령을 내린 것이었다.

이날 토론회는 난장판이 되어버렸다. 토론자들은 한결같이 입법조사처 조사관의 발표를 반박하는 데 급급했다. 심지어 객석에서까지 발표내용에 문제가 있다고 따지고 나섰다. 2012년 6월 전력거래소 EMS 팀장이 의원실을 찾아와서 입법조사처의 조사관을 정신이상자로 몰아붙이던 상황이 토론회에서 다시 반복되고 있었다.

차기 전기학회 회장에 당선된 연세대 문모 교수도 이날 토론회에 참석했다. 문 교수는 자신이 한국형 전력계통운영시스템(이하 K-EMS) 개발을 처음 시도했다고 밝히면서 "K-EMS를 국산 기술로 개발했다는 데 의미를 두어야 한다"며 "완벽한 시스템이 아니라고 해서 그것을 비판하고 문제 삼게 되면 연구자들의 사기가 저하될 수 있다"고 말했다. 이어 전기연구원 이 모 박사도 마이크를 잡더니, K-EMS를 개발하면서 밤낮으로 고생한 이야기를 쏟아냈다. 이 박사는 실제 연구에 참여하지도 않았던 분들이 K-EMS가 실패작이라고 지적할 수 있느냐며 감정을 노출했다. 이날 토론회는 EMS가 정상이냐 비정상이냐를 놓고 각자의 주장을 하다가 끝나버렸다.

나는 그날 토론회를 지켜보면서 전기학회나 전기연구원 등 관계 기관과 함께 EMS 개선방안을 논의하는 것은 불가능하다는 결론을 내렸다. 결국 전력거래소의 용역과제를 수행한 적이 없는 학자들을 중심으로 EMS 기술조사를 추진할 수밖에 없다고 판단했다. 나는 입법조사처와 협의한 기술조사 기획안을 가지고 산업부 에너지실장을 만났다. 그런데 에너지실장의 태도가 달라져 있었다. 국회에서 기술조사위원 전원을 추천하라고 했던 에너지실장이 갑자기 입장을 바꾼 것이다. 그는 11월 13일 토론회를 보고 난 뒤 생각이 바뀌었다고 했다. 에너지실장은 EMS 사용 여부가 논란이 되고 있는데, 국회의 추천만으로 조사위원을 구성할 수 없다는 것이었다. 잠시 혼란스러웠지만 나는 그날 토론회는 EMS 기술조사 방식에 반전을 꾀하기 위한 기획이었다는 것을 깨달았다.

기술조사는 전쟁터였다

산업부의 계략이 성공했다. 정부와 국회가 합동으로 2013년 4월부터 기술조사를 진행하게 됐다. 정부와 국회가 반반씩 추천해 일곱 명으로 조사위원회를 구성하고, 그간 의원실에서 지적한 EMS의 여섯 가지 기능을 중심으로 점검하기로 했다. 그런데 처음부터 잘못 끼워진 단추는 계속 어긋날 수밖에 없었다. 조사 방법부터 정부 추천위원과 국회 추천위원 간의 의견이 엇갈렸고, 현장조사 때는 의견차이로 조사가 중단되는 등 불협화음이 계속됐다. 한 달 만에 끝내기로 했던 기술조사는 지연되어 3개월이 지나서야 겨우 마무리됐다. 각자 위원들이 실명으로 써내기로 했던 보고서는 실현되지 못했다. 단 한 명만 400페이지 분량의 기술조사 보고서를 제출했고, 나머지 위원들은 매트릭스를 만들어 EMS의 여섯 가지 기능의 정상여부를 표시했고, 개선사항을 지적하는 수준에 그쳤다. 예상했던 대로 조사결과는 "별 이상 없음"으로 결론이 났다.

나는 EMS 기술조사의 결과를 인정할 수 없었다. 산업부는 조사위원회가 제출한 두 쪽짜리 보고서로 EMS 검증을 마무리하려고 했다. 나는 조사과정의 온갖 불협화음을 의원에게 보고했고, 의원은 2013년 7월 11일 국회산업통상자원위원회 소회의실에서 EMS 기술조사의 문제점을 발표하는 기자간담회를 개최했다.

이날 기자회견에서 조사위원장을 맡았던 충남대 김 교수는 EMS 기술조사 과정을 "한마디로 전쟁터였다"고 일갈했다. 김 교수는 "산업부에서 네 명, 국회에서 위원장을 포함해 네 명을 위촉하는 바람에 위원회가 적군과 아군으로 나뉘어 전쟁터가 되어버렸다"면서 "결국 다수결로 하기 어려워 양쪽 의견을 보고서에 그대로 게재하기로 했다"고 밝혔다. 김 교수는 "의원실에서 지적한 사항은 모두 문제가 있다는 것을 확인했다"면서도 "기능개선 부분에서 의견이 엇갈려 결론을 짓지 못한 게 아쉽다"고 밝혔다.

기술조사위원회가 제출한 2페이지 보고서에는 K-EMS를 쓰게 되면 기존의 EMS 기능의 문제점은 해결될 수 있다고 결론지었다. 게다가 다수의 조사위원들은 노골적으로 전력거래소 편을 들어주고 있었다. 나는 더 이상 EMS 문제를 정부와 협력하여 개선하기 어렵다는 결론에 이르렀다.

결국 감사원에 감사청구로 문제를 해결할 수밖에 없었다. 다만, 한 조사위원이 써낸 400페이지 분량의 조사보고서는 매우 소중한 자료였다. 수십 년간 통제구역 속에 갇혀있었던 EMS 기능의 중요성과 문제점을 기록한 전력계통의 역사책이었다. 나는 이 보고서를 2013년 국정감사에서 정책자료집으로 펴냈고, 전력거래소 급전원들에게 전달했다. 전력IT부서의 무능함으로 인해 피를 말리는 긴장감 속에서 그들의 경험만으로 수동급전을 해온 급전원들에게 작은 위로를 주고 싶었다.

기술조사에 부정행위가 있었다

EMS 기술조사를 허무하게 끝내고 2013년 국정감사를 준비하면서 놀라운 사실을 발견했다. EMS 기술조사에서 부정행위가 발각된 것이다. 기술조사의 자격이 없는 조사위원이 대거 참여했고, 현장조사에서는 대리시험까지 치러진 사실이 드러났다. 나는 이런 부정행위 증거를 확보해 언론에 공개했다.

정부가 추천한 조사위원들 모두가 전력거래소에서 연구비를 받고 있었다. EMS 기술조사가 진행되고 있었던 2013년 4월 당시 3인의 조사위원이 전력거래소가 발주한 연구용역을 수행 중이었다. J 교수는 계통신뢰도를 고려한 양수발전기 운전에 관한 연구 등 세 건의 용역(총 3억 2천만 원)을 수주했고, L 교수는 전력계통 고장전류 해석기준 수립 등 세 건의 용역(총 3억 8천만 원), 또 다른 L 교수는 전력계통 규모 확장에 따른 154kV 계통기준 전압 적정성에 관한 연구(1억 4천만 원)을 수행 중이었다.

이들 교수가 수행한 연구용역은 대부분 전력계통운용과 관련된 것이었다. 이런 연구용역 결과물이 전력계통운용에 어떻게 반영됐는지 아무도 확인하지 않았고, 관심도 없었다. 실시간 계통운용에서 EMS를 사용하지 않고 있었는데, 이들 교수는 도대체 어떤 자료를 바탕으로 전력계통운용에 관한 연구를 수행했다는 건지 기가 막힐 노릇이었다.

현장조사에서는 대리시험 의혹이 제기됐다. 조사위원들은 2013년 5월 30일, 6월 12일, 6월 27일 3일간 전력거래소를 방문하여 현장조사를 실시했다. 이때 한 조사위원이 송전선 안전도 유지방법에 대해 질문했다. 그런데 전력거래소 EMS 팀장은 답변하지 못했고, 다른 직원에게 대리답변을 하게 했다. 이 직원은 조사위원의 질문내용과 다른 이론을 설명하면서 조사위원들을 혼돈에 빠뜨렸다. 그러자 조사위원은 "왜 사실과 다른 이야기를 하면서 혼란을 주느냐"며 소속과 직책을 물었다. 직원은 대답하지 못했다. 조사위원은 전력거래소 직원이 아니면 이 자리에서 나가라고 했다.

나는 대리 답변자의 신원파악에 나섰다. 3일간 현장조사에 배석했던 사람들의 명단을 받아 확인해보니, 전력거래소 직원 외에 한전KDN 연구원 두 명이 명단에 들어 있었다. 이들이 바로 대리답변자였다. 한전KDN은 EMS 하드웨어 유지보수를 담당했을 뿐, 소프트웨어 사용법을 알지 못했다. 그래서 그날 대리시험을 쳤던 한전KDN 직원은 조사위원의 질문 의도를 파악하지 못하고 교과서 이론을 설명했던 것이다.

전력거래소가 이렇게 위선과 거짓을 반복하면서 바닥을 드러내고 있었음에도 산업부는 계속 전력거래소를 비호했다. 그 이유가 무엇이었을까. 관리감독을 소홀히 한 것에 대한 책임이 두려웠던 것일까. 아니면 산업부 관료의 상당수가 계통마피아의 일원이었기 때문에 그랬던 것일까. 산업부와 전력거래소, 그리고 산·학·연 계통마피아들과의 모종의 카르텔을 밝히는 일은 내가 할 수 있는 일이 아니었다. 결국 이 문제는 검찰의 몫으로 넘겨야만 했다.

2003년 EMS 개선 기회를 놓쳐 버렸다

한국사회에서 내부고발자는 항상 희생양이 됐다. 잠시 영웅 대접을 받다가 조직 내에서 영원히 퇴출되는 비극의 주인공이 되어왔다. 우리 사회는 내부고발자의 밥줄을 끊어버리는 잔인함으로 내부 고발을 차단하고 있었다. 전력거래소 역시 EMS에 문제가 있다며 정상화를 주장했던 내부 인사를 고발자로 몰아 조직에서 퇴출시켜버렸다. 그리고서는 다시는 EMS 문제에 대해 언급하지 못하도록 직원들의 입에 자물쇠를 채워버렸다.

2013년 국정감사에 아주대 김 모 교수가 참고인으로 출석했다. 김 교수는 2001년 전력산업구조 개편 당시 한전에서 실무팀장을 맡았고, 이후 전력거래소 시장운영본부장(전무)으로 일했다. 2003년 전력도매경쟁시장으로 개편을 앞두고 있었다. 당시 김 전무는 도매경쟁시장 정산시스템을 설계하려면 EMS에서 자료가 나와야 하는데, 준공이 떨어지고 2년이 지났는데도 EMS에서 실측자료가 나오지 않아 걱정이 많았다. 그때 전력거래소 내부에서 EMS에 문제가 있다는 소문이 돌고 있었다. 시장운영본부장이었던 김 전무는 EMS에 어떤 문제가 있는지를 조사해 보고서를 작성하도록 지시했다. 김 전무는 이 보고서를 토대로 시장운영본부와 계통기술처가 함께 논의를 해보자고 제안했다. 그런데 김 전무의 제안은 받아들여지지 않았고, 다른 부서의 일에 관여하지 말라는 비난이 쏟아졌다.

김 전무는 당시 시장개발처 이 모 팀장으로부터 EMS에 문제가 있다는 얘기를 들었고, EMS 현황과 문제점을 소상히 기록한 문건을 전달받았다. 이 문건은 2003년 2월 작성됐다. 다음은 문건의 일부 내용이다.

"도매전력시장 설계의 가장 기본은 자동발전제어(AGC)를 적용한다는 것인데, EMS가 도입되어 사용된 지 2년이 지난 현재까지 현장설비가 응동을 하지 못한다는 것은 직무유기에 해당한다. 현 자동발전제어 기능이 정상화되지 않을 경우, MOS에서 수립한 5분 급전계획이 정상적으로 현장까지 전달되지 못함으로써 시장의 혼란을 초래할 수 있고, 전기품질의 이상현상까지 초래될 수 있다. 이제까지 발전기에 해당되는 업무는 전부 급전처에서 담당했는데, 현재 AGC 업무는 계통운영본부 급전처가 직접 담당하지 않고, 계통기술처가 담당하고 있다."

2003년 5월 전력거래소 시장운영본부 시장설계팀은 〈NEMS 활용도 제고방안〉이라는 보고서를 작성해 문건을 공개했다. NEMS는 2001년 미국 알스톰사에서 구입한 시스템을 일컫는 용어다. 이 문건은 계통운용 현황에 대해 다음과 같이 진단하고 있었다.

"NEMS의 AGC는 본래 목적인 전력계통 주파수를 제어하기 위해 전체 제어대상 발전기에 대해 출력 증·감발 신호를 전송하는 것이 아니라, 일부 수력 및 복합화력발전기만을 대상으로 신호를 전송하는 등 비정상적 활용상태를 유지하고 있었다. [한전이 사용했던 도시바(Toshiba) EMS 사용시기부터 발전기 응동속도 저하를 이유로, 급전원이 수요변동을 감안해 급전목표 값을 수동으로 입력하고, 이 값을 기준으로 실시간 수요를 감안한 발전기 급전목표 값을 재분배하는 방식으로 수동급전을 해오고 있었다]."

전력거래소 시장설계팀은 EMS를 실시간 운전에 활용하지 않고, 수동급전하고 있었던 문제를 지적하며, 시급히 EMS를 정상화시켜 도매경쟁시장의 도입에 대비해야 한다고 지적했다. 이때 시장설계팀의 지적을 계통기술처에서 수용한 뒤 수동급전의 문제를 개선했다면 2011년 9·15 정전사태는 발생하지 않았을 것이다. 물론 경제급전으로 한해 수천억 원의 연료비와 전력비용을 절감할 수 있었을 것이다. 그런데 전력거래소 계통기술처는 시장설계팀의 지적을 무시했다. 그리고 시장운영본부장이었던 김 전무를 내부고발자로 몰아갔다.

그 무렵 감사원은 에너지공기업 일곱 개 기관에 대해 정기감사를 실시했다. 그때 감사관은 김 전무를 찾아와서 EMS에 어떤 문제가 있는지를 자세히 물었다. 김 전무는 감사관이 이미 제보를 받아 EMS가 실행되지 않고 있음을 알고 있었다고 했다. 그래서 시장운영본부에서 작성했던 보고서의 내용을 설명해주었다. 그런데 감사원에 제공한 정보가 김 전무를 내부고발자로 몰아가는 증거가 됐다.

감사원은 전력거래소의 감사과정에서 EMS의 비정상적인 활용실태에 대해 서면조사 및 현장확인 감사를 실시했다. 그런데 어찌된 일인지 감사원은 2004년 4월 감사결과처분요구서에 EMS에 대한 감사결과를 누락시켰다. 그리고 바로 내부고발자에 대한 징계절차가 이루어졌다. 당시 전력거래소 김 모 이사장은 김 전무를 감사원에 EMS 문제를 제보한 내부고발자로 지목했다. 그리고 김 전무에 대한 특별 내부감사를 지시했고, 당시 김 전무를 비롯한 시장운영본부 소속 직원들이 고초를 겪어야만 했다. 당시 전력거래소 감사실은 그해 5월 전력거래소 조 모 과장이 김 전무의 지시로 만든 〈NEMS 활용도 제고방안〉이라는 내부 문건을 문제삼았다.

전력거래소 감사실은 2003년 12월 '내부 문서 외부 유출' 혐의로 특별감사를 실시해 문서작성자인 조 모 과장을 '경고'조치했다. "사실과 다른 내용의 문서를 작성해 조직 내 갈등을 유발하고 자료가 유출되어 외부기관(감사원)의 의혹을 받음으로써 전력거래소의 대외적 신뢰를 손상시켰다"는 게 경고 사유였다. 하지만 조 모 과장이 해당 문건을 감사원 등 외부에 문건을 유출한 증거는 확보하지 못했고, 단지 내부 직원들에게 전달한 걸 문제삼은 것이다.

특별 내부감사가 끝난 뒤 전력거래소 이사장은 그해 12월 17일 전 직원을 대상으로 특별 지시문을 발표했다. 이사장은 "자신의 소관 업무가 아닌 타 부서 업무에 정당한 사유 없이 관여하지 말 것"과 "충분히 검증되지 않은 문서가 외부에 유출돼 전력거래소 명예를 손상시킬 경우 유출 당사자는 물론 문서 작성 관계자를 엄중징계하여 근무기강을 바로잡겠다"는 엄포를 했다. 이 특별지시문은 전력거래소 전체 직원에게 "EMS에 대해서는 어떤 문제도 언급해서는 안 된다"는 함구령과 같은 것이었다. 그 이후 10년 동안 전력거래소에서는 누구도 EMS 문제를 제기하지 않았다.

이 문건 작성을 지시했던 김 전무도 사퇴 압력에 시달렸다. 공식적으로 이듬해 3월 3년 임기를 채우고 퇴직할 예정이었던 김 전무는 사퇴 압력에 시달리다 결국 사표를 제출하고 4개월 동안 빈자리만 지키다가 퇴직하게 됐다.

10년 뒤 증인으로 국정감사장에 출석한 김 교수는 "당시 계통기술처와 논의해 EMS 개선방안을 마련하기 위해 문건을 작성했던 것"이라며 "그런데 전력거래소가 나를 외부에 문건을 유출한 당사자로 지목해 내부감사를 하면서 EMS 기능을 회복할 수 있는 길을 차단해버렸다"고 진술했다.

김 전무가 전력거래소를 떠난 뒤 10년간 EMS는 '크렘린'이 될 수밖에 없었다. 전력거래소 계통기술처는 그 후 K-EMS를 국책사업으로 진행하면서, 활용하지 못했던 EMS 기능을 국산 시스템으로 대체하려는 계획을 세웠다. 그러나 K-EMS는 전력계통 분야의 산·학·연 합작으로 만들어진 사기제품이었다는 것이 2013년 국정감사에서 드러났다.

K-EMS는 사기다

나는 EMS의 미사용 문제를 추적하다가 전력거래소가 2004년 전력IT 분야 국책과제로 K-EMS 개발을 추진했다는 것을 알게 됐다. 2010년 개발이 완료되어 충남 천안의 후비급전소에서 시험운전 중이라고 했다. 개발한 지 3년이 지나도록 상업운전에 활용하지 못하고 시험운전 상태였다. 2001년 알스톰사에서 구입한 EMS는 제3세대 EMS였다. 이 시스템을 10년간 사용하지도 못하고 방치했던 전력거래소가 국내 기술로 K-EMS 개발에 성공했다는 사실을 믿기 어려웠다. 그래서 나는 입법조사처와 함께 K-EMS의 개발과정을 추적하기 시작했다.

전력거래소는 K-EMS는 EMS의 기능에 MOS의 핵심기능을 통합한 기술로 세계에서 다섯 번째로 국산화에 성공한 신기술이라고 설명했다. 그런데 전력거래소가 컨설팅도 받지 않고 주먹구구식으로 연계한 EMS와 MOS는 동기화가 되지 않아 EMS의 주요 기능이 전혀 작동하지 못하고 있는 상태였다. 나는 이런 통합시스템이 K-EMS라면 실시간 계통에서 사용이 불가능한 프로그램이라고 생각했다.

K-EMS는 2010년 10월 31일 개발이 완료됐다. 전력IT국책사업으로 추진된 K-EMS는 352억 원의 개발비용이 투자됐다. 이 중 181억 원을 정부가 전력산업기반기금에서 출연했고, 나머지는 (주)LS산전의 현물투자로 이루어졌다. 전력거래소는 EMS 제작사인 알스톰사가 기술이전을 기피했고, 유지보수비용으로 수백억 원의 외화가 유출되는 것을 막기 위해 K-EMS 개발이 불가피했다고 밝혔다.

전력거래소의 주장은 근거 없는 낭설이었다. EMS 제작사는 전 세계에서 두세 군데에 불과했고, 어떤 제작사도 기술이전을 하는 곳은 없었다. 그리고 전력거래소가 10년간 미국 알스톰사에 지출한 EMS 소프트웨어 유지보수비용은 61억 원이었고, 114억 원이 한전KDN에게 하드웨어 유지보수 비용으로 돌아갔다. MOS 유지보수비용도 제작사인

ABB사에는 42억 원, 한전KDN에게는 355억 원이 지급됐다.

유지보수비용 내역만 봐도 전력거래소는 EMS와 MOS의 소프트웨어 기능을 업그레이드하지 않은 채 사용했다는 흉내만 내고 있었다는 것을 알 수 있었다. 외국 제작사에 지급된 소프트웨어 유지보수비용은 103억 원에 불과했고, 국내 IT기관에 469억 원이 지급됐다. 따라서 외화 낭비를 막기 위해 K-EMS를 개발했다는 해명은 거짓으로 드러났다.

전력거래소가 정부에 제출한 2005년 K-EMS 개발계획서에 따르면, K-EMS는 전력거래소의 기존 시스템(EMS)의 수명 도래 시점인 2012년에 전력거래소에 설치해 활용하겠다고 밝혔다. 그런데 어찌 된 일인지 K-EMS는 천안 후비급전소에서 계속 시험운전만 하고 있었다. 무슨 이유로 상용화하지 않고 있는지에 대해 추적하다가 전력 전문지의 한 귀퉁이에 실린 기사를 보게 됐다. 전력거래소가 2011년 11월 한전KDN과 수의계약을 맺고 '차세대 EMS와 차세대 MOS' 개발과제를 각각 352억 원, 238억 원에 발주했다는 기사였다.

나는 즉각 전력거래소에 K-EMS와 차세대 EMS, 차세대 MOS의 실체가 무엇인지에 대해 해명을 요구했다. 전력거래소는 임기응변식 답변을 내놨다. K-EMS는 상용화하기 어려운 연구 프로그램이라는 것이다. 이 프로그램을 기반으로 실제 전력계통운용에 적용할 수 있는 순수 국내 기술 시스템을 개발했다고 했다. K-EMS는 1~6단계 개발과정이었고, 7~9단계가 차세대 EMS와 차세대 MOS라는 답변이었다. 그런데 2005년 K-EMS 개발계획서에는 단계별 과제에 대한 설명이 전혀 없었다.

전력거래소는 어떤 이유로 한전KDN과 수의계약을 하게 됐을까. 전력신기술 지정제도가 수의계약을 하게 된 열쇠였다. K-EMS 개발에 공동으로 참여했던 기관들이 이 시스템을 전력신기술로 지정신청을 했고, 2011년 6월 10일 지식경제부 장관 고시로 K-EMS가 '전력신기술 86호'로 지정됐다.

국가계약법에 따라 전력신기술로 지정되면 수의계약이 가능했다. 국책연구기관과 대기업은 전력 소프트웨어사업을 수의계약으로 따낼 수 없었기 때문에 대리기관으로 한전KDN을 내세웠다. 한전KDN은 수의계약을 체결한 뒤, K-EMS 개발에 공동참여했던 전기연구원, LS산전과 하도급 계약을 맺었다. 이로써 전력거래소, 한전KDN, LS산전, 전기연구원은 그들만의 카르텔을 형성했고, 계통마피아라는 이름을 얻게 됐다. 이들 계통마피아는 352억 원짜리 K-EMS로 끝나지 않고, 579억 원짜리 차세대 EMS, 차세대 MOS 개발이라는 먹거리를 또 만들어냈다.

K-EMS 신기술이 아니었다

2013년 국정감사 막바지에 산·학·연이 카르텔을 형성해서 K-EMS라는 엉터리 기술개발에 1천억 원의 예산을 낭비했다는 의혹을 제기했다. 2013년 10월 17일 전력거래소 국정감사에 K-EMS 개발에 참여했던 충남대 김 교수가 참고인으로 출석했다.

"K-EMS는 신기술이 아니다. 캐나다 온타리오 수력에서 EMS를 사와서 국내 기술로 개발했다고 속인 것이며, 기존 EMS에 불필요한 MOS 기능까지 탑재해 만든 엉터리 시스템이다."

김 교수의 진술이 공개되자, 국정감사장이 술렁대기 시작했다. K-EMS 개발과정을 전혀 알지 못했던 전력거래소 이사장은 당황한 기색이 역력했다.

김 교수의 진술은 사실이었다. 전력신기술의 지정 심사과정을 자세히 살펴보면, K-EMS는 전력 신기술이 아니라는 확신을 가질 수밖에 없었다. 전력기술관리법 제6조(신기술지정요건)에 따르면, 신규성·진보성·현장적용성·경제성을 충족시켜야 신기술로 지정될 수 있었다. 그런데 K-EMS는 위 네 가지 조건 중 진보성 외에는 아무것도 만족하지 못하고 있었다. 국내에서는 처음으로 개발했다는 점에서 신규성 요건은 만족시켰을지 모르지만, 이 기술은 외국 교과서에 이미 나와 있는 EMS 기본 이론에 해당하는 것으로, 기본에도 충실하지 못했다는 게 전문가들의 의견이었다.

현장적용성도 거의 없었다. 2010년 개발에 성공했다고 하지만, 아직까지도 상업운전에 활용되지 못한 시제품 상태였기 때문이다. 경제성도 터무니없었다. 알스톰사가 제작한 EMS를 220억 원에 구입했는데, K-EMS는 개발비용 352억 원에다 차세대 EMS·MOS 개발비용 589억 원을 합하면 941억 원이 들어갔다. 진보성 역시 미흡했다. 전력거래소가 제출한 〈기존 EMS와 K-EMS 성능 비교표〉에 따르면, 계통운용시스템의 핵심인 발전계획과 계통해석 기능은 기존 EMS와 기능이 동일했고, 급전원들이 전력 흐름을 파악하는 계통화면(interface)만이 시각적으로 개선됐다는 것이 차이점이었다.

K-EMS는 허술한 심사평가 덕분에 전력신기술로 지정될 수 있었다. 나는 아홉 명의 심사위원들이 작성한 심사평가서를 보고 깜짝 놀랐다. 심사위원들은 답안을 미리 모의한 것처럼 네 개 항목에 대해 비슷한 심사평을 내놨다. 지식경제부 장관이 지정하는 전력신기술이 이렇게 허술하게 심사된다는 사실에 말문이 막혔다. 나는 이런 허술한 심사절차를 보면서 "K-EMS는 신기술이 아니라, 캐나다 온타리오 수력이 만든 EMS 복제품일 가능성이 높다"는 김 교수의 진술에 더욱 신뢰가 생겼다.

캐나다 온타리오 수력이 개발한 EMS와 K-EMS가 어떤 연관성이 있는지에 대해 심층조사에 들어갔다. 나는 인터넷 검색을 하다가 실마리를 찾았다. 전기학회 회장에 지원했던 연세대 문 교수의 이력서에 두 시스템에 관한 내용이 기록되어 있었다. 문 교수는 1996년부터 1998

년 현대중전기팀과 공동으로 1차 EMS 개발과제에 참여했다고 밝혔다. 그리고 현재 LS산전 주도로 개발된 'K-EMS'는 자신이 참여한 1차 EMS 개발과제의 연장선상에서 이루어졌다고 밝혔다.

나는 현대중전기가 어떻게 K-EMS 개발에 참여하게 됐는지 궁금해졌다. 한국전력이 1996년 제3세대 EMS 도입을 앞두고 현대중전기에 20억 원짜리 EMS 개발 용역사업을 발주한 사실을 확인했다. 그리고 대전에 있는 한국전력연구원 도서관에서 그 용역보고서를 찾아냈다. 〈에너지관리 제어시스템, EMS 소프트웨어 개발에 관한 연구〉라는 제목의 보고서였다. 20억 원짜리 프로젝트가 왜 상용화되지 못하고 도서관 한쪽 구석에 파묻혀 있었는지 몹시 궁금했다.

수소문 끝에 당시 연구에 관여했던 현대중전기 관계자와 연락이 닿았다. 현대중전기 관계자에 따르면, 캐나다 온타리오 수력이 개발한 EMS를 한국에 도입하기 위해 공동연구작업을 했고, 현대중전기와 온타리오 수력이 공동 소유권을 갖고 있었다. 현대중전기는 이 시스템을 한전에 납품하려고 했으나, 현장적용성이 없다는 이유로 입찰에 참여하지 못했다. 한전은 국내 어디에서도 실증시험을 거친 적이 없는 시스템을 국내 전력계통에 사용하기엔 매우 위험하다고 판단했던 것이다. 한순간에 휴지조각이 되어버린 20억 원짜리 용역보고서는 그렇게 잊혀갔다.

K-EMS의 실체를 추적하는 과정은 정말 신비로운 경험이었다. 엉킨 실타래를 풀어내듯 계속 새로운 사실이 드러났다. 현대중전기가 써낸 보고서를 검토하는 과정에서 낯익은 이름을 발견했다. K-EMS 개발과제 중 AGC 개발의 핵심 연구원이었던 전기연구원 이 모 박사의 이름을 발견한 것이다. 이 박사는 현대중전기가 수행한 연구용역 프로젝트의 연구원이었다.

이 박사는 전기연구원으로 이직하면서 당시 프로젝트의 소스코드를 가지고 갔을 가능성이 제기됐다. 이 연구용역은 저작권위원회에 등록된 프로그램도 없었고, 이미 용도폐기된 프로그램에 대해 그 누구도 관심을 두지 않고 있었다. 게다가 K-EMS 개발과제는 2004년 당시 LS산전의 최 모 사장과 전기연구원의 이 모 박사가 주도하여 개발을 추진한 것으로 알려져 있었다.

K-EMS는 복제품이었다

2013년 국정감사에 참고인으로 출석한 충남대 김 교수에 의해 K-EMS가 실패작이라는 의혹이 제기됐다. 김 교수는 K-EMS의 계통해석(NA) 개발과제에 참여했었다. 김 교수는 40여 년을 계통해석 분야 중 조류해석 프로그램을 연구해온 국내 최고의 전문가였다. K-EMS 계통해석 분야는 LS산전이 주도했다. 이 과제에 김 교수가 관여하고 있는 '파워21'이라는 회사가 참여했다.

김 교수는 2010년 과제가 완료되기 직전까지도 계통해석 프로그램이 제대로 실행되지 않아 오류를 찾기 위해 고군분투하고 있었다. 2010년 9월 김 교수가 실험을 위해 천안 후비급전소를 방문했을 때, 전력거래소와 LS산전은 김 교수의 출입을 막았다. 그 당시 LS산전은 잦은 실험 오류로 프로그램의 성공을 보장하기 어렵다며 파워21 측에 계약해지를 통보한 상태였다. 그때가 K-EMS 개발과제 완료를 두 달 앞둔 시점이었다.

나는 산업부에서 K-EMS 개발에 관한 결과보고서를 제출받아 검토했다. 2008년 4월 전력거래소가 지식경제부에 제출한 실증시험결과보고서에는 "모든 기능 이상 없음"으로 보고됐다. 김 교수는 2010년 10월까지도 프로그램이 제대로 실행되지 않아 오류의 원인을 찾고 있다고 진술했는데, 실증시험결과보고서에는 처음부터 "이상없음"으로 허위로 보고됐다. 김 교수는 K-EMS 개발과정에서 허위보고를 은폐하기 위해 LS산전이 일방적으로 파워21에 계약해지를 통보했다고 주장했다.

국정감사에서 EMS 미사용에 이어 K-EMS 복제 의혹까지 불거지자, 그동안 사사건건 해명자료를 내던 전력거래소가 아무런 대응을 하지 않았다. K-EMS 개발에 직접 개입한 대기업에 해명의 책임을 넘겼던 것이다. 며칠 뒤 LS산전이 "K-EMS의 불법 복제 의혹은 사실이 아니다"라는 해명 보도자료를 냈다. LS산전은 "K-EMS는 순수 국내 기술진의 노력으로 개발했으며 특허 9건, 프로그램 등록 70여 건 등 지식재산권도 확보했다"며 "EMS 기술은 세계적으로 성숙단계에 있어 제작사별로 외형이 유사해보일 수는 있지만 내용 측면에서 고도의 독자적인 소프트웨어 기술이 포함되어 있다"고 밝혔다.

우리는 K-EMS 개발의 총괄 수행기관인 전력거래소에 불법 복제 의혹을 제기했는데, '도둑이 제 발 저린 격'으로 LS산전이 복제 의혹을 부인하고 나섰다. 그리고 얼마 지나지 않아 LS산전 수석연구원을 비롯해 몇 사람이 의원실을 찾아왔다. 그들은 한사코 외국제품을 베끼지 않았다고 읍소했다.

우리가 복제 의혹을 제기했던 근거는 두 가지였다. 하나는 알스톰사가 제작한 EMS의 소스코드를 베껴서 종합상황판 화면(인터페이스)을 만들었다는 점이었고, 다른 하나는 캐나다 온타리오 수력의 EMS의 계통해석 프로그램을 복제했다는 것이었다.

첫 번째, LS산전은 K-EMS의 종합상황판 화면은 전력거래소의 주문을 받아 제작했다고 해명했다. 전력거래소가 급전원들에게 익숙한 기존 화면대로 제작해줄 것을 요청했다는 것이다. 이는 알스톰사의 소스코드를 전력거래소가 외부(LS산전)에 노출시킨 것으로 해석되는 대목이었다. 알스톰사와 전력거래소는 프로그램 수정이 필요할 경우 양측의 입회하에 소스코드를 열기로 계약되어 있었다. 그런데 전력거래소가 이런 계약을 위반하여 마음대로 소스코드를 공개했다는 것은 명백한 불법행위였다. 그럼에도 LS산전은 인터페이스 복제는 지식재산권 침해에 해당하지 않는다는 황당한 의견을 내놨다.

나는 곧바로 미국 알스톰사에 EMS 소스코드 사용권 및 화면의 지식재산권 여부에 대해 문의했다. 며칠 뒤 알스톰사 북미법인 부사장 명의로 답신이 왔다. 부사장은 “알스톰과 한국전력거래소의 계약은 알스톰 EMS를 사용하기 위한 단순 사용권만을 제공하고 있으며, 알스톰 EMS의 소스코드 및 다른 지적재산권에 대해 사용할 수 있는 권한을 허가하지 않고 있다. 알스톰 SCADA와 EMS의 운영시스템, 화면(interface), 소프트웨어와 디자인은 알스톰의 지식재산권에 해당하며, 특허권, 저작권, 상표법 또는 기업비밀로 보호되어야 한다”고 밝혔다. 게다가 알스톰사는 대한민국 국회에서 EMS 화면 등의 불법 복제 의혹이 제기된 사실을 알고 있었다. 조만간 자신들의 지식재산권의 침해여부를 확인하기 위한 조치를 취할 것이라고 밝혔다.

두 번째, LS산전은 파워21과의 계약을 해지하고 단 2개월 만에 어떻게 계통해석의 중추인 조류해석 프로그램을 만들 수가 있었을까. 충남대 김 교수는 40년 동안 조류해석을 연구해왔는데, 아직 한 번도 이 연구를 실증시험에서 성공하지 못했다고 했다. 그런데 LS산전이 어떻게 2개월 만에 조류해석 프로그램을 개발할 수 있었느냐고 물었다. LS산전 이 모 수석연구원은 파워21에 조류해석 프로그램 개발을 위탁하면서 동시에 LS산전 연구원에서도 이 프로그램을 연구하고 있었다고 했다. 한 과제에 대해 어떻게 동시 연구가 가능하냐고 물었더니, 이번에는 조류해석 프로그램은 대학교 1학년 교과서에 나오는 수준이기 때문에 두 달 만에도 얼마든지 만들 수 있다고 하는 것이 아닌가.

나는 LS산전의 해명을 듣는 과정에서 또 새로운 사실을 발견했다. 캐나다 온타리오 수력의 EMS를 복제했을 거라는 의혹을 뒷받침할 증거들이 속속 튀어나왔다. LS산전은 자신들이 2006년부터 2010년까지 수차례 캐나다 온타리오 수력 관계자들에게 컨설팅을 받았다고 했다.

K-EMS를 개발하는 데 왜 온타리오 수력의 전문가들에게 자문을 받아야만 했는지 그들은 설명하지 못했다. 나는 LS산전이 온타리오 수력의 전문가들에게 자문을 받은 보고서를 전력거래소에서 제출받아 분석했다. 전력거래소가 온타리오 수력의 EMS 시스템을 복제하기 위한 수순을 밟고 있었다는 정황을 발견할 수 있었다.

1990년대 말 캐나다 온타리오 수력의 EMS 소스코드를 갖고 있던 누군가가 이 시스템을 활용해 K-EMS를 개발할 수 있다고 부추겼을 가능성이 제기됐다. 당시로는 앞서 언급했던 전기연구원의 이 모 박사가 유력했다. 전력거래소는 기존 EMS를 쓰지도 못하고 감사까지 받은 상황에서 국내기술로 EMS를 개발해보자는 제안은 충분히 매력적인 것이었다. 그리고 일사천리로 시스템 개발과제 실행에 돌입했다. 그런데 2008년 1단계 과제 완료 시점까지도 온타리오 수력의 EMS는 제대로 작동하지 않았다. 온타리오 수력의 전력환경과 석탄 비중이 높은 우리나라의 전력환경이 달라 실행이 어려웠을 것이다. 이런 상황에서 당연히 국내 학자가 만든 조류해석 프로그램이 수력환경에 맞춰 설계된 EMS에 연계시켰을 때 오류가 나올 수밖에 없었던 것이다.

전력거래소, 한전KDN, LS산전은 2006년부터 2010년 3월까지 캐나다 온타리오 수력에 근무했던 교포 출신 정 모 씨에게 무려 10여 차례의 자문을 받았다. 정 모 씨는 1990년대 말 캐나다 온타리오 수력의 폐기물인 EMS를 우리나라에 중개했던 장본인이었다. 정 모 씨는 온타리오 수력의 시스템 전문가 2인을 대동하고 세미나 형식을 갖춰 컨설팅을 진행했다. 정씨가 제출한 자문보고서를 보면, 대학 교과서에 나오는 일반적인 이야기만 나열되어 있었다. 무엇을 자문했는지 알맹이가 없는 보고서를 제출하고 그들은 자문료로 9억 원을 받아 챙겼다.

이런 상황에서 K-EMS의 연구팀은 2008년 10월 지식경제부에 1단계 결과물을 제출해야 했는데, 결과물이 없었다. 그래서 그들은 일단 대외적으로 성공했다는 포장을 하기 위해 100시간에 걸친 기본기능 실증시험을 완료했다고 서류를 조작했다. 그리고 외국기관 전문가와 두세 차례 세미나를 한 뒤, K-EMS를 외국 전문가들에게 인증받았다고 서류를 꾸몄다. 나는 이 모든 조작된 서류를 확보해 2013년 국정감사에서 증거물로 제출했다.

2010년 10월, K-EMS 과제 완료시기가 코앞으로 다가왔다. 그때까지도 온타리오 수력의 EMS 복제물은 실행이 안 되고 있었다. 그때 전력거래소가 비장의 카드를 꺼냈다. 계통시스템 분야는 국내에서 전문가가 거의 없고, 정부 관계자들도 문외한이었기 때문에 종합상황판 화면만 보여주면 K-EMS가 성공했다는 포장은 얼마든지 가능하다고 판단했다. 그때 전력거래소는 열어서는 안 되는 판도라 상자(소스코드)를 열어버린 것이다. 전력거래소는 알스톰사의 EMS 소스코드를 열어 인터페이스를 만들었다. 영문을 한글로 바꾸고, 도형을 가로(EMS)에서 세로(KEMS)로 위치만 바꿨을 뿐, 기존 EMS의 구성과 동일한 화면을 복제했다. 그렇게 K-EMS 개발은 성공으로 마무리 짓고 넘어갈 수 있었다. 문제는 2012년에 상용화를 한다고 했는데, 실행불가 판정을 받은 K-EMS로 어떻게 계통운용을 하느냐였다.

온타리오 수력의 EMS는 국내 전력계통과 연결이 어려웠고, 알스톰 복제 화면만으로 계통운용을 할 수도 없는 노릇이었다. 그래서 전력거래소는 새로운 전략을 내놓게 됐다. K-EMS를 업그레이드한 상용시스템을 다시 개발하는 전략이었다. 그리고 차세대 EMS 341억 원, 차세대 MOS 238억 원에 한전KDN과 수의계약을 했다. 이런 전략은 계통마피아들의 아이디어였다.

계통마피아를 고발하다

19대 국회 두 번의 국정감사에서 'EMS의 복원'을 주요 의제로 다뤘다. 어떻게든 정부와 협의를 통해 EMS가 정상적으로 사용될 수 있는 방안을 찾아보려고 했지만, 난공불락이었다. 결국 우리는 감사원과 검찰에게 공을 넘길 수밖에 없었다.

19대 국회 첫해 국정감사를 마치면서 상임위 차원에서 감사원의 감사청구 의결을 요청했지만, 위원들 사이에 충분한 공감대가 형성되지 못해 무산됐다. 그러나 2013년 두 번째 국정감사에서 EMS의 미사용은 물론 K-EMS까지 개발사기가 진행됐다는 것을 폭로하면서 상임위에서 감사원의 기술감사의 필요성에 공감대가 형성됐다. 2013년 국정감사결과보고서를 채택하면서, 'EMS 부실활용 및 K-EMS 개발과정 전반에 대한 감사청구안'이 의결됐다.

그러나 계통마피아들이 벌인 수천억 원대의 사기사건을 감사원이 해결하기엔 역부족이었다. 나는 의원을 설득하여 쓰지도 않았던 EMS에 쏟아부은 유지보수 비용과 다른 나라의 시스템을 복제하여 만들어낸 K-EMS 개발에 들어간 비용까지 약 2천억 원대의 사기사건을 검찰에 넘기기로 했다. 2013년 종합감사를 앞둔 11월 1일, 의원은 두 분의 교수와 함께 국회 기자회견장을 찾았다. 나는 그 전날 밤을 새워 고발장을 작성했다.

"2001년 미국 알스톰사에서 220억 원에 도입한 EMS를 제대로 사용했다면 한해 최소 5천억 원 이상의 연료비를 절감할 수 있었을 뿐만 아니라, 계통불안으로 인한 절전 협박도 없었을 것이다. 지난 2년간 EMS의 중요성을 뼈저리게 느꼈고, 이를 둘러싼 계통마피아들의 사기행각을 보면서 나라 전체가 언제 또다시 위기에 빠질지 모른다는 불안감이 엄습해왔다. 두 번의 국정감사에서 EMS의 부실활용이 낳은 폐해와 K-EMS의 불법 복제 의혹 등을 제기하면서 이 문제는 결

국 검찰 수사를 통해 진실을 규명할 수밖에 없다는 결론을 내리게 됐다. 김○○, 김△△ 교수가 고발인이 되어 그간 국회에서 제기한 EMS에 관한 숱한 의혹을 증거로 오늘 검찰에 고발장을 제출하게 됐다."

아주대 김 교수는 2003년 전력거래소 전무로 근무할 당시 EMS가 계통운용에 사용되고 있지 않다는 사실을 처음으로 제기하며 개선책을 요구하다, 내부문건 유출 혐의로 감사를 받는 등 고초를 겪었다. 10년이 지난 2013년 4월 국회 추천으로 EMS 조사에 참여한 김 교수는 2013년 국정감사에서 참고인으로 출석해 "여전히 전력거래소의 EMS가 실행되지 않고 있다는 사실을 목격했다"고 밝혔다. 김 교수는 전력거래소 전·현직 이사장 및 계통운영처 전·현직 임직원을 검찰에 고발한다고 밝혔다.

충남대 김 교수는 40년간 계통해석 분야의 조류해석을 연구한 계통전문가이다. 김 교수는 2004년 K-EMS의 제4과제(계통해석)에 참여해 조류해석 프로그램을 개발했으나, 과제 완료 두 달을 앞둔 시점에 LS산전으로부터 일방적으로 계약해지 통보를 받았다. 그리고 LS산전은 두 달 만에 조류해석 개발에 성공했다고 밝혔다. 이와 관련해 김 교수는 2013년 10월 25일 전력거래소 국정감사에 참고인으로 출석해 "두 달 만에 조류해석 프로그램을 개발했다는 것은 남의 것을 복사하지 않고는 불가능한 일"이라며 "K-EMS는 상용화될 가능성이 없다"고 밝혔다. 김 교수는 K-EMS 개발에 관여한 연구기관 및 개발책임자들을 검찰에 고발한다고 밝혔다.

의원은 기자회견에서 검찰의 철저한 수사와 더불어 EMS 정상화를 위해 제3의 외국기관에게 반드시 기술조사를 받을 것을 당부했다.

"EMS를 둘러싼 2천억 원대 사기극에 대한 심판은 이제 검찰의 몫이 됐다. 그러나 EMS의 복구 문제는 여전히 전력기관을 감독하는 산업부가 책임지고 해

결해야 할 문제이기 때문에 제3의 외국기관에 EMS 기술조사를 의뢰해야 한다."

이날 기자회견을 마치고 나는 고발장과 증거서류를 챙겨 고발인 두 명과 함께 직접 서울지방검찰청 민원실을 방문하여 고발장을 접수했다. 다음은 검찰에 제출된 고발장의 결론 부분이다.

"우리나라 최고의 보안시설은 청와대 지하벙커나 국군 수도사령부가 아니라, 전력거래소 중앙급전센터입니다. 중앙급전센터는 계통운용시스템(EMS)을 통해 매일 경제급전을 실행하여 330개 발전기의 출력 증·감발을 조정하고, 전국의 수천 회선으로 연결된 송전망(신경망)을 안전하게 감시하면서 계통운전을 하는 곳입니다. 계통운용을 잘못하여 전력계통이 붕괴되면 우리나라는 수십 초 만에 암흑으로 변하게 됩니다.

지금까지 전 세계에서 발생한 대정전(블랙아웃)의 원인을 살펴보면, 대부분이 EMS 사용에 문제가 있어 송전선의 연쇄탈락으로 대정전이 발생했습니다. 지난 12년간 중앙급전센터는 EMS의 기능을 정상적으로 사용하지 않고, 급전원들의 경험으로 수동급전을 해오다가 9·15 순환정전 사태를 초래했습니다. 하루속히 EMS를 복구하지 않는다면, 9·15 정전사고를 넘어 진짜 계통붕괴(블랙아웃)라는 대재앙을 초래할 수 있습니다. 이런 심각한 상황을 인지하지 못한 산업부는 전력거래소가 지난 12년간 은폐하고 숨겨온 EMS 부실활용 문제를 외면해왔습니다.

이어 전력거래소는 한전KDN, 전기연구원, LS산전 등과 카르텔을 형성해 외국회사의 프로그램을 복제하는 방법으로 K-EMS를 사용하겠다는 허위 선전을 하고 있습니다. 국민의 생명과 안전, 그리고 국가의 안보가 걸려있는 전력계통운용을 이런 계통마피아에게 맡겨두어서는 안 될 것입니다. 지난 10여 년간의 전력 마피아들의 사기행각을 철저히 수사해, 우리나라 전력계통운용을 바로잡아야 할 것입니다.

이상과 같은 이유에서 고발인들은 피고발인들에 대하여 국회법, 국가계약

법, 특정 범죄 가중처벌 등에 관한 법률, 산업기술의 유출방지 및 보호에 관한 법률, 지적재산권 관련 법률 위반 혐의로 고발하오니, 철저히 수사하여 죄가 있다고 판단하시는 경우 엄히 처벌하여 주기 바랍니다."

감사원, 반쪽 감사로 끝나다

국회는 2014년 3월 3일 국회법 제127조의2 제1항의 규정에 따라 한국전력거래소의 EMS 부실활용 및 K-EMS 개발 의혹에 대한 감사요구서를 감사원에 제출했다. 감사가 시작되고 3월 중순경 담당 감사관이 의원실을 방문했다. 나는 정책자료집, 질의서, 보도자료 등 관련 자료를 감사관에게 모두 제공했고, EMS 문제를 제기하게 된 동기와 그간의 과정에 대해 소상히 설명했다. 그 이후로도 감사관은 의원실에 기술적 사항을 문의했다. 나는 아주대 김 교수와 국회입법조사처 조사관에게 감사원의 기술감사에 조력을 요청했다. 두 분은 감사원을 직접 방문해 수석감사관과 담당 감사관들에게 강의를 하는 등 최선을 다해 기술감사를 도왔다.

어느 날 김 모 수석감사관과 최 모 감사관이 다시 의원실을 방문했다. 최 모 감사관은 전력 분야 감사실무가 처음이어서 많은 애로를 겪고 있었다. 하지만 김 모 수석감사관은 과거 전력계량기 납품 비리 관련 감사를 해본 경험이 있다고 했다. 그는 과거 감사 경험에 비추어 볼 때, 심각한 문제가 있는 것으로 보인다고 말했다. 그럼에도 EMS를 개선하는 문제와 관련해서 감사원이 검증을 하기에는 무리가 있어 해외기관에게 조사를 의뢰하겠다고 했다. 2013년 7월 산업부와 국회가 합동으로 실시한 EMS 기술조사가 부실하게 끝난 상황이어서 감사원의 제안은 뜻밖의 수확이었다. 수석감사관은 나에게 해외기관에 의뢰할 기술조사 항목을 작성해줄 것을 요청했다. 나는 곧바로 아주대 김 교수의 도움을 받아 기술조사 항목을 작성했고, 이를 영문으로 작성해서 감사원에 전달했다.

그로부터 한 달이 넘도록 해외기관에 기술조사를 의뢰했다는 소식이 없었다. 나는 최 모 감사관에게 전화를 걸어 진척 상황을 물었다. 감사관은 의원실에서 지적한 EMS 기능의 문제점을 모두 확인했기 때문에 해외기관에 조사를 의뢰할 필요가 없다고 했다. 나는 감사관의 이런 답변을 어떻게 받아들여야 할지 혼란스러웠다. 그 순간 감사원이 2003년에 EMS의 비정상적인 활용실태에 대해 감사를 하고도 그 결과를 덮어버렸던 일이 떠올랐다.

해외기관이 EMS 문제를 조사하게 되면, 계통운영의 무능력과 부실한 관리감독이 드러나 국가적으로 망신을 당할 게 뻔했다. 대외적으로 국가 체면에 손상이 갈 수 있는 일을 산업부가 수용할 리가 없었다. 그래서 감사원은 몇 가지 문제를 지적하는 선에서 감사를 끝내자는 산업부의 제안을 수용했을 가능성이 컸다. 나의 이런 짐작은 거의 적중했다.

그 뒤 감사관은 의원실에 직접 문의하는 일이 없었다. 그리고서는 입법조사처 조사관에게 지난 10년간 EMS 미사용에 따른 연료비 손실을 계산해달라고 요청했다는 소식이 들려왔다. 감사원이 기술감사를 포기하고, 적정선에서 연료비용이 낭비됐다는 식으로 결론을 내려고 한다는 생각이 스쳤다. 감사원의 이런 비겁한 행위를 그냥 두고 볼 수 없었다.

나는 EMS 감사담당관에게 즉각 항의했다. 감사원이 EMS 기능상의 문제점을 파악했으면 그것을 공개하는 것으로 감사원의 역할은 다 한 것이니, 감사결과를 빨리 제출하라고 요구했다. 그러자 감사관은 자신들이 현장조사에서 일부 발전기에만 AGC 신호가 가고 있다는 것을 확인했기 때문에 자동발전제어 신호를 받지 못한 발전기 가동으로 인한 연료비 손실액을 파악해야 했다고 말했다. 감사원은 애초부터 EMS 정상화에 대한 고민은 전혀 없었고, 눈에 보이는 성과를 내기 위해 국회를 이용하기 급급했다.

감사원은 두 번씩이나 감사결과보고서 제출기한을 어겼다. 국회에는 기술감사를 하느라 시간이 걸린다는 해명자료만 보내왔다. 감사청구인에게 중간보고를 하겠다는 약속도 지키지 않았다. 2014년 12월 4일 감사위원회 의결을 거쳐 감사결과를 최종 확정했다. 그제야 감사원은 감사결과보고서를 공개하기 전에 감사청구 당사자인 국회의원에게 보고하는 절차를 밟겠다며 12월 10일 감사국장과 감사관이 의원실을 방문했다.

우리는 감사원에서 EMS 부실활용 문제와 K-EMS 개발사기 의혹이 완벽하게 검증될 것으로 기대하지 않았다. 적어도 EMS를 10년 넘게 방치한 책임을 산업부와 전력거래소에 묻고, 천억 원을 쏟아부은 K-EMS가 제대로 작동하고 있는지는 점검했어야 한다고 생각했다. 감사원에 대한 이런 기대조차 허용되지 않았다.

짐작한 대로 감사원의 결과보고서는 EMS 부실운용에 따른 연간 8천억 원 이상의 연료비가 낭비됐다는 게 결론이었다. 연간 8천억 원 이상이면 10년간 약 8조 원에 해당하는 연료비를 낭비했다는 말이다. 그런데 이 비용은 2년간 국정감사를 하면서 의원실에서 계산한 것보다 훨씬 낮은 금액이었다.

감사원은 EMS의 부실운용의 근거로 AGC 신호가 일부 발전기에만 송출되고 있었다고 밝혔다. 발전기에 보내야 할 5분 간격의 출력변경지시 신호도 엉터리로 계산되어 일부 발전기에만 신호를 보내고 있었고, 일부 발전기는 아무런 신호를 받지 못했다는 것이다. 모든 논란의 중심에 있었던 예비력 관리 문제도 지적됐다. 감사원은 전력거래소가 운전예비력과 관련이 있는 주파수조정 서비스 요금을 실시간 계통운전 실적과 상관없이 정산하고 있다고 밝혔다.

EMS 유지보수 용역사업도 지적사항이 나왔다. 감사원은 전력거래소가 EMS 유지보수 용역을 수행하면서 일반적 전산시스템 유지보수 용역을 수행할 수 있는 업체의 입찰참가 기회를 박탈하고, 한전KDN과 수의계약을 체결해 EMS 유지보수를 독점하게 했다고 밝혔다. 한전KDN은 정보통신공사업법 제31조 등에 따라 도급액의 50%를 초과해 하도급을 할 수 없음에도 EMS 유지보수 용역의 63~79%를 (주)바이텍정보통신 등에 하도급을 해온 것으로 드러났다.

K-EMS 개발과 관련한 의혹에 대해서는 수의계약상의 문제만 지적했다. 전력거래소가 2011년 한전KDN에게 차세대 EMS 구축사업을 진행하면서 전력신기술에 해당하지 않은 하드웨어까지 수의계약을 추진했으며, 한전KDN은 하드웨어 구축비용 147억 원 전액을 LS산전에 하도급했고, LS산전은 다시 (주)바이텍정보통신에 재하도급하여 2억 8천만 원의 차익만을 남겼다고 지적했다. 감사원은 수박 겉 핥기식 감사로 몇 가지 문제만을 찾아냈고, 전력거래소에 전담인력 확충, 시장운영규칙 개정, 계약절차 준수, 관련자에 대한 주의를 당부하는 선에서 감사결과조치를 내렸다.

의원은 감사국장으로부터 감사결과보고를 받은 뒤, 기술감사가 부실하게 이루어진 것에 대해 유감을 표시했다. 특히 EMS 미사용 문제로 연간 8천억 원의 연료비가 낭비되어왔다는 사실을 결과보고서에 적시하고도 전력거래소에는 '주의' 조치로 솜방망이 처분을 내렸다는 것에 실망을 드러냈다. 또한 향후 10년 동안 8천만kW보다 크게 성장할 전력계통에 대한 운용을 책임질 K-EMS에 대해서는 기술조사를 하지 않았다는 데도 유감을 표시했다.

그러자 감사국장은 "감사원이 처음 실시하는 기술감사였기 때문에 국회의 지적을 만족시키기 어려웠다"며 "EMS 부실활용 문제는 의원실 지적이 모두 옳았다는 것을 확인했다"고 말했다. 감사국장은 K-EMS는 의원실에서 계속 관심을 갖고 문제제기를 해달라고 했다. 감사원도 이번 감사를 통해 계통운용에 대한 기술적 지식을 축적했기 때문에 매년 전력거래소의 정기감사에서 차세대 EMS가 제대로 작동하고 있지는 살피겠다고 약속했다. 그렇게 차세대 EMS는 감사원의 요주의 감사대상으로 남게 됐다.

혼돈의 전력시장

전력거래소는 전라남도 나주 혁신도시로 이전하게 되면 K-EMS 상용화를 위해 개발 중인 차세대 EMS를 전력계통운용에 사용하겠다고 밝혔다. 약속대로 전력거래소는 2014년 10월 6일 국산기술로 개발한 K-EMS가 차세대 EMS라는 이름으로 개통했다.

전력계통 뇌가 멈췄다

그런데 차세대 EMS를 개통한 지 일주일도 지나지 않아 EMS에 문제가 생겼다는 소문이 돌았다. 모두가 쉬쉬하는 상황이었기 때문에 어디서 어떤 문제가 생겼는지 확인하기 어려웠다. 그래서 일단 EMS의 기본기능인 AGC의 4초 신호부터 확인하기로 하고, 전력거래소와 몇몇 발전사에 10월 14일 오후 2~3시 사이 AGC 송·수신 신호에 대한 자료를 요구했다. 자료를 받아보니, 불길했던 예감이 사실로 드러났다. 사람에 비유하자면, EMS는 뇌에 해당한다. 전력시스템의 뇌 기능이 정지해버린 현장을 보게 됐다.

전력거래소가 10월 14일 오후 2시부터 3시까지 EMS에서 중앙발전기에 보낸 AGC 송신 신호를 분석한 결과, 30개 발전기에 신호를 보냈지만, 일부 발전기에서 수신 신호가 잡히지 않았다. 남동발전의 삼천포 화력 등 10개 발전기는 자동발전신호를 수신하지 못해 그래프상의 주파수가 아무런 진동이 없는 수평상태를 유지하고 있었다. 사람에 비유하자면 심정지상태였다. 또 일부 발전기는 송신 신호와 수신 신호가 일치하지 않았다. 이는 뇌에서 지시하는 명령과 달리 손발이 아무렇게나 움직이고 있었다는 말이다.

전력거래소는 ACG 송·수신호의 불일치에 대해 제대로 된 해명을 내놓지 못했다. 그로부터 1년이 지났다. 나는 혹시나 1년 사이에 AGC 기능을 회복시켰을지 모른다는 기대감을 갖고 EMS의 AGC를 점검해 보았다. 하지만 여전히 EMS는 제 기능을 하지 못한 채 전원만 켜져 있는 깡통시스템이었다.

2015년 9월 1일 AGC 송·수신 신호가 또 일치하지 않았다. 2015년 9월 1일 14~15시 전력거래소가 신인천복합1호기에 보낸 4초 간격의 AGC 신호를 살펴보면, 전력거래소 EMS와 신인천복합1호기 발전기 간에 주고받은 송·수신 신호 901개의 데이터 중에서 일치하는 값이 단 한 건도 없었다. 같은 시각 영월 복합발전기도 똑같은 현상이 나타났다.

쉽게 설명하면 이런 것이다. 은행(전력거래소)에서 100만 원을 송금했는데, 받은 사람(발전기)이 98만 원만 받은 것이다. 은행창구에서 거래한 것이 아니라, 컴퓨터 시스템으로 송금거래가 이루어지기 때문에 100만 원을 보냈는데, 98만 원만 입금처리가 됐다면 은행의 시스템에 문제가 있다는 것이다. 마찬가지로 전력거래소에서 각 발전기에 주파수 조정을 위해 4초마다 출력 증·감발을 지시하는 신호를 보냈는데, 발전기가 받은 출력값이 달랐다면 이건 EMS에 문제가 있다는 것이다.

그런데 전력거래소는 EMS에 문제가 있다는 것을 인정하지 않았고, 일부 발전기가 노후화되어 신호를 제대로 수신하지 못했다고 변명했다. 2014년 감사원 감사를 받았을 때도 AGC 신호의 불일치를 발전기의 노후 탓으로 돌렸다. 나는 이대로 물러서지 않고 전력거래소의 답변이 거짓이라는 증거를 찾아나섰다. 2015년 9월 1일 AGC 4초 송·수신 신호 자료를 요구하면서 최근 건설된 신형발전기의 수신 자료를 함께 제출받았다. 그것을 분석한 결과 역시 불일치로 나타났다. 전력거래소는 거짓 해명이 드러나자, 자신들이 불리할 때는 언제나 그랬듯이 이번에도 침묵을 지켰다.

EMS 미사용으로 전력비용 과다정산

나는 3년간 EMS를 조사하면서 EMS가 계통운용에도 사용되지 않고, 전력비용을 정산하는 데도 활용되지 않고 있음을 알게 됐다. 우리나라에서 EMS는 전력거래소 IT부서의 명맥을 유지하기 위한 도구에 불과했다.

EMS는 전력비용을 최소화하는 최적의 시스템인데, 실시간으로 계측된 발전량을 기준으로 비용정산을 하지 못한다면 연료비 정산은 어떻게 이루어지는 것일까. 이 문제에 대한 의심이 시작됐고, 발전기동계획프로그램(이하 RSC)에서 전력시장 도매가격을 결정한다는 것을 알게 됐다.

RSC는 하루 전 혹은 1주일 전에 최적의 비용으로 발전기 기동계획을 세우기 위해 사용되는 프로그램이었다. 그런데 우리나라에서는 이 프로그램으로 실시간 계통운용을 하기 하루 전날 계통한계가격(이하 SMP)을 결정하고, 이 가격을 기준으로 원자력, 석탄, 중유, LNG 등 발전원별로 보정계수(할인율)을 적용하여 연료비를 정산하고 있었다.

국회입법조사처는 RSC로 계통한계가격을 정해 전력비용을 정산하고 있어 지난 10년간 약 30조 원의 전력비용이 과다하게 정산됐다고 밝혔다. 발전기의 변동비는 평균연료비 단가로 정산하는 게 상식이다. 그런데 RSC는 등증분비용(미분함수 적용)으로 모든 발전기 출력을 배분하기 때문에 무부하비용이 높은 LNG 발전기와 열효율이 낮은 노후발전기가 대거 들어오면서 SMP를 엄청나게 높이고 있었던 것이다.

이뿐만이 아니다. 2013년 제약발전비용(이하 CON)이 5조 2천억 원이나 발생했다. CON은 송전선의 부하상태를 고려해 하루 전 발전기 기동계획과 달리 발전기에 증발 급전을 내릴 때 지급하는 비용이다. 실시간 급전에서 EMS에 의한 SCED(5분 급전)에 따라 출력 증·감발 지시가 이루어지지 않고, RSC에서 계획된 발전기 출력배분을 기준으로 수동급전을 하고 있기 때문에 과다한 CON이 발생하고 있었던 것이다.

RSC는 '예비력'을 고려하지 않고 발전기 출력을 배분하기 때문에 실시간 운전에서 400만kW 이상의 예비력을 확보하기 위해 기동시간이 빠른 발전기의 출력을 높일 수밖에 없다. 전력거래소는 EMS의 예비력관리 프로그램으로 '운전예비력'을 계측하여 실시간 급전을 하지 않고 있기 때문에, RSC에서 배분된 발전기 출력배분을 기준으로 시장운영규칙에 따른 400만kW의 공급예비력을 유지하면서 수동으로 발전기에 출력 증·감발 지시를 해왔던 것이다.

한전은 전력비용을 줄이는 문제가 시급했다. 발전사로부터 전력을 구입해 소비자에게 판매하는 한전의 입장에서는 EMS를 사용하지 않아 과다하게 발생하는 전력비용 문제를 어떻게든 개선해야만 했다. 그런데 한전이 산업부의 산하기관인 전력거래소를 향해 EMS 미사용 문제를 따지는 게 쉽지 않은 일이었다. 그래서 한전은 정공법을 쓰지 않고 산업부의 비위를 맞추면서 전기요금 인상을 통해 적자경영의 위기를 해결하려고 했다. 이런 이유로 한전은 의원실에 EMS보다는 CON이 과다하게 정산되고 있는 문제만을 지적해달라고 요구했다. 나는 EMS를 계통운용에 사용하지 않고 있는 본질적인 문제를 비껴가면서 자신의 잇속을 챙기려는 한전의 요구를 들어줄 수 없었다.

나는 전력거래소가 EMS 미사용 문제를 끝까지 부정한다면, 전력거래소의 계통운용업무를 한전에 통합시키는 수밖에 없다고 생각했다. 전력거래소를 한전에 통합시키면 한전은 전력구매비용을 줄이기 위해서라도 시장제도를 바꿀 것이고, EMS를 실시간 계통운용에 사용하고, 이 자료를 근거로 전력비용정산을 할 것이라고 생각했다. 이미 18대 국회에서 한전과 전력거래소를 통합하는 법안이 발의된 적이 있어, 의원은 그 법안을 중심으로 2013년 11월 25일 한전과 전력거래소를 통합하는 내용의 「전기사업법 개정안」을 대표발의했다.

그러나 이 법안이 쉽게 통과될 수 없는 상황이었다. 제2차 전력산업구조 개편이 이루어지지 않는 한 한전과 전력거래소의 통합은 불가능했기 때문이다. 그럼에도 통합법안을 제출한 것은 전력거래소에게 EMS를 사용하지 않고 계속해서 전력비용을 증가시킨다면 한전과 통합시키겠다는 일종의 최후 통첩이었다.

한전이 잔꾀를 부리다

한전은 정치적 판단이 매우 빨랐다. 산업부의 뜻을 거스르지 않으면서 전력비용을 줄이는 전략을 만들어냈다. SCADA는 송변전계통을 감시·제어·계측하는 시스템이다. 한전은 그간 변전소별 전력설비를 감시·제어하는 기능에 국한하여 사용했던 SCADA 기능을 전체 전력망으로 확대하는 차세대 SCADA를 구축하면서 EMS의 계통해석 기능을 탑재하기로 했다. 한 해 5조 원이 넘는 제약발전비용(CON)을 줄여보기 위한 궁여지책이었다. 실시간 계통에서 EMS를 사용하여 SCED를 했을 때 CON과 비발전비용이 어느 정도 발생하는지를 파악하기 위함이었다.

한전은 또한 이 시스템이 구축되기 전에 비제약발전비용(CON-off)을 줄인다는 명분으로 배터리 에너지저장시스템(ESS)을 활용해 주파수조정 서비스를 시작했다. 이를 위해 발전설비를 송전설비로 둔갑시키는 고시개정을 주도했고, 전력시장운영규칙을 개정해 전력거래소가 한전이 실시하는 ESS 주파수조정 서비스를 정산에 반영시켰다. 물론 이런 작업은 산업부가 추진하는 에너지신산업의 일환으로 산업부의 지원과 보호 아래 진행될 수 있었다.

EMS의 실시간 자료를 전력비용 정산에 반영하기 위해서는 전력시장제도를 바꿔야 했다. 당시 전력시장제도는 하루 전 시장에서 모든 비용이 결정되는 CBP(Cost Based Pool) 시스템을 이용하고 있었다. 하루 전 시장에서 전력도매가격 기준(SMP)을 결정하는 구조에서는 굳이 EMS 사용실적 자료를 시장정산에 반영할 필요가 없었던 것이다.

무능한 정부가 전력시장가격 통제

나는 실시간 전력운용 실적을 정산비용에 반영하지 않고, 하루 전 시장에서 전력도매가격을 정해 전력시장을 운영해야 했는지가 궁금했다. 전력거래소는 2001년 전력시장구조 개편을 시도하면서 시장운영제도에 관해 외국의 컨설팅 회사들로부터 자문받은 보고서를 제출했다. 그때 외국 자문사들은 계통운용과 시장제도의 연계에 관한 자문을 하면서, 한시적으로 3년 정도 하루 전 시장제도를 운영할 것을 권고했다. 물론 이런 권고 역시 당시 전력거래소와 지식경제부의 의견이 반영된 것이었다. 당시 CBP 형태의 전력시장제도를 운영하고 있었던 나라는 거의 없었다. 당시 반쪽만 전력산업구조 개편이 이루어지면서 3년 정도 CBP 시장을 운영해보기로 했다는 것이다.

그런데 3년만 해보자던 CBP 시장을 15년 가까이 운영하면서 전력거래소는 EMS를 계통운용에 활용하는 능력을 상실해버렸다. 전력시장이 민영화된 외국의 경우 전력공급자, 판매자 모두 전력비용 정산에 매우 민감하게 반응한다. 정확하게 계산되지 않는 전력비용에 대해 당장 소송이 들어오기 때문이다. 그런데 우리는 정부가 전력시장 가격을 통제하고 있었기 때문에, 전력거래소는 그때 그때 상황에 따라 민간발전사에게 유리한 정산방식을 적용했고, 한전을 비롯한 발전자회사들에게는 보정계수(할인율)를 적용해 수익률을 유지시켰다.

이런 상황에서는 EMS를 쓰지 않아도 질책하는 사람도 없었고, 법적 근거가 필요하지도 않았던 것이다. 2015년 4월 13일 전력시장제도 개편을 위한 토론회를 개최했다. 토론회에 참석했던 대다수 전문가들은 지금까지 전력시장은 전력공급자와 판매자만을 고려하고 있었고, 전력소비자는 안중에도 없었던 정산방식을 바꿔야 한다고 주장했다. 나는 그날 토론회 결과물을 산업부 전력시장과장에게 전달했다.

전력거래소의 끝없는 속임수

2014년 11월 14일 동의대 유 모 교수가 전력거래소 7대 이사장에 취임했다. 유 이사장은 취임 초기부터 전력거래소 업무혁신의 일환으로 차세대 EMS를 점검하겠다는 강한 의지를 보였다. 해외기관 관계자를 초청하여 차세대 EMS를 점검하는 세미나를 하겠다고 했다. 만약 국회의 지적대로 차세대 EMS가 실시간 계통운용에 활용될 수 없다면 개발기관에 손해배상청구(이하 손배청구)를 하겠다고 약속했다.

그런데 몇 달이 지나도록 차세대 EMS를 점검한다는 소식이 들려오지 않았다. 전력거래소가 차세대 EMS 문제를 스스로 점검하지 못하면 2015년 국정감사에서 또 이 문제를 다루어야 하는 상황이었다. 그래서 국정감사 전에 전력거래소가 해외기관을 불러 차세대 EMS에 대한 검증을 서둘러줄 것을 요구했다.

전력거래소의 끝없는 속임수

전력거래소는 2015년 4월 26일부터 사흘간 KEMA 컨설턴트를 초빙해 차세대 EMS를 점검하겠다며 KEMA 전문가의 영문 이력서와 점검계획 일정을 보내왔다. KEMA가 파견한 한스 박사는 유럽과 아시아권에서 SCADA 시스템에 대한 자문과 컨설팅을 수행한 경력을 가지고 있었다.

한스 박사의 이력서를 본 의원은 “우리가 원하는 EMS 전문가가 아니라, SCADA 시스템 전문가라는 생각이 든다. 국회에서 점검과정에 결합해서 그가 EMS 주요 기능을 제대로 점검하는지 살펴봐야 할 것 같다”고 했다. 나는 국회입법조사처 입법조사관, 아주대 김 교수와 함께 차세대 EMS 검증과정에 참여하기로 했다.

우리 일행은 4월 26일 KTX 환승역인 전북 익산의 회의실에서 KEMA 전문가인 한스 박사와 잠시 미팅을 가졌다. 나는 그에게 지난 3년간 국회에서 제기했던 EMS 사용상의 문제점을 이번 기술점검에서 철저하게 검증해달라는 의원의 당부를 전달했다. 그리고 우리가 영문으로 작성한 EMS에 대한 기술점검 사항을 그에게 건넸다. 그는 약간 당황한 기색을 보이면서, 자신은 전력거래소의 의뢰를 받고 EMS 기능에 대한 스크린을 하기 위해 방문했다며, 국회가 요구하는 내용은 계획에 없지만 검토해보겠다고 말했다.

우리가 4월 27일 오후에 전남 나주의 전력거래소에 도착했을 때, 이미 한스 박사는 정보기술처 직원들로부터 차세대 EMS 기능에 대한 대강의 보고를 받은 상태였다. 그날 오후 EMS 주요 기능에 대한 토론이 두 시간 정도 진행됐다. 정보기술처 직원들은 한스 박사에게 모니터 화면을 보여주면서 EMS의 주요기능이 원활하게 작동하고 있다고 설명했다. 우리 일행은 전력거래소가 KEMA를 상대로 거짓으로 설명하고 있다는 것을 단박에 알 수 있었다.

우리는 현장에 내려오기 전에 이미 전력거래소 EMS팀 직원에게 차세대 EMS가 실시간 계통운전에 활용되지 않고 있다는 증거를 확인한 상태였다. 국회가 요구한 자료에 대해 추가설명을 하면서 차세대 EMS팀 직원은 "차세대 EMS에서는 안전도제약경제급전(5분 급전)을 하지 않고, 참고용으로만 사용하고 있다"고 말했던 것이다.

전력거래소는 과거 MOS에서 실시간 계통운전에 사용하던 5분 급전 기능을 시장운영규칙에서 삭제해버렸다. 5분 급전 기능을 참고용으로 사용하고 있다는 것은 오프라인에서 상정사고분석을 해서 필요시 급전원들이 수동급전으로 발전기에 출력 증·감발을 지시하고 있다는 의미였다. 2013년 국정감사 과정에서 전력거래소는 MOS의 실시간 5분 급전기능이 훨씬 뛰어나서 EMS와 MOS를 연계시켜 사용했다고 설명했다. 그리고 이 두 시스템을 통합한 프로그램이 곧 K-EMS였고, 이를 업그레이드한 시스템이 차세대 EMS였다.

그런데 차세대 EMS가 상정고장(CA)을 실시간 계통에서 분석하지 않고 상태추정 결과만으로 1분 단위로 경제급전 신호를 보내고 있다는 것은 기술적으로 퇴보된 시스템이 분명했다. 우리 일행의 이런 지적에 대해 정보기술처 직원들은 "차세대 EMS는 상정고장 분석을 해서 SCED가 가능하도록 설계되어 있지만, 상정고장을 실시간 계통운전에 적용하게 되면 제약비용이 크게 발생하기 때문에 오프라인에서 참고용으로 3천 개를 검토하여 필요시 급전원들이 이용할 수 있게 하고 있다"고 주장했다.

한스 박사는 전력거래소가 EMS의 SCED(5분 급전) 기록을 전력비용정산에 반영하지 않고 있다는 것을 알지 못했다. 그래서 전력거래소는 이렇게 자의적으로 상정고장을 실계통에 적용하지 않는 이유를 둘러대고 있었다. 전력거래소는 지금까지 단 한 번도 제약발전비용(CON)을 EMS에서 계측된 자료를 기반으로 정산하지 않았다. 하루 전 시장에서 RSC에서 결정된 발전기별 분배 계획보다 차이가 나는 발전량에 대해 CON과 CON-off를 정산하고 있었다. 십수 년간 수동급전으로 정산을 해왔던 전력거래소가 해외기관 전문가 앞에서 높은 제약비용 때문에 상정고장을 실시간으로 하지 않고 있다고 거짓말을 하고 있었다.

그래도 우리는 한스 박사가 전력시스템 컨설팅 기관으로 최고의 권위를 자랑하는 KEMA의 직원이기 때문에 그가 올바른 판단을 할 것이라고 생각했다. 하지만 국회팀과 전력거래소 간의 토론이 격렬해지자, 한스 박사는 전력거래소의 편을 들기 시작했다. 그는 "EMS 기능은 표준 모델이 없다. 각 나라의 계통환경에 맞게 주요 기능을 사용할 수도 있고, 사용하지 않을 수도 있다"며 상정고장을 실시간에 사용하지 않을 수도 있다는 전력거래소의 주장에 힘을 보탰다. 그는 1990년대 말 유럽과 아시아권에서 운영하던 EMS 경험치로 주관적인 평가를 내렸다.

전력거래소는 2001년 알스톰사에서 EMS를 도입했을 때, 그 시스템은 실시간 상정고장 분석으로 SCED를 하고 있었다. 그런데 2014년 국산화된 기술인 K-EMS는 상정고장 분석을 하지 않고 있는데 이것이 과연 정상적인 시스템이라는 말인가. KEMA의 한스 박사는 2015년 EMS의 세계적 기술 동향과 차세대 EMS 기술을 비교하여 평가했어야 함에도 전력시스템 모니터링만 보고 1990년대 말 수준의 기술과 비교하여 차세대 EMS를 평가하는 오류를 범했다. 그는 실제로 상태추정이 실시간에서 실행되지 않으면 EMS가 사용된다고 말할 수 없는데도 불구하고 이에 대한 조사도 없이 잘 사용하고 있다는 전력거래소의 설명을 그대로 받아들이고 있었다.

김 교수는 한스 박사에게 주관적 평가가 아니라 KEMA가 가지고 있는 실력을 발휘해야 한다며 그에게 실시간 상정고장 분석을 하지 않는 경제급전은 계통을 안정적으로 운전하기 어렵다고 설명했다. 한스 박사는 김 교수의 설명을 주의 깊게 경청했고, 국회가 전달한 점검표를 반영해서 내일 오전에 자신이 정리한 내용을 브리핑하겠다고 밝혔다.

그런데 다음 날 이런 노력과 수고가 모두 수포로 돌아가버렸다.

4월 28일 오후 2시. 우리 일행이 세미나실로 이동하려고 하는데, 갑자기 정보기술처장이 우리를 강당으로 안내했다. 전력거래소 차장급 이상의 전 직원들이 강당에 이미 자리를 잡고 있었다. 한스 박사가 EMS 기능 점검 결과를 발표했다. 그는 자신의 전공분야인 SCADA 기능을 설명하는 데 예정된 시간의 절반을 할애했다. 그리고 EMS의 주요 기능인 상태추정, AGC, SCED 기능에 대해 "No Remarks"라고 설명했다. 아무런 문제가 없다고 했다. 특히 SCED 기능에 대해서는 오프라인에서 3천 개나 상정고장 분석을 해놨기 때문에 더 이상 하지 않아도 될 정도로 충분하다며 정보기술처 직원들의 능력을 치켜세웠다.

한스 박사의 브리핑이 끝나자, 유 이사장을 비롯한 전 직원들은 기립 박수를 쳤다. 이것은 분명히 의도된 상황이라고 볼 수밖에 없었다. 잠시 침묵이 흘렀다. 나는 그 자리에서 한스 박사에게"겨우 이틀 동안 모니터 화면을 보고 EMS의 주요기능에 문제없다고 결론을 내리는 것은 너무 성급한 것 같다. 중앙급전센터에서 급전원들이 실시간 계통에서 어떻게 EMS를 활용하고 있는지 점검하고 나서 결과를 발표해야 하지 않느냐"고 질문을 던졌다. 한스 박사는 그것은 불가능하다고 했다. EMS가 실시간 계통운전에 어떻게 작용하고 있는지 점검하려면 최소 2주 이상의 시간이 걸린다는 것이었다. 그런데 KEMA는 전력거래소로부터 이틀간 사전점검(pre-review)을 요청받았다고 말했다.

한스 박사는 전날 토론 과정에서 "전력거래소는 나의 고객이다"라는 말을 자주 사용했다. 그 말의 의미가 "차세대 EMS의 기능은 아무런 문제가 없다"는 브리핑 결과로 나타났다. 전력거래소는 KEMA에게 이틀간의 자문비용으로 2만 유로를 지불했고, 한스 박사는 철저하게 고객의 요구에 부응했던 것이다.

우리 일행은 전력거래소 이사장에게 완전히 속았다는 생각에 한동안 말을 잇지 못했다. 나는 서울로 올라와 KEMA 한국지사에 EMS

분야의 비전문가를 추천한 것과 공정하지 못한 기술점검에 대해 강력히 항의했다. 한국지사장은 전력거래소에서 EMS 검증을 의뢰했을 때 2015년 3월 23일자로 SCADA와 EMS에 대한 기술검증에 필요한 기간을 37일로 잡아 용역제안서를 보냈다고 했다. 용역비용은 6만 유로였다. 그런데 전력거래소가 용역사전협의 및 해외기술동향 파악을 목적으로 전문가 초청을 의뢰하여 2일간의 자문을 하게 된 것이라고 밝혔다. 당초 이 전문가 초청 명단에는 SCADA와 EMS 전문가가 각 1인씩 참여하기로 했으나, EMS 전문가가 다른 일정이 있어 불가피하게 SCADA 전문가인 한스 박사만 오게 됐다는 것이다.

의원의 우려가 현실이 되어버렸다. SCADA 전문가였던 한스 박사는 EMS를 제대로 점검했을 리가 없었다. 그럼에도 자신에게 용역 대가를 지불한 전력거래소의 요구에 부응하려고 했던 한스 박사는 KEMA가 그동안 쌓아온 권위를 무참히 추락시켰다. KEMA 한국지사는 사전점검만으로 EMS 기술조사가 완성될 수 없다며, 자신들이 처음 제안했던 37일간의 6만 유로에 해당하는 용역이 진행될 수 있도록 도와달라고 했다.

우리는 KEMA 한국지사의 요구를 거절했다. 만약 KEMA 한국지사의 설명대로 EMS 검증에 37일의 기간이 필요했다면, KEMA는 그 용역을 끝낸 뒤에 결론을 냈어야 했다. 그런데 KEMA는 EMS 전문가도 아닌 SCADA 전문가를 파견해 겨우 이틀간 거래소 직원들과 토론한 뒤 "No Remarks"라는 결론을 냈다. 그리고 전력거래소는 한스의 이런 브리핑 결과를 듣고, 지난 3년간의 의원실 주장이 잘못됐다는 것을 입증했다는 듯이 환호했다. KEMA는 분명히 이런 결론을 내면 국회에서 반발할 것이고, 자신들이 당초 요구했던 37일간의 6만 유로에 해당하는 수익사업을 따낼 수 있을 거라고 판단했을 것이다. 그러나 우리에게 KEMA는 이미 돈벌이에 급급한 컨설팅 사기업체가 되어버렸고, 그들의 기술력은 이미 바닥을 드러냈다고 평가했다.

나는 의원 이름으로 한스 박사를 파견한 KEMA 본사의 대표 매니저에게 항의 서한을 발송했다. 국회가 해외기관의 전문성과 공정성을 믿고 KEMA를 지목해 컨설팅을 맡긴 것인데, 단 2만 유로를 벌기 위해 용역비용을 지불한 전력거래소의 편을 든 편파적 자문에 대한 강력한 항의였다. 항의 서한에 한스 박사가 잘못된 자문을 했다는 근거자료를 첨부했다.

첨부 자료의 하나로 K-EMS 개발자였던 전기연구원이 2010년 10월 29일 작성한 'K-EMS 사용설명서'가 포함됐다. 설명서에 따르면 "실시간 SCED는 상태추정 결과뿐만 아니라, 상정고장까지 고려하여 경제급전으로 선택된 발전기를 대상으로 안전도제약 위반사항을 해소한 최적의 경제급전값과 발전기 출력 제한값을 계산하여 자동발전제어에 사용될 수 있게 전송한다"고 기술하고 있었다. 이 밖에 우리나라와 비슷한 계통환경을 갖고 있는 미국 ERCORT에서도 실시간으로 상정고장을 고려한 제약경제급전 운전을 해야 한다고 기술되어 있는 자료를 첨부했다. SCED 실행에 실시간 상정고장 분석은 필수적이라고 언급된 수많은 자료를 첨부했다.

항의 서한에 한스 박사의 이중적 태도의 문제도 꼬집었다. 한스 박사의 통역을 맡았던 K 씨에게 충격적인 말을 전해 들었다. 귀국길에 오르면서 한스 박사는 K 씨에게 "시스템 화면 구성을 보는 순간 1997년 KEMA가 제시한 EMS SPEC에 캐나다 온타리오 수력의 모형을 얹은 복사본이라는 것을 알 수 있었다. 한국의 EMS로는 실시간 운전이 불가능하다"고 말했다는 것이다. 한스 박사는 차세대 EMS 시스템 기능 화면을 보는 순간 단박에 외국 모형을 복사한 시스템이라는 것을 알아차리고도, 검증 현장에서는 고객인 전력거래소의 이해를 대변하는 이중성을 보였던 것이다.

KEMA는 국회에서 보낸 항의 서한에 대한 답장을 하지 않았다. 전력거래소는 KEMA 한스 박사로부터 받은 차세대 EMS 자문결과보고서를 국회로 보내왔다. 4월 28일 브리핑 때와 똑같은 내용의 보고서였다. KEMA는 2만 유로의 싸구려 용역을 한 기관으로 전락했다. 전력거래소는 KEMA의 자문결과보고서를 근거로 "차세대 EMS는 정상시스템"이라는 검증을 받았다며 산업부에 보고했다. 전력거래소는 끊임없는 속임수를 써가며 살아남기 위한 몸부림을 치고 있었다.

멍텅구리 증거를 남기다

전력거래소에는 신처럼 떠받드는 신줏단지가 있었다. 바로 '전력시장운영규칙'이었다. 이 규칙은 전력거래소의 업무 규정으로 계통운용 및 비용 정산 방법 등 모든 것을 담고 있었다. 전력거래소는 시장운영규칙만 있으면 EMS로 계통운용을 하지 않아도 문제될 게 없다고 판단하고 있었다.

산업부와 전력거래소는 필요에 따라 마음대로 전력시장운영규칙을 개정했다. 정부는 2011년 9·15 정전사고 이후 '공급예비력' 확보를 위해 전력대란 위기를 부추겼고, '운영예비력'이 400만kW 이하로 내려가면 계속 경보발령을 내며 국민들에게 불안감을 조성했다. 의원실은 19대 국회 시작부터 계속해서 정부가 발표하는 '운영예비력'은 허수예비력이며, 계통운전과 무관한 공급예비력을 놓고 국민에게 절전을 강요하고 있다고 지적했다. 그러자 전력거래소는 2013년 5월 1일자로 시장운영규칙을 살짝 바꿔 경보발령의 정당성을 확보하려고 했다.

전력거래소는 전력시장운영규칙 제5장(전력계통운영)의 규정을 과거 "전력공급 부족 시 조치"사항에서 "운영예비력 저하 또는 저하 예상 시 조치"로 바꿨다. 개정 전에는 전력공급가능용량의 안정적 확보를 위해 필요한 (공급)예비력 수준이 400만kW 미만에 해당될 경우 4단계의 경보발령 조치를 취하도록 하고 있었다. 그런데 개정 이후에는 공급능력의 안정적 확보를 위해 운영예비력 수준이 500만kW 미만에 해당될 경우 5단계의 경보발령 조치를 취하도록 한 것이다.

전력거래소는 또 K-EMS를 기반으로 구축한 차세대 EMS 운용을 앞두고 엉터리 시스템이라는 것을 감추기 위해 전력시장운영규칙을 살짝 바꿔놓았다. K-EMS 개발서(사용설명서)에는 분명히 실시간 상정사고분석을 하여 안전도제약 경제급전을 하도록 되어 있었으나, 차세대 EMS는 실시간 계통운용에 사용하기 곤란한 시스템이었다. 그래서 전력시장운영규칙에 경제급전의 정의를 "상정고장을 하지 않는 급전방식"이라고 바꿔놓은 것이다. 전력거래소는 전력시장운영규칙을 고무줄로 만들어버렸다.

전력거래소는 2014년 10월 차세대 EMS 개통을 앞두고 전력시장운영 규칙을 전부 개정했다. 그중에 가장 눈에 띄는 대목은 개정안 제5조(상태추정) 3항이었다. "SCED 기능은 경제급전 기능에서 고려할 수 있는 제약과 상정고장 제약을 제외한 송전선로 제약 등을 고려하여 발전기 유효출력을 결정하는 기능을 말한다."이 개정사항의 의미는 현재 전력거래소가 사용하는 EMS에는 송전선의 고장 등으로 인한 안전도 유지여부 상황을 분석해 발전기에 출력 신호를 보내는 기능이 없다는 뜻이다. 상정고장 분석을 하지 않고 송전망의 상태만을 추정하고 끝낸다는 것이다.

1990년대 말까지 한전에서 사용했던 EMS가 바로 이러했다. 상정고장 분석 없이 송전선의 과부하 여부만을 추정해 신호를 보냈던 저급한 수준의 시스템이었다. 약 1천억 원을 투자해 아시아권에서는 최초로 국산화 기술로 개발했다는 K-EMS의 수준은 30년 전 한전이 사용했던 일본 도시바 시스템의 수준을 벗어나지 못하고 있었다.

몸집 불리기 바빴다

전력거래소가 하는 업무는 크게 두 가지로 나뉜다. 하나는 안전도를 유지하며 경제적으로 전력계통을 운용하는 것이고, 다른 하나는 발전사업자의 발전비용을 정산하는 것이다. 이 두 가지 업무를 제대로 수행하기 위해서는 EMS의 활용이 필수적이다. 그런데 EMS를 쓰지 않고 수동급전으로 계통운용을 해왔고, 전력비용 또한 과다하게 정산되어 국민에게 전기요금 인상으로 부담을 떠넘겼다.

이러한 전력거래소가 전남 나주로 본사 이전을 앞두고 몸집 불리기를 시도했던 정황이 포착됐다. 2014년 10월 전남 나주로 중앙급전소를 이전함과 동시에 경기도 의왕시에 서울전력관제센터(서울급전소)를 별도로 건립한다는 계획을 추진하고 있었다. 전남 나주로 중앙급전소가 이전하면 전력수요의 40%를 점유하는 수도권의 부하를 원거리에서 감시하고 제어하기 어렵기 때문에 154kV 송전선이 집중되어 있는 부하 중심지의 계통운용을 위해 별도의 서울급전소가 필요하다는 것이었다. 초고속 인터넷망을 자랑하는 한국에서 IT시스템이 거리와 무슨 관계가 있다는 건지 너무나 비루한 논리를 제시했다.

서울급전소는 경기도 의왕시 포일동에 316평의 부지를 마련해 2012년 11월에 착공해 2014년 1월 준공을 앞두고 있었다. 서울급전소 건립비용만 189억 원이 소요됐고, 계통운용시스템 및 각종 설비를 갖추는 데 수백억 원이 추가로 들어갈 예정이었다. 전력거래소는 차세대 EMS를 나주 중앙급전소에 구축하고, 나머지 두 개는 천안의 후비급전소와 서울급전소에 구축할 계획이라고 밝혔다.

EMS는 중앙급전센터에서 전국의 발전기와 송전망을 감시·제어하는 시스템이다. 중앙급전센터에 문제가 생길 경우를 대비하여 천안 후비급전소에 EMS를 구축해 운용하고 있었다. 그런데 수도권 154kV 송전선 감시를 위해 서울급전소에 EMS를 구축한다는 것은 궤변이었다.

한 대의 자동차를 세 명의 운전자가 동시에 운전하는 모양새였다.

전력거래소는 서울급전소 설치를 정당화하기 위해 2007년 10월 기초전력연구원에 용역을 의뢰했다. 기초전력연구원은 일본의 사례를 들며 부하집중 지역에 별도의 급전소가 필요하다고 주장했다. 전력거래소의 주문대로 써준 용역보고서였다. 일본은 우리나라처럼 단일계통이 아니라, 다수의 전력회사가 별도로 전력계통을 운용하고 있었다. 일본과는 비교대상이 될 수가 없었다.

그런데도 전력거래소는 이 용역 결과를 근거로 2007년 12월 국무조정 TF회의에서 서울급전소의 필요성을 역설했고, 2008년 12월 국토해양부로부터 서울급전소에 18명 잔류를 부대조건으로 달아 승인을 받았다. 이로써 전력거래소는 나주 중앙급전소를 포함해 천안 후비급전소, 제주급전소, 서울급전소까지 총 네 개를 운영하게 됐다.

전국의 154kV 송전선을 감시하는 일은 한전의 지역급전소에서 수행하고 있었다. 만약 수도권에 송전선 감시가 더 필요하다면 한전이 지역변전소를 추가로 건설하면 될 일이지, 중앙의 전력계통을 감시하는 전력거래소가 할 일이 아니었다. 2013년 국정감사에서 전력거래소의 서울급전소 추가설치 및 운용은 전력계통 운용에 혼란만 가중시킬 뿐, 계통운전의 안전성을 담보할 수 없기 때문에 즉각 중단할 것을 촉구했다. 하지만 준공을 앞두고 있는 건물을 매각할 수도 없는 노릇이었다. 그래서 경기도 의왕시 경인지사는 서울급전소로 활용될 수 없으니, 국내외 전력계통 교육기관으로 사용할 것을 제안했다.

전력거래소는 국회의 제안을 수용하지 않았다. 2014년 국정감사를 앞두고 나는 산업통상자원위원회 여당위원실에 전력거래소의 경인지사 문제를 다루어줄 것을 요청했다. 당시 그 여당의원은 이명박 정부의 실세 의원이었기 때문에 산업부와 전력거래소가 여당의원의 문제제기를 무시할 수는 없을 것이라고 판단했기 때문이다.

2014년 전력거래소 서울급전소 운영 문제가 다시 도마에 올랐고,

결국 감사원 감사대상이 되고 말았다. 20대 국회가 개원한 지 얼마 지나지 않아 2016년 6월 16일 감사원은 경인전력관제센터에 대한 특정감사 결과보고서를 발표했다. 결론부터 얘기하면, 2013년 국정감사에서 국회가 지적한 대로 전력거래소가 불필요한 경인전력관제센터 신설을 추진하여 314억 원의 예산 낭비를 초래했다며 산업부에 경인전력관제센터의 운영 여부 전면 재검토를 지시했다.

EMS 시행령 조작사건

18대 국회에서 3년간 EMS를 정상화하기 위해 고군분투했다. EMS 정보공개법 제정이 답이었다. 2011년 9월 15일 광역정전사고와 같은 전력계통사고를 예방하기 위해서는 EMS의 정보공개가 반드시 이루어져야 한다고 생각했기 때문이다. 의원은 2013년 5월 "전력거래소 업무 규정에 전력계통운용시스템의 구축·사용을 의무화하고, 전기사업자가 요구할 경우 전력계통운용시스템에서 생산되는 전력공급 및 전력거래에 대한 정보자료를 공개하여야 한다"는 내용의 「전기사업법 개정안」을 대표발의했다.

EMS정보공개법 발의

그런데 이 법안은 산업부와 전력거래소의 반대로 2년 동안 국회에서 수면상태로 남아있었다. 3년간 지속적으로 EMS 정상화를 주장했고, 급기야 감사원 감사까지 받아 EMS의 비정상 문제가 수면 위로 떠오르자, 이 법률안도 잠에서 깨어날 수 있었다. 우여곡절 끝에 「EMS정보공개법」이 법안 소위에서 논의됐지만, 산업부의 요구로 전력계통운용시스템이라는 용어를 삭제하고 "전력계통운용에 관한 정보를 공개한다"는 내용으로 수정되어 상임위 전체회의에 올라왔다.

2015년 4월 23일 산업통상자원위원회 전체회의에서 의원은 법안소위의 수정안에 대해 반대하면서 원안 통과를 주장했다.

"전력거래소가 지난 십수 년 동안 전력계통운용시스템을 사용하지 않아서 연간 3조 원의 전력비용을 낭비하고 9·15 광역정전 사태와 같은 그런 계통 사고를 불러왔기 때문에 전력 안전사고 예방 그리고 전력비용 최소화를 위해서 전력계통운용시스템을 정상화하는 개정안을 냈던 것입니다. 그런데 이것을 전력계통운용시스템이 아니라 전력계통의 운영에 관한 정보를 공개해야 한다고 하는 것은 그동안의 수동급전에 대한 결과와 또 엉터리 시장운영규칙에 대한 정보를 공개하는 것에 불과한 것입니다. 그래서 애초에 이 법안에 담으려고 했던 그 취지가 전혀 반영되지 않은 것이어서 아무런 의미가 없습니다."

그러자 산업부 제2차관은 "법률에 기술적인 사항을 담기는 어렵기 때문에 시행령에서 EMS에 대한 구축·사용 및 정보공개에 대한 내용을 규정하면 된다"고 맞섰다.

의원은 다시 "국회 법제실에서 입법체계상 아무런 문제가 없다고 검토해서 나온 법률안이기 때문에 하위법인 시행령으로 미룰 사안이 아니다"라며 "정부에서도 대용량 전력계통을 운용하려면 필수적으로 EMS를 사용해야 한다고 했기 때문에 반드시 정보공개가 이루어져야 한다"며 위원장에게 입법권을 존중해서 원안대로 통과시켜줄 것을 요청했다.

산업부 제2차관은 한 치도 물러서지 않았다. 그는 "전력IT가 100% 할 수 있는 부분이 있느냐 아니면 계통운용자에게 어느 정도 자율성을 주는 부분이 있느냐가 지금 쟁점이 되고 있어 국제적으로 계통운용자에게 자율성은 줘야 한다는 게 일반적 이론"이라고 설명했다. 황당한 주장이 아닐 수 없었다. 우리나라가 계통운용에 EMS를 100% 활용하지 않는 문제를 계통운용자의 자율성으로 둔갑시켜 국제적 기준이라고 주장했다. 우리가 EMS를 활용하지 못해 연료비를 낭비하고 국민 부담을 높인 것에 대한 반성은커녕, 수동급전을 정당화하고 있었다.

EMS 정보공개 여부는 결코 논쟁거리가 아니었음에도 의원과 차관의 의견대립으로 비춰지면서 위원장이 중재에 나섰다. 의원발의의 기본 뜻이 왜곡되지 않도록 법안 문구를 수정하는 방안을 제안했다. 법안 의결을 잠시 보류시키고 소회의실에서 의견조율이 시작됐다. 제2차관은 계속 똑같은 말을 반복하면서 계통운용에 관한 정보공개로 규정해도 EMS 사용의 투명성이 보장될 수 있다고 주장했다. 의원은 EMS 시스템에서 산출된 정보를 공개하라는 것이지, 수동급전으로 하는 계통운용자료를 공개하라는 것이 아니라고 맞섰다.

결국 상임위 수석전문위원의 중재로 시행령에서 전력거래소의 업무에 '전력계통을 운용하는 시스템의 구축 및 사용 업무'를 규정하고, 정보공개에 대해서는 '전력계통을 운용하는 시스템의 구축 및 사용에 관한 정보'를 포함하는 내용으로 시행령 입안 과정에서 의원실과 협의하는 것으로 정리했다. 소회의실에서 협의한 내용은 332회 임시회 2차 산업통상자원위원회 회의록에 기록됐다.

음주운전의 덫에 걸리다

그 뒤 두 달 동안 산업부와 협의하여 시행령안을 성안하는 작업에 몰두했다. 산업부와 전력거래소가 만들어온 시행령 초안은 법률에서 시행령에 무엇을 위임하겠다는 것인지 내용을 파악하기 어려웠다. 나는 계속해서 시행령안에 수정과 보완을 요구했다.

그때마다 산업부는 시행령안에 대한 별다른 수정안을 마련하지 않은 채 전력거래소 직원뿐만 아니라 한전 직원까지 대동하여 국회를 방문했다. 막상 구체적인 항목을 놓고 협의가 시작되면 간극이 좁혀지지 않았다. 그때마다 그들은 식사를 하면서 다시 얘기해보자는 식으로 위기를 넘기려고 했다. 나는 시행령안이 완성되면 그때 자축하는 자리를 만들자고 제안했다. 그 뒤 산업부 전력산업과 사무관과 수차례 보완사항을 주고받았다. 6월 5일 오전 산업부 사무관은 최종안을 이메일로 보내면서 그날 오후에 국회를 방문하겠다고 했다.

산업부의 시행령 최종 시안에는 의원실이 주장했던 내용이 모두 담겨 있었기에 안도했다. 설마 최종 시안을 미끼로 엄청난 음모가 숨어 있을 줄은 꿈에도 생각하지 못했다. 나는 그날 시행령 최종 시안을 점검하는 회의에서 비록 법률안에 담기지는 못했지만 시행령안에 EMS 정보공개 범위까지 담아낼 수 있었다는 건 큰 성과라고 생각한다고 감사인사를 전했다.

그리고 약속대로 산업부, 전력거래소, 한전까지 함께 저녁식사를 하기로 했다. 나는 업무를 마무리하고 나중에 합류하겠다고 했지만, 그들은 택시가 기다리고 있다면서 다 같이 이동하자고 했다. 어쩔 수 없이 사무실 정리는 다녀와서 하기로 하고 일단 식사자리로 이동했다. 그날 저녁식사는 10년 묵은 과제를 끝낸 듯이 홀가분하고 유쾌한 자리였다. 1차에서 막걸리를 겸한 식사를 하고, 2차로 노래연습실을 갔다. 시간을 보니 11시가 넘어가고 있어 먼저 자리를 떠야만 했다.

택시를 타고 사무실로 들어와 한 시간가량 의원에게 보고할 최종안을 정리했다. 자정이 넘어가고 있었다. 다음 날이 현충일이어서 대리기사를 호출하고 평소와 달리 30분을 넘게 대기했다. 5분 뒤에 도착한다는 알림을 받고, 나는 지하주차장으로 내려갔다. 당시에는 대리기사가 회관 내 지하주차장까지 들어올 수 없었기 때문에 대리기사에게 국회 정문 앞에서 대기해달라고 부탁했다.

평소 반주를 겸하는 저녁식사가 있는 날이면 퇴근길에 승용차를 국회 정문 근처의 갓길에 세워두었다. 그런데 그날은 승용차를 지상으로 옮겨둘 시간도 없이 보쌈당하듯 식사자리로 이동했기에 부득이 음주상태로 지하에서 차를 끌고 나올 수밖에 없었다.

국회 정문 앞에 도착해보니, 대리기사도 이미 도착해서 나를 기다리고 있었다. 내가 차 문을 열고 나오자, 경찰관 한 분이 다가와서 대뜸 "음주하셨습니까? 어디서 근무하고 계십니까?"라고 물었다. 나는 소속과 이름을 말한 뒤, 주저하지 않고 "그래서 대리기사가 지금 여기 와 있다"고 답하자, 경찰관은 "경내에서 음주상태로 운전대만 잡아도 도로교통법 위반"이라며 "음주측정차량이 올 때까지 차에서 대기하라"면서 생수 한 병을 건넸다. 그리고서는 대리기사를 돌려보내라고 했다.

나는 한참 동안 어찌할 줄 모르다가 서울경찰청 국회 협력관에게 전화를 걸어서 사정을 이야기했다. 새벽 한 시가 넘어가고 있었다. 협력관은 "소속과 이름을 다 말씀하시면 어쩌냐"며 "요즘 야당의원 소속 보좌진들 음주단속하려고 경찰에서 눈에 불을 켜고 있다고 하는데 빼도 박도 못하게 됐다"고 했다. 그때서야 나는 그 경찰관이 국회경비대 소속이 아니라 영등포경찰서 단속반이라는 걸 알았다. 음주상태로 운전대만 잡아도 도로교통법 위반이라는 걸 몰랐다는 사실이 너무 부끄러웠다. 음주측정결과 운전면허 100일 정지처분을 받았다. 경찰관은 9일 월요일쯤 영등포경찰서에서 연락이 갈 테니 나와서 조사를 받고, 교통안전공단에서 교육을 이수하면 면허 정지 기간이 감경될 수 있다고 안내했다.

나는 다시 대리기사를 불러 새벽 세 시경에 집으로 돌아갔다. 그리고 그날 아침부터 나에게 지옥문이 열렸다. 6월 6일 현충일 아침 아홉 시경 의원에게 전화가 왔다. 의원은 다급하게 "황 보좌관, 음주운전에 걸렸어요?"라고 물었다. MBN 기자가 내게 전화를 했는데 받지 않아 의원에게 확인하기 위해 전화를 한 것이었다. 나는 바로 MBN 기자에게 전화했다. 어떻게 나의 연락처를 알았느냐고 물었지만 알려줄 수 없다고 했다. 시경이나 영등포경찰서 출입기자도 아니라고 했다. 나는 기자에게 "월요일에 영등포경찰서에 가서 조사를 받고 도로교통법 위반 사실이 확정될 때까지 보도를 연기해줄 수 있겠느냐"고 물었다. 기자는 데스크에게 상의해보겠다고 했다. 그런데 전화를 끊고 채 5분도 지나지 않아 바로 [단독]을 붙인 기사가 인터넷에 올라왔다. 그때부터 나의 안위를 묻는 전화부터 타 언론사 기자들의 확인전화까지 수백 통이 넘게 걸려왔다. 지옥 같은 주말을 보내고 사직서를 품에 안고 국회로 출근했다.

"보좌관, 음주단속에 걸리다"라는 단독 기사가 나간 뒤에 지역구에서 의원도 지옥 같은 주말을 보내야만 했다. 나는 6월 5일 저녁부터의 상황을 자세하게 보고한 뒤 의원에게 누를 끼친 것에 대해 사과하고 사표를 제출했다. 그때 의원은 "야당 의원실에 문제될 게 없나 눈에 불을 켜고 있던 누군가에게 걸린 것 같다"면서 "억울하겠지만 이 사건으로 올 한 해 액땜했다 생각하고 조용하게 넘기자"고 했다.

의원과 이야기를 마치고 나오자, 비서관이 누군가와 언성을 높이면서 전화통화를 하고 있었다. 내가 의원과 면담을 하고 있는 사이에 국회사무처 인사과 직원이 보좌관 면직여부를 문의하는 전화가 왔다고 했다. 행정비서에게 이 말을 전해들은 비서관이 다시 국회사무처 인사과에 전화해서 "방금 의원실에 전화를 건 직원이 누구냐, 인사과에서 왜 보좌관 면직여부를 확인하느냐"고 따지고 있었다. 인사과 직원은 "아침에 보좌관 면직 여부를 묻는 전화가 수십 통이나 걸려와서 그 직원이 확인차 의원실에 전화를 한 것 같다"는 답변이 돌아왔다.

국회사무처 인사과에서 의원실에 보좌진의 면직여부를 확인하는 경우는 흔치 않은 일이었다. 순간 6월 5일 저녁 회식과 음주운전 단속, 그리고 기자가 누군가로부터 정보를 제공받았다는 사실 등이 우연의 연속이 아니라는 생각이 스쳤다. 치밀하게 의도된 덫에 빠졌던 것이다.

한 달쯤 시간이 지나 [단독] 기사를 썼던 MBN 기자는 산업부와 전력거래소 출입기자였다는 사실을 알게 됐다. 음주단속에 걸렸다는 정보를 누가 기자에게 전달했는지 충분히 짐작할 수 있었지만 나는 의원의 당부가 있었기에 침묵했다. 그렇게 나는 음주운전으로 적발된 국회 보좌진 가운데 유일하게 면직되지 않은 최초의 사례로 남게 됐다.

전력당국의 묘항현령(猫項懸鈴)

그 뒤 정부는 EMS 구축·사용 및 EMS 정보공개를 의무화하고, 정보공개 범위를 별표에 담아 시행령안을 입법예고했다. 산업부는 입법예고 기간에 법제처와 협의를 마친 뒤에 최종안을 다시 의원실에 보고하기로 약속했다. 그런데 산업부는 법제처 협의 후 수정된 시행령안을 의원실에 보고하지 않았고, 차관회의를 통과한 뒤에야 의원실에 최종안을 보내왔다. 나는 내용이 완전히 뒤바뀐 시행령안을 보고 내 눈을 의심했다. 그제야 산업부와 전력거래소가 쳐 놓은 함정에 빠진 사실을 깨달았다. EMS 구축·사용이 강행규정에서 임의규정으로 바뀌었고, EMS 정보공개 의무화 규정도 다시 '전력계통운용에 관한 정보공개'로 수정되어 있었다. 그들은 처음부터 시행령을 성안하면서 의원실과 협의할 생각이 없었던 것이다.

나는 산업부 담당자를 불러 의원실과 협의해서 만든 시행령안이 백지화된 이유를 추궁했다. 산업부는 법률에서 의무화하지 않은 내용을 시행령에서 의무화하기 어렵다는 법제처의 의견을 따랐다고 답변했다. 나는 국회 속기록(수석전문위원이 시행령에 위임하도록 중재한 내용)을 보여주면서 법제처를 다시 설득할 것을 요구했다. 하지만 산업부는 설득하기 어렵다며 거절했고, 결국 시행령은 산업부가 의도한 대로, 산업부가 주도한 대로 국무회의를 통과했고, 2015년 8월 19일 공포됐다.

그들은 국회의원의 입법권을 무참히 짓밟았다. 법률에 기술적인 부분을 담기 어렵다는 이유로 시행령에 EMS 정보공개를 규정하면 된다는 눈속임으로 입법권을 침해한 것이다. 결국 EMS를 법률에서 근거하지 않아 시행령에 담을 수 없다는 상위법 불충분을 근거로 의원실과 협의한 시행령안은 무효로 만들어버렸다.

다시 원점으로 돌아갈 수밖에 없었다. 법률에 EMS 구축·사용을 의무화하고, 전력계통운영에 관한 정보에 EMS에서 산출된 자료를 포함하도록 규정하여 2015년 9월 2일 「전기사업법 개정안」을 다시 발의했다. 산업부의 저항은 계속됐다. 산업부는 시행령에 EMS를 구축·사용할 수 있다는 임의조항이 있고, 5분 급전 자료 등 EMS에서 산출된 자료가 이미 전력거래소 홈페이지에 공개되고 있기 때문에 법률로 규정할 필요가 없다고 맞섰다. 참으로 궁색한 반대 논리였다.

정부가 한사코 EMS 사용 의무에 관한 법적 근거를 회피하는 데는 다른 이유가 있는 게 분명했다. EMS 정보공개를 법률로 의무화하게 되면 차세대 EMS 부실활용이 드러나는 것은 시간 문제였다. 정부 스스로 자신의 발목을 잡을 수 있는 덫을 놓을 리가 없었다. 전력당국에게 EMS정보공개법은 고양이 목에 방울을 다는 일이었기 때문이다.

그러나 시간이 얼마나 걸릴지 모르지만 EMS정보공개법은 전력계통운영의 정상화를 통해 국민의 안전을 지킬 수 있는 유일한 보루였기 때문에 반드시 통과시켜야만 했다. 19대 국회 임기만료로 EMS정보공개법은 폐기됐지만 20, 21대 국회에서 누군가에 의해 재발의되어 정상적인 계통운영이 이루어지길 간절히 소망한다.

전봇대 잔혹사

2012년 8월경으로 기억된다. 한 방송사에서 3년간 전기 배전공들이 감전사고로 50명 이상이 사망했다고 전했다. 한국전력의 하청업체 소속이었던 전기원 노동자들이 '전봇대 잔혹사'를 당하고 있다는 충격적인 보도였다.

18대 국회 산업자원통상위원회 첫 국정감사에서 전기원 노동자들의 열악한 근로환경의 문제가 다루어졌고, 전기원 자격증을 국가공인자격증으로 전환하도록 하는 법률안도 제출됐다. 그러나 전기원들의 감전사고는 계속됐다.

공사비 줄이려고 전기원 노동자를 사지(死地)로 몰아넣었다

2014년 5월 민주노총 산하 전국건설노동조합과 전기원 노동자들이 총파업을 예고하고 있었다. 전기원들에 따르면 지난 10년간 한전의 하청업체인 배전업체의 인력 40%가 감축되어, 중노동과 크고 작은 안전사고에 시달려왔다. 한전이 2년마다 비용절감을 이유로 배전업체 소속 전기원 의무고용인원을 축소한 결과였다. 전국의 전기원 노동자들은 그해 국정감사를 앞두고 산업위 소속 위원들을 찾아다니며 감전사고 예방대책을 세워달라고 애원했다.

나는 전북지부 소속 전기원 노동자들에게 22,900볼트(V)의 고압 전류에 감전되어 죽어가고 있는 노동자들의 실상을 여과 없이 전해들었다. 전국의 수십만 개의 전봇대 위의 작업현장에서는 '안전제일'이라는 구호가 허공에서 떠돌고 있었다. 우선 전기원들의 감전사고가 어느 정도 심각한지 알아보기 위해 한국전력과 전기안전공사에 5년간 감전사고 현황 자료를 요구했다.

한전이 제출한 자료에는 사망자 13명, 부상자 127명으로 5년간 감전사고 인원은 140명이었다. 그런데 전기안전공사는 사망자 18명, 부상자 159명으로 총인원이 177명이었다. 자료 출처에 따라 감전사고로 인한 사상자 통계가 달랐다. 한전은 고용노동부가 산업재해로 분류한 인원을 제출했고, 전기안전공사는 전국의 화상치료 병원에서 파악된 자료를 제출했던 것이다. 감전사고는 명백한 산업재해였음에도 사고를 당한 일부 전기원들은 산업재해로 분류되지 않고 있었다.

나는 감전사고가 끊이지 않는 이유가 궁금했다. 그 답을 찾기 위해 여의도 인근에 있는 화상치료전문병원을 찾아갔다. 국회의사당에서 택시를 잡아타고 한강성심병원으로 가자고 했더니 택시기사는 누가 화상을 입고 입원했느냐고 물었다. 한강성심병원이 화상치료전문병원이라는 것을 알고 있었던 것이다. 게다가 그 택시기사도 몇 년 전까지 전기원으로 일했다고 했다. 전봇대 위에서 배전공사를 하다가 떨어져 척추를 다치는 바람에 운전대를 잡게 됐다는 것이다. 감전사고 부상자를 만나러 가는 택시 안에서 전기원들의 목숨을 위협하는 열악한 작업환경을 듣게 될 줄은 생각지도 못했는데, 기막힌 우연이었다.

그날 감전사고로 화상치료를 받고 있는 다섯 명의 환자를 만나 인터뷰를 했다. 세 명은 입원환자였고, 두 명은 통원치료를 하고 있었다.

이들의 생생한 증언을 듣고 있자니, 2012년 8월 29일 SBS에서 방송됐던 〈전봇대 잔혹사〉가 다시 재현되고 있는 것 같았다. 수많은 전기원 노동자들이 원청과 하청의 유착으로 비명 한번 지르지 못하고 죽어가고 있었다.

감전사고를 당한 전기원들은 자의 반 타의 반으로 산업재해로 처리하는 것을 꺼렸다. 산재처리가 되면 기간에 상관없이 치료를 받을 수 있지만 공사현장에 다시 나가기가 어렵기 때문이다. 배전사고가 발생하면 안전수칙 미준수 등으로 인해 하청업체에 벌점이 부과된다. 벌점이 높은 하청업체는 배전공사 입찰경쟁에서 밀릴 수밖에 없다. 이런 이유로 전기공사업체 대표들은 공사현장에서 사고가 발생하면 산재처리 대신에 합의보상 등으로 공상처리를 하고 있었다. 그래서 현장에 복귀할 수 없을 만큼 큰 부상을 당한 환자들만 산재처리를 하고, 다시 현장에 나갈 수 있는 전기원들은 전기공사업체의 요구에 따를 수밖에 없었던 것이다.

경기도에서 전기원으로 10년 정도 일했다는 김 모 씨. 그는 아직 40대 초반이었다. 활선공 자격증을 여러 개 갖고 있을 정도로 꽤 유능한 전기원이었다. 그는 동료의 작업을 도와주다가 감전사고를 당했다. 배전공사를 할 때 주변지역에 정전피해를 주지 않기 위해 (전기가 살아 있는) 활선상태로 작업을 한다고 했다. 김씨는 사고 당일 전봇대 아래쪽에서 볼트 교체작업을 하고 있었는데, 위에서 활선공법으로 작업하던 동료의 일을 도와주다가 그만 사고를 당했다고 했다. 활선작업을 할 때 최소 네다섯 명의 작업인원이 투입되어야 함에도, 인건비 절약 등을 이유로 한두 명이 작업하는 경우가 다반사였다. 이날도 빨리 작업을 끝내고 다른 장소로 이동해야 하는 상황이었다. 이런 상황에서 안전수칙을 지키면서 공사를 한다는 것은 불가능한 일이었다.

'작업정전 제로'가 부른 참사

한전은 1990년 초부터 배전공사 방식을 활선공법으로 변경했다. 22,900볼트(V)의 전기를 죽이지 않고 살려둔 상태에서 배전선 및 개폐기 등의 교체작업을 하는 것이다. 이런 활선공법은 정전을 하지 않고도 공사를 할 수 있어 '무정전 공법'이라고 불렀다. 활선공법으로 정전 민원은 줄어들지만 전기원들의 감전사고 위험은 높아질 수밖에 없었다.

한전은 미국과 일본은 1980년대부터 무정전공법을 도입해 전기품질을 높였다고 주장했다. 우리나라도 정전으로 인한 민원 피해가 너무 커서 1990년대 초부터 본격적으로 무정전공법을 도입하게 됐다는 것이다. 한전의 이 같은 해명과 달리 전기원 노동자들은 미국과 일본에서도 일부 전력회사를 제외하고는 대부분이 간접활선 공법(일부 작업구간만 전기를 죽인 상태로 공사하는 방식)을 이용해 배전공사를 하고 있다고 주장했다. 누구 말이 맞는지 확인이 필요했다.

1993년 직접활선공법을 전면 도입하면서 한전은 미국과 일본으로 해외 출장을 다녀온 뒤 보고서를 펴냈다. 한전은 이 보고서를 근거로 해외 여러 나라들이 직접활선공법을 광범위하게 사용하고 있다고 주장했다. 나는 한전에 보고서를 제출해달라고 요구했지만, 발간한 지 10년이 넘어 폐기되어 제출이 어렵다고 했다. 나는 전기협회 등 관련 기관에 이 보고서를 수소문한 결과, 한국전기공사협회가 설립한 연구원에서 보고서 사본을 찾아냈다.

보고서에는 일본의 전력회사의 배전공법만이 소개되어 있었다. 일본의 세 개 전력회사는 배전작업을 할 때 정전시간을 줄이기 위해 무정전공법을 도입하고 있었다. 그러나 일부에서만 직접활선작업을 하고, 대다수 배전공사에서는 가설비송전공법이라고 해서 수용가(주변지역 전기사용가구)는 무정전상태를 유지하면서, 작업선로는 무전압(死線)으로 전기원들의 안전을 고려하고 있었다. 게다가 일본의 규슈전력의 경우 직접활선공법이 작업자에게 위험하다는 판단에 따라 1988년 직접활선작업을 전면 폐지하고, 핫스틱을 이용한 간접활선작업으로 바꿨다고 쓰여 있었다.

한전은 미국의 배전공사 작업방식을 왜곡하여 국내 직접활선도입 배경으로 활용했다. 1993년 해외공무출장보고서에는 미국의 활선공법에 대한 기록이 없었다. 한전은 그제야 1991년 미국 110개 전력회사에 자체 설문조사를 한 결과, 85개 전력회사에서 직접활선을 수행하고 있음을 확인했다고 밝혔다. 한전은 1991년 미국 패시픽가스 & 일렉트릭(Pacific Gas & Electric)사의 출장보고서의 일부를 제시했다. 이 보고서에는 "한전은 1987년 초부터 110개 미국 전력회사에 절연고무장갑을 이용한 직접활선작업 방법에 대한 정보를 묻는 질의서를 발송했고, 그중 85개 전력회사가 4kV 이상 선로에서 직접활선작업을 시행하고 있다고 회신했다"는 내용이 담겨 있었다.

미국은 현재 22, 34kV 고압 배전공사는 물론 저압 배전공사에서도 전기원들의 안전을 고려해 핫스틱을 이용한 간접활선 공법으로 작업하고 있었다. 다만 일부 4kV 저압 배전공사를 할 때 직접활선공법을 사용하고 있었다. 한전은 일부 저압 배전공사에서 직접활선공법을 사용하고 있는 것을 두고 미국 전력회사가 모든 배전공사에서 직접활선작업을 하는 것처럼 보고서를 왜곡하고 있었다.

한국전력, 위험의 외주화

게다가 배전공사 작업의 변천사를 조사하면서 한국전력의 이중성을 다시 확인하게 됐다. 1960년 배전선로 전압이 6.6kV일 때는 한전이 직접활선공법으로 배전공사를 수행했고, 1980년 22.9kV(22,900볼트)로 승압되면서 간접활선공법으로 전환했다. 그러다가 모든 배전공사를 협력업체에 하청하면서부터 직접활선공법을 도입했다. 하청노동자들의 작업안전은 고려할 바가 아니었던 것이다.

이뿐만이 아니었다. 한전이 직접활선공법을 사용했던 진짜 이유는 공사비 원가절감에 있었다. 한전은 협력업체에 배전공사를 발주하면서 95% 이상을 직접활선공법으로 작업할 것을 지시했다. 직접활선공법으로 시공설계에 반영할 경우 간접활선공법으로 시공했을 때보다 약 18~20%의 공사원가가 절감되는 것으로 나타났다.

인건비 절감액이 가장 컸다. 간접활선 공법을 사용할 경우 공사 한 건당 예닐곱 명의 인력이 필요하지만, 직접활선 공법으로 시공할 경우 규정인력이 네 명이면 충분하다. 직접활선공법을 사용하게 되면 약 31%의 인건비가 절감됐다. 한전은 이렇게 공사단가를 줄이기 위해 전기원 노동자를 죽음으로 몰아넣는 직접활선공법의 발주를 강요하고 있었다.

전력신기술 10호의 정체

오래전부터 배전현장에서는 직접활선공법을 '죽음의 공법'이라 불러왔다. 직접활선공법 중에서도 2001년 전력신기술 10호로 지정된 '전선이선공법'이 전기원들에게 가장 두려운 공법으로 알려져 있었다. 전선이선공법은 전선을 교체할 때, 전선이선기구를 이용하여 교체할 전선을 순차적으로 분리해 연결하는 직접활선공법으로 알려져 있다. 반면 기존에는 임시송전공법으로 바이패스케이블 공법을 사용했는데, 이 공법은 작업구간 양측을 바이패스시키고 점퍼선을 절단한 뒤 정전상태로 작업을 하기 때문에 작업자들의 안전성을 담보할 수 있었다.

한전은 이 공법이 전력신기술 10호로 지정되면서 배전공사 설계에 기존에 사용했던 바이패스케이블 공법을 모두 전선이선공법으로 대체하고 있었다. 이 과정에서 전선이선공법을 개발한 업체는 2001년부터 2011년까지 약 10년간 465억 8,200만 원의 기술사용료를 챙겼고, 한전은 기존 공법 대비 782억 원, 약 25%의 공사원가를 절감했다.

전력신기술, 동반성장으로 둔갑

게다가 전기원 노동자를 죽음으로 몰아넣고 있었던 '전력신기술 10호'가 원청과 하청이 동반성장하는 모범사례로 둔갑됐다.

한전은 D 업체가 개발한 '전선이선공법'을 전력신기술로 인증, 초창기 시범사업을 거쳐 2004년부터는 거의 모든 배전공사 설계에 이 공법을 적용해 발주했다. 한전은 2001년부터 2012년까지 전선이선공법으로 총 9만 210건, 총공사비 2,369억 5,400만 원을 발주했다. 그 결과 기존 공법(임시송전공법 등) 대비 약 24.8%(781억 4,400만 원)의 공사원가를 절감했고, 이 중 개발업체에 기술사용료로 약 466억 원(59.6%), 시공업체에 108억 원(13.8%)을 분배하여 동반성장을 하게 됐다고 밝혔다. 겉으로 보기에는 그럴듯한 상생협력이었다.

그런데 전선이선공법 도입으로 한전은 208억 원, 개발업체는 466억 원의 성과이익을 올렸지만, 하청업체인 시공업체는 원가절감액 780억 원(기존 공법 대비 원가절감율 24.8%)이 고스란히 공사비 인하로 이어져, 엄청난 매출감소를 초래했다. 그럼에도 산술적 계산으로 하청업체(453개)에게 108억 원이 돌아갔다며 동반성장으로 포장됐다. 사실상 108억 원은 하청업체의 총공사비 인하에 따른 위로금이었다. 그 위로금도 한 업체당 2,400만 원에 불과했다.

엉터리 전력신기술이 노동자 생명위협

산업부는 1997년 전력신기술 지정제도를 도입했다. 국내에서 최초로 개발한 전력기술이나 외국에서 도입하여 개량한 것으로서 국내에서 신규성·진보성 및 현장적용성이 있다고 판단되는 전력기술을 전력신기술로 지정·고시하는 제도이다. 그런데 대부분의 전력신기술은 약간의 기술적인 개량을 통해 지정·고시됐고, 작업자의 안정성이 고려되지 않아 문제가 되고 있었다.

나는 때마침 2013년 국민권익위원회가 각종 신기술 심사 및 운영관리실태를 조사했다는 것을 알게 됐다. 국민권익위원회에서 분석자료를 받아보니, 유독 전력신기술이 부실하게 관리되고 있다는 것을 알 수 있었다. 건설신기술, 환경신기술, 방재신기술 심사과정 모두 기술검증을 위한 현장실사와 현장평가 과정이 포함되어 있는데, 유독 전력신기술만 현장실사 없이 1차 서류심사만으로 신기술 지정이 이루어지고 있었다. 심사과정에서 현장실사가 없었다는 것은 곧 작업자의 안전성이 고려되지 않았다는 증거였다.

전력신기술은 심사평가도 허술했다. 심사 항목이 신규성, 진보성, 현장적용성으로 나뉘어 있는데, '새로운 기술로 인정됨', '안전성, 편리성, 경제성이 뛰어남' 등으로 주관적이고 자의적인 심사평이 주를 이뤘다. 세 가지 항목의 심사평가를 뒷받침할 만한 객관적 근거를 찾아보기 어려웠다.

산업부는 전력신기술 지정제도를 도입할 당시, 전력기술관리법 시행규칙에 근거하여 전기협회를 심사전담기관으로 지정했다. 전기협회 회장은 한국전력 사장이 맡고 있다. 전력신기술의 99.9%가 한전의 송·배전 공사에서 활용되고 있는데, 전기협회가 과연 객관적이고 공정하게 안전도를 고려해 신기술 심사를 할 수 있었는지 의문이었다.

전력신기술 심사위원 구성도 공정하지 않았다. 건설신기술은 25개

분야에서 총 2,050명의 심사위원이 활동하고 있고, 심사위원 선정도 무작위 추출방식이어서 이해관계 당사자는 철저하게 배제하고 있었다. 반면, 전력신기술 심사위원은 규모가 매우 협소했다. 겨우 200명의 심사위원이 다섯 개 전문분야로 나뉘어 활동했다. 게다가 이해관계 당사자인 한전 직원과 전기협회 기술이사가 심사위원으로 참여하고 있었다. 사정이 이렇다 보니, 심사위원에 대한 정보가 신기술 지정을 신청한 업체에 노출되기 일쑤였다.

전력신기술을 연장하는 심사평가도 부실하게 운영되고 있었다. 품질검증, 기술수준, 활용실적 등 세 항목을 심사평가하여 연장여부를 결정했다. 그런데 세 항목 모두 세부기준이나 가중치도 없고 단순히 심사위원들의 주관적 평가에 의존하고 있었다. 게다가 전력신기술 지정 심사에 포함됐던 '현장적용성' 평가항목은 제외되고, 그 항목에 '활용실적'을 대체했다. 활용실적은 전력신기술협회가 관리하고 있었다. 이 협회는 전력신기술 개발업체들이 만든 이익단체였다.

나는 산업부와 한국전력에서 전력신기술 10호의 3년간 활용실적을 제출받아 비교해보았다. 산업부는 전력신기술협회가 관리하고 있는 전력신기술 10호의 활용실적을 1,739억 원이라고 보고했고, 한전은 1,199억 원으로 보고했다. 무려 540억 원의 차이가 났다. 실제 배전공사에는 전력신기술 10호가 1,199억 원이 활용됐는데, 서류상으로는 540억 원이 더 활용된 것으로 부풀려지고 있었다. 부풀려진 활용실적은 전력신기술 10호의 기술보호기간 연장심사에서 가점으로 작용했다.

무정전(無停電)을 무감전(無感電)으로 전환

거의 3개월에 걸쳐 '전봇대 잔혹사'의 배경을 파헤치다 보니, 전력산업에서 촘촘하게 얽혀있는 카르텔 구조를 파악하게 됐다. 의원은

2014년 산업부 국정감사에서 전력신기술 지정심사제도의 전면개편을 요구했다. 특히 전력신기술 심사기관에서 전기협회를 배제하고, 산업부 산하 기술표준원에 전력신기술분과를 신설해서 공정하고 객관적인 기술심사가 이루어져야 한다고 지적했다. 한국전력 국정감사에서는 배전업체와 전기원들에 대한 공기업의 갑질 중단을 요구했다. 또한 한전은 '작업정전 제로'에서 '감전사고 제로'로 배전공사의 방향을 전환할 것을 주문했다.

한전은 국정감사가 끝난 직후 전기공사협회와 협력해서 배전공사 발주방식 개선을 위한 태스크포스팀을 구성하겠다고 발표했다. 나는 태스크포스를 구성할 때 전기원 노동자를 참여시켜 그들의 의견을 들어야 한다고 강조했다. 전기원들은 오랜 기간 익숙해 있던 바이패스케이블 공법으로 작업하기를 원했기 때문이다. 한전은 활선공법으로 작업할 때 최소 네 명 이상의 작업인원을 준수하도록 감독을 강화하겠다고 밝혔다. 전기원들이 안전하게 작업할 수 있도록 절연장갑 및 복장을 개발하는 데도 적극 투자하겠다고 약속했다.

산업부도 지난 10여 년간 전력신기술 10호가 숱한 민원을 야기했다는 것을 인지하고 있었다. 산업부 국정감사 현장에서 장관은 전력신기술제도 폐지를 검토하겠다고 밝혔다. 의원은 장관의 이런 무성의한 답변에 크게 화를 냈다. 지난 17년간 전력신기술 10호로 인해 공사현장에서 600명 이상의 전기원 노동자들이 감전사고를 당했고, 배전업체에 막대한 손해를 끼쳤다. 사안의 심각성을 인지했다면 산업부 장관은 전력신기술 도입과정에 어떤 문제가 있었는지 철저히 검토하고 개선대책을 마련하겠다는 답변을 내놓아야만 했다.

산업부는 국정감사가 끝나고 며칠 뒤 의원실을 방문했다. 산업부는 의원의 제안대로 전력신기술 지정심사를 산업부 산하 기술표준원으로 이관시키는 계획을 마련해 법 개정까지 추진하겠다고 보고했다. 결국 정부로부터 전력신기술 심사 및 관리제도를 개선하겠다는 답변을 받았고, 무엇보다 한전이 배전공법을 작업자 안전 위주로 변경하기로 약속한 것은 2014년 국정감사의 가장 큰 성과였다.

후기, 한전은 왜 약속을 안 지켰나?

2018년 7월, MBC 〈PD수첩〉에서 연락이 왔다. 전봇대 잔혹사가 계속되고 있다면서 9월 초에 특집방송을 할 예정이라고 했다. 2014년 국정감사에서 사용했던 관련 자료를 〈PD수첩〉에 모두 전달했고, 상암동 스튜디오에 가서 인터뷰를 진행했다.

2014년 국정감사가 끝나고 한전은 전기공사협회와 태스크포스팀을 구성해서 전기배전공사 발주방식을 개선하겠다고 약속했다. 전기원들이 안전사고에 노출되지 않도록 작업환경도 보완하겠다고 했다. 그런데 아직도 감전사고가 계속되고 있다니 몹시 당황스러웠다. 한전이 국회를 상대로 거짓 보고를 한 셈이었다.

2016년 6월 구의역 스크린도어 사건이 발생하면서 '위험의 외주화'로 공기업들에 대한 비난이 쏟아지자, 그때서야 한전은 '직접활선공법'을 폐지하겠다고 발표했다. 한전이 내놓은 대안은 십수 년 전 일본 규슈전력에서 사용하고 있었던 절연스틱을 활용한 간접활선 공법이었다. 일명 '스마트스틱 공법'이었다.

절연스틱은 길이가 1.7미터, 무게가 5킬로그램이 넘어 전기원들의 작업환경은 더 나빠졌다. 스마트스틱 공법으로 작업방식이 바뀐 뒤에 전기원들은 근골격계 질환으로 어깨통증을 달고 살았다. 게다가 일부에서는 여전히 직접활선공법을 사용하고 있어 감전사고가 계속되고 있었다.

나는 한전에게 분명히 전기원들이 선호하는 바이패스케이블 공법으로 작업할 수 있도록 발주방식을 개선할 것을 요구했다. 그런데 한전은 이 공법으로 발주하게 되면 인건비 부담으로 공사비용을 줄이기 어려워 스마트스틱 공법을 일본에서 들여왔던 것이다.

2018년 9월 MBC 〈PD수첩〉은 SBS의 〈전봇대 잔혹사〉 보도 이후 6년 만에 “한국전력의 일회용 인간들”이라는 제목으로 전기원들의 열악한 작업환경을 다시 보도했다. 하늘 위의 막장으로 불리는 전봇대 위에서 전기원들은 계속 죽어가고 있었고, 국내 최대 공기업의 ‘위험의 외주화’는 현재진행형이었다.

한전KDN의 막장 수주

한전KDN과는 여러 가지로 악연이었다. KDN은 1992년 한전 전산팀이 아웃소싱되면서 한전의 전력IT 자회사로 설립됐다. 한전KDN은 전체 매출액의 70% 이상을 한전과의 수의계약으로 먹고 살았다. 발전자회사들과의 수의계약까지 포함하면 한전KDN은 매출의 90%를 부모와 형제 회사들이 몰아주는 일감으로 버텨오고 있었다.

수의계약으로 살아가는 KDN

그런데 2012년 11월 공공기관이 발주하는 소프트웨어사업에 대기업의 참여를 제한하는 내용의 「소프트웨어산업진흥법 개정안」이 발의되면서 한전KDN은 위기를 맞게 됐다. 이 개정안은 대기업의 하청을 받아 살아가는 중소기업들을 보호하기 위해 대기업의 참여를 제한하겠다는 것이 골자였다. 이 법이 통과되면 당시 전력IT 분야 소프트웨어 시장을 수의계약으로 장악해왔던 한전KDN은 큰 타격을 입을 수밖에 없었다.

한전KDN은 전자신문 등을 통해 「소프트웨어산업진흥법 개정안」은 전력IT산업 발전을 저해할 뿐만 아니라 관련 중소기업들까지 연쇄도산을 하게 된다며 위기를 부추겼다. 이 개정안은 2013년 3월 23일 본회의를 통과해 시행됐다. 그러나 그해 12월 30일 대기업 참여제한 기업에서 공공기관은 제외한다는 내용의 개정안이 본회의를 통과해 한전KDN은 구사일생으로 살아남게 됐다. 이 법안 통과를 놓고 '한전KDN 특혜법'이라는 구설과 함께 입법 로비 의혹까지 제기됐다.

2013년 12월, 한전의 직원이 의원실에 민원을 제기했다. 한전은 기존의 송변전망 모니터링 시스템을 국제표준을 준수하는 지능형 시스템(일명 차세대 SCADA 시스템)으로 바꾸는 계획을 세우고, 내부 정보망에 사업계획 공고를 한 상태였다. 그런데 한전KDN이 차세대 SCADA 구축 용역사업을 수의계약으로 따내기 위해 한전에 엄청난 로비를 하고 있다는 정보였다. 이것을 막아달라는 제보였다.

한전KDN은 2001년 중앙 SCADA 및 각 사업소 SCADA 시스템을 납품해왔다. 또한 차세대 SCADA 시스템 구축 운영을 앞두고 강원지역에서 이미 시범사업으로 시스템을 구축·운영하고 있었다. 한전KDN은 이를 근거로 수의계약을 추진하려고 했던 것이다.

국가계약법 시행령 제26조 1항 2호에 따르면 이미 조달된 물품의 부품교환 또는 설비확충 등을 위하여 조달하는 경우로서 해당 물품을 제조·공급한 자 외의 자로부터 제조·공급을 받게 되면 호환성이 없기 때문에 수의계약이 가능했다. 게다가 한전KDN은 보안 및 유지보수가 필요한 사업의 경우 대기업참여제한 예외사업으로 산업부가 지정·고시하고 있어 수의계약이 가능하다고 주장했다.

그러나 한전은 차세대 SCADA 시스템 구축사업을 협상에 의한 계약으로 공개경쟁입찰방식을 취하려고 했다. 그것이 가격이나 기술경쟁에서 훨씬 유리하다고 판단했기 때문이다. 한전KDN이 강원급전소에 시범사업으로 구축한 차세대 SCADA 시스템은 국제표준에도 맞지 않고 설계 자체도 1990년대 기술수준으로 저급했다는 것이 한전의 설명이었다.

나는 한전KDN의 전력시스템 분야의 기술력이 후진적이라는 것을 익히 알고 있었다. 전력거래소가 국책사업으로 추진했던 한국형 EMS(K-EMS) 개발과정에도 한전KDN이 공동연구기관으로 참여했다. 그때 LS산전과 공동으로 개발했던 SCADA 시스템 기술 수준이 1990년대 수준이었다는 것을 알고 있었다. 또한 모회사였던 한전으로부터 모든 물품구매 및 용역사업을 수의계약으로 따냈던 관례가 한전KDN의 경쟁력을 악화시키는 주된 요인이었다.

한전KDN의 수의계약을 막을 근거를 찾는 게 가장 큰 문제였다. 나는 한전의 송변전운영처 담당 팀장에게 현재 한전KDN은 K-EMS 개발과 관련해 감사원에서 회계비리 및 기술적 문제에 대해 특별감사를 받고 있기 때문에 한전과의 수의계약 추진을 보류해달라고 당부했다. 한전KDN이 K-EMS에 참여한 분야 역시 SCADA 시스템이었기 때문이었다.

한전은 국회의 요구대로 수의계약 추진을 보류하고, 공개경쟁입찰 방식을 준비하고 있었다. 그러던 중 한전KDN에 자재를 납품하는 중소업체의 대표가 의원실로 항의전화를 걸어왔다. 우리 의원실이 차세대 SCADA 시스템의 수의계약을 막고 있어 중소업체들이 도산위기에 빠졌으며, 직원들과 그 가족들이 길거리에 나앉게 될 상황이라고 원망을 쏟아냈다.

나는 이 중소업체의 배후에 한전KDN이 있다는 것을 알고 있었다. 한전KDN은 기술력도 없으면서 중간 브로커 역할로 중소업체의 몫의 일부를 수수료로 챙겨왔다. 이런 몇 단계의 재하청 과정을 거치면서 중소기업의 이익은 한없이 작아질 수밖에 없었다. 나는 중소업체 대표에게 한전이 자회사에게 수의계약으로 일감을 몰아주지 않고, 공개경쟁입찰로 중소기업의 몫을 키워주려는 것이라고 설명했다.

하지만 이미 오랜 기간 한전KDN과의 유착관계로 연명해온 중소업체에게 이런 설득이 통할 리가 없었다. 어떻게든 대기업을 붙잡고 있어야 작은 일감이라도 따낼 수 있다는 게 중소업체의 상황이었다. 사실 중소업체 단독으로 국책사업이나 공기업이 추진하는 소프트웨어사업에 입찰해 낙찰받기는 불가능했다. 대부분의 중소기업은 대기업과 컨소시엄을 구성해 입찰에 참여하는 방식이었다. 이런 컨소시엄에서 중소기업은 동등한 협력자라기보다는 대기업에 묻어가는 부속품 신세였다.

결국 한전은 2014년 10월 차세대 SCADA 시스템 구축사업에 대해 입찰공고를 냈고, 협상에 의한 계약에 따라 국내 중소업체 (주)넥스첼과 외국계 대기업 GE에게 145억 4천만 원에 낙찰됐다. 한전KDN은 한전이 요구했던 기술수준에 미달되어 입찰경쟁에 참여하지 못했다.

한전KDN, 전력IT업계 브로커였나?

2013년 12월 30일 소프트웨어사업의 대기업 참여제한에서 공공기관을 제외하는 「소프트웨어산업진흥법 개정안」이 국회 본회의를 통과하면서 한전KDN은 숨통이 트이게 됐다. 이 또한 한전KDN이 노동조합을 동원해 대기업의 참여를 제한하는 개정안을 발의했던 국회의원에게 읍소한 결과였다. 이로 인해 한전KDN은 다시 수의계약 전선에 나섰고, 중소업체들에게 하청을 주면서 수수료를 챙기는 브로커 역할을 지속하게 됐다.

2014년 4월부터 한전KDN은 다시 한전으로부터 수의계약으로 소프트웨어사업을 수주받기 시작했다. 2014년 4월부터 7월까지 11건으로 약 23억 원을 수주했다. 11건 중 9건이 수의계약, 1건이 제한경쟁, 1건이 협상에 의한 계약이었다. 제한경쟁, 협상에 의한 계약 역시 공개경쟁의 형식만 갖췄을 뿐, 사실상 대기업 참여제한에서 풀린 한전

KDN을 위한 밥상이었다.

제한경쟁에 부쳐진 '영업정보시스템 운영환경개선 소프트웨어 15종' 사업은 대기업 참여제한 규정 때문에 민간 대기업은 참여할 수 없었고, 중소기업들이 대거 참여했지만, 대기업 참여제한이 풀린 한전KDN에게 6억 4천만 원에 낙찰됐다. 결국 수의계약이나 제한경쟁방식으로 입찰이 진행되면 모두가 한전KDN 몫이 되고 말았다.

2014년 하반기에 소프트웨어사업 3건이 일반경쟁 입찰로 진행됐다. 결과는 모두 중소기업에게 낙찰됐다. 가격과 기술 면에서 제한이나 협상에 의한 경쟁이 아닌 일반경쟁을 하게 되면 한전KDN은 여지없이 중소기업에게 밀리는 상황이었다.

이렇게 한전KDN이 모회사 한전으로부터 수의계약으로 따낸 용역사업은 다시 중소기업에게 하도급을 주었고, 물품구매계약은 다시 중소기업에게 재발주되고 있었다. 한전KDN이 스스로 하는 일은 거의 없었다. 오직 하도급과 재발주를 통해 수수료를 챙겨 이익을 남기는 브로커와 다를 바가 없었다.

20년간 모회사 한전의 수의계약이라는 과보호 속에서 성장한 한전KDN은 자생력을 잃어가고 있었다. 기술력도 없고, 경쟁력도 갖추지 못하다 보니, 온갖 로비와 편법으로 수의계약을 따냈고, 다시 특정 중소기업과 유착해 일감을 몰아주고 있다는 의혹이 빗발쳤다. 2014년 국정감사 당시 한전KDN 본부장이 국무조정실 감찰에 걸려 뇌물수수 혐의로 경찰 수사를 받고 있었다.

납품비리 결정판이 드러났다

2013년 여름 국정감사를 몇 달 앞두고, 의원실에 한전KDN의 납품비리를 고발하는 제보가 들어왔다. 나는 당시 EMS 및 한국형시스템

개발 비리에 집중하고 있어, 한전 자회사의 납품비리까지 들여다볼 여유가 없었다. 그런데 2014년 여름 한전KDN 본부장의 뇌물수수 비리가 터져나오면서 다시 관심을 갖게 됐다. 제보 관련 서류를 뒤적였다. 의원실에 들어온 제보가 KDN 본부장의 비리와 연결되어 있다는 것을 알게 됐다. 미친 듯이 한전KDN에 관련자료를 요구했고, 특정 중소업체에게 일감을 몰아 준 정황들이 눈에 들어왔다.

한전KDN이 2007년부터 2013년까지 7년간 33건의 영상·음향시스템을 한전과 수의계약으로 수주한 뒤, 전체 물량의 67%인 22건을 두 개의 특정 중소업체와 도급계약을 맺은 것을 찾아냈다. 이들 업체는 한전KDN으로부터 각각 10건(151억 원), 12건(162억 원)을 수주했다. 이 중 한 업체가 지속적으로 KDN 본부장에게 뇌물을 제공하며 특혜를 받았던 것으로 드러났다.

한전KDN은 모회사인 한전으로부터 일감을 받기 위해 사용했던 방식을 중소업체에도 똑같이 써먹었다. 이 과정에서 특혜성 일감 몰아주기 범죄의 꼬리가 잡힌 것이다. 영상·음향시스템(배전운영시스템)의 한 부분인 종합상황판(DLP Cube)은 특별한 기술이 요구되는 품목이 아니었다. 중소기업 주력 품목으로 외국회사에서 부품을 수입해 조립만 하는 범용화된 설비였기 때문에 일반경쟁입찰방식을 취하는 것이 상례였다. 그런데 한전KDN은 종합상황판 구매계약을 기술점수가 요구되는 협상에 의한 계약방식으로 진행했다.

도로공사와 가스공사는 종합상황판 구매계약을 일반경쟁으로 진행하고 있었다. 도로 교통상황이나 가스공급 현황 등을 모니터링하기 위해 영상·음향시스템을 도입하고 있었기 때문이다. 이 시스템의 하나의 부품인 종합상황판은 2단계 경쟁 혹은 적격심사 등을 통한 일반경쟁입찰방식으로 구매계약을 맺고 있었다.

오직 한전KDN만 협상에 의한 낙찰방식을 취하고 있었다. 한전KDN은 이런 입찰방식으로 특정 업체에게 기술점수를 높게 줌으로써 낙찰에 유리한 조건을 제공했다. 또한 협상에 의한 낙찰은 일반경쟁 입찰방식보다 장비구입단가가 높게 낙찰되기 마련이다. 실제 한전KDN이 협상에 의한 계약으로 구입한 종합상황판은 일반경쟁 낙찰가격보다 2.4배나 비싼 가격에 낙찰됐다. 특정 중소업체의 로비자금이 종합상황판 구매가격에 반영되어 낙찰가를 높이고 있었던 것이다.

한전KDN은 또 입찰공고일부터 납품일까지의 기간을 짧게 잡아 특정 업체에게 유리한 상황을 만들었다. 한전KDN은 2012년 6월 25일에 특정 중소업체와 재구매계약을 맺고, 물품 납기일을 6월 28일로 잡았다. 계약하고 3일 만에 물품을 납품하라는 것이었다. 종합상황판 구성 부품은 전량 수입되고 있었다. 업계에 따르면 수입부품을 조립하고 검수하는 데 최소 2개월이 걸린다고 했다. 그런데 어떻게 3일 만에 납품이 가능하단 말인가. 사전 담합이 아니고서는 불가능한 일이었다.

게다가 한전KDN이 한전과 수의계약한 날이 6월 26일이었다. 어떻게 원청과 계약도 하기 전인 6월 25일에 특정 업체와 재구매계약을 맺을 수 있단 말인가. 한전KDN은 원청과 수의계약을 하기 2주 전인 6월 13일에 이미 종합상황판을 납품할 업체를 대상으로 입찰공고를 냈다. 이와 관련해 한전KDN은 한전이 상반기 예산 조기집행을 요청해왔기 때문에 납기일을 짧게 잡았다는 허술한 변명을 늘어놨다. 나는 한전에 사실 확인에 들어갔다. 한전은 예산조기집행을 요구한 적도 없고, 한전KDN에게 물품 납기를 서둘러달라고 한 적도 없다고 답변했다.

한전KDN은 7년간 특정 업체 두 곳에 313억 원의 종합상황판 물품계약을 몰아줬다. 그리고 그 대가로 KDN 임원들은 수억 원의 뇌물 상납, 골프 접대, 공짜 해외여행까지 접대를 받았고, KDN 임원은 다시 한전의 임원에게 수의계약을 따내기 위해 뇌물 공여를 해왔던 것이다. 한두 번도 아니고, 7년간이나 이런 은밀한 거래를 해오다 보니, 꼬리가 잡힐 수밖에 없었다.

공기업비리 1순위 등극

2014년 9월부터 12월까지 한전KDN은 포털에서 검색 순위 1위에 올라있었다. 한전KDN이 공기업 비리의 전형으로 떠올랐고, KDN의 신뢰는 바닥을 쳤다. 이미 한전KDN 김 모 사장은 임기를 채우고 퇴임한 상황이었다. 2014년 국정감사 끝 무렵, 카이스트 교수가 한전KDN 사장에 임명됐다. 아무것도 모른 채 비리기관의 수장으로 임명된 임 모 사장이 안쓰러웠지만, 그래도 고질적인 납품비리가 터진 마당에 그냥 넘어갈 수는 없었다.

2014년 10월 국정감사 마지막 날, 의원은 임 사장에게 뼈아픈 질의를 이어갔다. 의원은 “KDN 전 본부장인 김 모 씨가 중소업체로부터 뇌물수수를 한 혐의로 검찰조사 중에 있다. 한전KDN은 지난 7년간 배전운영시스템에 공급되는 종합상황판 구매계약을 두 곳의 특정 업체에게 몰아줬고, 이 중 한 업체가 김 본부장에게 뇌물공여를 해온 사실이 적발됐다. 7년간 특정 업체에 일감을 몰아주면서 분명히 뇌물공여가 이루어졌을 것으로 보인다. 임 사장은 이 건과 관련해 KDN 스스로 검찰조사를 받을 것인지, 아니면 국회에 허위자료를 제출한 혐의로 검찰에 고발을 당할 것인지 선택하시라”고 요구했다.

임 사장은 전혀 당황하는 기색 없이 침착하게 답변했다. 임 사장은 즉시 종합상황판 물품계약과 관련한 사항을 조사해서 문제가 있으면 관련된 직원들에게 스스로 조사를 받도록 하겠다고 했다. 그 뒤 임 사장은 약속대로 한전KDN 납품비리에 연루된 모든 직원들에게 징계조치를 내렸다. 그리고 한 부서에 오랫동안 근무한 직원들을 타 부서로 인사발령을 내기도 했다. 납품업체들과의 유착관계를 끊어내기 위한 조치였다. 임 사장은 이 밖에도 기관의 청렴도를 높이기 위한 다양한 조치를 실행했다. 한전에 기생하며 살아온 한전KDN이 청렴한 여성 리더를 만나 전력IT기관으로서의 자긍심을 찾아가고 있었다.

송전선 고속도로

2015년 12월 경남 밀양에는 다섯 개 면에 걸쳐 765kV 초고압 송전탑 69개가 세워져 있었다. 이곳에서는 2005년부터 10년 동안 송전탑 건설을 둘러싸고 전쟁이 벌어졌다. 송전탑 건설에 반대하며 두 명의 어르신이 목숨을 끊었고, 69명의 주민들이 공사방해 등으로 사법처리됐다. 2014년 6월 11일 행정대집행이 이루어지면서 송전탑 건설에 반대했던 주민들은 공사현장에서 경찰에 의해 끌려 나왔고, 전쟁은 한전의 승리로 끝이 났다. 하지만 한전은 승리를 자축할 수 없었다. 밀양의 송전탑 공사는 1978년 박정희 유신정권 때 만들어진 전원개발촉진법으로 주민들의 재산권을 강탈하여 추진됐기 때문이었다.

헌법 위에 존재하는 전원개발촉진법

2005년 5월 '신고리~북경남 765kV 송전선로 건설사업'에 대한 환경영향평가서가 나올 때까지 밀양 주민들은 고압 송전탑이 밀양시 다섯 개 면을 지나가도록 설계됐다는 사실을 전혀 알지 못했다. 정부와 한전은 2000년 1월 5차 전력수급계획을 확정하면서 초고압 송전탑 건설계획을 세웠다. 한전은 주민들과는 한마디 상의도 없이 765kV 송변전설비가 지나가는 경과지를 선정하고, 환경영향평가에 들어갔다.

한전은 송전탑 경과지를 확정한 뒤, 2005년 8월 주민설명회를 개최했다. 주민설명회는 요식행위에 불과했다. 밀양시 다섯 개 면의 인구가 2만 명이 넘었는데, 주민설명회에 참석한 인원은 고작 100여 명이었다. 한전은 765kV 송전탑 건설계획을 강행하기 위해 거짓, 회유, 은폐, 폭력 등을 동원했다. 전력수요 전망치를 부풀리고, 주민들을 회유하여 뒷거래를 일삼았고, 용역깡패를 동원해 주민들을 끌어내면서 송전탑 건설공사를 강행했다.

송전탑 건설을 반대했던 밀양 주민들이 원했던 것은 한 가지였다. 초고압 송전선로가 지나가는 마을에서는 살 수 없다는 것이었다. 초고압 송전선로에서 나오는 전자파는 세계보건기구(이하 WHO)에서 지정한 발암가능물질로 분류되어 있었다. 765kV 송전선로가 지나가는 마을에 사는 주민들은 하루 24시간을 발암가능물질이 나오는 전자파에 노출되어 살아갈 수밖에 없었다. 이 때문에 주민들은 고압 송전선로가 마을을 지나는 구역에는 지중화를 대안으로 요구했다. 한전은 765kV 송전선로에서 나오는 전자파가 유해하다는 증거가 없다며 주민들의 요구를 수용하지 않았다.

송전탑 건설로 수용되는 토지의 헐값 보상도 문제였다. 2012년 1월 16일 74세의 이치우 어르신이 분신자살했다. 그를 죽음으로 몰아넣은 가장 큰 원인은 비현실적인 보상이었다. 이치우 어르신과 두 명의 동생이 소유한 논밭의 시세는 당시 7억 원에 달했다. 그런데 한전이 제시한 보상금은 고작 8,700만 원이었다.

한전이 이렇게 주민들의 건강권과 재산권을 침해하면서도 당당하게 송전탑 건설을 강행할 수 있었던 것은 전원개발촉진법이 존재하고 있었기 때문이다. 이 법률은 1978년 박정희 유신정권 때 제정됐다. 주무장관의 승인만 받으면 19가지 법률의 인·허가를 받은 것으로 간주됐고, 전원개발사업은 공공사업으로 분류되어 해당 토지를 강제수용할 수 있도록 규정되어 있었다.

전원개발촉진법은 1970~1980년대 경제성장이 국가적 목표일 때 만들어진 것으로 경제성장의 지렛대 역할을 했다. 그러나 1인당 국민소득 3만 달러를 앞두고 있는 지금도 이 법률은 국민의 기본권을 침해하며 성장의 발판이 되고 있었다. 죽음을 불사하며 765kV 송전탑을 막아서는 밀양 주민들의 저항을 지켜보면서 더 이상은 주민들의 희생을 담보로 전원개발사업이 강행되어서는 안 된다고 생각했다.

고압 송전탑은 전기공급을 위한 필수기반시설이다. 이제는 전기가 없으면 생활이 불가능할 정도로 전력은 우리 생활의 필수재로 자리 잡았다. 그러나 고압 송전선로에서 나오는 전자파의 위해성이 방치되면서 고압 송전탑 건설을 둘러싼 갈등이 증폭되고 있었다. 전원개발촉진법을 개발독재시대의 방식으로 밀어붙여서 될 일이 아니었다. 송전탑 건설의 필요성을 충분히 주민들에게 설명하고 동의를 구해야만 했다. 전원개발촉진법은 이런 민주적인 의사수렴과정을 생략하고 있었다. 주민설명회라는 요식행위는 주민갈등을 유발하고, 공동체를 파괴하는 데 악용되고 있었다.

의원은 19대 국회 초반 2012년 7월 27일 「전원개발촉진법 개정안」을 대표발의했다. 이 개정안의 핵심은 전원개발사업자는 전원개발사업을 추진하기 전에 반드시 주민 공청회와 지방의회 의견을 수렴하고, 해당 지역 토지소유자의 3분의 2의 동의를 받도록 한 것이다. 또한 현행 전원개발사업추진위원회를 구성할 때 반드시 지역전문가를 포함하도록 했다. 현행 전원개발사업 실시계획 승인 또는 변경승인을 할 경우, 중앙행정기관의 주무장관하고만 협의하도록 되어 있는 규정을 바꿔 해당 지역 기초자치단체장과 협의하는 내용을 추가했다.

중앙정부는 전원개발사업에 대한 환경영향평가 이행확인 및 이행

명령에 관한 모든 권한을 해당 지방자치단체장에게 위임할 수 있도록 했고, 지방자치단체장은 환경에 중대한 영향을 미친다고 판단되는 경우 주민의견 등을 수렴해 공사중지명령을 중앙정부에 요청할 수 있도록 했다. 이 모든 개정사항은 주민의 기본권을 보장하고, 해당 지자체장이 해당 지역 주민들의 행복추구권을 보장할 수 있도록 권리를 부여한 것이었다.

4개월 뒤 의원은 2012년 11월 16일 국민의 건강권 보장을 위해 고압 송전선로를 지중화로 바꾸는 「전원개발촉진법 개정안」을 대표발의했다. 전원개발사업자가 고압 송전선로를 설치하는 경우 지중화를 원칙으로 하고, 그 비용을 전력산업기반기금에서 지원할 수 있도록 하는 내용이었다.

이 두 법률개정안은 정부와 한전의 반대로 3년간 상임위 법안소위에 계류되어 있었다. 그러다 2015년 11월 상임위원회 법안소위에서 수십 건의 「전원개발촉진법 개정안」이 한꺼번에 병합심사되어 일부 개정사항이 반영됐다. 현행 전원개발사업 실시계획 승인 또는 변경승인을 할 경우, 해당 지역 기초자치단체장과 협의하도록 한다는 내용이 위원회 대안으로 반영됐다. 그런데 개정안의 핵심인 토지 소유자의 3분의 2의 동의를 얻어야 한다는 조항과 지중화 의무화 조항은 정부가 난색을 표해 논의 대상에 오르지도 못했다.

정부와 한전은 밀양 송전탑 반대 대책위원회 소속 주민들과 협상이 결렬되자, 국회에서 전문가협의체를 구성하여 중재에 나서줄 것을 요구했다. 나는 의원에게 국회가 나서서 전문가협의체를 구성하는 일에 동의해서는 안 된다고 설득했다. 물론 정치는 타협과 협상을 통해 국민적 갈등 현안을 조정하는 역할을 해야 한다. 하지만 정부와 한전은 법률 개정을 통해 민주적 절차에 따라 전원개발사업을 추진하자는 국회의 요구를 무시한 채, 국회의 중재라는 요식행위를 통해 고압 송전탑 건설을 강행하려고 했다.

한전의 간부들은 산업위 소속 위원들을 찾아다니며 국회가 중재에 나서줄 것을 읍소했다. 그때마다 나는 한전에게 의원이 대표발의한 전원개발촉진법 개정안을 통과시키는 것이 밀양 송전탑 갈등을 해결하는 지름길이라고 설득했다. 당시 한전의 김 모 전무는 "해당 토지소유자의 3분의 2의 동의를 받으라고 하는 것은 전원개발사업을 하지 말라는 것과 같다"면서 법개정에 난색을 표했다.

한전은 공기업이 아닌 전력 독점재벌의 민낯을 드러내고 있었다. 국민의 기본권 보장은 헌법의 명령이었다. 그런데 한전은 기본권을 보장하면서 전원개발사업을 할 수 없다고 했다. 헌법의 명령을 거부하고 있었다.

2014년 7월 「송·변전설비 주변지역의 보상 및 지원에 관한 법률」(이하 송주법)이 제정됐다. 송주법은 송전탑 건설에 반대하는 주민들에게 주는 일종의 보상책이었다. 송전탑이 들어서는 지역의 재산보상의 범위를 넓혀주고, 과거에 없었던 주변지역에 대해 전기요금을 할인해 주겠다는 것이었다. 우는 아이 달래는 식의 이런 보상책으로 국민의 기본권 침해를 정당화할 수는 없었다.

주민갈등 부추기는 송주법

송주법 제정은 밀양 송전탑 건설을 강행하기 위한 회유책이었다. 송주법에 따르면, 기존의 송전탑 끝선에서 좌우 3미터까지만 토지보상을 했던 것을 최대 33미터까지 재산보상을 확대하고 있다. 이에 따라 한전은 33미터 이내의 토지 소유자에게 감정가격의 최대 28% 정도를 보상해줘야 한다. 그러나 이런 보상가격은 송전탑 건설로 인한 재산가치 하락분을 반영하지 못하고 있어 밀양 대책위 소속 주민들은 송주법에 대해 위헌소송을 제기했다.

또 하나 송주법에는 고압 송전선로가 지나가는 주변지역에 대한 지원사업이 포함되어 있었다. 345kV 송전선로 시작점으로부터 좌우 일직선으로 700미터, 765kV는 1천 미터 범위 내에 거주하는 세대에게 전기요금을 할인해주고 있다. 고압 송전선로가 지나가는 지역에 거주하는 세대에게 뒤늦은 보상책을 내놓은 것이다.

그런데 송전설비 주변지역에 대한 전기요금 할인을 반기는 주민들은 많지 않았다. 송주법이 시행되면서 한전은 고압 송전선로로부터 700, 1천 미터 이내에 거주하는 세대에게 지원금을 신청할 것을 공지했다. 일부 지역에서는 송전탑 주변지역이라는 낙인으로 집과 토지에 대한 재산가치가 하락했다며 법적용을 거부했다. 송전탑 주변지역에 거주한다는 사실이 알려지면서 부동산 거래가 뚝 끊어졌다는 원성이 자자했다.

이뿐만이 아니다. 일부 지역에서는 세대당 월 2만 5천 원 정도의 전기요금 할인을 두고 이웃 간에 속앓이를 하는 경우도 있었다. 같은 지번의 공동주택단지에 살고 있지만 700, 1천 미터 주변지역 경계 안에 포함되지 않아 전기요금 지원세대에서 제외된 경우다. 예를 들어 A 아파트 단지 1, 2동은 주변지역 경계 안에 있어 월 25,000원의 전기요금 지원을 받고 있는데, 3, 4동은 배제된 것이다.

한 마을이나 같은 아파트 단지에 살면서도 어떤 세대는 전기요금을 지원받고, 어떤 세대는 제외되어 주민들 간의 반목과 갈등을 겪고 있었다. 이런 부작용을 줄이기 위해 지번이 같은 공동주택이나 마을에 사는 경우, 송전선로 주변지역 경계 밖에 있는 세대들까지 주변지역 범위에 포함될 수 있도록 해달라는 민원이 폭주하고 있었다. 2015년 5월 기준으로 6,733세대가 송전선로 주변지역으로 포함시켜달라는 민원을 한전에 접수했다.

결국 의원은 2015년 6월 12일 송변전설비 주변지역의 범위를 확대하는 내용의 송주법 개정안을 대표발의했다. 송변전설비 주변지역의 경계 밖 주거지역이 경계 안의 주거지역과 마을 등의 공동생활권역을 구성하고 있다고 인정되거나 동일한 통(統) 또는 리(里)에 속하는 경우에는 특별한 사유가 없으면 주무장관이 해당 지역을 송변전설비 주변지역으로 결정할 수 있도록 하는 내용이었다.

굳이 법개정을 하지 않고도 현행 송주법 내에서 주변지역의 지원범위를 확대할 수도 있었다. 송주법 제6조에 따르면 주변지역 경계 밖에 위치하는 경우 주변지역 지원심의위원회 심의를 거쳐 주변지역 범위를 다시 결정할 수 있도록 하고 있었다. 2015년 8월 27일 주변지역심의위원회가 열렸지만, 심의결과는 예상대로 부결됐다. 산업부는 송주법이 시행된 지 불과 1년 남짓 지난 상황에서 주변지역 범위를 재설정하는 것은 법률의 안정성을 해칠 우려가 있다는 입장을 굽히지 않았다.

한전은 주민들이 자발적으로 신청한 229개 마을(6,733세대) 외에 의원이 대표발의한 송주법 개정안을 근거로 주변지역이 속한 기초행정단위(통·리)에 거주하는 세대를 전수조사하여 3,685개 마을(38만 세대)을 심의대상으로 올렸다. 한전이 자발적 민원 외에 전수조사를 실시하여 지원금 대상자를 38만 세대로 확대한 것은 새로운 갈등을 유발하기 위한 꼼수였다.

주변지역심의위원회는 한전이 심의대상으로 올린 38만 세대를 주변지역 범위에 포함하게 되면 기존 세대에게 돌아가는 지원금이 줄어들 수 있다는 의견을 제시했다. 또한 통·리까지 주변지역 범위에 포함시킬 경우 주변지역 범위 기준이 900, 1,200미터까지 범위가 확대될 수 있고, 주변지역 경계 밖에 있던 마을에서 형평성 문제를 제기할 수 있다는 의견도 나왔다. 결국 주변지역에 속하는 통·리 단위의 마을 거주 세대를 주변지역에 포함시키는 문제는 새로운 갈등을 유발할 수 있고, 다른 마을에서 형평성 논란 등이 제기될 수 있다는 이유로 부결되었다.

한전 5조 원 흑자, 1천억 원 지원금 부담 회피

산업부의 이런 결정은 2015년 국정감사를 2주 앞두고서 이루어졌다. 산업부의 보수적인 결정에도 문제가 있었지만, 한전이 주변지역 범위를 확대하지 못하도록 역할을 했다는 데 더 화가 났다.

2015년 6월 12일 송주법 개정안을 발의한 직후 6월 임시회가 열렸을 때, 의원은 한전 사장에게 마을공동체 내에서 전기요금 할인 문제로 갈등이 생기지 않도록 주변지역 범위를 확대하는 방안을 검토할 것을 당부했었다. 「발전설비 주변지역 보상 및 지원에 관한 법률」(이하 발주법)에는 발전설비가 있는 곳으로부터 반지름 5킬로미터 반경의 읍·면·동까지 지원사업을 하도록 규정하고 있다. 이에 비하면 송주법의 주변지역 범위는 매우 보수적으로 기준을 만든 셈이었다. 그때 한전 사장도 주민들 간의 갈등이 격해지고 있다는 것을 알고 있었기 때문에 흔쾌히 검토해서 보고하겠다고 밝혔다.

산업부 국정감사를 이틀 앞두고 한전의 민원대책처장과 실무 부장이 의원실을 찾아왔다. 그들은 "사장님은 주변지역 범위를 어떻게 해서든 확대하고 싶었지만, 산업부가 이렇게 결정을 한 것에 대해 한전이 뭐라 입장을 내놓기 어려웠다"고 변명했다. 그들은 곧이어 "산업부 국정감사에서 한전 사장에게 주변지역 범위 결정과 관련 질의를 하지 말아달라"며 진짜 속내를 드러냈다.

그들이 사장의 체면을 살려주고 싶은 충정으로 부탁을 했다면 나는 이것을 받아들였을 것이다. 그런데 그들은 한전 사장이 민원을 해결할 수 있도록 조력하지 않고서는 사장이 국회에서 망신을 당하는 것만을 피하려는 비겁함을 보였다. 결국 그들의 국회 방문은 자신들의 문책을 피하기 위해 예방주사를 놓으러 온 것이었다.

그래도 나는 한 번 더 그들에게 기회를 주고 싶었다. 산업부와 한전의 상하 관계를 모르는 것도 아니고, 한전이 산업부의 뜻을 거스르며 자율성을 발휘할 수 있는 조직도 아니라는 것을 알고 있었기 때문이다. 나는 주변지역 범위 확대에 따른 추가 지원금을 한전이 부담할 생각이 있다는 것을 산업부에 전달해서 민원을 해결할 것을 제안했다. 이 제안을 받는다는 전제로 산업부 국정감사에서 의원이 한전 사장에게 구두 질의하는 문제를 재고하겠다고 약속했다.

한전은 2015년 한해 1,250억 원을 주변지역 지원금으로 지급했다. 한전 추계에 따르면, 통·리까지 주변지역으로 포함할 경우 38만 세대에 약 1천억 원의 추가지원금이 발생하게 된다. 그런데 한전은 1천억 원의 추가부담금을 감당하겠다는 의사를 산업부에 전달하지 않았다. 국회의 제안을 수용하지 않았다.

물론 현행 송주법에도 주변지역에 대한 지원금을 사업자부담 원칙으로 하고 있지만, 필요시 전력산업기반기금으로 활용할 수 있도록 하고 있다. 하지만 기반기금을 사용하는 문제가 간단치는 않았다. 현재 한전의 경영상태가 흑자로 돌아선 상황이었기 때문에 한전의 의지에 따라 얼마든지 1천억 원은 부담할 수 있는 문제였다. 2014년 연결제무재표상 한전은 5조 8천억 원의 흑자를 냈다.

한전은 국내 최대의 공기업이다. 그리고 전기는 5천만 국민이 사용하는 필수재가 됐다. 한전의 경영상태가 적자일 때는 5천만 소비자의 전기요금을 인상해 적자를 보전해준다. 그래서 결코 망할 수가 없는 기업이 한전이다. 그럼 한전이 흑자를 낼 때는 그 수익금을 송변전설비에 투자하는 게 마땅하다.

주변지역에 대한 지원금 역시 확대해야 하는 일이었다. 그런데 한전은 5조 원이 넘는 이익을 내고도 수익금을 국민을 위해 나누지 않고 있다. 전기가 선택적 소비재가 아닌 필수재이고, 한전이 독점 전기판매 사업자이기 때문에 이윤을 국민에게 환원하는 건 당연한 이치였다.

내규에 의한 뒷거래로 송전탑을 세웠다

한전은 지금까지 특별법, 촉진법, 그리고 내규에 의해 송전사업을 추진해왔다. 전원개발촉진법은 처음에는 전원개발사업을 위한 특별법으로 시작되어, 경제성장에 가속도를 높이기 위해 촉진법으로 전환됐다. 법률로 추진하기 어려울 때는 내부 규칙을 적용했다. 내부규칙은 사실상 전원개발사업자가 사업을 쉽게 하기 위해 만든 것으로, 실상은 뒷거래를 하기 위한 도구였다.

유럽 선진국가에서는 고압 송전탑을 건설할 때 주민 피해를 최소화하기 위해 주거지역을 피해 산으로 경과지를 선정하는 것을 원칙으로 하고 있다. 그런데 우리나라는 송전탑 건설 공사비 축소가 경과지 선정의 제1의 원칙이 되고 있다. 그래서 변전소까지 직선거리로 경과지를 선정하여 주민들이 사는 마을을 관통하고 있는 것이다. 송전선로를 땅으로 묻는 지중화 사업에는 가공선로보다 사업비가 최대 10배까지 늘어난다. 게다가 가공 송전선로 건설사업은 모든 비용을 한전이 부담하지만, 지중화 사업은 지방자치단체와 5 대 5로 비용을 나눠 부담하도록 법률에 규정했다.

서울의 강남구와 같은 부자 동네에서는 전봇대를 찾아보기 힘들다. 모두 지중화를 했기 때문이다. 그러나 농어촌지역의 경우 지방자치단체의 가난한 재정으로 지중화 사업의 비용을 부담하기는 쉬운 일이 아니다. 결국 가난한 농어촌지역의 주민들은 논밭 한가운데 철탑을 바라볼 수밖에 없다.

한전은 경남 밀양에 이어 전북 군산에서도 345kV 송전탑 건설사업에 어려움을 겪고 있었다. 주민들은 경과지를 새만금 간척지로 돌려줄 것을 요구했지만, 한전은 밀양 때와 마찬가지로 시간과 비용이 많이 든다는 이유로 거부했다. 그리고 군산 다섯 개 면의 마을 이장과 일부 주민들에게 뒷돈을 주고 합의서를 받는 방식으로 철탑공사를 강행하고 있었다. 주민들은 이런 방식을 공동체 파괴작전이라 불렀다.

의원은 2015년 국정감사에서 한전이 합법적으로 송변전설비 주변지역 범위를 확대하게 되면 송전탑 건설사업에서도 주민수용성을 확보할 수 있을 것이라고 설득했다. 그러나 한전은 여전히 경제성을 따지면서 뒷거래를 통해 송전사업을 밀어붙이고 있었다. 2015년 9월 18일 전남 나주에서 전력기관에 대한 국정감사가 열렸다. 그때도 의원은 한전 사장에게 군산 345kV 송전탑 공사를 주민들이 요구하는 지중화 노선으로 바꿔줄 것을 당부했다. 그러나 한전 사장은 "77개 마을 중 65개 마을과 이미 합의를 마쳤다"면서 "지중화 공사는 천문학적 비용이 들기 때문에 하기 어렵다"고 잘라 말했다.

그해 9월까지도 군산의 송전탑건설 반대대책위원회 소속 주민들은 국회 앞에서 경과지 변경을 요구하며 반대시위를 하고 있었다. 그런데 어떻게 80%가 넘는 마을 주민들이 송전탑 건설에 합의했다는 것인지 도무지 납득하기 어려웠다. 나는 한전에게 송전탑 건설에 합의한 마을과 주민들 명단을 제출해달라고 요청했다. 한전은 개인정보보호를 이유로 명단 제출을 차일피일 미뤘다. 한전과 합의각서를 작성한 마을과 주민들의 동의를 받은 뒤 제출하겠다고 했다.

한전과 합의했다는 65개 마을의 주민들은 345kV 송전탑이 세워지는 해당 토지의 소유자들이 아니었다. 또한 345kV 송전선로에서 700미터 경계 안에 거주하는 주민들도 거의 없었다. 대부분 700미터 경계 밖에 거주하는 주민들이었다. 한전은 이들에게 마을 단위로 수천만 원의 특별 지원금을 지원한 것을 합의로 둔갑시켰다. 또 일부 마을에는 LPG가스관을 설치해주는 등 마을의 숙원사업을 지원한다는 약속을 하고 합의서를 받았다.

한전의 뒷거래 소문이 돌고 있었다. '어느 마을에는 주민 공동명의로 논밭을 사줬다, 어느 마을은 경로당을 지어주기로 했다, 가구당 수백만 원씩을 받았다'는 등의 소문이 파다했다. 이런 무성한 소문에도 불구하고 마을 사람들은 합의한 사람들을 비난하지 않았다. 마을공동체가 파괴되는 것을 모두들 두려워하고 있었기 때문이다. 그런데 한전은 시골마을에서 순박하게 살아가는 이들을 냉혹하게 이용했다. 한전은 반대대책위에서 송전탑 공사를 방해한다는 이유로 합의서에 서명한 마을 주민들 명의로 공사방해금지가처분소송을 제기했다. 이 과정에서 합의각서에 서명한 사람들이 노출됐고, 주민들 간의 반목과 갈등이 생겨나기 시작했다. 한전은 이렇게 마을을 두 쪽으로 갈라놓고 송전탑 공사를 밀어붙였다.

밀양 765kV 송전선로 공사에 반대했던 경남 밀양시의원은 당시 한전이 작성한 고압 송전탑 경과지 선정기준에 관한 내부 문건을 공개했다. 인구가 적은 마을, 문화수준이 낮은 마을, 고령자가 많이 사는 마을 등을 송전선로 경과지로 선정한다는 내용이었다. 국내 최대의 공기업 한전이 사회적 약자를 희생양으로 삼아 전력산업을 확장하고 있다는 사실에 분노가 치밀었다.

한전은 더 이상 국민의 기본권을 짓밟는 방식으로 송전탑 건설을 확대해서는 안 될 것이다. 공기업은 이윤추구가 최대의 목표인 민간기업과는 달라야 한다. 19대 국회 막바지에 전원개발촉진법 폐지법안이 제출됐다. 한전은 더 이상 국민의 생존권을 담보로 성장위주의 전원개발사업을 추진해서는 안 된다는 국민들의 경고를 엄중하게 받아들여야 할 것이다.

지중선 전자파의 함정

20대 국회가 개원하고 얼마 지나지 않아 강원도 평창의 한 마을 이장으로부터 전화 한 통이 걸려왔다. 40여 가구가 살고 있는 조그마한 시골마을에 바로 집 앞으로 고압 송전선을 깐다고 하는데 주민들의 건강에 문제가 발생하지 않을지 걱정이라고 했다. 이장은 몇 년 전에 TV에서 땅속을 통과하는 송전선에서도 인체에 해로운 전자파가 나온다는 뉴스를 본 적이 있다고 했다.

시골 이장의 전화 한 통

알고 보니 2018년 강원도 평창 동계올림픽을 앞두고 2017년 말 완공을 목표로 원주~강릉 KTX 철도 운행을 위한 송전선로 건설공사가 한창 진행 중이었다. 당초 기본설계에서는 횡계부터 평창까지 154kV 철탑 70기를 세우려고 했다. 그런데 해당 지역구 국회의원이 송전탑 건설에 따른 민원발생을 우려해 지중선로로 변경해줄 것을 요구했다. 이에 따라 전철변전소와 평창변전소까지 9.5km를 지중선로로 실시설계가 변경됐고, 강원도 평창군 신리마을이 154kV 지중 송전선로 경과지로 편입됐다. 신리마을에는 41가구가 살고 있었다.

지중 송전선로 중심부에서 신리마을까지는 약 7미터에서 34미터 정도가 떨어져 있었다. 신리마을의 41가구 주민들은 땅속 1미터에 묻어놓은 154kV 고압 송전선로에서 나오는 전자파의 노출에 따른 위해성을 걱정할 수밖에 없었다. 그런데 산업부와 한국전력은 고압 송전탑 공사로 전자파의 위험성이 제기되자 지중화를 하게 되면 전자파 문제는 발생하지 않는다고 주장해왔다. 산업부는 지방자치단체와 협의하여 도심지역 학교와 어린이집 주변지역의 가공선로를 지중화하는 작업을 적극 추진하면서 지중화의 안전성을 홍보해왔다.

그러나 시민단체와 학계에서는 지중 송전선로 전자파 노출의 위험성을 경고해왔다. 실제 환경보건시민센터가 2014년 8월부터 두 달간 국내 최초로 지중 송전선 전자파 노출실태를 조사했고, 산업부의 전자파 무해론을 완전히 뒤집는 결과가 나왔다. 의정부~상계 구간을 지나는 154kV 지중화 구간에서 가장 높은 전자파가 측정됐다. 이곳은 노원구 상계동으로 거주 밀집지역이었다. 지상 철탑 구간에서는 11~16mG(밀리가우스)가 측정됐는데, 바로 옆 지중화 구간에서는 최소 44mG에서 최대 300mG까지 측정됐다. 가공선로보다 지중선로 전자파 노출이 더 위험하다는 징표가 나온 것이다.

지중선로 경과지 바로 옆에 유치원이 있었다. 유치원 담벼락에서 측정한 전자파 노출량이 130.5, 150.6mG가 나왔다. WHO가 고압 송전선로 전자파를 2급 발암물질(Group 2B)로 정한 배경에는 4mG 이상의 전자파에 장기간 노출될 경우 소아 백혈병 발병율이 높다는 연구결과가 있었기 때문이다.

유아들이 하루 종일 머무는 유치원의 담벼락에서 100mG가 넘는 전자파가 노출됐다는 결과에 모두가 경악을 금치 못했다. 이 소식이 전해지자 유치원은 자체적으로 내부에 니켈 필름으로 차단막을 설치했고, 노원구청에서 담벼락 옹벽에 규소강판으로 된 차단막을 설치했다. 그런데 전자파의 자기장은 완전히 차단하기 어려웠다. 니켈이나 규소강판으로는 전기장의 일부를 감소시키는 효과만 기대할 수 있었다.

환경부, 지중선로 전자파 영향평가 생략

지방환경청이 10년간 수행한 송전선로 건설공사에 대한 환경영향평가보고서를 제출받아 전자파 위해성에 대한 평가내용을 샅샅이 훑어보았다. 환경부는 충남 북당진에서 신탕정 구간 345kV 송전선로 공사에 대한 사전환경영향평가에서 지중화 구간(3.5km)의 선로 깊이를 최소한 5m 이상 확보해 전자파 영향을 최소화하는 방안을 강구할 것을 권고했다.

부산 기장군 시랑분기 154kV 송전선로 공사, 경북 영천 금호분기 154kV 송전선로 공사, 경북 포항 상정~양북 154kV 송전선로 공사, 영양풍력발전단지 단독 154kV 송전선로 양양구간 건설공사, 경북 봉화군 태백~석포 154kV 송전선로 공사, 경기 양주시 154kV 남면 변전소 조경공사 등 154kV 송전탑 가공선로 공사에 대해서도 전자파 장기노출로 부정적 영향을 끼칠 수 있으니, 주민과의 협의하에 이격거리 확보 및 저감대책을 강구하라고 권고했다.

그런데 원주~강릉 간 KTX철도 154kV 송전선로 지중화공사에 대해서는 전자파 영향평가를 실시한 흔적조차 찾기 어려웠다. 2016년 10월 10일 지방환경청 국정감사에서 원주환경청장은 2015년 1월 KTX 지중선로 공사에 대한 전자파 환경영향평가를 수행했다고 밝혔지만, 해당 사업에 대한 환경영향평가보고서 어디에도 지중선로 전자파에 대한 평가내용은 없었다.

2016년 환경부 국정감사를 준비하면서 신리마을 이장에게 지중 송전선로 공사가 어떻게 진행되고 있는지를 점검해보았다. 지중선로 경과지 인근 주민들이 전자파 문제를 제기하자, 공사업체에서 네 개 마을 이장들에게 지역발전기금 명목으로 천만 원씩을 전달했다고 했다. 과거 고압 송전탑 건설공사를 하면서 한국전력이 마을 주민들을 매수하기 위해 사용했던 뒷돈 거래를 평창에서도 그대로 적용하고 있었다.

10월 14일 환경부 종합국감에서 환경부 장관은 원주~강릉 KTX 지중 송전선로 공사에 대한 전자파 영향평가가 생략된 사실을 인정했다. 의원은 "지중화공사가 거의 완공단계에 있다고 하지만 전자파 예측 영향평가는 충분히 수행할 수 있을 것"이라며 "장기노출량이 일상수준(0~4mG)을 넘어설 경우, 철도시설관리공단에 전자파 저감방안을 마련하도록 권고해야 한다"고 말했다.

산업부의 반대를 넘지 못하는 환경부

환경부가 전자파 영향평가를 수행한 뒤 저감대책을 강제할 수 없다는 게 가장 큰 난제였다. 환경부 소관 법률 어디에도 전자파 유해기준을 규정하지 못하고 있었다. 십수 년 전부터 전자파의 유해기준을 정하기 위한 입법안이 제출됐지만 산업부의 반대로 입법이 무산됐다.

과거에 발의된 환경정책기본법 개정안을 살펴보니, 산업부가 반대하는 이유를 크게 세 가지로 간추릴 수 있었다. 첫째, 전자파가 인체에 미치는 영향이 불확실한 상황에서 전자파 유해성을 정부가 인정하면 국민들에게 불안감을 증폭시킬 수 있다. 둘째, 전기사업법에 따른 송배전시설에 대한 '전기설비기술기준'을 고시하여 전자계의 보호기준을 규정하고 있고, 이 기준은 WHO에서 권고하는 국제적 가이드라인보다 강화된 기준이다. 셋째, 전자파 유해성 관리를 위해 전파법 인체보호기준(2013.1.1 개정 시행)에서 국제기준보다 엄격한 수준으로 규제하고 있어, 추가 위해성 평가는 불필요하다.

산업부의 반대 논거는 지극히 산업논리에 기반하고 있었다. 전자파의 유해성으로부터 국민의 건강권을 보호하겠다는 의지는 찾아보기 어려웠다. 게다가 산업부는 국제기구나 다른 나라에서 정하고 있는 전자파 노출량에 대한 안전기준을 전혀 고려하지 않고 자의적으로 해석하고 있었다.

국회입법조사처를 통해 입수한 몇몇 국가의 전자파 규제현황을 살펴보았다. 스웨덴은 전자파의 인체 안전기준을 2mG 이하로 정하고 있었다. 극저주파에 장시간 노출 시 백혈병 및 암발생률이 높아진다는 WHO 연구결과에 근거한 기준이었다. 네덜란드는 아동의 전자파 노출 가이드라인을 4mG 이하로 설정하고 있었다. 스위스는 장시간 머무르는 장소에서 전자파 노출량을 10mG로 제한했다. 미국은 국가 차원의 기준치는 마련되어 있지 않았지만 주별로 강력한 규제기준을 갖고 있었다. 캘리포니아주는 학교부지 인근에 고압선로를 설치할 때 고압선로에서 발생하는 전자파가 평균 1mG 이상 노출되지 않는다는 증거를 제시하면 거리제한 규정을 면제하는 등 강력한 규제기준을 제시하고 있었다.

우리나라는 송전선로 전자파 장기 노출에 따른 규제기준이 없는 상황이었다. 산업부가 국제기준보다 엄격한 수준으로 규제하고 있다는 전자파 노출기준은 국제방사선보호위원회(INIRP)가 정한 833mG 이하가 유일한 기준이다. 게다가 국제기준에서는 833mG를 전자파 단기(순간)노출 기준으로 삼고 있는데, 산업부가 만든 '전기설비기술기준 고시'에는 800mG를 장기노출 기준으로 삼고 있었다. 154kV, 345kV 송전탑 아래 거주해도 800mG 이하이면 안전하다는 설명이다. 이런 안전지대에 왜 사람이 살지 않는지 산업부는 설명하지 못했다.

마지막으로 산업부가 제시한 반대의 근거 역시 엉터리였다. 전파법 제47조에 따른 전자파 인체보호기준을 정하고 있는데, 송전선로는 이 기준에서 배제되어 있었다. 전자파 인체보호기준 하단의 비고 7번에 "60hz(헤르츠) 주파수 대역의 전기설비(송전선로)는 이 기준을 적용하지 아니한다"고 적혀있었다. 송전선로 전자파의 유해성 기준은 어디에서도 관리되지 않고 있었다.

10월 10일 지방환경청 국정감사에서 송전선로 전자파 저감대책을 묻기 위해 산업부 에너지실장을 증인으로 불렀다. 산업부 에너지실장은 국제방사선보호위원회가 정한 833mG 전자파 단기노출 기준을 우리나라에서는 장기노출 기준으로 삼고 있다고 답변했다. 그리고 단기노출 기준은 2천mG라고 답했다. 이러고도 우리나라가 국제 가이드라인보다 강화된 기준을 갖고 있다는 궤변을 쏟아내는 산업부를 어떻게 이해해야 할지 막막했다.

지중선로 전자파 저감방안 제시

우리나라에서는 고압 송전탑 가공선로의 전자파 규제기준도 이렇게 허술한데 하물며 지중선로 전자파 규제기준이 존재할 리가 없었다. 국회입법조사처를 통해 미국에서는 지중선로 전자파 저감대책으로 어떤 방법을 쓰고 있는지 알아보았다. 미국은 우리보다 전압이 낮은 69kV, 138kV 지중선로에도 이격거리에 따라 전자파 강도 기준을 갖고 있었다. 이 기준에 근거해서 지중선로를 설치할 때 이격거리를 두고 있었다. 69kV의 경우 지중선 중심에서 전자파를 측정했을 때는 34.20mG, 지중선 중심에서 50피트(약 15미터) 떨어진 곳에서 측정했을 때는 0.9mG가 방출됐다.

우리는 전압별 지중선에 대한 전자파 노출량은 물론 이격거리에 따른 노출량을 표시하는 기준값이 전혀 없었다. 지중선로를 수직으로 매설할 때도 산업부 고시(제2016-34호)에 의해 "관로식(1개의 전선을 땅에 묻는 방식)의 경우 매설깊이(심도)를 1.0m 이상으로 하며, 매설깊이가 충분하지 못한 장소에는 차량 등 중량물의 압력을 견디는 재질을 사용한다"고 되어 있었다. 이것은 지중선로의 전자파 방출량을 고려한 매설기준이라고 보기 어려웠다.

미국은 지중선 재질에 따라 전자파 노출량에 차이가 나는 것을 표시하고 있었다. XLPE는 일반적으로 사용하는 고무재질의 절연물질이고, 파이프 타입(pipe-type)은 가스충전 절연물질을 사용한 것이다. 파이프 타입을 사용한 지중전선이 전자파 노출을 저감하는 것으로 나타났다.

미국의 사례를 보면서 지중선로의 전자파를 저감하는 방법을 두 가지로 압축할 수 있었다. 하나는 지중선로를 매설할 때 심도 깊이를 높이고, 충분한 이격거리를 확보하는 방법, 다른 하나는 전자파를 저감할 수 있는 재질로 지중선로를 감싸서 매설하는 방법이었다. 원주~강릉 간 KTX 지중 송전선로 공사는 거의 완공단계에 있었기 때문에 이격거리가 가장 좁은 신리마을 거주지역 일부 구간에 파이프 타입의 재질로 보강하는 것이 유일한 저감대책이었다.

나는 철도시설관리공단 원주~강릉 간 KTX 송전선로공사 책임본부장에게 신리마을 거주민들의 불안감 해소를 위해서 가스충전 절연재질로 보강조치를 해줄 것을 요청했다. 며칠 뒤 본부장이 의원실을 방문했다. 현재 공사가 거의 95% 진행된 상태여서 전체 선로를 보강하기는 어렵기 때문에 전자파가 가장 많이 발생하는 지중선 연결지점을 보강하는 방안을 마련하겠다고 설명했다. 철도시설관리공단은 환경노동위원회 피감기관이 아니었음에도 주민들의 건강권 보호를 위해 의원실의 제안을 일부 수용해주었다.

환경부에도 전자파 안전기준법 제정을 다시 추진할 것을 요청했다. 의원은 10일 지방환경청 국정감사에서 2001년 뉴스추적 동영상의 일부를 보여줬다. 당시 환경부는 전자파의 위험성을 입법예고 하려고 했지만, 전력사업자의 이해를 대변하는 산업부의 반대로 입법이 무산됐다는 내용이 방송됐다. 그때 인터뷰에서 전자파의 위해성을 설명했던 환경부의 박 모 과장이 10일 지방환경청 국정감사장에 기관 증인으로 나온 원주환경청장이었다.

의원은 원주환경청장에게 전자파를 환경유해물질에 포함시켜 국가환경종합계획으로 전자파 관리방안을 마련할 수 있도록 법 개정을 추진할 것을 제안했다. 그리고 산업부 에너지실장에게는 “국민안전이 보장되지 않는 경제성장이 무슨 의미가 있겠느냐”면서 환경부가 전자파 안전기준법을 추진하는 데 적극 협조할 것을 당부했다.

국정감사가 끝나고 한 달이 지났지만, 정부안은 나오지 못했다. 결국 의원입법으로 갈 수밖에 없었다. 그해 12월 15일 의원은 환경정책기본법 개정안을 대표발의했다. 개정안에는 생활환경 및 환경오염과 함께 국가환경종합계획에서 전자파 관리에 관한 사항을 포함하도록 하는 내용을 담았다. 또한 환경부가 산업부와 협의하여 현실적인 전자파 위해 기준을 마련하고, 안전대책까지 수립할 것을 제안했다.

통신재벌 특혜법을 만들다

코로나19가 전 세계의 대면서비스를 중단시켰다. 그럼에도 세상은 돌아간다. 통신과 방송을 하나의 서비스로 융합시킨 스마트폰 이용자들에게 온라인 서비스는 일상이 되고 있다.

이런 방송통신 융합 서비스가 꿈틀대기 시작하던 2006년 대한민국 국회에서는 여전히 아파트 옥상과 단독주택 지붕 위에 설치된 안테나로 주파수를 잡아 TV를 보는 시청자를 위한 난시청 해소 문제가 화두였다. 그러나 유선 케이블TV가 2002년 디지털 서비스를 실시하면서 기존의 방송서비스에 양방향 부가통신 서비스가 가능해지면서 방송통신 융합이 시작되고 있었다.

2007년 초부터 방송통신의 지형이 심상치 않게 움직이기 시작했다. 지난 4년간 지지부진했던 방송과 통신의 융합 움직임에 가속도가 붙기 시작한 것이다. 거대한 권력의 힘이 작동하고 있다는 직감이 왔다. 이 직감은 「방송통신위원회 설치 및 운영에 관한 법률안」이 국회에 제출되면서 현실로 드러났다.

정보통신부, 공룡부처가 되고 싶었다

이 법률안이 빠르게 국회로 넘어온 배경에는 IPTV를 통한 거대 기간통신사업자의 방송산업 진출이라는 복병이 숨어 있었다. 법률안은 통신사업자의 방송시장 진입이 IT산업의 부가가치 효과를 극대화할 것이라는 점을 강조하고 있었다.

정부가 제출한 법률안은 정보통신부와 방송위원회 전체를 합쳐 방송통신위원회(이하 방통위)를 만드는 것이 목적이었다. 정보통신부의 3만 3천여 명과 방송위원회 2백여 명이 결합한 형태이다. 방송통신 융합과 전혀 관련이 없는 우정국 업무까지 결합시켜 공룡조직을 새로 만들려는 시도였다. 정보통신부가 방송위원회를 꿀꺽 삼키는 모양새를 취하고 있었다.

콘텐츠 업무를 방통위가 관장할 수 없음에도 이 논의는 '추후 논의'하는 방식으로 덮어두었다. 이처럼 업무조정 없이 방통위를 졸속으로 설립하는 법률안을 서둘러 발의한 것은 IPTV, 방송과 통신이 결합된 서비스의 소관부처를 어느 곳으로 해야 할 것인가에 대한 절박성 때문이었다. 정보통신부 주도의 방통위를 출범시켜 IPTV 도입방안을 논의하겠다는 전략이 담겨있었다.

우물에서 숭늉 찾는 방통융합기구

우리나라보다 앞서 방송통신 융합 서비스를 시작하고 있던 일본은 우리와는 다른 모습이었다. 일본은 권역단위로 도입됐던 케이블TV에 대한 규제를 전국 단위로 완화한 뒤 IPTV를 도입했다. 케이블TV 사업자와 통신사업자 모두에게 방송통신 융합 서비스를 할 수 있는 공정한 기회를 주기 위함이었다.

일본은 방송통신 융합 서비스는 진행하고 있었지만, 정부 조직 간의 기능 및 업무조정은 물론, 각계의 의견을 수렴해 사회적 합의를 거쳐 융합기구를 설치하겠다는 신중한 태도를 보였다. 수년 간 부처 간 갈등 조정에 실패한 뒤 IPTV 서비스에 대한 소관문제를 결정짓기 위해 우물에서 숭늉 찾는 격으로 기구통합을 추진하고 있는 우리와는 너무 달랐다.

정부가 방통융합기구를 만들려는 가장 큰 이유는 방송과 통신의 융합서비스 영역으로 등장한 IPTV 서비스 규제기관이 필요했기 때문이었다. 그런데 IPTV가 방송과 통신이 결합된 최초의 서비스라고 볼 수는 없었다. 인터넷 프로토콜이라는 기술방식을 이용해 방송서비스를 실시하는 것은 처음이지만, 서비스 실체를 놓고 볼 때 새로운 것이 아니기 때문이다.

IPTV(Internet Protocol Television)는 초고속 인터넷을 이용하여 정보서비스, 동영상 콘텐츠 및 방송 서비스 등을 텔레비전 수상기로 제공하는 서비스를 말한다. 인터넷망을 이용해 텔레비전으로 양방향 서비스가 실현된다는 점에서 방송과 통신이 융합된 서비스의 유형이다.

이미 2002년부터 케이블TV 사업자에 의한 디지털케이블TV 서비스가 시행됐고, 이 서비스는 디지털 기술의 발전으로 방송망을 이용해 인터넷 서비스, 정보서비스, 동영상 콘텐츠 및 방송 서비스가 모두 가능하다. 시청자의 입장에서 볼 때 IPTV와 디지털케이블TV는 똑같은 서비스인 것이다. 디지털케이블TV 서비스는 방송법 규제를 받고 있지만, IPTV는 현행법에서는 사실상 규제 사각지대에 놓여 있었다.

하나로통신과 한국통신은 각각 '하나TV'와 '메가TV'라는 이름으로 주문형 비디오(VOD) 서비스를 중심으로 사업을 전개하고 있었다. 이들 서비스는 당시 부가통신 서비스로 신고하면 사업이 가능했다.

2007년 3월 구성된 국회방송통신특별위원회(방송통신특위)에 VOD 서비스를 포함해 실시간 방송 및 정보 서비스 등 양방향 서비스가 가능한 IPTV 서비스 도입을 위한 근거법으로 7개 법률안이 제출됐다. 10여 차례 방송통신특위에서 법안심사가 이루어졌지만 IPTV 서비스의 개념에 대한 합의조차 이루어내지 못했다.

우리 의원실도 법안을 제출했다. IPTV가 방송과 통신이 결합된 서비스인 것은 분명하지만, 이 서비스를 총괄할 방통위가 설치되지 않았기 때문에 IPTV와 동일한 서비스인 디지털케이블TV와 마찬가지로 방송법의 규제를 받는 것이 합리적이라고 판단했다.

입법의 원칙은 공정한 룰을 제시함으로써 사업자들에게 진입의 기회를 제공해야 한다. 산업활성화라는 이유로 특정 사업자에게 유리한 고지를 보장하는 방식의 입법은 철저히 지양되어야 한다. 그것이 우리 의원실이 제출한 법안의 기조였다.

당시 방송통신의 지형은 기존 산업별 시장 구획이 무너지고 방송과 통신의 시장 영역을 넘나들고 있었다. 방송사업자가 2000년부터 통신영역이었던 초고속인터넷 사업을 시작했고, 2006년에는 전기통신사업법에 근거해 기간통신사업자로 허가를 받아 초고속인터넷 서비스, 인터넷전화 서비스 등을 실시하고 있어 방송·통신 서비스의 결합상품 판매가 본격화되고 있었다.

통신사업자 역시 시내·외 전화사업, 초고속인터넷, IPTV를 통한 방송서비스, 인터넷 전화사업 등 결합판매를 본격화하고 있었다. 이런 가운데 IPTV 서비스를 시행하기 위한 사업자의 성격을 어떻게 규정할 것인가를 놓고 지난 3년 동안 부처 간의 샅바 싸움이 계속됐다.

방송사업자가 초고속인터넷 서비스를 실시하면서 전기통신사업법의 적용을 받은 것과 마찬가지로 통신사업자가 IPTV라는 방송서비스를 하기 위해서는 방송법이 적용되는 것이 상식이다. 그런데 IPTV를 디지털케이블TV와 달리 '새로운 융합서비스'라는 무늬를 씌워 제3의 입법으로 도입하려는 것은 특혜를 적용해달라는 반칙이었다.

KT의 집요한 로비

국내 최대의 인터넷망 사업자였던 한국통신(KT)은 IPTV를 제3의 입법으로 도입하기 위해 국회의원들에게 전방위로 입법 로비를 펼쳤다. "디지털케이블TV와는 기술방식이 다르다, 방송보다는 통신의 영역이다, 망 사업자가 방송서비스를 하게 되면 자본력을 바탕으로 양질의 콘텐츠를 만들 수 있다." KT가 입법로비에 사용한 근거였다.

정보통신부와 KT 직원들은 수시로 의원회관을 드나들며 귀에 못이 박히도록 똑같은 말을 반복했다. 그러던 어느 날 KT의 상무로부터 의원을 만나고 싶다는 연락이 왔다. 그 자리에 굳이 나가지 않겠다는 의원에게 오히려 KT 임원을 만나서 IPTV도 방송법의 규제를 받아야 함을 설득하라고 권유했다. KT 상무는 의원과의 만남의 자리에 의원의 모교 재단 이사장을 합석시켜 의원에게 설득작업을 시도했다. 그날 KT 상무는 모교 재단 이사장까지 동원하며 꼼수를 썼다는 이유로 의원에게 혼쭐이 났다.

KT 특혜법을 만들다

공정경쟁을 유도했던 의원의 노력은 자본과 거대부처의 지속적인 로비를 이겨내지 못했다. 국회 방송통신특위는 2007년 11월 20일 7개 법안을 병합심사하여 IPTV를 「인터넷멀티미디어방송사업법」으로 도입하기로 최종 결정을 내렸다. 이날 회의는 속전속결로 진행됐다.

전체회의가 개회된 뒤 위원장은 법안을 즉석에서 검토하고 가결하자고 했다. 법안을 검토하고 논의할 시간도 없이 특위 위원들을 거수기로 전락시킨 것이다. 의원은 단 하루만이라도 법안을 제대로 검토하고 다음 날 가결시키자고 요구했으나 받아들여지지 않았다. 법안 내용을 전혀 숙지하지 못한 채 축조심의라는 형식적인 절차를 거쳐 「인터넷멀티미디어방송사업법안」(이하 IPTV특별법)은 일사천리로 방송통신특위 전체회의를 통과했다.

이렇게 졸속으로 통과된 IPTV특별법안은 국회 법제사법위원회로 넘어갔고, 전문위원 검토과정에서 곳곳에 구멍이 뚫려있다는 사실이 드러났다. IPTV특별법안에는 크게 두 가지의 구멍이 있었다. 디지털케이블TV와 똑같이 지역면허제로 도입하는 문제와 지배적 기간통신사업자의 자회사 분리 문제였다. IPTV특별법안은 KT가 원하는 대로 지역권역이 아닌 전국면허를 주고, 자회사 분리 없이 KT 본체가 방송사업에 진입하는 것을 허용하고 있었다.

그런데 이 법안 제9조(외국인의 주식소유 제한 등)에 따르면 외국인 지분을 49%로 제한하고 있었다. 방송통신특위가 이 조항의 문구를 면밀히 검토하지 않고 통과시킴에 따라 KT의 경우 외국인 지분이 전체 주식의 60%를 초과하게 되어 KT가 IPTV사업을 시행하려면 자회사 분리가 불가피하게 됐다.

뒤늦게 이런 구멍을 발견한 KT와 정보통신부는 혼비백산하여 국회 법제사법위원회에 수정안을 제시했다. 법제사법위원회는 내용 수정이 필요한 법안을 법사위에서 처리할 수 없다며 해당 상임위(방송통신특위)로 돌려보냈다. 결국 방송통신특위는 22일 전체회의를 다시 소집해 법안 제9조와 일부 조항을 재수정한 번안동의안을 만들어 위원들에게 동의를 구하는 절차를 밟았다.

국회가 정보통신부와 사업자에게 등 떠밀려 졸속입법을 추진하려다 망신을 당했다. 이는 입법기관 스스로 무능함을 드러낸 것이며, 국회의원들이 사업자의 이해관계에 따라 움직이는 허수아비였다는 것을 드러낸 사건이었다.

IPTV특별법안은 무늬만 방송특별법이었지, 내용은 KT가 IPTV 서비스를 손쉽게 할 수 있는 기틀을 마련해주는 특혜법이었다. 국회방송통신특위는 유료방송시장을 통신재벌에게 내주는 사상 유례없는 불공정거래법을 만들어냈다. 의원은 마지막까지 불공정한 법률 제정을 비판했다.

의원은 2007년 12월 28일 국회본회의에 상정된 IPTV특별법에 반대하는 토론자로 나섰다. 새로운 방송통신 융합 서비스는 디지털케이블TV 사업자와 기간통신사업자의 방송서비스사업자 모두에게 기회의 공정함이 주어져야 한다고 간절하게 호소했다. 역부족이었다. IPTV 특별법안은 17대 국회가 통과시킨 가장 불공정한 법률안으로 기록됐다.

난방계량기 제로 사건

2007년부터 아파트 공동주택에서 난방비 계량문제로 주민 갈등이 일고 있었다. 그러다 2014년 9월 서울 옥수동 H 아파트에 살고 있었던 김부선 씨가 이웃 주민과 폭행시비가 붙으면서 난방비 문제가 사회적 이슈로 떠올랐다. 당시 김부선씨는 일부 주민의 난방비가 '0원'인 점에 의문을 품고, 아파트의 난방비 부과가 공정하지 않다는 의혹을 제기했다.

정부가 주민 난투극 불렀다

김부선 씨가 난방비리 의혹을 제기할 무렵, 2014년 국정감사를 앞두고 있었다. 나는 한국지역난방공사 국정감사에서 난방비 문제를 다루기로 했다. 우선 난방비 불공정 문제가 난방계량기 고장에 따른 것인지, 아니면 난방비 관리 소홀에 따른 것인지 파악할 필요가 있었다. 나는 산업부와 지역난방공사에서 제출받은 자료를 분석하면서 놀라운 사실을 발견하게 됐다.

아파트 공동주택의 개별세대에 난방계량기가 처음 설치된 때는 1989년이었다. 1989년 7월 대통령령으로 「주택건설기준 등에 관한 규정」(제37조 제3항)에 따라 30평대 이상의 공동주택 세대에 적산열량계를 설치하도록 했다. 2년 뒤 1991년 아파트 200만 호 건설을 추진하면서 공동주택의 모든 세대에 난방계량기 설치가 의무화됐다.

1989년 처음으로 아파트 세대별 난방계량기가 설치되기 전에는 아파트 평수에 따라 일률적으로 난방비가 부과됐다. 난방을 적게 하는 세대도 아파트 평수가 크면 난방비를 많이 내야 하는 구조였다. 지역난방공사가 배포한 교육홍보자료에 따르면 "세대에서 사용하는 난방열량에 따라 난방비를 부과함으로써 입주자 스스로 에너지 절약을 유도한다. 난방계량기가 없는 경우 전체 난방비를 세대별 면적에 비례해 균등 배분하다 보니 에너지 절약 의식이 없기 때문이다"며 세대별 난방계량기 설치의 장점을 설명하고 있었다.

1991년 이전에 건설된 공동주택의 경우 세대별 난방계량기가 설치되지 않았다. 이런 세대가 전국에 약 7만 2천 세대에 달했다. 이런 아파트는 지금도 아파트 평형별로 난방비가 균등하게 부과되고 있는데, 놀랍게도 이들 공동주택에서는 난방비 민원이 한 건도 발생하지 않았다. 오히려 난방비 절약을 위해 계량기를 의무적으로 설치한 공동주택에서 민원이 폭주하고 있었다.

왜 이런 이상한 현상이 나타나고 있을까. 나는 그 이유를 정부의 기업 친화정책에서 찾을 수 있었다. 1991년 아파트 200만 호 건설시기와 맞물려 세대별 난방계량기 설치 의무가 전면 도입됐다. 국내 계량기 업체는 에너지 절약과 정확한 계량이라는 일석이조의 홍보효과로 천 억대의 새로운 시장을 창출한 것이다. 건설업계가 호황을 누리던 1990년대의 경기 부양책을 타고 국내 계량기 업체도 엄청난 이득을 챙겼다. 정부는 이런 새로운 시장에 대한 기대감으로 대통령령으로 난방계량기 설치를 의무화한 것이다.

이때 정부는 법령에 세대별 난방계량기의 관리 점검에 대한 규정을 놓치고 있었다. 다만 산업부 고시로 「중앙집중 난방방식 공동주택에 대한 난방계량기 등의 설치기준」을 만들어 계량기 설치방법, 유지관리 등에 대한 가이드라인을 제시했다. 「주택관리규약」에도 입주자대표회의나 관리사무소가 난방계량기의 유지관리 업무를 하도록 했으나, 이런 고시·규약은 법적 강제성이 없어 관리소홀과 난방계량기 고장으로 난방비가 잘못 부과됐을 때 누구에게도 책임을 물을 수가 없었다.

정부가 세대별 난방계량기 설치를 의무화하면서 계량법이나 공동주택관리법 등에 분배용 혹은 세대별 계량기에 대한 사후관리 규정을 담았다면 주민들 간의 난투극이 벌어지는 상황은 예방할 수 있었을 것이다. 그런데 이런 사후관리 규정을 두게 되면 난방공급사업자들에게 부담을 줄 수 있기 때문에 법적 강제성이 없는 고시 규정만 마련했다는 의구심이 들었다.

산업부는 언제나 사업자 편이다

난방계량기의 배터리를 탈·부착하는 과정에서, 혹은 계량기의 고장으로 잘못 계량된 난방 사용량이 다른 이웃에게 전가되는 부작용이 비일비재하게 발생했다. 어떤 세대는 난방비가 몇 달째 '0원'이었고, 어떤 세대는 전월보다 두세 배나 많이 나왔다. 이렇게 세대별로 난방비가 불공정하게 부과됐지만 난방사업자는 사업자용 계량기에서 계측된 공급량만큼 난방비를 징수했다. 사업자에게는 아무런 불이익이 가지 않았던 것이다.

지역난방사업자는 아파트 기계실 인입점에 거래용 열량계를 설치해, 여기서 측정된 열량으로 난방요금을 부과하고 있었다. 그리고 이 거래용 열량계(적산 열량계)는 계량법의 적용을 받고 있어 5년마다 교체 또는 재검정을 하고 있었다. 그런데 세대별 난방계량기(열량계, 유량계)는 계량법에서 규정하는 영업활동에 해당되지 않아 재검정 대상이 되지 못했다. 1991년 공동주택 200만 호 건설을 시작하면서 구축된 일산, 분당 등 신도시 아파트의 난방계량기는 설치된 지 20년이 지났지만, 점검주체의 부재로 고장여부를 점검하지 못해 방치되고 있었다.

2014년 한국지역난방공사의 국정감사에서 공동주택 계량기의 고장여부를 전수조사하지 않은 것에 대해 책임을 물었다. 한국지역난방공사는 세대별 난방계량기는 입주자의 개인 소유이기 때문에 사업자가 관리해야 할 대상이 아니라고 했다. 그나마 공사는 민간 지역난방사업자와 달리 공동주택 안전관리자를 대상으로 난방계량기 점검 등에 관한 교육을 실시해왔다고 밝혔다. 지역난방공사가 공동주택 관리직원들을 대상으로 실시한 연간 교육홍보예산은 고작 5천만 원 수준이었다. 지역난방공사가 법적으로 안 해도 되는 일인데, 공기업이기 때문에 교육홍보사업을 한 것이라고 생색을 냈다. 2014년 말 기준으로 지역난방공사는 125만 세대에 난방을 공급하고 있었다. 교육홍보비 5천만 원을 125만 세대로 나눠보면 연간 세대당 40원의 교육홍보비가 생색용으로 지출된 것이다.

그런데 세대별 난방계량기의 고장여부를 조사하는 일은 사업자의 몫이 아니라는 지역난방공사의 답변은 사실이 아니었다. 나는 국정감사를 준비하는 과정에서 난방비 민원이 폭주했던 2012년 산업부가 「중앙집중 난방방식 공동주택에 대한 난방계량기 등의 설치기준」 고시를 전면 개정한 사실을 알게 됐다.

주요 개정 내용을 살펴보면, 산업부는 공동주택관리자에게 계량기 배터리를 봉인하게 하고, 계량기 교체 수리를 할 때 장기수선충당금을 사용하도록 했다. 공동주택관리자에게 아파트 난방계량기에 대한 관리 책임을 부여하는 가이드라인을 제시한 것이다.

그런데 개정된 고시항목을 조목조목 살펴보다가 제9조(유지관리등)

1항이 통째로 삭제된 것을 발견했다. 삭제된 조항은 "지역난방사업자가 아파트 난방계량기 및 난방온도조절기의 고장현황을 매년 산업부에 제출하여야 한다"는 내용이었다. 고시 내용 중에서 유일하게 사업자에게 부여한 의무조항이 삭제된 것이었다.

나는 즉시 산업부 에너지관리과에 「중앙집중 난방방식 공동주택에 대한 난방계량기 등의 설치기준」 제9조 1항이 통째로 삭제된 이유가 무엇인지 물었다. 산업부는 "분배용 계량기는 영업용이 아니기 때문에 사업자가 고장여부를 조사해야 한다는 법적 근거가 없었다"며 "사업자들이 이런 이유로 부담을 느낀다고 해서 삭제하게 됐다"고 밝혔다. 아무리 산업부가 사업자들의 편에 서 있는 부처라고 하더라도 고객에 대한 최소한의 의무조항까지 삭제한 것은 잘못된 행정이었다.

나는 이 같은 사실을 의원에게 보고한 뒤, 10월 24일자로 사업자 로비로 난방계량기 유지관리 업무가 삭제됐다는 내용의 보도자료를 배포했다. 당장 산업부로부터 항의전화가 걸려왔다. 무슨 근거로 사업자 로비를 받았다고 하느냐는 항변이었다. 나는 "사업자가 고장현황을 점검해야 하는 일에 부담을 느낀다고 해서 삭제했다고 하지 않았느냐"고 되물었다. 그러자 담당 사무관은 "고시는 법적 실효성이 없어 제출하지 않아도 문제될 게 없는데 사업자들이 부담스러워하는 조항을 굳이 둘 필요가 있느냐"고 했다.

산업부가 만든 고시도 엄연히 행정법규에 속한다. 그런데 고시는 법적 실효성이 없다고 말하는 산업부의 답변에서 진흥부처의 한계를 절감했다. 산업부는 당시 사업자가 고객에게 배려해야 할 최소한의 의무라고 생각했기 때문에 유지관리 조항을 고시에 포함시켰던 것이다. 그런데 사업자들이 인력부족, 예산 지출 등을 이유로 삭제를 요구했고, 이런 사업자의 로비를 산업부가 수용했던 것이다.

난방비 제로 예방법 만들다

나는 정부가 하지 못했던 세대별 난방계량기의 유지관리 문제를 입법화하기로 했다. 처음에는 사업자가 영업용 계량기뿐만 아니라 분배용 계량기 등에 대해서도 사후관리를 하도록 하는 내용의 계량법 개정안을 성안했다. 그런데 국회 법제실은 난방공급사업자들의 주장대로 계량법은 영업용 계량기에 대한 규정만을 담고 있기 때문에 분배용 계량기의 유지관리 업무는 주택법에 규정하는 것이 옳다는 의견을 냈다.

나는 크게 세 가지 내용으로 주택법 개정안을 마련했다. 우선 주택법 제2조 제19호 신설조항으로 "요금 분배용 계량기란 난방, 수도, 전기 이용 등에 대한 요금 부과를 목적으로 세대별로 부착된 계량기를 말한다"는 정의 규정을 만들었다. 다음은 제45조의8(요금 분배용 계량기의 관리 의무 등) 여섯 개 조항을 신설했다.

① 관리주체는 공동주택의 요금 분배용 계량기를 관리하여야 한다. 이 경우 입주자 또는 사용자는 해당 계량기의 관리에 적극적으로 협조하여야 한다. 여기서 관리주체는 주택법 제2조 14항(관리주체)에 규정된 자치관리기구의 대표자인 공동주택의 관리사무소장, 관리업무를 인계하기 전의 사업주체, 주택관리업자, 임대사업자 등이다.

② 누구든지 계량값을 조작할 목적으로 요금 분배용 계량기를 변조하거나 변조된 요금 배분용 계량기를 사용하여서는 아니 된다.

③ 시장·군수·구청장은 관리주체, 입주자 및 사용자 등에게 요금 배분용 계량기와 관련하여 필요한 교육을 실시하여야 한다.

④ 시장·군수·구청장은 정확한 계량을 위하여 요금 분배용 계량기에 대한 전수조사를 실시할 수 있다. 이 경우 전수조사 결과에 대하여는 국토교통부장관과 산업통상자원부장관에게 통보하여야 한다.

⑤ 관리주체 또는 입주자대표회의는 대통령령으로 정하는 바에 따라 시장·

군수·구청장에게 요금 분배용 계량기에 대한 조사를 요청할 수 있다. 이 경우 시장·군수·구청장은 정당한 사유가 없으면 이에 응하여야 한다.

⑥ 제3항에 따른 교육 및 제4항에 따른 전수조사의 시기·방법·비용부담 등에 필요한 사항은 대통령령으로 정한다.

그리고 마지막으로 제96조 제5호를 신설해 벌칙조항을 마련했다. 제45조의8 제2항을 위반하여 계량값을 조작할 목적으로 요금 배분용 계량기를 변조하거나 변조된 요금 배분용 계량기를 사용한 자는 3년 이하의 징역 또는 3천만 원 이하의 벌금에 처하도록 규정했다.

의원은 이 같은 내용의 「주택법 개정안」을 2014년 11월 18일에 대표발의했다. 정부의 입법 미비가 이웃 간의 분쟁을 일으킨 원인이었기 때문에 신속한 입법으로 분쟁을 예방해야 한다고 판단한 것이다. 그 무렵 야당의 정 모 의원도 공동주택에 설치되는 세대별 계량기도 계량기에 포함하도록 하는 「계량법 개정안」을 발의했다. 19대 국회가 끝나기 전에 이 개정안이 통과되어 공동주택 주민들에게 평화를 선물할 수 있기를 기대했지만, 두 법안 모두 임기만료로 폐기됐다. 지금까지도 세대별 계량기에 대한 관리감독의 의무규정이 마련되지 않고 있다.

자원외교의 허상

19대 국회에서 과거 이명박 정부의 치적들이 낱낱이 해부됐다. 일명 사자방(4대강, 자원외교, 방위산업)으로 불리는 이명박 정부의 치적은 비리의 온상이었다. 국회산업통상자원위원회에서도 2012년부터 에너지공기업이 총동원되어 추진됐던 해외자원개발사업의 민낯이 드러나기 시작했다.

자주개발률의 실체

이명박 정부는 자원외교라는 명목으로 에너지공기업을 앞세워 해외자원개발사업에 31조 원을 투자했고 22조 원을 잃었다. 자주개발률을 높이기 위해 무차별적으로 해외광구를 사들인 결과였다. 석유공사, 가스공사, 광물자원공사 등 자원공기업들의 '묻지 마' 투자로 자원공기업 3사는 빚더미에 올라섰고 파산 직전까지 몰렸다. 그럼에도 누구 하나 책임지는 사람이 없었다. 급기야 2014년 12월 해외자원개발사업에 대한 국정조사가 시작됐다.

석유 한 방울 나오지 않는 나라에서 에너지의 99%를 수입에 의존하고 있는 자원빈국에서 이명박 정부는 해외자원개발사업을 최대 과제로 삼았다. 대통령은 취임 전부터 해외자원개발사업을 통한 자주개발률 달성에 꽂혀있었다. 2008년 3월 11일, 제17대 대통령인수위원회는 석유공사 대형화를 통해 자주개발률 목표를 20%까지 끌어올린다는 계획을 수립하여 발표했다. 국제 자원시장에 뛰어들기 위해서는 공사의 대형화가 필수적인 요건이라고 판단한 것이다.

이명박 대통령은 취임 직후, 2008년 3월 부처별 업무보고를 받는 자리에서 "자원확보를 위해 그동안 한 것이 무엇이 있느냐. 노력만 할 것이 아니라 구체적인 실적을 보여라"라며 석유공사의 자주개발률 실적에 대해 호통을 쳤다.

이렇게 대통령이 직접 지시한 자주개발률 20% 달성은 그때부터 자원공기업의 지상과제가 됐다. 그때부터 해외자원개발사업의 방향은 180도 달라졌다. 참여정부에서 추진됐던 탐사 위주의 해외자원개발사업이 기업합병으로 급전환됐다. 자주개발률을 급격히 높이기 위한 전략이었다.

자원공기업들은 매장량과 생산량, 유가 등을 전혀 고려하지 않고 해외시장에 나온 매물을 무조건 사들이기 시작했다. 공기업이 이런 묻지마 투자를 하는 데 이명박 정부는 당근과 채찍을 동시에 사용했다. 자주개발률 실적을 경영평가에 포함시켜 성과를 낸 공기업에게 포상금을 지급했고, 실적을 달성하지 못하면 해임하겠다는 계약서에 서명을 받아냈다.

당초 자주개발률의 의미는 국내로 수입되는 해외자원 중 국내 기업이 직접 개발해 도입한 물량이 어느 정도인지를 나타내는 지표였다. 그런데 이명박 정부에서 사용된 자주개발률은 국내 도입과는 상관없이 국내 기업이 해외자원개발사업에 참여해 확보한 물량만을 의미했다. 비상시 국내로 반입될 수 있도록 해야 한다는 해외자원개발의 취지를 무색하게 만들었다.

국내 도입은 물론 형식적인 자주개발률 성과달성도 미미했다. 이에 지식경제부는 자주개발률 성과를 부풀리기 위해 참여정부에서 사용했던 자주개발률 계산방식을 변경하는 꼼수를 부렸다. '확보자원량/365일' 대신 '확보자원량/조업일수'로 기준을 바꾼 것이다.

이명박 정부에서 만든 자주개발률은 껍데기로만 존재했다. 수십조 원을 쏟아부었지만 수익이 난 해외광구는 거의 없었다. 석유공사는 1999년부터 15년간 총 55건의 해외광구사업에 총 148억 9,930만 달러(한화 16조 4천억 원)를 투자했고, 2014년 말 기준으로 겨우 16억 3,300만 달러(한화 1조 8천억 원)를 회수했다. 투자액 대비 회수액이 10.9%에 그쳤다.

55개 해외자원개발사업 중 인니SES광구사업을 제외하고는 54개 사업이 적자경영의 늪에 빠져있었다. 투자액보다 회수액이 훨씬 밑돌았다. 2002년 12월 인수계약한 인니SES광구만 5억 9,700만 달러(한화 6,600억 원)를 투자해 7억 100만 달러(한화 7,700억 원)를 회수해 1억 400만 달러(한화 1,100억 원)의 이득을 봤다.

이명박 정부에서 무차별적인 기업의 인수합병으로 투자된 해외광구들 — 이라크 하울러(Hawler), 카작KNOC 카스피안(Caspian), 미국 올드 홈(Old Home), 미국 패럴랠(Parallel), 미국 노스스타(Northstar) — 은 현재까지 회수율이 '제로'인 것으로 드러났다. 석유공사가 2007년 이후 인수한 대부분의 해외광구 생산량이 하향곡선을 그리고 있는 데다, 매장량 인정범위도 과다하게 산정해 무리하게 인수한 광구들이었다. 또한 당시 유가가 배럴당 40달러대로 곤두박질치고 있는 상황에서 유전을 생산할수록 손해를 볼 수밖에 없어 대다수 광구가 생산을 중단하고 있는 상태였다. 늪에 빠진 해외자원개발사업은 끊임없이 추락하고 있었고, 출구 없는 동굴에 갇혀있는 신세였다.

에너지기술평가원에서 자원사업 담당 PD였던 충북대 교수는 이명박 정부의 자주개발률을 두고 이렇게 평가했다. "우리나라에서 소비되는 밀가루의 99%가 외국에서 수입되고 있다. 그렇다고 식량 안보와 밀가루 자주개발률을 높이기 위해 해외에 있는 밀밭을 우리가 다 사들여야 하는가?"

자원빈국이 갖춰야 할 것은 에너지안보와 자주개발률이라는 허상이 아니라, 해외자원개발사업을 통해 수익창출이 가능한 실력을 키우는 일이었다. MB정부는 실력보다는 허상을 좇고 있었다.

깡통 '하베스트' 인수합병 작전

석유공사는 이명박 정부의 국정과제였던 자주개발률 목표달성을 위해 최전선에 서 있었다. 소망교회 인맥으로 석유공사 사장에 취임했던 강영원 사장은 석유공사 대형화 계획에 따라 해외광구 매입에 올인했고, 매도인이 원하는 값에 프리미엄까지 얹어서 비싼 값에 해외광구들을 닥치는 대로 사들였다. 2009년 10월 캐나다 하베스트 트러스트 에너지(이하 하베스트)사 인수가 대표적이다.

한국석유공사 강영원 사장은 캐나다 하베스트사 상류부문(생산광구)과 하류부문에 해당하는 자회사 노스애틀랜틱리파이닝(이하 NARL)

캐나다 하베스트사 인수 내역

구 분	금액(캐나다달러/CAD)
상류(생산광구)	27억 7,800만 달러(3조 826억 원)
하류(정유시설)	9억 3,000만 달러(1조 320억 원)
경영권 프리미엄	3억 5,700만 달러(3,961억 원)
합 계	40억 6,500만 달러(4조 5,107억 원)

을 한데 묶어 4조 5천억 원에 사들였다. 석유공사의 하베스트 인수는 대표적인 부실투자였다는 것이 국정조사 과정에서 속속 드러났다.

하베스트 인수의 주 자문사는 메릴린치가 맡았다. 이명박 정권 실세의 아들(김백준 전 청와대 총무비서관의 아들 김형찬)이 개입된 메릴린치는 1차 계량평가에서 꼴찌를 했음에도 2차 평가(정성평가)에서 최고점을 받아 주 자문사로 선정되는 특혜를 누렸다. 석유공사는 월 5만 달러(한화 5,500만 원) 지급, 기업의 인수합병 성공 시, 성공보너스 84억 원을 지불하는 조건으로 메릴린치와 계약을 체결했다.

자주개발률 실적 달성에 혈안이 되어 있었던 석유공사를 위해 메릴린치는 하베스트 인수를 위한 근거자료를 만들어줬다. 매수자의 자문사로서 최저가 매입으로 하베스트 인수를 추진했다면 메릴린치에 대한 특혜 시비는 일지 않았을 것이다. 그런데 메릴린치는 상류부문에 대한 매장량 평가를 부풀려 인수가액을 높였고, 경제성이 없는 부실 계열사 NARL까지 끼워서 인수해 석유공사에 막대한 손해를 입혔고, 메릴린치는 엄청난 성공보수를 챙겼다.

의원은 국정조사특별위원회 소속 의원들과 함께 캐나다 하베스트사로 현지실사를 떠났다. 그 사이에 나는 몇몇 지질학자들의 도움을 받아 한국지질자원연구원(이하 지자연)의 검토결과보고서와 하베스트사 매장량 기술평가 자문사였던 라이더스캇(Ryder Scott)사가 평가한 실사보고서를 분석했다. 그 결과 메릴린치가 하베스트 생산광구 매장량에 대한 자산가치를 과다하게 부풀렸고, 라이더스캇사의 평가자료까지 왜곡해 인수가격을 산정한 정황을 찾아냈다.

메릴린치는 라이더스캇사의 실사평가서를 토대로 총매장량에 대한 자산가치를 29억 2,300만 캐나다달러로 산정했다고 밝혔다. 이는 국제표준 매장량 평가기준보다 약 12억 9천만 캐나다달러를 과다 평가한 것으로 드러났다. 국제표준 매장량 평가기준에 따르면 확인매장량(proved)은 90%, 추정매장량(probable)은 50%, 예상매장량(possible)은

10% 정도를 매장량 가치로 인정하고 있는데, 메릴린치는 확인매장량, 추정매장량을 모두 100%, 예상매장량을 50%나 인정해 총 25억 4백만 캐나다달러를 자산가치로 과다하게 인정했다.

지자연은 2009년 12월 지식경제부 유전개발과로부터 캐나다 하베스트 자산인수 사업의 타당성에 대해 검토를 의뢰받았다. 지자연 검토의견에 따르면, "석유 관련 일반적인 인수합병의 경우, 확인매장량은 10% 할인된 순현가의 90%, 추정매장량은 50%로 산정하고, 그 자산가치에서 향후 유가전망에 따라 프리미엄을 더하거나 감하여 거래가 이루어지고 있으나, 석유공사의 하베스트사의 인수합병에서는 할인율을 8%, 확인 및 추정매장량에 대해서는 100%, 가능매장량 및 발견잠재자원량은 50%, 탐사자원량은 20%의 자산가치를 인정했다. 경제성이 의문시되는 오일샌드 및 일부 경제성이 인정되는 CBM(메탄가스)의 자산가치까지 인정하여 상류부분의 자산가치를 과대하게 평가했다"고 지적했다.

지자연은 종합의견에서 "석유공사의 이 사업은 캐나다에서 상류부분(생산광구) 및 하류부분을 운용하는 펀드인 하베스트의 지분을 100% 인수한 것으로 평가대상인 생산, 개발 및 탐사광구의 자산가치는 일반적인 인수합병의 경우에 비해 과다하게 평가됐다"고 밝혔다. 또한 "하베스트 상류부문 자회사인 에르메스(Hermes)사의 생산광구 중 일부는 고갈 상태에 이른 곳이 있어 생산량 유지를 위해서는 미개발 지역 시추, 회수율 향상기술(EOR) 도입 등이 필요하며, 이에 따라 향후 시설비 및 운영비가 대폭 증가할 가능성이 있다"고 지적했다.

메릴린치가 하베스트 상류자산에 대해 과대평가한 데는 석유공사의 내부지침이 근거가 됐다. 석유공사가 2009년 최종 확정한 '해외유전개발사업 평가기준 내부규정'에 따른 것이었다. 석유공사는 대형화계획을 세운 뒤 해외광구를 닥치는 대로 사들이기 위해 투자기준을 대폭 완화했다. 한마디로 석유공사는 생산광구 매물을 최고값으로 쳐줄

사내한

해외유전개발 사업 평가기준 및 투자의사 결정 절차

2009. 9

한국석유공사

다. 경제성평가를 위한 주요 가정사항 산정기준

○ 가정사항은 매장량 인정범위(기술적 가정사항), 유가 · 할인율 · 인플레이션율(경제적 가정사항)의 항목에 대하여 정한다.

1) 매장량 인정범위(Weights on each reserve-P1/P2/P2, P90/P50/P10)

탐사광구는 탐사자원량(Prospective Resources)을 확률론적 방식으로 산정, 그 발견 확률에 따라 P90, P50, P10, Mean 값으로 표시하며 공사는 Mean 값을 경제성 평가시 매장량으로 사용한다.

◀ 확률론적 분석에 의한 매장량 비교 ▶

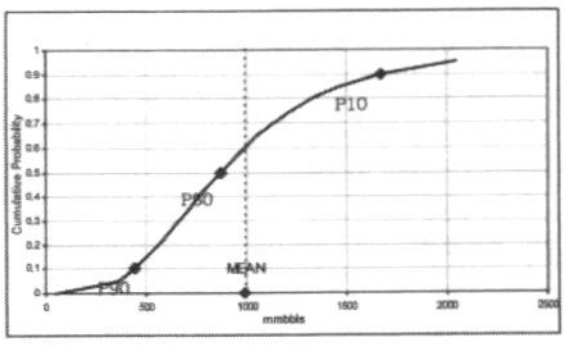

개발생산광구는 매장량(Reserves)을 결정론적 방식으로 산정, 확인매장량(Proved, P1), 추정매장량(Probable, P2), 가능매장량(Possible, P3)으로 표시하며 확률론적 방식의 Mean값에 상당하는 2P(P1 100% + P2 100%)를 경제성 평가시 매장량으로 사용한다. 다만, 공사의 전략적 선택에 따라 P3의 일부를 추가로 매장량으로 인정할 수 있다.

해외유전개발사업 평가기준 내부규정(밑줄)

테니 우리에게 팔아달라고 애원하며 해외시장에서 호구를 자처했다.

이뿐만이 아니다. 라이더스캇사의 매장량 실사보고서에는 확인·추정·예상 매장량 외에 발견잠재자원량, 탐사자원량, 오일샌드, 메탄가스 등을 평가하고 있지만, 이런 자원은 경제성이 없다는 이유로 자산가치에 반영하지 않았다. 그런데 메릴린치는 라이더스캇사의 실사보고서와 달리 이런 자원량을 모두 자산가치로 인정, 총 4억 1,900만 캐나다달러의 가치를 인수가격에 포함시켰다.

라이더스캇은 추가생산가능 매장량(incremental reserves)을 경제성 평가에 반영하기 어렵다고 적시했지만, 메릴린치는 이 매장량을 3억 6,400만 캐나다달러의 가치로 환산해 인수가격에 반영했다.

게다가 일부 광구에서 추가생산 가능성을 실험한 결과 99.2%가

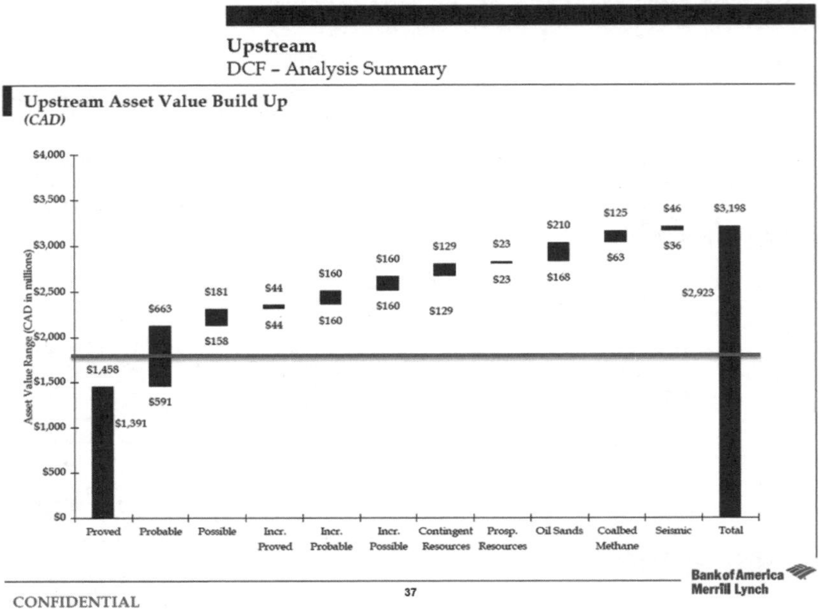

메릴린치, 하베스트 상류(생산광구) 자산가치 분석

물(Water-cut)이 발견돼, 석유가스 추가생산이 거의 없는 것으로 평가됐지만, 메릴린치는 이런 광구의 추가매장량의 가치를 3,800만 캐나다달러나 인정하는 오류를 범했다. 라이더스캇사는 하베스트 광구에 매장된 오일샌드는 생산구간의 두께가 얇아 수평정공법(SAGD)으로 성공하기 어려워 경제성 평가를 유보했다. 하지만 메릴린치는 오일샌드의 자산가치를 1억 6,800만 달러나 인정해 인수가격에 반영시켰다.

라이더스캇사는 하베스트 일부 광구[크로스필드(Crossfield), 레드어스(Red Earth), 로즈크리크(Rose Creek)]를 대상으로 지질학적 성공 가능성을 조사한 결과, 성공확률(GCoS)을 각각 0.40, 0.35, 0.69로 평가했다. 이런 평가는 곧 투자가치가 없으며, 경제성도 없다는 것이다. 그런데 메릴린치는 이런 광구의 발견잠재자원량, 탐사자원량에 대해 1억 5,200

만 캐나다달러의 가치를 산정해 인수가격에 반영했다.

석유공사는 캐나다 하베스트사 상류부문보다 정유시설인 하류부문 인수로 더 큰 손실을 보았다. 자주개발률 실적을 높여야 한다는 강박관념에 부채덩어리였던 캐나다 하베스트사의 정유시설까지 끼워서 인수하는 무리수를 감행한 것이 원인이었다. 그 결과 하류부문 NARL 인수와 재매각으로 최소 1조 3,371억의 손실이 발생했다.

메릴린치에 밀린 TD사가 하베스트 매각 자문

한국석유공사는 2009년 3월 11일 해외투자자문사 선정을 위한 1차 계량평가를 실시했다. 이때 총 10개 회사가 참여했고, TD시큐리티스(Securities)사(이하 TD사)가 10점 만점의 9.77로 1위를 차지했다. 이때 메릴린치는 5.43으로 모건스탠리와 함께 공동 5위를 차지했다. 그런데 2차 정성평가에서 TD사는 메릴린치에게 밀려 탈락하게 됐다. 2차 평가에서 메릴린치가 40점 만점에 35.44점으로 최고점을 받아 석유공사의 주 자문사로 선정됐다. 2차 평가는 주관적 평가점수로 결정되기 때문에 사실상 메릴린치를 내정하고 나머지 참가회사들은 모두 들러리를 세운 것이 아니냐는 의혹이 제기됐다.

1차 평가에서 1등을 한 TD사를 밀어낸 석유공사는 하베스트 인수과정에서 엄청난 역풍을 맞게 됐다. 인수자(석유공사)의 자문사에서 탈락한 TD사가 매도자(캐나다 하베스트사)의 자문을 맡았기 때문이다. TD사는 한국석유공사가 자주개발률 실적 달성을 위해 어떤 조건이든 개발생산광구를 살 수밖에 없는 상황이라는 것을 잘 알고 있었다. 결국 TD사는 빚더미에 올라있는 NARL을 하베스트 상류와 함께 끼워파는 데 일등공신 역할을 한 것이다.

나는 캐나다 하베스트사의 자문사인 TD사가 이사회에 제출한 최종보고서를 입수했다. 이 보고서에 따르면, TD사는 △법인 전환이 불가피하며, △재무구조 개선이 필요하고, △생산량 감소 및 자본투자에 집중해야 하며, △은행 차입계약 갱신이 이루어져야 하는 등 하베스트의 현재 상태를 위기상황으로 진단하고 있었다. 게다가 현지 12개 투자은행이 분석한 하베스트 생산량 예상치에 따르면 2009년 대비 2010년 평균 예상 생산량이 마이너스 10%인 것으로 나타났다. 12개 투자은행 모두가 하베스트의 향후 생산량이 감소할 것으로 전망했다.

이 같은 상황 진단을 바탕으로 TD사는 당시 한국석유공사와 상류부문 매각협상이 진행되고 있던 막바지에 상류(생산광구) 매각을 전제로 한 각 부문에 대한 평가의견을 하베스트 이사회에 제출했다. 이 평가의견 중의 한 대목을 살펴보면, TD사가 한국석유공사가 얼마나 생산광구 인수에 열을 올리고 있는가를 정확히 짚어내고 있다는 것을 알 수 있었다.

"상류부문 매각과 관련해 인수가격이나 관리비 등의 문제가 남아있지만, 한국석유공사는 매수동기가 확실하기 때문에 문제될 게 없다. 상류부문 매각은 분명히 프리미엄이 있지만 투자자들이 조정되면서 남는 정유사업은 단기적으로 위험이 대두될 수 있다. 상류자산 매각은 투자자들의 잠재수익이 없어질 뿐만 아니라, 최근 유가상승에 따른 시장가격이 회복되고 있기 때문에 '너무 이른 매각'으로 보여질 수 있다. 상류 매각으로 하류부문에도 장기적으로 공정이 개선되고, 설비확장의 기회가 될 수 있지만, 과소차입 부채상태를 유지할 것이냐 기업합병을 할 것이냐에 대한 판단이 필요하다."

TD사가 제시한 이런 의견은 하베스트 이사회로 하여금 상류자산 매각협상을 중단하고 하류부문까지 끼워파는 전략으로 바꾸는 데 기여했다. TD사의 의견을 적극적 기회로 활용한 캐나다 하베스트 경영진은 30% 이상의 주가 시세차익을 봤고, 골칫덩어리였던 정유시설까지 끼워서 40억 7천만 캐나다달러(한화 4조 5천억 원)에 팔아 대박장사를 한 것이다. 하베스트 경영진은 TD사에 성공자문에 대한 보수로 1천 260만 달러(150억 원)를 지급했다.

산업부 '부실자산 인수' 방관했다

산업통상자원부의 허술한 관리감독이 해외자원개발사업을 부실덩어리로 만들었다. 산업부는 해외광구를 매입하면서 그 자산가치를 정확하게 따졌는지 부실자산은 아닌지 등을 면밀히 검토했어야 함에도 전문기관의 검토의견을 무시하고, 석유공사에 셀프 검토를 맡기는 등 직무를 유기했다.

한국석유공사는 해외자원개발사업법에 따라 2009년 12월 9일 캐나다 하베스트사 주식 100% 인수사업(안)에 대해 해외자원개발사업 계획신고서를 당시 지식경제부 유전개발과에 제출했다. 해외자원개발사업법 제5조에 따르면 "산업부 장관은 해외자원개발 사업계획신고를 받은 경우 필요하다고 인정할 때에는 관계기관에 조사를 의뢰할 수 있고, 필요하다고 인정할 때에는 해당 사업계획을 보완하도록 권고할 수 있다"고 규정하고 있다. 또한 시행령 제7조에 따르면, 산업부 장관은 ① 계약 조건의 적정성에 관한 검토, ② 해외자원개발사업의 경합 여부, ③ 해외자원개발사업의 기술적·경제적 타당성에 대해 해당 사업계획을 신고한 자에게 보완을 권고할 수 있다고 규정하고 있다.

이런 규정에 따라 당시 지식경제부는 2009년 12월 10일 지자연에 석유공사의 캐나다 하베스트사 인수계약의 적정성 및 기술적·경제적 타당성에 대해 검토의견을 구했다. 앞서 언급했듯이 지자연은 생산광구에 대한 자산가치가 과대하게 평가됐다며 인수가격의 부적정성을 지적했다. 그런데 지식경제부는 이 같은 연구원의 검토의견을 무시했다. 당시 유전개발과 담당 주무관은 이와 관련해 "해외자원개발사업의 적절성에 대한 검토의뢰는 의무사항이 아니다. 관례적으로 해외자원개발사업에 대해 연구원에게 검토공문을 보낸 것이다. 석유공사가 이미 기술, 법률, 경영자문까지 끝낸 사업이었기 때문에 지자연의 한 석유공학자가 한 경제성 분석은 큰 의미가 없다"고 밝혔다.

나는 국민 혈세가 100% 투자된 해외광구 인수사업이 이렇게 허술하게 관리감독되고 있다는 사실에 경악했다. 앞서 언급했던 것처럼 석유공사는 캐나다 하베스트사를 인수합병하면서 매장량에 대해 실사를 했던 라이더스캇사의 자산평가를 부풀려 인수했고, 경제성이 없다는 매장량도 자산가치로 인정하는 등 부실인수가 추진됐다. 게다가 석유공사는 자체적으로 기술평가를 할 수 있는 능력이 없었다. 그럼에도 정부는 석유공사가 완벽하게 평가한 뒤 인수한 사업이었기 때문에 문제될 게 없다고 했다.

산업부가 이런 부실한 관리감독을 하고도 당당할 수 있었던 이유가 무엇일까. 자주개발률을 높이기 위해 무리하게 해외광구를 인수하는 과정에서 문제가 생기면 그 책임을 석유공사에게 전가할 덫을 놓아두었기 때문이다. 지식경제부는 2009년 12월 10일 지자연에 하베스트사 인수의 적정성 여부에 대해 검토를 의뢰함과 동시에 석유공사에 셀프 검토를 지시했다. 지자연에서 매장량 자산가치가 과다하게 평가됐다는 부정적 의견이 나오자, 석유공사가 실시한 셀프 검토의견에 따라 문제될 게 없다고 판단해 신고서를 수리 완료한 것이다.

지식경제부가 석유공사에 지시한 셀프 검토는 사실상 석유공사에 위법행위를 강요하는 것이었다. 석유공사는 지식경제부로부터 하베스트 인수계약의 적정성을 검토하라는 의뢰를 받고 무척 당황했다. 그래서 12월 14일 공사 자문사인 법무법인에 "해외사업 신고주체인 공사가 대상사업 계약의 적정성과 기술적·경제적 타당성에 대한 의견을 제출하는 것에 대한 적법성 여부"에 대해 자문을 구하는 공문을 보냈다.

해당 법무법인은 이러한 행위는 위법한 행위라고 판단했다. 법무법인이 석유공사에 답변한 자료에 따르면, “귀 공사가 작성한 신고서를 제3자가 아닌 신고주체와 동일한 귀 공사가 조사하는 것은 공정하지 못한 행위로서 해외사업법상 적법한 행위라고 보기 어렵다. 귀 공사가 작성한 신고서에 대해 동일한 기관인 귀 공사가 조사의뢰를 받아 처리하는 것은 위법한 행위로서 허용되지 않는다”고 명시하고 있었다.

석유공사는 셀프 검토가 위법행위인 줄 알면서도 지식경제부에 검토의견서를 제출했다. 검토의견서에는 “계약은 적정했고, 기술적·경제적 평가는 기본적인 고려사항이 적절하게 반영됐다”며 아무런 문제가 없다고 적시했다. 다만 석유공사는 검토의견서 말미에 지식경제부가 적법하지 않는 절차를 요구한 데 대해 다음과 같은 불편한 기색을 드러냈다.

“동 사업의 경우 신고자와 검토자가 동일인이고, 공사는 「해외유전개발사업 평가기준 및 투자의사 결정 절차」에 의거하여 경제적 타당성 검토 후 사업을 추진하므로 동 건에 대한 경제적 타당성 검토는 중복되는 점이 있어 향후 공사 신고사업에 대하여는 경제적 타당성 검토를 면제하는 방안으로 건의드립니다.”

정부는 해외광구 인수로 인해 수조 원의 국민혈세가 유출되는 것에는 아무런 죄의식을 느끼지 못하고 있었다. 오로지 자주개발률을 제고시켜 이명박 정권의 치적을 쌓는 데만 관심이 있었다. 이런 정부에게 지자연의 검토결과는 이명박 정권의 치적을 방해하는 가시였기 때문에 철저히 무시됐고, 석유공사의 셀프 검토의견은 정부 책임을 면책받기 위한 꼼수로 활용됐다.

산업부, 총회수율 부풀렸다

산업부는 2015년 자원외교 국정조사에서 엉터리 회계분석으로 이명박 정부의 해외자원개발사업의 투자회수율을 114%로 부풀려 보고했다. 게다가 참여정부 투자회수율 102%, 이명박 정부 투자회수율 114%로 구분하여, 이명박 정부의 해외자원개발사업이 더 성공적이었다는 것을 의도적으로 드러냈다.

2014년 산업통상자원위원회 국정감사에서 야당위원들은 이명박 정부에서 자원공기업들이 착수한 해외자원개발사업의 총투자비가 41조 원에 달하고, 이 중 이미 회수된 5조 원을 제외한 나머지 36조 원은 모두 손실처리될 가능성이 크다고 주장했다.

산업부는 야당위원들의 주장을 정면으로 반박했다. 해외자원개발사업은 단기간에 승부를 볼 수 있는 것이 아니라, 20~30년은 기다려야 투자금이 회수되는 장기사업이라며, 불확실한 미래가치를 현재가치로 환산하는 회계기법을 사용해 총회수율을 다시 산출하여 발표했다. 그 결과가 이명박 정부의 투자회수율 114%로 나타났다. 이런 회계기법은 미국 회계사 자격증을 보유한 당시 산업부 장관의 아이디어였다.

이명박 정부에서 추진된 해외자원개발사업이 20~30년 뒤에 114%를 회수할 수 있다는 발표를 믿는 사람은 많지 않았다. 나는 국회 입법조사처 조사관의 도움을 받아 이명박 정부에서 추진된 해외자원개발사업의 수익률을 따져봤고, 그 결과는 겨우 2.2%에 불과했다. 지금까지 확정된 손실액만 약 3조 원(28억 5천 달러)에 달해 매년 투자액 대비 6% 이상(투자 당시 8~10%)의 손실을 보고 있는 것으로 드러났다. 산업부는 2%대의 낮은 수익률과 3조 원에 달하는 손실액에 대한 책임을 회피하기 위해 장래 회수금액을 회계적 현재가치로 환산하는 꼼수를 써서 이명박 정부에서 투자된 해외자원개발사업의 총회수율을 114%로 부풀렸던 것이다.

나는 산업부가 석유, 가스, 광물 등 에너지공기업에서 취합한 해외자원개발 투자현황 자료를 제출받아 국회입법조사처에 분석을 의뢰했다. 그 결과 MB정부에서 총 273억 9천만 달러가 투자됐고, 총 영업이익은 41억 5천만 달러, 연간 수익액은 5억 9천만 달러에 불과했다. 이 수치를 2014년 현재가격으로 환산해 투자비와 영업이익의 비율로 연평균 수익률을 분석한 결과 약 2.2%의 수익률이 나왔다. 한편 이명박 정부에서 해외자원개발투자사업으로 확정된 손실액이 자그마치 28억 5,300만 달러로, 손실률이 11.8%에 달했다. 입법조사처는 2.2%의 수익률로 현재까지 투자된 원금을 회수하려면 약 35년이 걸린다고 분석했다.

산업부가 장래의 회수금액을 현재가치로 환산(순현가비교방식: NPV)한 추정회수액은 회계상 사용하지 않는 방법이었다. 순현가비교방식은 투자를 결정하기 전에 해당 사업의 경제성을 평가하기 위해 사용하는 방식이었다. 이미 투자한 뒤 회수율을 산정하기 위해 사용하는 회계방식이 아니었다. 결과적으로 산업부는 이명박 정부의 해외자원개발이 실패하지 않았다는 증거를 만들기 위해 장관이 만들어낸 회계기법을 사용하여 총회수율 114%라는 엉터리 수치를 만들어낸 것이었다.

산업부가 중장기적으로 볼 때 해외자원개발사업에 수익성이 있다는 것을 보여주려 했다면 총회수율이라는 가공적 근거가 아닌, 현재 투자된 사업에서의 수익률을 보여줬어야만 했다. 주식투자는 향후 20~30년 뒤의 수익률이 아니라 현재 수익률을 보고 투자 여부를 결정하는 것이 상식이다. 그런데 산업부는 수익률 2%로 투자액 손실이 불가피한 상황을 모면하기 위해 '총회수율'이라는 가공의 숫자로 해외자원개발사업의 실패에 대한 책임을 회피하려고 했던 것이다.

이미 투자된 사업의 수익률이 투자를 결정할 당시에 적용한 할인율보다 작다면 그것은 손실이 불가피한 사업일 수밖에 없다. 이명박 정부에서 투자된 해외자원개발사업의 수익률은 2.2%, 투자 당시 적용한 할인율은 8~10%였다. 이런 상식을 산업부 장관은 모를 리가 없었다. 그런데 국제공인회계사라는 직위를 이용해 국민을 속이고, 실패한 정권을 감싸기 위해 엉터리 셈법으로 진실을 호도하려고 했던 것이다.

가습기 살균제 탄생의 비극

19대 국회(2012~2016년) 내내 국회 정문 앞에는 가습기 살균제 참상을 알리는 1인 시위가 이어졌다. 국회 정문 앞에는 1년 365일 각종 1인 시위가 끊이지 않고 있었다. 나는 그 당시에 가습기 살균제 피해자 가족들의 1인 시위도 수많은 시위 중의 하나라고 생각하며 스쳐 지나갔다.

그런데 어느 날 어린아이를 어깨띠에 둘러메고 시위를 하고 있는 젊은 엄마의 모습을 보았다. 그의 손에는 "살인기업을 처벌하라"는 팻말이 들려 있었다. 그 젊은 엄마가 십수 년 전의 나일 수도 있겠다는 생각이 스치면서 가던 걸음을 멈추었다.

가습기 살균제는 1994년부터 2011년까지 시중에 유통됐다. 갓난아이를 둔 가정에 가습기는 필수품이었다. 내가 첫 아이를 낳았을 때가 1998년 7월이었다. 매일 가습기 청소를 해야 하는 번거로움이 있었다. 나도 그때 가습기 살균제 광고를 보았다면 그 제품을 사용했을 것이다. 그 당시 나는 남편과 함께 중국에서 유학 중이었고, 그때도 가습기를 사용했지만 중국의 수돗물은 석회가 많아 생수를 사용했었다. 그 당시 중국에서는 가습기 살균제가 시판되지 않았다.

내가 만난 가습기 살균제 피해자의 어머니는 자신이 아이를 병들게 만들었다는 자책감에 몹시 괴로워했다. 좀 더 건강하고 깨끗한 환경에서 아이를 키우고 싶다는 어머니들의 마음이 자식을 사지로 몰아갔다는 자책이었다.

가습기 살균제 진상규명 시동

20대 국회가 시작되면서 22년간 묵혀졌던 가습기 살균제 피해에 대한 진상규명이 시작됐다. 국회는 여야 합의로 2016년 7월 6일 가습기 살균제 피해 국정조사 특위를 출범시켰다. 그해 10월 4일까지 90일간 국정조사가 진행되면서 화학물질 관리업무를 해태했던 정부의 무책임과 '침묵의 살인자'로 불렸던 가습기 살균제 제조·판매·유통업자들의 민낯이 드러나기 시작했다.

가습기 살균제는 유공바이오텍(현 SK케미칼, 이하 유공)이 1991년 원료물질인 폴리헥사메틸렌구아니딘(PHMG)과 클로로메틸이소티아졸리논(CMIT), 메틸이소티아리논(MIT)의 제조방법을 개발해 1998년부터

가습기용 殺菌劑 선뵈

油公 18억들여 개발…인체 無害

압출기 생산라인 42만弗에 中수출

한라자원·明日공업사

유공 사업팀이 1994년 세계 최초로 가습기 살균제 개발에 성공했다고 발표한 매경 기사

2011년까지 주요 제조사 및 유통사인 옥시레킷벤키저, 홈플러스, 애경, 롯데마트 등에 공급했다. 1994년 유공 바이오텍 사업팀은 18억 원을 투자해 물에 첨가하면 각종 질병을 일으키는 세균을 완전히 살균해주는 '가습기메이트'를 세계 최초로 개발했다고 홍보했다. 그것이 가습기 살균제 판매의 시작이었다.

나는 1994년 유공이 세계 최초로 가습기용 살균제를 개발했다고 홍보한 신문 기사를 찾아냈다. SK케미칼은 이소티아졸리논계(이하 CMIT/MIT) 성분이 들어간 가습기 살균제를 세계 최초로 개발했으면 당연히 별도로 특허출원을 했어야만 했다. 그런데 SK케미칼은 가습기메이트와 관련된 용도특허는 없다고 했다. 특허도 없는 가습기 살균제를 어떻게 세계 최초로 개발했다고 광고할 수 있었는지 의문이었다.

유공 곰팡이균 살균조성물 용도특허 출원

가습기메이트 주성분 CMIT/MIT와 관련된 모든 특허등록을 찾다가 놀라운 사실을 발견했다. 유공은 1993년 CMIT/MIT 혼합물을 곰팡이균 살균조성물로 용도특허를 받았다. 이 특허증에는 가습기 살균제 최초 개발자로 알려진 유공 사업팀 노승권 팀장이 발명자로 이름을 올렸다.

유공 사업팀은 1993년 4월 세계 최초의 곰팡이균 제거제로 '팡이제로'를 출시했다고 밝혔다. 유공은 1990년 해조류에서 곰팡이 제거물질을 추출해 1993년 '팡이제로'를 출시했다고 밝혔지만, 이는 새빨간 거짓이었다. 유공이 1993년 출원한 용도특허에 따르면, CMIT/MIT 혼합물이 곰팡이균 제거제 살균조성물로 등록되어 있었고, 청구범위에 가습기의 살균소독까지 포함되어 있었다.

유공 생물공학연구팀은 1988년부터 석유를 장기간 보관할 때 곰팡이에 오염되면 석유의 품질이 나빠지는 문제를 해결하기 위해 항진균제 개발 연구를 시작했다. 실제 이 개발을 주도했던 연구원은 유공기술원에서 원유저장탱크 내의 미생물 제거 프로젝트를 수행하면서 곰팡이균 제거제 기술을 찾아내 상품화했다고 밝혔다. 결국 석유품질을 높이기 위해 CMIT/MIT 혼합물이 곰팡이 제거를 위한 살균조성물로 개발됐고, 가습기 살균제로 활용됐다는 의혹이 제기됐다.

2016년 8월 국회청문회에서 1993년 1월 CMIT/MIT 살균조성물로 출원한 용도특허가 어느 제품으로 활용됐는지에 관심이 쏠렸다. 가습기메이트 개발자 노승권 증인은 1993년 출원한 용도특허는 가습기메이트 관련 특허라고 밝혔고, SK케미칼 대표이사 김철 증인은 가습기메이트는 특허가 없고, 팡이제로 특허가 있는 것으로 알고 있다고 증언했다.

두 사람의 증언에는 심각한 논리적 모순이 존재했다. 유공은 1993년 1월에CMIT/MIT를 주성분으로 한 '소비자용 살균조성물' 특허를 출원했다. 이 발명의 주요 대상은 곰팡이였고, 효모 및 세균도 대상에 포함시켰다. 곰팡이균 제거가 주요 목적이었으나 가습기 살균소독이 청구범위에 들어와 있었다. 이는 CMIT/MIT 성분을 희석시켜 만든 살균조성물을 가습기 살균제 용도로 사용할 수 있다는 뜻이었다. 노승권 증인이 이 용도특허가 가습기메이트 제품 개발에 활용된 특허라고 주장하는 이유이기도 했다.

그런데 이 용도특허에는 가습기 살균제는 에어로졸, 스프레이 등의 방법이 아닌 액체 형태로 사용하는 것이 더 효과적이라는 단서가 붙어 있었다. 가습기 살균제는 세정제, 세척제로 사용하는 것이 효과적이며, 분무형태로 사용하면 위험할 수 있다는 경고를 내포하고 있었다. 이런 경고를 무시하고 CMIT/MIT 성분의 살균조성물을 분무형태의 가습기 살균제로 제품을 개발해 출시했다는 것이 놀라웠다.

SK케미칼 대표이사 김철 증인은 가습기메이트 특허는 없었고,

1993년 1월 출원된 CMIT/MIT 성분의 '소비자용 살균조성물'은 팡이제로 제품 생산을 위한 용도특허로 사용됐다고 밝혔다. 그런데 SK케미칼이 국회의원실에 제출한 자료에 따르면, 팡이제로 원료는 CMIT/MIT가 아니라 다우케미칼(전 롬앤하스)사(社)의 '아미칼(Amical)'이라는 물질이며, 에탄올과 미량의 향 등이 함유되어 있다고 했다. 김철 증인도 청문회에서 똑같이 증언했다.

팡이제로·가습기메이트 'SK살균제' 공통 성분

SK케미칼의 이 같은 궤변은 오래가지 않아 실체를 드러냈다. 유공이 개발하여 출시한 팡이제로와 가습기메이트는 애경을 통해 유통됐다. 2016년 7월 27일 애경이 SK케미칼에서 제공받은 '팡이제로 가습기메이트 제조방법(process formula)'을 국회에 제출했다. 이 포뮬러에 따르면, SK살균제 성분이 각각 동일하게 포함되어 있었다. 곰팡이균 제거제로 용도특허를 받은 CMIT/MIT가 사람이 흡입하는 가습기 살균제로 사용됐다는 것을 말해주고 있었다.

2016년 8월 국회청문회에서 SK케미칼과 애경은 이 같은 의혹을 전면 부인했다. 애경의 고광현 증인은 2002년부터 팡이제로와 가습기메이트를 판매해왔는데, 팡이제로는 SK케미칼이 갖고 있는 살균제 계통의 제품을 아우르는 '마더브랜드'와 같은 의미를 갖고 있었다고 설명했다. 그래서 포뮬러에 적혀있는 '팡이제로 가습기메이트'는 가습기메이트를 의미한다고 했다. SK케미칼 대표이사 김철 증인도 팡이제로가 먼저 출시되어 사람들에게 많이 알려져 있다 보니까 가습기메이트 제품명 앞에 붙인 것이라고 진술했다. 두 사람은 곰팡이균 제거제로 사용했던 CMIT/MIT 성분의 살균조성물을 가습기 살균제로 사용했다는 책임을 회피하기 위해 억지를 부리고 있었다.

롬앤하스 특허침해 소송의 의미

곰팡이균 제거제로 개발된 CMIT/MIT를 함유한 살균조성물은 가습기 세척용 살균제로 사용은 가능하지만 흡입용으로 사용해서는 안 되는 물질이었다. 그 예를 미국회사가 한국에 출원한 특허에서도 확인할 수 있었다. 유공보다 앞서 미국 '롬앤하스'가 1989년 12월 한국에 출원한 '이소티아졸론 함유 살균조성물' 특허에는 페인트, 목재, 섬유 등 공업용으로 사용을 제한하고 있었다.

우리보다 앞서 CMIT/MIT 제조특허 및 용도특허를 갖고 있었던 롬앤하스는 물질안전보건자료(MSDS)에 적시된 흡입 위험성을 고려해 공업용에 국한하여 사용해왔다. 미국에서는 1970년대부터 가습기 살균제가 제조·판매되고 있었지만, 분무되는 초음파식 가습기에는 절대 살균제를 넣어서는 안 된다는 경고문구를 표기하고 있었다.

롬앤하스는 1960년대 세계 최초로 CMIT/MIT 조성물을 개발한 제조사였다. 롬앤하스는 1996년 미국법원에 SK케미칼을 특허권 침해로 고소했다. 롬앤하스가 특허를 보유한 CMIT/MIT 포뮬러를 SK케미칼이 그대로 베꼈기 때문이다. SK케미칼은 롬앤하스가 사용한 제조방식과는 다른 방식으로 물질을 제조했다고 했지만, 수년간 끌어오던 특허분쟁은 합의금을 밝히지 않는 조건으로 롬앤하스와 합의했다. 그리고 SK케미칼은 롬앤하스가 제조한 CMIT/MIT를 희석시켜 분무형 가습기 살균제를 개발했던 것이다.

나는 이 사실을 경향신문 국회 출입기자에게 알렸고, 후속 취재를 요청했다. 경향신문은 2016년 7월 25일자 지면에 롬앤하스코리아 전 대표 인터뷰 기사를 실었다.

"1990년대 중반에 한국 업체가 CMIT/MIT를 가습기 살균제로 쓰겠다며 구입을 문의해온 적이 있다. 우리는 그런 용도로 쓰면 안 된다며 팔지 않았다. 그

물질을 알면 가습기 살균제로 쓰겠다는 생각을 할 수가 없다. 물질안전보건자료(MSDS)를 보면, '해저더스(hazardous, 위험한)'라고 써 있다. 피부에 닿으면 피부가 빨갛게 부풀어오르고 흡입하면 위험하다는 내용과 함께 치사량도 적혀 있다. 전 세계에 퍼져있는 롬앤하스 지부별로 새로운 제품 개발 아이디어가 몇백 개씩 올라오면 3~4단계에 걸쳐 타당성을 평가했다. 가습기 살균제 아이디어가 있었다면 1단계인 안전성 검증에서부터 통과하지 못했을 것이다. SK케미칼은 그때 당시 아무도 뭐라고 하지 않아서 그랬는지 몰라도 리스크 평가를 제대로 못한 것이다."

CMIT/MIT 안전성의 진실게임

2016년 8월 국회 청문회를 앞두고 1994년 유공에서 최초의 가습기 살균제 개발자로 알려진 노승권 박사의 인터뷰가 언론에 공개됐다. 그는 1994년 유공이 가습기메이트를 만들었을 때, 가습기 살균제를 물에 타서 공기 중으로 분무하는 방식의 아이디어를 제공했다고 털어놨다.

그는 미생물학 전공자여서 가습기에서 자라는 미생물이 사용자의 건강을 위협할 수 있다는 것을 외국 문헌을 통해 알고 있었다고 했다. 그런데 청문회에서는 뉴스를 통해 접했다고 말을 바꿨다. 그래서 미생물 성장은 최대한 억제하면서 인체에는 해가 없는 제품을 만들면 인기를 끌 수 있겠다고 생각한 것이 분무형 가습기 살균제였던 것이다. 그는 미국 환경청(이하 EPA)이 만든 프로토콜에 따른 흡입독성 연구결과를 근거로 인체에 무해한 수준의 농도로 CMIT/MIT를 물에 희석해 가습기메이트를 만들었다고 밝혔다.

나는 노승권 박사가 EPA가 실험한 CMIT/MIT 혼합물의 흡입독성 결과는 찾아봤으면서, EPA가 1991년 내놓은 가습기 사용관리에 관한 매뉴얼은 살펴보지 못했다는 사실에 분노했다. EPA 매뉴얼에 따르면, "가습기 살균제를 사용할 경우에는 수조를 수돗물로 여러 번 헹궈야 한다. 가습기 사용 중에 살균제(화학물질)가 공기 중에 확산되지 않도록 해야 한다"고 되어 있다. EPA는 살균제가 공기 중에 분무되어 인체에 흡입될 수 있기 때문에 살균제는 반드시 세척용으로 쓰고 깨끗이 물로 헹궈내야 한다고 경고하고 있었다.

이 같은 가습기 살균제 매뉴얼은 CMIT/MIT 제조사였던 롬앤하스가 EPA에 제출한 독성자료를 근거로 작성됐다. EPA는 아무리 미량이라고 하더라도 CMIT/MIT는 독성이 있기 때문에 흡입해서는 안 된다고 경고했다. 그런데도 노승권 박사는 이런 경고를 무시하고 분무용 살균제품을 아이디어로 내놓은 사실을 당당하게 밝혔다. 롬앤하스에서 수입한 물질이 이미 희석되어 있었고, 가습기 살균제로 사용하면서 또 다시 물에 희석했기 때문에 안전하다는 주장이었다.

노승권 박사가 발명자로 이름을 올린 1993년 곰팡이균 제거제 용도특허에는 피부독성과 경구독성 결과만 있을 뿐, 흡입독성 실험결과는 없었다. 노승권 박사는 1996년 8월 국회청문회에서 롬앤하스에서 수입한 살균조성물로 만든 가습기메이트 시제품에 대해 국내 학자에게 흡입독성실험을 의뢰했고, 그 연구결과를 바탕으로 안전성에 문제가 없다고 판단해 1994년 11월 가습기메이트를 출시했다고 밝혔다. 그런데 안전성이 검증됐다고 하는 국내연구보고서는 어디에도 존재하지 않았다.

2016년 8월 국회청문회에 증인으로 출석한 서울대 수의학과 이영순 전 교수는 생쥐를 이용한 흡입독성 실험결과로 인체의 무해성을 입증할 수는 없다고 진술했다. 이영순 증인은 CMIT/MIT 흡입독성 실험과 관련해 상당히 부정확한 기억력에 의존하고 있었다. 독성실험을 의뢰했던 기업의 이름조차 기억하지 못했다. 2013년 KBS 기자와의 인터뷰에서는 흡입독성실험 장비가 없어서 쥐의 콧물 속에 가습기 살균제를 떨어뜨리는 간이시험으로 독성실험을 했다고 밝혔다. 그런데

2016년 8월 국회청문회에서는 당시 실험에 참여했던 제자에게 물어보니 연구실에서 앵글을 주문해 육면체를 만들고 하얀 비닐로 밀봉해서 체임버로 사용했다고 진술했다. 1994년 10월부터 12월까지 3개월 동안 마우스(생쥐) 살균제를 흡입한 실험은 길어야 2~3주 정도의 급성실험으로 진행됐다고 진술했다.

이날 청문회에서 이영순 증인은 흡입독성실험 연구결과 문제가 없다고 해서 가습기메이트를 출시했다는 유공 측의 주장에 대해 강한 불만을 드러냈다.

"기업이 어떤 물질을 개발해서 생활용품이건 의약품이건 그것을 판매하기 위해 동물(쥐)로 독성실험한 데이터를 근거로 안전하다고 판매하는 회사는 전 세계 어디에도 없다. 농도 실험 등 시뮬레이션을 해서 안전성 여부를 발표한다. 기업이 다시 충분한 독성에 대한 안전성 평가가 있어야 했다."

김철 SK케미칼 대표이사는 국회청문회에서 "현장조사 때 여러 위원님들이 제품 개발 당시 안전성에 관한 자료를 제출하라는 말씀을 하셔서 백방으로 찾아봤는데 없었다"고 답변했다. 가습기메이트 흡입독성 연구결과보고서가 CMIT/MIT의 안전성 검증 여부를 가려낼 유일한 증거였는데, 그 보고서가 존재하지 않는 상황에서는 누구도 진실을 알 수가 없었다.

안전성 검증 없이 가습기메이트 시판

그로부터 3년 뒤, 존재하지 않는다던 가습기메이트 흡입독성 실험보고서가 튀어나왔다. 2019년 8월 27일 가습기 살균제 사회적참사 특별조사위원회가 주최한 청문회에 '마우스를 이용한 (주)유공 가습기메이트 6개월 흡입노출 시험 보고서'가 제출됐다. 이날 증인으로 출석한 이영순 교수는 "1994년 10월 독성평가연구 의뢰를 받고 8~9개월에 걸쳐 연구했다. 당시 실험용 쥐에 흡입한 기간만 3개월 이상, 아만성 독성(늦게 나타나는 독성)까지 확인하며 나름 안전성을 확인하기 위해 노력했다. 혈액검사에서 신장 독성을 나타내는 수치가 유의미하게 증가해 위험성이 있을 수도 있다고 보고 추가실험이 필요하다고 판단했다"며 비교적 상세하게 진술했다.

이영순 전 교수는 3년 전 국회청문회에서 증언했던 내용과 다르게 진술했다. 3개월 동안 진행했다던 독성실험 기간이 8~9개월로 바뀌었고, 최소 2주간의 급성실험만 진행했다던 기간이 아만성 독성까지 진행했고, 추가실험이 필요하다는 의견까지 제시했다고 진술했다. 게다가 서울대 연구팀에 독성평가 연구를 1994년 10월에 의뢰받았는데, 유공이 가습기메이트를 독성시험을 의뢰한 지 한 달 만에 출시한 것을 뒤늦게 알게 됐다고 말했다. 독성실험 결과가 나오기도 전에 유공이 제품을 출시했다며 기업의 부도덕성을 간접적으로 질타했다.

SK케미칼은 이영순 교수의 흡입독성 연구보고서를 갖고 있었음에도 2016년 국회 청문회에서 "자료가 없다"고 답변해 위증사실이 드러났다. 김철 SK케미칼 대표이사는 이와 관련해 "2013년 언론사로부터 1995년 제출된 이영순 교수의 보고서를 요청받았는데, 제출하지 못했다. 2016년 국회 청문회 때도 한번 비공개했던 자료를 번복해서 제출하는 것이 부담스러워 '존재하지 않는다'고 했다"고 털어놨다.

SK케미칼은 이영순 교수팀의 흡입독성 실험결과보고서 공개가 왜 그토록 부담스러웠던 것일까. 연구결과가 나오기도 전에 가습기메이트는 인체에 무해하다는 타이틀을 달고 출시됐기 때문이다. 흡입독성 실험결과가 나오지 않은 상황에서 허위·과장 광고까지 하며 제품을 판매한 가습기메이트 제조·유통업체들의 법적 책임은 불가피한 상황이었다.

공정위, 가습기메이트 출시한 기업에 면죄부

공정거래위원회(이하 공정위)는 2016년 8월 24일 SK케미칼, 애경, 이마트 등 가습기메이트 제조·판매업체 세 곳이 제품의 주성분인 CMIT/MIT가 인체에 유해한 성분임을 숨기고 표시광고를 했다는 혐의에 대해 심의절차를 종료했다고 밝혔다. 심의절차 종료는 사실관계에 대한 확인이 어려워 법 위반에 대한 판단이 불가능할 때 내려지는 조치였다. 공정위의 심의종료는 당시 가습기메이트 제조·판매업체에게 면죄부를 준 것이라는 해석이 나왔다.

공정위는 "CMIT/MIT 원액의 유독성은 있지만, 0.015%로 희석해 제조한 제품의 인체 유해성은 인정되지 않고 있다"며 "제품의 위험성이 확인되지 않은 상황에서 제품의 주 성분명과 독성여부가 표시되지 않은 것을 위법 행위로 판단할 수 없다"고 발표했다. 공정위는 그 당시 환경부가 가습기메이트의 인체 위해성에 대한 추가조사를 진행하고 있었음에도 이를 확인하지 않고, 2012년 질병관리본부의 동물실험 결과를 근거로 CMIT/MIT 성분의 가습기 살균제로 인한 인체 위해성 여부가 명확히 확인되지 않았다고 결론을 내렸다. 이 같은 공정위의 판단은 2016년 8월 30일 행정처분시효 만료를 앞두고 기업에 면죄부를 주는 결과를 낳았다.

또한 공정위는 "가습기메이트 제조·판매업체가 안전인증마크(KC)를 부착하는 등 품공법상 안전관리대상이라고 적극적으로 표시한 것이 아니라, 소비자 정보제공 측면에서 품명, 제조자명, 액성 등 '품질경영 및 공산품안전관리법'(이하 품공법)상 표시사항을 차용해 기재한 것으로 볼 수도 있다"며 표시광고법 위반 행위로 판단하기 어렵다는 입장을 내놓았다.

나는 공정위가 가습기메이트 제조·판매업체에게 품공법의 표시사항을 차용한 것으로 인식한 것에 대해 납득할 수 없었다. 공정위는 소비자의 입장이 아닌 기업의 입장에서 법 해석을 하고 있었다.

가습기메이트는 1994년 유공이 출시할 때나 2001년 SK케미칼이 다시 제조· 판매할 때도 '일반 공산품'으로 분류되어 아무런 규제 없이 판매됐다. 1994년 당시에는 표백제 등 60개 품목이 품공법상 품질표시 의무대상이었고, 2002년 이후에는 섬유유연제, 탈취제, 습기제거제 등 20개 품목에 대해 임의로 품질표시를 하도록 했다. 가습기 살균제는 어느 시기에도 품공법상 품질표시 대상이 아니었다.

가습기메이트 제조·판매업체는 소비자를 안심시켜 판촉효과를 높이기 위해 품공법에 의한 품질표시를 도용했던 것이다. 그런데 공정위는 품공법상 표시사항을 차용한 것이라는 궤변으로 기업에게 면죄부를 부여했다. 공정위의 존재 이유를 망각한 결정이었다.

가습기 살균제 안전관리 사각지대

1994년 유공이 가습기메이트를 일반공산품으로 출시하면서 가습기 살균제가 세상에 나오게 됐다. 일반공산품은 신고만으로 아무런 규제를 받지 않고 판매가 가능했다. 그런데 유공이 출시한 가습기메이트의 품명은 '가습기 세정제'로 표기되어 있었고, 1994년부터 2001년까지 「품질경영촉진법」상 사후 안전검사 대상품목 32개 중에 '세정제'가 포함되어 있었다. 그렇다면 가습기 살균제는 품공법상 사후 안전관리 대상에 속해있었기 때문에 산업통상자원부에 관리책임이 있었다.

당시 유해물질 함유 화학제품의 안전검사기준에 따르면, 세정제에는 유해성 화학물질로 염산, 황산, 수산화나트륨, 수산화칼륨, 테트라클로로에틸렌, 트리클로로에틸렌 등이 포함되어 있어 기준함량의 초과여부를 검사하도록 하고 있었다. 당시 세정제 레시피는 계면활성제를 포함해 위와 같은 화학물질을 기준함량 이하로 첨가해 제조하는 방식이었다. 그런데 가습기메이트 성분에는 세정제 레시피와 무관한 CMIT/MIT 등 살균 용도의 화학물질이 들어 있었다.

당시 산업부가 가습기메이트의 시료를 채취하여 안전검사를 제대로 실시했다면, 가습기메이트는 세정제로 판매될 수 없는 제품이었기 때문에 리콜 권고를 받았을 것이다. 산업부는 소비자로부터 다량의 민원이 제기되는 품목 등에 대해서만 제한적으로 안전검사를 실시하고 있었다. 당시 공업진흥청에서 사후 안전관리를 담당했던 직원의 기억에 따르면, 세정제 품목은 거의 사후관리를 하지 않았다고 했다. 세정제는 빨래 세척용으로 사용됐기 때문에 소비자 민원이 거의 없었다는 것이다.

SK케미칼이 2001년부터 애경을 통해 판매한 가습기메이트는 품명이 '가습기 전용 살균제'로 표기됐다. 기업들은 산업부가 세정제 품목에 대해 사후 안전관리를 부실하게 한다는 것을 알고 있었지만, 혹여라도 사후 규제대상에 걸릴 위험요소를 방지하기 위해 사전·사후 관리대상에 포함되지 않는 품명으로 변경해 판매했던 것으로 보였다.

그러다 2007년부터 세정제가 품공법상 자율안전확인품목으로 변경관리됐다. 기업 입장에서는 자율안전확인품목으로 인증을 받게 되면 KC마크를 표기하여 판촉효과를 볼 수 있었다. 2007년 7월 생활용품 공급업체가 가습기메이트가 자율안전확인품목에 해당되는지를 산업부에 문의했다. 이때 산업부 생활용품안전팀의 담당자는 "가습기메이트는 세균을 방지하기 위한 용도이므로 자율안전확인대상 '세정제'에 해당되지 않는 것으로 판단된다. 다만, 부가적으로 세정기능을 갖는 경우는 자율안전확인대상 '세정제'에 해당한다"고 답변했다.

SK케미칼과 애경은 가습기 살균제라고 하더라도 부가적으로 세정기능을 갖는 경우에는 KC마크를 받을 수 있다는 것을 알고 있었다. 그래서 생활용품 공급업체의 명의로 산업부에 자율안전확인대상에 '세정제'가 해당되는지의 여부를 문의했던 것이다. 애경도 2014년 11월 가습기메이트 소비자 상담 민원에 대해 "리뉴얼된 제품에 계면활성제 성분을 첨가했다"고 답한 것으로 확인됐다. 가습기메이트 제조·판매업체는 이때부터 KC마크를 받기 위해 세정제 성분을 첨가해 판매하기 시작했다.

산업부와 국가기술표준원은 이처럼 소비자의 안전보다는 기업의 자율성 강화를 명목으로 규제완화에 비중을 두고 있었다. 기업들은 이런 정부의 관리 사각지대의 허점을 이용해 살상무기를 판매할 수 있었던 것이다. 가습기 살균제 사건은 사실상 공산품 안전관리 소홀과 부실관리가 빚은 참극이었다. 그럼에도 산업부는 관리부실에 대한 책임을 통감하기는커녕 가습기 살균제를 세정제로 신고하고 살균제로 판매한 기업에게 일차적 책임을 물어야 한다는 입장을 내놨다.

공정위가 고개를 숙였다

촛불혁명으로 정권이 바뀌고 새정부가 임명한 공정거래위원장은 가습기메이트 제조·판매업체들의 표시광고법 위반에 관한 재조사 결과를 발표했다. 그 자리에서 위원장은 "국민의 생명과 안전을 지키는 막중한 소임을 다하지 못해 반성하고 사죄한다"며 피해자들에게 고개를 숙였다.

공정위는 2018년 2월 13일 재조사 결과 브리핑에서 "제조업체인 SK케미칼은 가습기 살균제를 흡입할 때 위해성 정보를 은폐·누락하고 마치 안전과 품질을 확인받은 제품인 것처럼 사실과 다르게 표현했다"면서 "이는 소비자들의 오인을 유발했으므로 위법하다"고 밝혔다. 또한 판매업체인 애경과 이마트는 자신의 명의로 판매하면서 제품의 위험성을 검증하고 그 위험에 상응하는 표시나 광고를 할 책임이 있다는 점을 분명히 했다.

공정위는 이날 SK케미칼과 애경, 이마트에 대해 표시광고법 위반 혐의로 과징금 1억 3천만 원과 함께 시정명령, 공표명령을 내렸다. 공정위는 또한 재조사 결과 자료를 손배청구소송 등 민사소송을 진행 중인 피해자들에게 제공하기로 했다.

2016년과 달리 공정위의 조사결과가 달랐던 이유는 무엇이었을까. 2018년 공정위는 CMIT/MIT 성분이 포함된 가습기메이트의 인체 위해성을 인정했기 때문이다. 환경부 관계자의 진술이 위해성을 인정하는 데 결정적 역할을 했다. 공정위는 “환경부 관련자로부터 CMIT/MIT 성분 유해성에 관한 객관적이고 신뢰성 있는 역학조사 결과를 확인했다”고 밝혔다.

1심 재판부 가습기메이트 무죄 판결

3년 뒤 사법부는 2018년 공정위의 조사결과를 뒤집는 판결을 내렸다. 2021년 1월 서울중앙지방법원(이하 서울 중앙지법)은 가습기메이트 제조·판매업체 모두에 무죄를 선고했다. 서울중앙지법은 공정위가 환경부의 역학조사 결과를 인용한 것과 달리 환경부의 조사결과를 추정에 기초한 의견에 불과하다고 판단했다.

재판부는 가습기메이트의 주성분인 CMIT/MIT가 폐질환이나 천식 등을 유발한다는 인과관계가 제대로 규명되지 않았다고 밝혔다. 2016년 8월 공정위가 심의종료를 선언하며 발표한 내용과 같았다. 가습기 살균제의 유해성 등을 인정하기 위해서는 CMIT/MIT가 천식을 악화할 수 있는 물질이어야 하고, 가습기 살균제를 통해 CMIT/MIT가 사람의 폐에 도달한다는 것이 확인되어야 하는데, 모든 연구결과를 종합해봤을 때 CMIT/MIT가 폐질환 또는 천식을 유발했다고 입증하기 어렵다는 게 재판부의 설명이었다.

재판부는 가습기메이트의 위해성 여부를 판단하는 모든 시험과 연구결과를 종합한 환경부의 종합보고서는 인과관계를 증명하지 못한 기존 연구에 대해 추정하거나 의견을 제시하는 일종의 의견서였다고 평가절하했다. 추정에 기초한 의견서로는 인과관계를 인정할 수 없다는 게 재판부의 판단이었다. 1심 재판부는 2018년 2월 공정위가 인용한 환경부의 역학조사 결과를 받아들이지 않았다.

서울중앙지법은 CMIT/MIT 성분을 사용한 가습기메이트 제조·판매한 SK케미칼 핵심 관계자에게 무죄를 선고했을 뿐만 아니라, PHMG 제조·판매에 관여해 업무상 과실치사 등의 혐의로 기소된 SK케미칼 전직 직원 네 명에 대해서도 "판매 경위 등에 비춰볼 때 가습기 살균제로 인한 사망과 상해라는 결과가 발생하는 데 본질적으로 기여했다고 보기는 어렵다"며 무죄를 선고했다.

검찰은 "1심 법원은 동물실험 결과와 인체 피해의 차이점을 간과하고, 전문가들이 엄격한 절차를 거쳐 심사한 가습기 살균제 피해 판정 결과를 부정함으로써 안전조치를 소홀히 한 기업책임자들 모두에게 무죄를 선고했다"고 비판했다. 검찰은 1심 법원의 가습기 살균제 관련 책임자들에 대한 무죄판결에 대해 모두 항소하겠다고 밝혔다.

CMIT/MIT 성분의 가습기 살균제를 사용한 피해자들은 자신의 몸이 피해의 증거라고 울부짖고 있었다. 그런데 사법부는 그 증거가 CMIT/MIT 성분의 가습기 살균제로 인한 피해라는 것을 인정하지 않았다. 가습기 살균제 참사에 대한 진상규명은 끝을 모르는 긴 여정이 기다리고 있었다.

기상청은 오보청인가

2016년 여름 폭염으로 전국이 펄펄 끓었다. 낮 최고 기온이 섭씨 33도를 넘는 날이 20일을 넘겼고, 8월 말에도 한낮 기온이 36도를 넘어갔다. 국민들은 전기요금 폭탄이 무서워 에어컨도 제대로 틀지 못했고, 숨쉬기도 어려운 폭염 속에서 그해 여름을 살아내야만 했다.

기상청의 기상예측 실패는 어제오늘의 일이 아니었다. 수백억 원의 슈퍼컴퓨터를 5년마다 교체하고 있음에도 번번히 오보를 쏟아내는 기상청은 '슈퍼 청개구리'라는 별칭까지 얻었다. 반복되는 기상오보에 양치기 소년이 되어버린 기상청은 '오보청'이 된 지 오래였다.

기상청, 과학예보 실패를 날씨 탓으로 돌렸다

기상청은 단 한 번도 과학예보의 실패를 인정하지 않았다. 2016년 폭염도 150년 만에 한 번 발생할 확률로 나타난 이상 기후현상을 어떻게 예측할 수 있겠느냐며 볼멘소리를 쏟아냈다. 당시 기상청장은 신문 칼럼을 통해 이렇게 말했다.

"올해 폭염은 150년에 한 번 나타날 수 있는 유례없는 날씨 패턴이었다. 그 동안 오차범위 내에서 예측을 잘해온 국내외 모든 수치모델은 이상 기후를 예측할 수 없었다. 예보관 역시 이런 날씨 패턴을 경험해보지 못한 상황에서 기온을 높게 상향 보정했음에도 최고 7.1도나 높은 모델 결과와 실제 기온 편차를 줄이는 데 한계가 있었다."

기상청의 이런 해명을 보면서 2011년 9월 15일 발생한 광역정전 사태가 떠올랐다. 당시 전력당국도 9·15 광역정전사고의 원인을 날씨 탓으로 돌렸다. 추석을 앞둔 9월 중순에 30도가 넘는 이상고온현상으로 전력수요가 급증했고, 가을철 정비계획에 들어간 발전기들이 가동하지 않아 순환단전을 실시했다는 것이었다. 사고원인을 날씨 탓으로 돌리다 보니, 재발방지대책도 기상예보의 정확도를 높이는 데서 찾았다. 기상예보관 출신으로 기상청 퇴직자 두 명을 전문가로 채용해 전력수요예측을 강화하는 방안을 내놓았다.

그러나 9·15 광역정전사고는 예년과 다른 고온현상 때문에 발생한 것이 아니라 전력의 흐름을 조정하는 컴퓨터 시스템을 전력계통운용에 제대로 활용하지 못해 발생한 인재(人災)였다. 기상청도 기상오보의 진짜 원인은 감추고, 유례없는 날씨 패턴을 탓하고 있었던 것은 아닐까 의구심이 들었다.

관측자료 부족, 수치예보모델 업그레이드 안 돼

나는 기상청의 과학예보 시스템을 점검해보기로 했다. 기상청이 제시한 과학예보 매뉴얼에 따르면, 관측자료를 수치모델에 입력하여 슈퍼컴퓨터로 연산처리하여 예보결과물을 도출한다. 이때 결과물에 예보관들의 경험치를 토대로 보정값을 적용하여 기상예보를 하고 있었다.

기상청은 지난 2007년 '기상예보 역량 진단을 통한 기술력 평가 사업'을 시행한 결과, 수치예보모델 성능 40%, 관측 역량 32%, 예보관 역량 28%를 예보정확도의 3요소로 꼽았다. 기상청은 수치예보모델의 성능과 관측 역량의 비중을 높게 잡았지만, 실제 예보정확도를 높이는 데는 크게 기여하지 못했다.

기상청은 2010년부터 당시 최고 성능을 자랑하는 영국통합 수치 예측모델(이하 UM)을 쓰고 있었다. 수치예측모델의 예측성을 높이려면 우선 좋은 관측자료를 입력해야 한다. 날씨예보에 필요한 가장 정밀한 데이터가 필요하다. 중국의 오늘 날씨가 내일 한국 날씨를 결정한다는 게 기상계의 정설이었다. 우리나라는 중국에서 불어오는 편서풍의 영향을 많이 받기 때문에 중국의 기상자료가 예보정확도를 높이는 데 가장 중요했다.

UM에 중국의 실시간 기상관측자료가 입력되어야만 우리나라의 정확한 날씨예측이 가능했다. 그런데 우리는 중국 선양, 칭다오 등 일곱 개 수신지점에서 받은 레이더 자료를 GTS망을 통해 한 시간 단위로 이미지(그림)로 전송받고 있었다. 이 파일은 실시간 관측자료가 아니기 때문에 수치모델에 입력이 불가능했고, 다만 예보관들에게 참고자료로 제공되고 있었다. 또 우리 기상청이 서해상에 설치한 기상레이더는 관측거리가 너무 짧아 중국 기상을 관측하기 어렵다는 단점이 있었다.

수치모델의 예측성도 매우 낮았다. 수치모델은 UM이기 때문에 한국의 지형과 특성을 반영한 날씨 예측의 정확도가 떨어질 수밖에 없었다. 다시 말해 한반도 기후변화의 특성을 반영한 자료의 업그레이드 과정이 있어야 하는데, 기상청은 수치모델의 특정 기능의 수치 변경 등 부분적인 변경만 시도해왔던 것으로 확인됐다. 수치모델을 우리나라의 기상 특성에 맞게 최적화하는 전문성이 없었다는 것이다.

기상청은 실시간 기상관측자료도 부족했고, 수치모델을 업그레이드시켜 최적화하는 기술력도 없이 예보관들의 경험치에 의존하여 주먹구구식으로 기상예보를 할 수밖에 없었다. 이런 상황에서 기상오보는 필연이었다. 기상청은 2007년 폭설, 2016년 폭염 등 오보가 날 때마다 유례없는 이상 기후로 인해 과거의 경험법칙들이 제대로 들어맞지 않아 예보가 빗나갔다고 변명했다.

수치모델 활용에 문제가 있었다는 것을 기상청도 이미 파악하고 있었다. 기상청은 2007년 예보기술력을 평가하는 연구용역사업을 시행했다. 그 당시 기상청은 일본의 수치모델을 쓰고 있었다. 이때도 수치모델의 업그레이드에 문제가 있다고 지적됐다. 일본 모델에 자료동화의 성능이 떨어져 기상 예측성이 낮다고 평가했다. 용역보고서에 따르면, 일본 모델로는 우리 기상변화에 맞게 코드 변형이 어렵기 때문에 코드의 접근성이 용이한 새로운 모델이 필요하다고 지적됐다. 이런 평가에 따라 기상청은 2010년 가장 선진화된 수치모델로 평가받는 UM을 도입했다고 밝혔다.

일본 수치예보모델, 깡통이었다

그런데 그해 9월 기상청에서 수치모델 도입비용 자료를 받아보고 놀라운 사실을 발견했다. 슈퍼컴퓨터 1, 2호기에 사용됐던 일본 수치모델(GSM)은 비용을 지불하지 않았고, 슈퍼컴퓨터 3, 4호기에 사용된 UM만 라이선스 비용 및 컨소시엄 비용으로 연간 10만 파운드씩 지불됐다. 게다가 일본 모델에는 기상관측자료가 전혀 입력되지 않았고, UM 3, 4호기에만 약 10여 종의 관측자료를 활용하고 있었다. 도대체 일본 모델에 기상관측자료도 입력하지 않고 슈퍼컴퓨터에서 어떤 결괏값을 산출했다는 것인지 알 수가 없었다. 다시 말해 엉터리 결괏값을 예보관에게 제공하는 역할을 하는 데 기상청은 한 해 수백억 원을 지불하고 있었던 것이다. 기상청은 1999년 6월 기상용 슈퍼컴퓨터 1호기를 도입하여 5년 주기로 500억 원이 넘는 슈퍼컴퓨터를 교체해왔다.

2016년 기상청 국정감사에서 과학예보의 정확도를 높이기 위한 세 가지 개선방안을 제안했다. 첫째, 중국 기상관측자료를 확보하기 위한 투트랙 전략이 필요하다. 서해상에 기상레이더 관측장비를 설치하는 방안과 한중일 간의 다자간 협력을 통해 최대한 원시자료를 공유하는 방안을 마련해야 한다. 둘째, 한반도의 기후변화를 반영한 수치모델 개선작업을 위해 기상IT 전문인력을 보강해야 한다. 셋째, 한국형 수치예측모델에 우리나라 기후변화의 특성이 반영된 기상예측의 정확도를 높이기 위해 경력예보관들의 경험을 수치화해서 반영해야 한다. 의원은 기상청장에게 이 세 가지 개선방안에 대한 실행계획을 3개월 내에 제출해달라고 요청했다.

기상청은 3개월이 지나도록 과학예보의 정확성을 높이기 위한 어떤 계획도 내놓지 못했다. 퇴직자 출신 예보자문관은 11명이나 늘려 예보관들의 경험치에 의존한 기상예보방식을 고수했다. 그러던 중 감사원이 2017년 2월부터 4월 말까지 기상예보시스템 운영에 관한 특정감사를 진행했다. 그 결과 수치예보모델 운영 다섯 건, 예·특보 실시 여섯 건, 기상관측장비 분야 두 건의 통보 및 주의 등의 처분을 받았다. 특히 수치예보모델을 운영하면서 위성 및 해양관측자료들이 활용되지 못했다는 지적이 눈에 띄었다.

수천억 원 투자된 관측망 '헛수고'

기상청은 2010년부터 기상 선진화를 위한 12대 과제를 추진하고 있었다. 12대 과제를 추진하면서 7년간 총 8,960억 원의 예산이 들어갔다. 기상청의 연간 예산규모의 두 배가 넘었다. 이 예산의 대부분이 예보 정확도 향상을 위해 기상관측망 구축과 예보시스템 구축사업에 투자됐다. 특히 수치예보의 정확도를 높이기 위해 2012년부터 2016년까지 5년간 '슈퍼컴퓨터 운영'과 '수치예보모델 개선'에 총 1,192억 원이 투자됐다.

수천억 원의 투자에도 불구하고 수치예보 정확도는 갈수록 낮아지고 있었다. 5년간 수치예보의 500hPa(헥토파스칼) 기압에서 대기고도 예측오차를 살펴봤더니, 2012년 7.2m에서 2017년 7.3m로 수치예보 정확도가 1.39%나 떨어졌다. 감사원은 기상관측자료가 수치예측모델에 활용되지 않고 있어 수치예보 정확도가 계속 떨어질 수밖에 없다고 지적했다.

기상청은 2011년부터 2016년까지 7년간 기상1호 관측선을 비롯한 해양기상관측망을 구축하고 운영하는 데 461억 원을 투자했다. 그런데 이 해양기상관측망에서 측정한 관측자료가 해양기상을 예측하는 수치모델인 파랑수치예보모델에 한 번도 적용되지 않았다. 수치모델을 활용하지 않고 예보관의 경험치에 해양기상예보를 맡기고 있었다.

7년간 파랑수치예보모델에서 계산한 예측값과 실제 해양기상 관측값을 비교해본 결과, 해상 기상예보가 얼마나 엉터리였는지 한눈에 파악할 수 있었다. 전지구모델의 경우 유의파고가 7년 동안 연평균 0.6m, 지역모델은 연평균 0.33m, 국지모델은 연평균 0.30m나 차이가 났다. 해상기상관측망에서 관측된 데이터를 파랑모델에 업데이트(자료동화)를 하지 못한 결과였다.

기상청은 2010년 도입한 수치예보모델이 UM이어서 관측값을 수치모델에 적용하기 어렵다는 이유로 2014년 총사업비 946억 원을 들여 한국형수치예보모델(KIM) 개발에 착수했다. 그런데 파랑수치예보모델은 기상청이 국내 최초로 국산화한 프로그램이었다. 우리가 개발한 수치예보모델에도 자료동화를 하지 못해 수백억 원이 투자된 관측망이 무용지물이었다. 해양관측망의 자료는 오직 예보관들의 경험치를 높여주는 참고자료로 활용됐을 뿐이다.

천리안 위성1호, 무얼 남겼나

위성관측자료도 한반도 기상을 예측하는 국지모델에 활용되지 못했다. 위성관측자료가 수치예보의 정확도를 높일 수 있다는 판단에 따라 국토부, 교육부, 기상청 등이 합동으로 3,500억 원을 투자해 2010년 6월 27일 천리안 위성 1호를 발사했다. 그런데 천리안 위성 1호는 전지구모델에만 활용하고 한반도 모델인 국지모델에는 한 번도 써보지 못하고 설계수명(2010.6~2017.6)을 다해버렸다. 기상청은 2016년 천리안 위성 1호를 발사한 뒤 5년이 지나서야 위성관측자료를 국지모델에 활용하는 기술개발에 착수해 자료를 활용할 수 없었다는 것이다. 결국 천리안 위성 1호의 관측자료도 예보관들의 실황 참고자료로 쓰였을 뿐이다.

천리안위성 2호는 쓰임새가 있을까

기상청은 다시 미래창조과학부, 해양수산부, 환경부 등과 합동으로 천리안 위성 2호(2A호, 2B호)에 7,200억 원을 투자했다. 2A호는 기상관측용이고, 2B호는 해양환경관측용 위성이었다. 천리안 위성 2A호는 2018년 11월부터 2028년 11월까지 10년간 운영될 예정인데, 위성 2호 역시 한반도 기상을 관측하는 수치모델에 적용될 가능성이 크지 않았다.

기상청은 한국형 수치예보모델(이하 KIM)의 개발일정을 고려하여 천리안 위성 2호의 관측자료를 수치모델에 활용하는 계획을 세우겠다고 밝혔다. 그런데 KIM 개발일정에는 국지모델(한반도 모델) 개발계획이 포함되어 있지 않았다. 지난 2월 감사원도 한국형수치모델 개발계획에 지역모델(아시아 모델)과 국지모델(한반도 모델) 개발이 제외되어 있어 천리안 위성 2호의 관측자료가 수치예보에 전면 활용되지 못할 가능성이 있다고 우려했다.

기상청은 감사원의 지적이 나오자, 2018년부터 2022년까지 5개년 일정으로 기상청 수치모델링센터에서 지역모델과 국지모델을 단일화하여 한국형 지역모델을 개발하겠다는 계획을 발표했다. 그런데 한국형수치모델 중 전지구모델을 개발하는 데도 대략 10년이 걸렸는데, 5년 만에 한반도 지역모델 개발이 가능할지 여전히 의문이 남았다.

기상청은 한국의 지형과 날씨 변화를 이유로 KIM 개발을 추진하면서 수천억 원의 예산을 낭비하고 있었다. UM에 우리 관측자료를 동화시키지 못하면 한국형수치모델에서도 관측자료를 활용하기 어렵다는 것은 상식이었다.

그래서 2016년 국정감사에서도 의원은 기상IT 분야의 전문인력을 대폭 증원해서 수치모델에 관측자료를 동기화시켜야 한다고 강조했던 것이다. 그런데 기상청은 IT 전문인력 확충계획을 세우지도 않았고, 지난 2월 감사원에서 수치모델의 기술력 부재가 지적되자 한국형 지역모델 개발팀에 일곱 명의 기술인력을 확보했다는 사후 대책을 내놓았다.

기상예보의 정확도는 누차 강조한 대로 '과학예보의 시스템'이 원활하게 운영될 때 가능해진다. 기술, 인력, 시스템의 세 박자가 합을 이룰 때 가능한 일이다. 기상청은 이 삼합의 조화를 무시하고 계속 'KIM'이라는 허상에 매달리고 있었다. 2011년 9·15 광역정전사고의 책임 회피용으로 산업부가 추진한 '한국형 EMS(KEMS)'의 망령이 기상청으로 옮겨붙은 형국이었다.

KIM, 낙후된 외국모델 복사 의혹

2019년 국회환경노동위원회 국정감사에서 'KIM'이 다시 도마에 올랐다. 기상청은 2011년 기술주권을 가진 모델로 KIM을 개발하여 2019년부터 기상예보에 활용하고 있다고 밝혔다. 기상청은 2019년 여름 한반도 대상의 일부 강수·강풍 예보에서는 KIM이 UM보다 정확도가 높았다며 KIM의 경쟁력을 강조했다.

나는 이 기사를 보면서 기상청이 또 양치기 소년의 역할을 하고 있다는 생각이 들었다. 기상청이 2018년에야 (아시아모델과 한반도 모델을 단일화한) 한국형 지역모델개발에 착수하겠다고 했는데, 어떻게 2019년에 벌써 한반도 기상모델로 수치예보의 정확성을 끌어올렸다는 것인지 의문이었다.

그때 국회 환경노동위원회 소속의 한 의원이 KIM의 복제 의혹을 제기했다. 2019년 8월 5일 자신의 페이스북에 "한국형 수치예보모델(KIM)은 낙후된 외국모델을 벤치마킹한 것에 불과하다"고 주장했다. 나는 곧바로 2019년 국회환경노동위원회 국정감사 속기록을 살펴보았다.

기상청이 국산기술로 개발한 'KIM'을 대외내적으로 홍보하기 위해 셀프 평가를 진행했다는 폭로가 이어졌다. 한국형 수치예보모델개발사업단(이하 한수예)이 민간의 1인 기업에게 3천만 원 수의계약으로 '독자성 지표개발'을 맡겼고, 한수예 연구진들이 평가위원으로 참여해 1천억 원짜리 KIM을 자체 평가했다는 것이었다. 또한 한수예가 독자개발했다고 하는 KIM은 미국에서 이미 성능이 떨어져 은퇴한 역학코어(dynamic core) 방식을 2012년에 한수예가 'KIM'으로 둔갑시킨 것이라고 지적했다.

19대 국회에서 제기된 '한국형 EMS'(KEMS) 개발의혹과 똑같은 형태의 사기극이 기상청에서도 반복되고 있었다. 전력거래소는 캐나다 온타리오 수력이 개발한 EMS를 베껴서 KEMS라는 국산 기술로 둔갑시켰고, 수력환경에서 설계된 온타리오 EMS가 우리나라 전력환경에 적용하기 어렵게 되자 평가보고서를 조작하는 등 왜곡된 보고서를 제출했다. 게다가 1차 개발이 상용화에 어려움을 겪자 신규성, 진보성, 현장적용성 등을 평가하여 전력신기술로 인정되면 수의계약을 할 수 있는 제도를 이용하여 차세대 EMS 개발을 추진했다. 기존 EMS의 부실 운용을 면책받기 위해 추진한 KEMS 개발은 2천억 원대의 사기의혹을 남겼고, 여전히 우리나라의 전력계통은 수동급전에 의존하며 전력계통의 위험지대를 걷고 있었다.

나는 기상청도 기존의 수치모델을 기상예보에 제대로 활용하지 못한 무능함을 회피하기 위해 KIM이라는 이름으로 1천억 원대의 개발 사기행각을 벌이고 있다고 생각했다. 기상청은 전력당국이 KEMS 상용화를 위해 차세대 EMS 개발사업에 뛰어든 것과 마찬가지로 KIM 2단계 사업(2020~2026)을 위한 차세대 KIM사업단을 준비하고 있었다. 2단계 사업에서는 KIM의 해상도를 높이는 작업이 중점적으로 이루어진다고 밝혔다. 결국 전지구모델에 국한됐던 KIM을 2단계 사업에서 해상도를 높여 한국형 지역모델(지역모델과 국지모델의 단일화)을 개발하겠다는 전략이었다.

차세대 KIM 사업단은 수치모델의 역학코어 방식인 FV(Finite Volume)로 가야 한다고 하고, 기상청 한수예는 FV로 가면 컴퓨터 용량을 많이 먹어 적용이 어렵기 때문에 분광요소(Spectral Element)법을 적용해야 한다고 맞서고 있었다. 분광요소법은 미국에서 이미 성능이 떨어져 은퇴한 방식으로 알려져 있었다.

2019년 12월 10일 국회환경노동위원회는 감사원에 KIM 개발사기 의혹에 대해 감사를 청구했다. 그런데 2020년 7월 23일 발표된 감사결과는 KIM의 개발과정에 위법성을 발견하지 못했고, 사업단이 대학에 학술연구 용역비를 과다 지급했다는 건만을 지적했다.

감사원은 2014년 EMS와 한국형 시스템에 대한 기술감사를 진행하고도 기술감사 능력을 향상시키지 못했다. 결국 감사원의 무능함으로 KIM의 개발사기 의혹은 규명되지 못했다. 언제 가동될지 모르는

KIM은 '돈 먹는 하마'처럼 기상청의 수천억 원의 예산을 뽑아먹고 있었다.

구멍 뚫린 해저지진 관측

2016년 9월 12일 경주에서 규모 5.8의 지진이 발생하면서 남동해역 인근의 해저지진에 대한 관심이 높아졌다. 1978년 지진관측 이래 우리나라 남동해 반경 50km 내에서 규모 2.0 이상의 지진이 총 45회나 발생했다. 2006년 이후 10년 간 규모 2.0 이상 지진이 동해지역에서만 30건(67%)이 발생했다. 지자연은 일본 서해에서 발생한 규모 5.0 이상의 중형급 지진이 많이 발생하고 있어, 우리나라 동해안에도 지진 위험성을 경고했다.

먹통 해저지진계 9년 만에 철거

2016년 기상청 국정감사를 준비하면서 2006년에 설치된 국내 유일의 해저지진계가 9년 만에 철거됐다는 사실을 알게 됐다. 해저지진계가 설치된 첫해부터 지진신호를 잡지 못해 '먹통 지진계'라는 오명을 달고 있었던 해저지진계가 조용히 철거됐던 것이다.

기상청에서 해저지진계의 고장 현황을 확인해보니, 2006년 12월

27일부터 2015년 7월 8일까지 8년 동안 무려 22번의 고장과 수리를 반복했다. 해저지진계 전체 운영기간 3,115일 중 787일(25%) 동안 작동이 멈춰있었다. 잦은 고장으로 전체 유지보수 비용이 25억 원이나 들어갔다. 해저지진계 설치비용 20억 원보다 고장수리비용이 더 많이 들었다.

도대체 왜 이렇게 고장이 잦았을까. 기상청이 제출한 2015년 〈울릉도 해저지진계 철거계획〉을 살펴보니, 어로작업에 따른 잦은 해저광케이블 단절사고 발생을 고장 원인으로 꼽고 있었다. 그런데 기상청이 해저지진계 공사를 발주할 당시 2006년 제안요청서에 따르면, "설치된 해저케이블은 해안가의 어업활동과 조류 및 태풍에 의한 파도 등에 의하여 훼손, 단선, 유실되지 않아야 하며, 다른 선박이나 해상작업에 지장이 없도록 설계, 시설하여야 한다"고 명시하고 있었다. 설치 당시부터 어선에 의한 케이블 훼손을 우려하고 있었음에도 케이블을 안전하게 설치하지 않았던 것이 고장의 원인이었다.

2007 회계연도 기상청 결산감사에서도 해저지진계의 문제점이 지적됐다.

"위 설계보고서 등에 따르면 육지에서 천해부 3km까지 직경 26mm 이상이고 인장강도가 320kN 이상인 이중강화 케이블을 사용하도록 되어 있다. 그런데 위 설계보고서 등에 따라 해저케이블을 설치하여 데이터를 시험수신하던 중 부실시공으로 인해 육지에서 5km 지점에 있던 케이블이 손상되어 데이터가 수신되지 아니하자 일시적으로 육지에서 5km 지점까지 케이블(이중강화 케이블 3km, 단강화케이블 2km)을 잘라내고 나머지 15km로 해저지진계와 연결하도록 했다. 따라서 임시조치 구간은 당초 계획대로 재시공하여 안정성 등이 확보되도록 하여야 한다."

2009년에는 〈울릉도 해저지진계 안전성 보강 용역보고서〉를 통해 보강여부를 확인했지만, 유지보수만 했을 뿐 강화케이블 등의 보강 조치는 없었다. 게다가 해저지진계 설치를 맡았던 업체(케이아이티빌리)는 본래 업종이 '컴퓨터시스템 통합자문 및 구축 서비스업'으로 해저케이블을 설치하는 전문 시공업체가 아니었던 것으로 드러났다. 이 업체는 지난 10년간 기상청에서 총 30건의 용역을 수주했는데, 대부분 '시스템' 개발에 관한 용역이었다.

해저지진계 무용론

기상청은 정밀한 지진관측을 위해 육상의 지진관측망을 확대하고 있었다. 경주 지진이 발생한 뒤 기상청은 2018년까지 지진관측망 314개소를 조기 확충하겠다는 계획을 밝히면서 동해안지역의 육상지진계를 통해 해저지진계의 관측 공백을 메울 수 있다고 확신했다. 그러나 기상청의 이런 확신은 얼마되지 않아 물거품이 되고 말았다.

기상청이 2007년 발표한 〈지진해일 감시기술 발전을 위한 SAFE 비전 2012〉에 따르면, 국가 지진 관측범위를 확대하기 위해 해저지진계를 2012년까지 세 대를 추가로 설치하겠다고 밝히고 있다. 그리고 한국지질자원연구원(이하 지자연)도 2010년부터 한국형 수중음파 해저관측기지를 구축하고 기존의 지진 및 공중음파 관측망과 연계한 포괄적 지구관측시스템 개발을 목표로 연구과제를 추진하고 있었다.

기상청은 해저관측 영역을 지자연에 뺏길 수 있다는 위기의식이 발동하여 2013년에 〈한국형 이동식 해저지진계 개발을 위한 원천기술 연구〉라는 용역과제를 발주하고, 수심 2km에서 3개월 이상 작동하는 해저지진계를 개발하겠다는 연구 목표를 제시했다.

기상청은 이렇게 지진 관측범위 확대를 위해 해저지진계 확충계획을 세워 연구용역을 추진했음에도 지금 와서 해저지진계 무용론을 펴고 있었다. 이는 해저지진계 설치 및 운영과정의 부실책임을 회피하기 위한 꼼수에 불과했다. 2016년 9월 30일 기상청 국정감사에서 의원은 해저지진계 부실시공 및 부실운용을 호되게 질타했다.

기상청장은 여전히 문제의 핵심을 파악하지 못하고 변명으로 일관했다. 기상청장은 해저지진계 케이블 손상으로 인해 보험료가 계속 상승해서 1년에 5억 원이 넘는 보험료를 감당하기 어려워 철수 결정을 내렸다고 했다. 게다가 독도에 지진계측기를 하나 더 설치해 울릉도와 독도의 지진계측기로 육지와 해저지진을 복합적으로 관측할 수 있다고 설명했다.

기상청, '무능청'으로 전락

기상청장은 동시에 2016년 10월에 일본, 대만, 미국을 방문해서 지진계 설치방법 등에 관한 아이디어를 얻고 연구과제도 추진하겠다고 밝혔다. 일본은 이미 30개 이상의 해저지진계를 구축해놓고 있었다. 지금이라도 심해에 케이블을 매설하여 해저지진계를 설치한 일본에 기술자문을 받겠다는 것이었다. 기상청장의 이런 답변에 신뢰를 보내는 의원들은 거의 없었다.

기상청은 2006년 울릉도 해저지진계 설치 공사계획을 세우면서 일본처럼 2km가 넘는 심해지역에 해저지진계 케이블을 완전히 매설할 경우 공사비가 수백억 원이 넘는다는 견적을 받고 포기했었다. 그리고 어차피 울릉도 앞바다에 설치한 해저지진계는 흉내에 불과하니 둥둥 떠다니는 값싼 케이블을 설치했던 것이다. 그런데 이제 와서 일본에 기술자문을 받겠다는 기상청은 불신과 무능의 대명사가 되고 말았다.

2021년 3월 나는 기상청이 2016년 국정감사에서 밝힌 대로 일본의 기술자문을 받아 해저지진계를 설치했는지 확인해보았다. 기상청이 제출한 자료에 따르면, 2006년도 울릉도 남쪽 15km 해상에 해저지진계를 설치한 후, 선도 관측의 실효성 저하와 안정적인 유지관리의 한계성 등을 고려하여 재설치하지 않았다고 했다.

현재 우리나라 해안지역은 어디에도 해저지진계가 설치되어 있지 않다. 기상청은 다만 울릉도 해저지진계 철거 이후 보완책으로 동해안·울릉도·독도지역에 설치한 지진관측소 총 20개소(2016년 이후 추가 설치된 4개소 포함)를 이용하여 해저지진 발생을 실시간으로 감시하고 있다고 밝혔다. 육상에 설치된 지진관측소가 얼마나 해저지진 관측의 정확도를 높일 수 있을지 여전히 의문으로 남아있다.

석면의 두 얼굴

석면은 2차 산업혁명을 성공시킨 기적의 광물로 알려져 있다. 석면은 단열성, 내열성, 절연성이 뛰어나고 마찰에 잘 견디며, 화학약품에 대한 저항성이 강해 건축 내외장재와 공업용 원료로 널리 사용됐다. 우리나라에서도 1970년대부터 석면이 건축 자재로 많이 쓰였다. 특히 새마을운동 사업을 하면서 전국적으로 지붕 개량에 슬레이트 석면 자재가 널리 사용됐다.

기적의 광물에서 침묵의 살인자로 둔갑

세계보건기구(WHO)가 1987년 처음으로 석면을 1급 발암물질로 지정하면서 석면에 대한 위험신호가 감지되기 시작했다. 과거에는 미국, 일본, 유럽 등에서 석면을 가장 많이 사용했으나, 이들 국가 대부분은 1990~2000년대에 석면 사용을 전면 금지했다. 반면 중국, 인도, 러시아, 브라질, 인도네시아 등 신흥공업국들은 석면을 규제 없이 사용하고 있었다. 우리나라는 1997년부터 석면의 제조·수입을 규제해왔으며

2009년부터 일부 품목을 제외하고 석면 사용을 전면 금지했다.

석면의 피해규모는 상상을 초월했다. WHO는 석면 질병으로 연간 최소 9만 명이 사망했고, 직업성 암의 절반 정도가 석면이 원인이었고, 전 세계적으로 근로현장에서 석면에 노출된 인구만 1억 2,500만 명이 넘는 것으로 추정했다. 우리나라는 2009년 석면 사용을 전면 금지했지만 석면 피해를 산업재해로 인정받은 사례는 매우 낮았다. 2016년 말 기준 고용노동부의 석면 관련 산재인정자는 135명, 2017년 6월 기준 환경부의 석면 피해인정자는 2,554명으로 산재인정 비율이 5.2%에 불과했다.

2005년 일본에서 일어난 '구보타 쇼크'는 전 세계에 석면위험을 알리는 신호탄이 됐다. 2005년 일본 석면 시멘트 수도관을 대량으로 생산하던 대기업 구보타에서 노동자뿐만 아니라 공장 인근 주민들에게도 석면 피해가 발생한 사건이다. 구보타가 10년간 구제금을 준 석면 피해사망자는 271명에 달했다. 일본정부는 구보타 사건이 발생한 지 9개월이 지난 2006년 3월 주민 피해보상을 위한 '석면건강피해구제법'을 시행했다. 2015년 기준 약 2만여 명이 석면 피해 구제 인정을 받았다.

일본의 석면 재앙은 우리나라에도 이어졌다. 일본에서 한국으로 방직기계와 기술이 넘어왔고 많은 노동자들이 석면 방직공장에서 일하다 석면에 노출되기 시작했다. 또한 일제강점기 때 석면 광산이 개발되어 충청남도 홍성 등 많은 지역에서 주민들이 석면 피해에 집단적으로 노출됐다. 국내 최초의 석면공장이었던 제일화학에서 20여 년간 근무했던 원 모 씨의 유족이 2005년 회사를 상대로 손배청구소송을 제기하면서 국내에서 처음으로 석면 피해가 법적인 문제로 가시화됐다. 2007년 12월 대구지법은 원 모 씨 유족에게 약 2억 원을 배상하라고 판결했다.

원씨는 석면 방직공장에서 20여 년을 근무했고, 퇴사 후 26년이 지나 악성중피종으로 사망했다. 재판부는 "사용자였던 회사는 근로자의 건강에 치명적일 수 있는 유해물질을 다루는 작업장에서 근로자에 대한 안전배려 의무를 위반한 사실이 인정된다"며 유족들의 손배청구를 받아들였다. 석면 피해배상을 끌어낸 최초의 판결이었다.

지역사회의 석면 피해 사례도 속출했다. 2008년 경기도 광명시에 거주하는 일반주민 최 모 씨가 악성중피종 진단을 받게 됐다. 그런데 최 모 씨는 이전 석면질환자들과 달리 석면에 노출될 가능성이 전혀 없는 직업경력을 가지고 있었다. 다만, 석면 건축자재를 철거하는 과정에서 발생하는 비산먼지에 노출됐을 것으로 추정됐다. 이 사건을 계기로 석면질환이 노동문제에서 환경성 질환문제로 전환되면서 한국석면 추방 네트워크가 결성됐다.

2009년 4월 1일 베이비파우더 12종에서 석면이 검출되면서 석면에 대한 경각심이 높아졌다. 그런데 파우더에서 검출된 석면이 각종 화장품과 의약품, 풍선, 고무장갑, 콘돔 등에까지 각종 제품에 널리 쓰이고 있는 것으로 알려지면서 석면에 대한 우려가 사회 전체로 확산됐다. 정부는 2007년 7월 환경부, 고용부, 국토부, 교육부, 국방부, 산업부 등 관계부처합동으로 석면관리 종합대책을 마련하고, '석면 안전관리 원년'을 선언했다.

석면 안전관리 10주년 현장을 밟다

정부가 2007년 석면 안전관리 원년을 기점으로 2009년 석면 사용을 전면 금지했지만 석면 피해는 수십 년의 잠복기를 지나면서 각종 질환으로 그 모습을 드러냈다. 석면 방직공장에서 일했던 근로자뿐만 아니라 석면 광산지역 주민들, 도심 재개발에 따른 석면 비산으로 인한 피해, 학교·건물 내 석면 등에 의한 피해까지 전방위적으로 경제성장의 후유증이 지속되고 있었다.

2017년 5월 대통령선거가 끝나고 나는 환경부, 환경관리공단, 그리고 석면 추방 네트워크 소속 환경보건센터 실무자들과 함께 '석면피해현장조사단'을 꾸렸다. 그해 환경 분야 국정감사의 키워드를 '석면 추방'으로 잡고, 석면관리실태를 점검하기로 했다. 현장조사단은 그해 7월부터 9월 초까지 전국 석면 피해현장 여섯 곳을 방문했다.

우리가 가장 먼저 방문한 곳은 노후 슬레이트 건축물 석면 피해로 몸살을 앓고 있는 전남 목포와 나주 지역이었다. 전라남도 목포시 온금동에는 일제 강점기 때 지어진 벽돌공장이 흉물을 드러낸 채 수십 년간 방치되어 있었다. 조선내화는 1990년대 초 전남 광양으로 자리를 옮겼고, 당시 목포시 온금동에는 창고형 폐공장 건물 15동이 버려져 있었다. 지붕은 온통 낡은 슬레이트로 덮여 있었고, 무너진 벽면도 슬레이트로 가려져 있었다. 벽면 아래 땅바닥엔 슬레이트가 부스러지면서 생긴 가루가 수북이 쌓여 있었다.

30년간 방치된 벽돌공장, 주민 건강 위협

조선내화 폐공장 인근 온금동에는 400여 가구가 살고 있었다. 이 지역이 몇 년 전 재개발지구로 지정되면서 젊은층이 조금씩 유입됐지만 주민들 대다수가 70대 이상의 고령층이었다. 한때는 조선내화 벽돌공장이 온금동 주민들의 삶의 터전이었으나 지금은 주민들의 건강을 위협하는 폐공장으로 전락했다. 우리가 마을회관에서 만난 주민들은 대부분 여성 노인들이었다. 젊은 시절에 벽돌공장에서 일했던 남편들은 대다수가 폐병에 걸려 사망했고, 자녀들은 도회지로 출가하고 할머니들만 온금동에 남아있었다.

강풍이 부는 날이면 폐공장에서 날아오는 석면가루 때문에 온금

조선내화 폐공장 슬레이트 지붕과 슬레이트 벽체로 둘러쳐진 건물 벽체

동 주민들은 바깥 출입을 할 수가 없었다. 장독대며 널어놓은 빨래에 횟가루가 쌓였고, 문틈으로 석면가루가 날아들었다. 주민들은 회색먼지 속에 1급 발암물질인 석면이 들어 있다는 이야기를 들었지만 갈 곳이 마땅치 않아 온금동에서 계속 살 수밖에 없었다고 했다.

최근 몇 년 동안 암 환자가 급격히 증가했다. 온금동 주민들은 폐공장에서 날아온 석면가루가 암 발병의 원인이라고 생각하고 있었다. 주민들은 몇 년째 조선내화 측에 폐공장 건물을 철거해줄 것을 요구했지만, 회사 측은 "마을이 재개발촉진지구로 지정되어 있기 때문에 개발이 본격화되면 개발자가 철거해야 한다"는 입장을 고수했다. 온금동 거주민들은 또한 목포시에 건강검진을 요구하고 있었다.

현장조사단이 조선내화 폐공장을 방문한다는 소식이 전해지자, 조선내화는 폐공장 내의 십수 년 동안 방치됐던 쓰레기더미를 치우기 시작했다. 조선내화 관계자는 현장조사단에게 연말까지 폐공장 건물의 슬레이트 지붕은 철거하겠지만, 폐공장 건물은 일제강점기 때 지어진 것으로 문화재 지정 신청을 한 상태여서 철거하기 어렵다고 했다.

나는 폐공장이 하루빨리 철거되지 않으면 온금동 주민들이 조선내화를 상대로 집단 소송을 할 수 있다며 조선내화가 즉각적인 철거계획을 세워야 한다고 설득했다. 문화재 지정과 무관하게 건물 벽체의 노후된 석면 슬레이트는 1급 발암물질을 함유하고 있기 때문에 즉각 철거하는 것이 기업의 책임 있는 자세라고 강조했다.

현장조사를 마치고 서울로 올라온 뒤에도 수차례 조선내화 관계자, 온금동 주민대표와 연락을 하면서 슬레이트 철거 진행상황을 점검했다. 2018년 1월경 조선내화에서 연락이 왔다. 2017년 12월 슬레이트 지붕 철거를 완료했고, 폐공장 벽체 슬레이트는 그해 5월까지 철거를 완료하겠다며 철거계획서를 보내왔다.

환경부와 목포시에는 긴급예산을 편성하여 온금동 주민을 대상으로 건강영향조사를 실시할 것을 요구했다. 환경부는 그해 9월 건강영향조사 착수 보고를 한 뒤 11월 긴급사업으로 온금동 일대 주민 대상으로 건강영향조사를 실시했다. 근로복지공단 순천병원에서 파견된 의료진과 검진차량이 조선내화 목포공장에서 반경 1km 이내의 20세 이상 주민을 대상으로 직접 건강검진을 실시했다.

조선내화처럼 수십 년간 석면건축물이 방치됐던 것은 비주택용 석면 철거를 강제하는 법규가 없었기 때문이었다. 이렇게 방치된 공장, 창고, 축사 등 비주택 슬레이트 건물이 자그마치 68만 동에 달했다. 조선내화 폐공장에 이어 우리가 찾아간 곳은 취약계층이 살고 있는 슬레이트 주택단지와 축사단지였다.

철거 사각지대에 놓인 폐창고

전남 나주의 한센인 정착촌으로 가는 길에 방치된 폐창고를 둘러보았다. 이곳도 주인을 알 수가 없었고, 주인이 있더라도 슬레이트 지붕을 교체해야 할 의무가 없었기 때문에 방치되고 있었다. 폐창고에서 불과 50미터 거리에 초등학교, 유치원이 있었고, 학교 뒤쪽으로는 아파트가 있었다. 폐창고 지붕에서 날아오는 석면가루가 학교 담벼락에 내려앉아있는 것을 육안으로 확인할 수 있었다.

전남 나주시 노안면 유곡리를 방문했다. 이곳은 정부에 의해 1970년대부터 돼지 사육을 통해 생계를 유지할 수 있도록 한센인 정착촌으로 조성됐다. 마을 전체가 슬레이트 지붕과 축사로 둘러싸여 있어 주민 전체가 악취와 석면 피해에 노출되어 있었다. 제대로 된 정화시설을 갖추지 못해 축산 오폐수가 하수도로 흘러들었고 마을 전체를 오염시켰다. 석면 슬레이트가 깨져서 길가에 널브러져 있었다.

바람이 부는 날이면 오폐수 악취와 함께 석면가루가 날아들어 숨을 제대로 쉴 수 없는 상황이었다. 축사 슬레이트에서 1급 발암물질인 석면가루가 농가주민들의 건강을 위협하고 있다는 것을 알면서도 정부는 축사의 슬레이트 철거를 방치하고 있었다. 전남도청은 취약계층에는 국민건강권 보호를 위해 주택 이외 창고나 축사 등 슬레이트 건축물 처리비용을 정부가 지원해야 한다고 주장했다.

공동묘지터에 들어선 슬레이트촌

부산시 남구 문현동 돌산마을은 1950년대 초반까지 공동묘지였는데, 6·25전쟁 직후 오갈 데 없는 피란민들이 움막과 가건물을 짓고 살기 시작하면서 마을이 형성됐다. 총 207세대가 살고 있었다. 길에서 주워다 얹은 슬레이트 지붕이 다 헐어서 그 위에 파란색 비닐을 덮어 비를 피하고 있는 집이 대다수였다. 이 곳은 2010년 주거환경개선정비구역으로 지정되어 재개발을 앞두고 있다는 이유로 2012년 철거개량사업지원대상에서 제외됐다.

부산시 동구 범일동 매축지마을은 도심 한복판에 흉물스럽게 남아있는 슬레이트 주택단지였다. 슬레이트 주택이 천 세대가 넘었다. 2016년까지 130여 동의 슬레이트 철거가 이루어졌다. 2008년 재개발 조합설립이 인가되어 무허가 주택들이 모두 양성화된 상태였다. 관리처분계획 인가 이후 철거작업이 이루어질 것으로 보였다. 주택 간 폭이 너무 좁아 옆으로 몸을 돌려야만 겨우 지나갈 수 있었다.

전국 슬레이트 건물 140만 동 철거에 60년 걸린다

전국의 노후 슬레이트 건물은 약 140만 동으로 파악됐다. 환경부 생활환경과가 2017년 1월 전국 슬레이트처리 대상 건축물 실태조사를 한 결과, 철거되지 않고 방치된 슬레이트 주택이 총 73만 동이고, 공장, 창고, 축사 등 기타 건축물이 약 68만 동에 달했다. 총 141만 동의 슬레이트 건물 중 80년대 이전에 지어져 내구연한을 초과한 건물이 약 59%에 달해 석면 비산의 위험성이 매우 컸다.

현재 정부가 지원하는 슬레이트 철거사업은 주택만을 대상으로 하고 있어 2016년까지 철거된 슬레이트 주택은 10만 5천여 동에 불과했다. 현재의 철거 속도가 유지될 경우, 처리대상 주택을 모두 철거하는 데는 30년이 걸리고, 대상 건축물 전체를 철거할 경우 60년이 소요된다는 것이 환경부의 설명이었다. 결국 30~60년 동안 슬레이트 건물 주변에 살고 있는 주민들은 1급 발암물질로 알려진 석면가루를 호흡하며 살아가야 한다는 말이다.

주택 슬레이트 철거도 순조롭지 않았다. 환경부가 일정금액의 철거비용을 지원해주지만, 정부 지원비용을 초과한 철거비용과 주택지붕 개량은 개인이 부담해야 하기 때문에 취약 농가는 철거를 포기하는 경우가 많았다. 2012년 한국도시환경사회학회지에 실린 연구논문에 따르면, 주택슬레이트 철거와 개량을 합해 가구당 456~627만 원이 소요되는 것으로 조사됐다. 2017년 9월 기준 중앙정부 및 지자체 지원을 합하여 가구당 최대 288만 원이 지붕 철거 및 개량비용으로 지원되고 있어, 가구당 168~339만 원이 추가로 부담해야만 했다.

2016년 환경부가 슬레이트 처리사업 포기현황을 조사해보니, 전국에서 5,956가구가 슬레이트 철거사업을 포기한 것으로 나타났다. 철거사업 포기 유형을 살펴봤더니 지붕개량 자부담이 1,351가구로 가장 많았고, 일정 불일치 1,106가구, 해체 자부담 444가구, 비주택 대상자 322가구 순으로 나타났다. 결국 지붕개량비, 해체 자부담 등 비용문제가 슬레이트 철거사업을 추진하는 데 주요 걸림돌로 작용하고 있어, 신청자의 경제상황을 고려하여 슬레이트 철거 시 개량사업도 비용지원이 필요하다는 결론이 나왔다.

의원은 그해 7월 13일 석면안전관리법 개정안을 대표발의했다. 정부가 석면의 해체·제거 및 처리로 인해 필요한 시설물 개량의 비용도 지원할 수 있도록 하고, 취약계층에게는 석면의 해체 등에 필요한 비용의 전부를 지원하는 내용을 담았다. 그해 11월 9일 국회환경노동위원회 대안에 석면의 철거비용 외에 개량비용까지 지원할 수 있도록 하는 내용이 포함되어 국회 본회의를 통과했다. 취약계층에 대해 석면 철거 및 개량비용 전액을 지원하는 내용은 반영되지 못해 아쉬움을 남겼지만, 취약 농가에서 개량비용이 없어 석면 슬레이트 처리사업을 포기하는 일은 일부나마 예방할 수 있었다.

폐석면광산 방치, 복구책임 회피

충남지역은 자연석면광산이 유독 많이 분포되어 있었다. 우리가 찾아간 충남 청양군 강정리 비봉광산은 1974년부터 수십 년간 엄청난 양의 석면과 사문석을 캐냈던 곳이었다. 처음 광업권을 갖고 광산 개발에 나섰던 S사가 2001년부터 비봉광산에 건설폐기물 중간처리업을 허가받아 건설폐기물 처리업체를 운영해왔다. 2010년 B사가 S사로부터

비봉광산 폐광산에 들어선 건설폐기물 처리장

광업권과 건설폐기물 중간처리업의 권리의무를 승계했다. 2014년 채굴권은 취소되어 광업활동은 중단됐지만, 건설폐기물 중간처리업 허가권은 살아있어 현재도 건설폐기물 처리장으로 사용되고 있었다.

충남 청양군 석면 피해인정자는 총 22명이었다. 이 중 비봉광산 일대 피해인정자가 16명으로 청양군 내 석면 피해인정자의 72%를 차지하고 있었다. 이들은 대부분 석면광산에서 일용직으로 일했거나 광산 인근에서 농사를 짓다가 석면에 노출된 사람들이었다. 한 주민의 말에 따르면, 팔순 모친이 몇 년 전에 악성중피종으로 사망했는데, 비봉광산 인근에서 평생 밭일을 하셨다고 했다. 폐석면광산은 광업권자가 복구의무가 있는데도, 도리어 건설폐기물 처리장으로 허가를 받아 운영하면서 주민들을 석면 비산에 노출시켜 그들의 건강을 위협하고 있었다.

청양군과 B사 모두 석면 피해에 대한 책임을 회피하고 있었다. 청양군은 건설폐기물 중간처리업은 2012년 석면안전관리법이 시행되기 이전에 허가됐기 때문에 취소할 법적 근거가 없었다는 입장이다. 폐광산 복구책임이 있었던 B사는 강정리 주민들이 석면 피해에 노출된 것은 광산에서 비산된 석면 때문이 아니라, 마을의 슬레이트 지붕과 관리되지 않는 질석광산 등 자연발생석면에서 날아온 석면가루가 원인이라고 주장했다. 실제 비봉면 일대에는 자연발생 석면광산이 넓게 분포되어 있었다. 현장조사 중에 인근 농가주택 주변에서 채취한 질석 토양에서도 소량(0.25%)의 석면이 검출됐다.

이렇게 폐석면광산과 자연발생석면광산이 동시에 분포되어 있는 지역은 복구 및 정화책임을 두고 갈등을 빚고 있었다. 자연발생석면지역과 석면광산은 각각 광해법과 석면안전관리법으로 별도 관리되고 있었다. 그런데 폐석면광산은 자연발생석면지역일 가능성이 매우 높기 때문에 광해법과 석면안전관리법을 유연하게 적용해서 관리할 필요가 있었다. 또한 이들 지역에는 광해법에 따른 폐광산 주변지역 토양정화 작업뿐만 아니라, 석면 비산 위험성을 낮추기 위해 각종 토목공사를 엄격히 제한하는 조치가 필요했다.

우리나라에는 40여 개의 폐석면광산이 분포되어 있다. 지역별 분포를 살펴보면, 강원 2개, 경기 4개, 경북 3개, 충남 29개, 충북 2개로 충남권에 집중되어 있었다. 폐석면광산 지역 중 여덟 곳이 토지소유주가 동의하지 않아 복원사업이 보류되거나 중단된 상태였다. 폐금속광산이나 폐석탄광산에서는 복구사업이 중단된 경우는 거의 없었다. 유독 폐석면광산만 토지소유주가 지가하락 등을 염려하여 협의에 어려움을 겪고 있었다. 관련법률 개정이 필요한 사안이었다.

의원은 그해 9월 26일「광산피해의 방지 및 복구에 관한 법률 개정안」을 대표발의했다. 개정안에는 폐광산의 광해방지시설의 설치·관리, 토양오염의 개량사업, 오염토양의 정화 또는 복원사업을 위해 필요한 경우에도 토지 등의 사용이 가능하도록 하는 내용을 담았다. 이 개정안은 2년 뒤 2019년 11월 19일 광해방지사업자가 오염토양의 개량 및 복원사업을 위해 다른 사람의 토지 등을 사용하여 광해방지사업이 적시에 추진될 수 있도록 사업인정고시 규정을 신설하여 토지보상법상 고시로 간주될 수 있도록 내용이 수정되어 국회 본회의를 통과했다.

환경부, 자연발생석면 지질도 2년간 감췄다

폐광산 복구에도 어려움이 있었지만 자연발생석면지역은 누구도 알지 못하는 깜깜이 상태였다. 석면안전관리법에 따르면, 토양이나 암석 등에 분포하고 있는 자연석면에 의한 주민 건강 피해를 예방하기 위해 전국의 자연석면 분포 현황을 담은 석면지질도를 작성해 공개하도록 하고 있었다. 또한 조사결과에 따라 자연발생석면 관리지역을 지정하고 석면안전관리계획을 수립하여야 한다.

환경부는 2011년 충청권 자연발생석면 지질조사를 시작으로 2015년 11월 4개 권역의 석면지질도를 완성하고도 이를 공개하지 않았다. 물론 4개 권역의 자연발생석면지역 중 한 곳도 석면지질관리지역으로 지정하지 않았다. 석면 건강영향조사 역시 2016년 충남 홍성지역에서 시범사업으로 실시한 것이 전부였다.

환경부는 왜 자연발생석면지질도를 공개하지 않았을까. 나는 지방자치단체가 환경부에 보낸 민원서류에서 그 답을 찾아냈다. 일부 지방자치단체에서 “재산권 가치하락과 지역 이미지 훼손, 지역경제 손실” 등을 이유로 지질도 공개를 반대하고 나섰다. 정부 차원의 구체적인 세부관리계획이 없는 실정에서 정밀하지 않은 광역별 자연발생석면지질도를 공개하는 것은 지역사회의 불안을 가중시켜 지역발전을 저해하고 지가하락을 불러올 것이라는 민원이 빗발쳤다. 결국 정부가 지역주민의 건강권보다 땅값 하락을 걱정하는 지자체의 민원에 굴복했던 것이다.

환경부는 2015년 일부 지역에 대한 추가조사를 실시하여 2017년 5월 5개 권역의 자연발생석면지질도를 완성했지만, 여전히 공개를 미루고 있었다. 의원실은 그해 국정감사를 앞두고 8월 27일 환경부로부터 제출받은 '자연발생석면 광역지질도'를 처음으로 공개했다. 자연발생 석면지질 면적은 전국의 5.8%인 5,848.56km^{2}에 달했다. 자연발생 석면은 제주도를 제외한 전국에 고루 분포되어 있었다. 강원도지역이 1,737km^{2}로 가장 넓게 분포되어 있었고, 충청도 지역이 1,349.44km^2, 경상도 지역이 1,275.33km^{2}에 달했고, 서울·경기지역은 737.14km^{2}가 자연발생석면지역에 해당됐다.

학교 석면 철거에 비상이 걸리다

우리나라 국공립 초·중·고등학교는 1960년대에 지어진 건물로 내구연한을 넘긴 오래된 건축물이 많았다. 당시에는 석면 건축자재를 가장 많이 사용했기 때문에 내구연한이 지난 학교건물의 천장에서 석면조각이 부서지는 등 학생들의 안전에 적신호가 켜진 상황이었다. 교육부가 2014년 1월부터 2015년 5월까지 처음으로 전국 유치원과 초·중·고교 20,749곳에 대해 학교 석면 사용실태를 조사한 결과, 약 70%(14,661곳)가 석면이 함유된 건축 자재를 사용한 것으로 파악됐다. 유치원은 석면 자재를 사용한 곳이 전체의 52.7%로 비교적 낮았지만, 초·중·고교는 80% 이상이 석면 건축자재를 사용했다.

교육부는 2017년부터 매년 2,800억 원 이상을 학교 석면제거사업에 투자할 계획을 세웠다. 학교건축물의 석면을 완전히 제거하는 데 10년 이상이 걸릴 전망이었다. 2017년부터 매년 방학 때면 석면제거 작업으로 몸살을 앓고 있었다.

그러던 중 과천의 한 초등학교에서 등교거부 사태가 발생했다. 2017년 여름방학 기간 동안 과천의 K 초등학교에서 석면해체공사를 진행한 뒤 마무리 작업을 제대로 하지 않아 교실 곳곳에서 석면 잔재물이 발견되어 개학이 무기한 연기됐다. 한 학부모가 석면 철거공사가 끝났다고 한 교실에서 시료를 채취해 분석했는데, 37개 시료 중 33개에서 백석면이 발견된 것이다.

2017년 여름방학 기간 중 석면해체·제거를 실시한 학교는 1,266개소에 달했다. 과천 K 초등학교에서 잔재물이 확인되자, 여름방학 기간 중에 석면해체·제거작업을 시행했던 전국의 학교에 비상이 걸렸다. 교육부, 환경부, 고용노동부는 학교 석면 해체·제거 사후 안전성 확인 계획을 수립하고, 8월 31일까지 석면해체공사가 완료된 모든 학교에 고용노동부가 제시하는 작업기준에 따라 교육부 주관으로 청소를 완료하기로 했다. 또한 9월 21일 제13차 국정현안점검조정회의에서 교육부, 고용부, 환경부가 공동으로 〈석면안전관리 개선대책〉을 보고했고, 9월 30일까지 모든 학교에 대해 석면 잔류조사를 실시하도록 했다.

경기도 과천 일대는 10여 개의 주공아파트 단지가 순차적으로 재건축이 진행되고 있었다. 과거 석면코킹재, 석면벽재, 석면장판, 석면시멘트재 등 다양한 석면건축자재가 사용되어 철거과정에서 석면이 비산될 우려가 매우 높았다. 2017년 여름 과천의 M 초등학교 인근 주공아파트 2단지 재건축 현장에서 석면자재를 철거하면서 학부모와 주민들에게 정보제공을 제대로 하지 않아 갈등이 빚어졌다. M 초등학교 등하굣길에 석면 비산에 노출될 우려가 제기되어 9월 5일에 1천여 명의 학생들이 등교를 거부하는 사태가 발생했다.

과천시는 9월 5일 오전 11시 시청 상황실에서 긴급 기자회견을 가졌다. 과천시는 주공 2단지 석면지도를 주민에게 공개하고 재조사를 위한 협의를 추진하겠다고 밝혔다. 또한 석면해체·제거 과정에서 석면 비산농도를 측정하여 그 결과를 매일 공개하고, 학부모와 시민단체로 구성된 석면 철거 시민감시단의 활동을 강화하겠다고 약속했다.

나는 과천 M 초등학교 등교거부 소식을 접하고 7일 급히 당 소속 교육위원회, 환경노동위원회 위원들과 함께 경기도 과천 현장으로 달려갔다. 전날에 학부모 대표, 시민단체, 환경부, 고용노동부, 교육부, 과천시 등 관계자들과의 간담회를 조율해놓았다. 9월 7일 M 초등학교 도서관에서 환경부, 고용노동부, 교육부, 과천시 공무원, 학부모 대표, 재건축조합 임원진이 모여 간담회를 가졌다.

학부모와 재건축조합이 함께 안양고용지청의 감독하에 석면 조사를 실시한 뒤 그 결과를 존중하기로 합의했다. 그런데 산업안전관리공단의 전문가가 파견되어 주공 2단지에서 채취한 시료를 분석한 결과, 석면보고서에 기재되어 있지 않았던 석면자재들이 발견되면서 철거공사가 일시 중지됐다.

어린이집과 학원, 석면관리 사각지대

마지막 현장조사는 학원가 밀집지역인 서울시 노원구 은행사거리 학원가 일대에서 이루어졌다. 환경부, 환경공단, 노원구, 환경보건시민센터, 학부모 등이 동행하여 2인 1조로 나눠 학원가의 석면관리실태를 점검했다. 2014년에 환경보건시민센터가 같은 지역을 조사했다. 그때 노원구는 2015년 9월부터 2016년초까지 노원구 전체 소규모 학원 1,500곳에 보수할 것을 계도한 바 있다. 그럼에도 이날 현장조사에서 3년 전 조사결과보다 건물 복도와 천장에 석면구멍과 크랙이 더 증가한 것을 확인할 수 있었다.

소규모 어린이집과 학원은 석면관리 사각지대에 놓여있었다. 현행 석면안전관리법에 따르면, 유치원과 초·중·고등학교의 경우 면적에 관계없이 건축물 석면조사를 실시해야 한다. 하지만 어린이집과 학원의 경우 연면적 430m^2 이상인 건축물에만 석면조사가 이루어지고 있었다. 현행 석면안전관리법에서는 건축물 석면조사결과 석면건축물로 판명될 경우, 해당 건물주는 석면건축물 관리기준을 지켜 안전관리인을 지정해야 하며, 인체 위해가 우려될 경우 지방자치단체장은 석면 해체와 석면 비상방지 조치를 취하도록 하고 있었다.

그런데 연면적 430m^2 이하인 소규모 어린이집과 학원은 건축물 조사대상이 되지 못해 석면안전관리법 적용이 불가능했다. 환경공단에서 법적 사각지대에 놓여있는 소규모 민감취약계층 이용시설에 대해 무료로 석면안전진단 컨설팅 사업을 시행하고 있었다. 당시에는 지자체와 사업자의 신청으로 기준 면적 이하의 어린이집과 학원을 중심으로 안전진단을 하고 있었다.

2017년 6월 기준으로 우리나라의 어린이집 수는 40,385곳, 연면적 430m^2 이하 소규모 어린이집은 34,818곳(86%)에 달했다. 특히 석면 사용이 금지되기 전인 2009년 이전에 건축된 소규모 어린이집이 22,000곳에 달했다. 전체 학원수는 85,092곳이며, 연면적 430m^2 이하 소규모 학원은 82,747곳으로 97%가 석면관리대상에서 제외되어 있었다. 그런데 환경공단이 2013년부터 3년간 지자체와 사업자의 신청을 받아 석면안전진단을 받은 소규모 어린이집은 겨우 2,450곳(7%), 학원은 800곳(0.97%)에 불과했다.

환경공단이 실시한 〈어린이집 석면안전진단 지원사업〉 결과, 소규모 어린이집 2,450곳 중 14.7%인 360곳이 석면건축물인 것으로 나타났다. 특히 석면건축물 어린이집으로 판정된 360곳 중 33곳은 1987년 이전에 지어져 석면자재 내구연한인 30년을 초과해 비산 우려가 매우 높은 것으로 조사됐다.

소규모 학원의 경우 석면안전진단을 시행할 경우 석면위험시설이라는 소문이 퍼져 학원 수강생의 감소로 이어질 수 있다는 우려 때문에 사업자의 신청 건수가 낮았다. 결국 아동이 이용하는 모든 시설에 대해서는 면적에 관계없이 석면관리가 이루어질 수 있도록 석면안전관리법을 개정해야만 했다.

석면 피해보상액 부처별 다섯 배 이상 차이

고용노동부 산업재해보상보험 수급자는 2017년 6월 기준으로 악성중피종 70명, 폐암 54명, 석면폐증 20명, 기타(후두암, 흉막판 등) 18명으로 총 162명에 그쳤다. 환경부 석면 피해구제 수급자는 2017년 9월 기준으로 악성중피종 367명, 폐암 252명, 석면폐증 160명, 기타(미반성 흉막비후) 4명으로 총 783명으로 고용노동부 수급인원보다 4.8배나 많았다. 이는 산업재해로 처리되어야 할 상당수의 질환자들이 근로이력 등을 증명하지 못해 불가피하게 환경성 질환으로 인정받고 있었기 때문이다.

환경부가 석면질환자에게 지급하는 피해구제금도 고용노동부보다 월등히 낮았다. 고용노동부는 산업재해보상보험법을 근거로 석면 피해자와 그 유족들에게 요양급여, 휴업급여, 장해급여, 간병급여, 유족급여, 상병보상연금, 장의비, 직업재활급여 등을 지급했다. 반면 환경부는 석면피해구제법을 근거로 환경성 석면노출 또는 직업성 노출로 인정받기 어려운 사각지대에 있는 석면질환자와 그 유족에 대해 요양급여, 요양생활수당, 장의비, 구제급여조정금, 특별유족조위금 및 특별장의비를 지원하고 있었다.

환경부와 고용노동부가 석면 질환자 1인당 지급한 피해보상금을 비교해보면, 질환별로 적게는 2.8배, 많게는 5.6배까지 차이가 났다. 석면폐증의 경우, 환경부는 1인당 평균 25,994,000원을 지급했고, 고용노동부는 1인당 73,152,000원을 지급해 2.8배 차이가 났다. 악성중피종 질환자는 환경부에서는 1인당 38,938,000원, 고용노동부에서는 1인당 194,271,000원을 지급해 5배 차이가 났다. 폐암의 경우 환경부는 1인당 31,547,000원, 고용노동부는 1인당 176,681,000원으로 5.6배로 가장 큰 차이를 보였다. 환경부는 고용노동부 보상액의 평균 18% 수준으로 피해구제금을 지급했다.

환경부의 피해보상액이 이렇게 낮은 이유가 무엇일까. 환경부가 피해구제를 위해 조성하는 석면피해구제기금이 턱없이 부족했기 때문이다. 석면피해구제기금은 기업 분담금과 정부 출연금으로 조성됐다. 기업분담금의 경우 일반분담금(상시근로자 20인 이상 사업장과 모든 건설 사업장 대상)과 특별분담금으로 구분하고 있다. 특별분담금은 석면 제조·사용 허가량 누계가 1만 톤 이상인 사업장에 대해 일반분담금의 5.5%, 연간 5억 6천만 원이 걷혔다. 그런데 특별분담금 부과대상이 (주)KCC, (주)벽산, (주)제일E&S, (주)상신브레이크 네 개 기업으로 한정되어 있었다. 수십 년간 석면을 사용해 큰 이익을 본 2·3차 가공업체들과 대기업이 특별분담금 부과대상에서 제외되어 일반분담금만을 부담하고 있었다. 단적인 예로, 현대제철은 2011년까지 석면이 포함된 사문석을 충남 청양군 B 환경에서 제철용으로 납품받아 제품을 생산한 기록이 있었음에도 특별분담금 부과대상에서 제외됐다.

환경부 피해구제 시늉에 그쳤다

석면피해구제기금이 부족하다 보니 환경부의 피해구제는 시늉에 그치고 있었다. 석면폐증 2, 3급 인정자에게 24개월만 요양생활수당이 지급됐다. 유효기간 24개월이 종료되고 재심사를 받아 더 높은 등급을 받지 않으면 요양생활수당 지급이 종료됐다. 2017년 7월 14일 부산시 매축지마을에서 만난 석면폐증 2급 판정을 받은 피해자는 “병이 점점 악화되고 있는데 요양생활수당을 2년만 받고 죽으라는 것인지 답답하다”고 토로했다.

환경부에서 석면폐증으로 인정된 피해자는 고용노동부의 산재인정 대비 구제금도 적은데 구제기간까지 2년으로 제한되고 있어 원성이 높았다. 당시 환경부가 조성한 석면피해구제기금 예치금 규모가 400

억 원이 넘었다. 2017년에는 500억 원이 넘을 것으로 예상되는 만큼 석면 피해 구제급여의 액수와 지급 기간을 확대할 필요성이 강하게 제기됐다.

환경부 석면 피해자 발굴에도 소극적

환경부는 석면피해자 발굴에도 매우 소극적이었다. 과거 석면 노출이 우려되는 지역에 거주했던 사람들에 대한 건강영향조사 안내나 추적조사가 거의 이루어지지 않고 있었다. 부산 돌산마을에 거주했던 한 피해자는 자신과 남편이 각각 석면폐증 2, 3급을 앓고 있는데 두 아들이 성인이 될 때까지 슬레이트 밀집지역에 거주했으나 지금까지 석면 건강영향조사를 받지 않았다고 했다.

2016년까지 석면 건강영향조사는 부산, 충남 등 이슈지역에 집중됐다. 석면광산 주변 건강영향조사는 대부분 시행됐으나, 석면공장 주변지역의 경우 부산을 제외하고 건강영향조사가 거의 이루어지지 않았다. 환경부가 파악한 지역별 석면공장은 경기도가 40개로 가장 많았고, 다음으로 부산 지역에 39개 공장이 있었다. 우리나라 최초의 석면공장이었던 제일화학에서 석면 피해 판결이 나오자 부산시가 자부담으로 석면공장 주변지역 거주자를 대상으로 건강영향조사를 실시했다.

환경부가 2017년 6월 30일 제출한 지역별 석면 건강영향조사 결과에 따르면, 총 수검자 32,549명 중 999명이 석면 피해를 인정받은 것으로 나타났다. 이 중 충남 14,828명으로 가장 많은 수검을 받았고, 부산시 9,949명이 두 번째로 높았고, 나머지 지역의 건강영향조사는 미미하게 이루어졌다.

환경부가 순천향대학병원에 의뢰한 연구용역보고서에 따르면, 건축물에서 비산된 석면이 악성중피종 환자의 주요한 노출원으로 확인됐다. 그럼에도 환경부는 재건축 현장과 노후 슬레이트 밀집지역에 대해 건강영향조사를 제대로 하지 않았다. 환경부는 2014~2015년 2년간 석면광산지역에 대한 시범사업 형태로 충북, 부산, 경북, 전남, 충남 등 일부 지역만 건강영향조사를 진행했고, 추가조사는 하지 않았다.

2017년 7월 현재까지 석면 건강영향조사를 받은 사람은 약 2만 6천 명 정도이며, 5.4%인 1천 4백여 명이 석면 피해자로 인정받았다. 그러나 2014년 6월 부산일보가 22곳의 석면공장이 가동하던 시기에 2km 내에서 6개월 이상 거주했거나 직장, 학교 등에 재직 또는 재학했던 사람의 수를 추정한 결과, 부산 지역에서만 160만 명이 넘게 석면에 노출된 것으로 계산됐다. 그런데 2014년 6월 기준으로 건강영향조사를 받은 부산 지역주민은 5,105명(0.3%)에 불과했다.

현행 석면피해구제법에 따르면 석면광산이 운영됐던 지역, 석면 및 석면함유제품을 다량으로 제조·사용한 사업장이 운영됐던 지역 등에 거주했던 사람에 대해서만 건강영향조사를 할 수 있도록 하고 있다. 재건축 지역과 슬레이트 밀집지역 거주자에 대한 건강영향조사는 제외되어 있었다.

2017년 7월 13일 석면 및 석면함유제품을 사용한 건축물이 밀집된 지역에 거주했거나 거주 중인 사람에 대하여 석면 관련 건강영향조사 등을 할 수 있도록 하는 내용으로 「석면피해구제법 개정안」을 발의했다. 이 개정안은 그해 11월 9일 본회의를 통과하여 석면 건강영향조사 대상이 확대됐다.

활성단층 통과한 양북터널

2016년 9월 12일 경상북도 경주시 남남서쪽 8km에서 규모 5.8의 지진이 관측됐다. 이듬해 2017년 11월 15일 경북 포항시 북구 북쪽 지점에서 또다시 규모 5.4의 지진이 발생했다. 1978년 기상청이 지진관측을 시작한 이후 최대 규모의 지진이 경북지역에서 연달아 발생함에 따라 한반도 전체가 지진 고위험 지대로 급부상했다.

숨겨진 활성단층지도

《조선왕조실록》에 따르면 1392년(태조 1년)부터 1863년(철종 15년)까지 발생한 지진 건수가 무려 1,900건에 이른다고 기록되어 있다. 대략 1년에 4회꼴로 지진이 발생했다. 중종 13년 1518년 5월 15일 하루 사이에 세 번의 큰 지진이 발생했다.

당시 기록에 따르면, "유시(酉時, 오후 6시경)에 세 차례 큰 지진이 있었다. 그 소리가 마치 성난 우레처럼 커서 인마(人馬)가 모두 피하고, 담장과 집들이 무너지고, 성첩(城堞)이 떨어져서, 도성 안 사람들이 모두 놀라 당황하여 안색을 잃고 어찌할 바를 몰랐다. 밤새도록 노숙하며 제 집으로 들어가지 못하니, 모두 옛날에는 없던 일이라 했다. 팔도가 다 마찬가지였다"고 서술하고 있다. 이 정도면 규모 7.0의 지진이 발생했을 것으로 추정됐다.

이처럼 600~700년 전에 큰 지진이 발생했다면 지금도 지표면 아래 숨겨진 활성단층이 존재하고 있을 것이라는 가능성이 제기됐다. 그런데 당시에는 우리나라 전역에 활성단층 분포도를 확인할 수 있는 지도가 존재하지 않았다. 행정안전부는 2016년 경주 지진이 발생하고 난 뒤에야 단층지도를 만들기 위한 연구용역을 발주했다. 2021년까지 경주와 포항의 양산단층 주변의 단층지도를 만들 계획을 세웠고, 전국의 단층지도는 2041년에야 완성될 계획이었다.

2009년 소방방재청이 '활성단층지도 및 지진위험 지도 제작' 연구용역을 한국지질자원연구원(이하 지자연)에 발주했지만, 최종보고서는 나오지 못했다. 5년 기간의 연구용역이 3년 만에 종결됐다. 2012년 중간보고서 형태로 연구보고서가 나왔지만, 당시 소방방재청으로부터 업무를 인계받은 국민안전처는 추가 연구 등 보완이 필요하다는 이유를 들어 이 연구결과를 공개하지 않기로 했다.

당시 연구보고서가 공개되지 않았던 이유를 두고 소문이 무성했다. 중간보고서가 당·정·청 회의에 보고되자, 활성단층이 분포된 지역의 땅값이 떨어지면 선거를 치르기 어렵다는 논리로 연구가 중단됐다는 소문이 파다했다. 또한 양산단층대 부근에는 고리, 월성 등 원자력발전소 수십 개가 밀집해 있어 보고서가 공개될 경우 대혼란이 예상된다는 우려가 있었다. 원전 건설 당시 규모 6 이상의 강진을 견딜 수 있는 내진설계가 반영되지 않았다는 의혹도 제기되고 있었다.

활성단층 위에 세워진 양북터널

2017년 국정감사를 준비하면서 2012년 지자연이 중간보고서 형태로 발표한 '활성단층지도 및 지진위험지도제작' 연구보고서를 입수했다. 당시 이 연구용역에 참여했던 한 지질학자는 활성단층 위에 내진설계도 반영하지 않고 우리나라에서 두 번째로 긴 터널이 완공됐다며 조심스럽게 위험을 예고했다. 활성단층이 지나가는 자리에는 고강도 내진설계를 한다고 해도 터널공사는 매우 위험하다는 것이 지질학자의 설명이었다.

2017년 국회 환경노동위원회 국정감사는 대통령선거 당시 논란이 됐던 의제를 다시 꺼내면서 정치공방을 이어갔다. 야당은 대통령 아들의 취업 특혜 의혹을 다시 거론했고, 여당은 강원랜드 채용비리에 연루된 야당의원에 대한 물타기라며 비난을 쏟아냈다. 이런 와중에 여당의 한 의원이 "그런데, 다스는 누구 겁니까"라는 문구가 적힌 피켓을 노트북 전면에 붙인 채 국감에 임하는 진풍경이 벌어졌다.

"다스는 누구 겁니까"라는 피켓을 보는 순간 동해고속도로의 한 축인 울산~포항 고속도로 구간에 다스(DAS)가 인접해 있던 설계도가 떠올랐다. 그때서야 지자연의 박사가 "울산~포항 고속도로 근처에 왜 다스가 있을까요"라고 했던 선문답의 의미가 훅 들어왔다. 지역경제 활성화 차원에서 이루어진 단순한 SOC 사업이 아니라, 국민안전을 담보로 고도의 정치적 계산까지 결합된 초대형 국책사업이었다는 의심이 들기 시작했다.

나는 1999년 울산~포항 고속도로 사업기획 단계부터 2004년 기본설계, 2009년 실시설계까지 전 과정을 세밀하게 들여다보기 시작했다. 물론 이 구간을 지나는 활성단층 연구보고서를 샅샅이 훑어보았다. 거의 1년간 기재부, 국토부, 환경부, 한국도로공사, 지자연 등 관련 기관에서 엄청난 분량의 자료를 제출받았다.

동해고속도로(부산~울산)는 2006년 8월 공사 착공 당시 부산광역시 해운대구 좌동에서부터 울산광역시 울주군 범서면까지 47.5km 구간을 건설할 계획이었다. 그런데 2009년 실시설계 과정에서 울산~포항 구간이 신설되어 총 53.68km로 구간 도로구역이 변경됐다. 바로 이 구간에 경상북도 경주시 외동읍 개곡리 남경주 나들목(IC)과 경주시 양북면 송전리 동경주 나들목(IC)를 잇는 양북1터널이 건설됐다.

양북1터널은 총 7.5km의 길이로 강원도 인제양양터널(10.96km) 다음으로 긴 터널이다. 나무위키에 따르면 이 터널은 경주시 토함산을 관통하고 있는데, 퇴적암, 셰일 등으로 이루어져 있어 지반이 약해 터널을 뚫기에는 부적합한 곳이라고 설명했다. 동해고속도로 울산~포항 고속도로는 2015년 12월 29일 개통했지만, 양북1터널 구간만 문제가 생겨 개통하지 못하고 6개월 뒤인 2016년 6월 30일에 개통됐다.

2012년 지자연이 공개한 '활성단층지도 및 지진위험지도제작' 연구보고서에 따르면, 양북1터널이 지나가는 지점에서 경주 방향 출구 인근에 다수의 활성단층 지점(말방, 절골, 계곡, 탑번디기, 외동 등)이 표기되어 있었다. 경주 방향 입구 부근에도 터널 노선을 거의 수직으로 통과하는 두 개의 활성단층이 확인됐다.

첫 번째 단층은 탑번디기 t-1 지점에서 계곡6 지점으로 연결되는 것으로 추정됐고, 두 번째는 말방단층으로 불리는 것으로, 감산사 지점에서 말방(활성리) M-3 지점을 통과하여, 사곡지 S 지점을 지나, 말방 G4 지점에서 연결되는 단층으로 표시되어 있었다.

나는 지자연에 양북1터널 경주 방향 인근에 분포한 활성단층지도를 구글(Google) 위성지도에 합성해서 다시 만들어달라고 부탁했다. 그리고 이 위성사진을 국정감사장에서 대형화면 위에 띄웠다. 여러 개의 활성단층이 양북1터널 경주방향 출·입구 주변에 분포되어 있는 것을 한눈에 확인할 수 있었다.

한국도로공사는 지반조사나 설계 당시 활성단층은 확인되지 않았

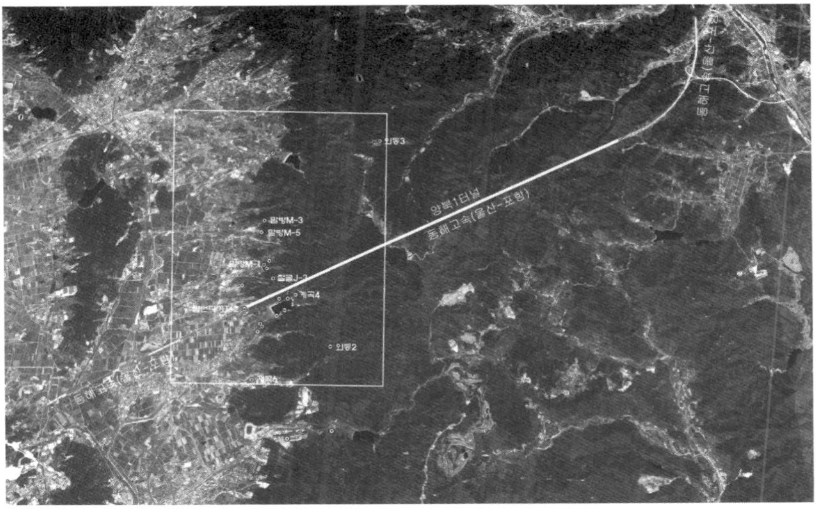

구글 위성지도에 합성된 양북1터널 부근 활성단층 자료: 한국지질자원연구원

다고 해명했다. 그러나 양북1터널 경주 방향 인근에서 발견된 말방단층은 2002년 6월 지자연이 발표한 '제4기 말방단층의 기하분석: 시추자료 및 지표자료의 해석'에 포함되어 지질학회지에 실렸다. 말방단층에 관한 연구는 2012년 소방방재청이 발주한 연구용역 결과보고서에도 그대로 실려있었다. 도로공사는 지반조사를 하면서 관련 연구논문에 대한 검토를 토대로 실측 조사를 하지 않았던 것이다. 지반조사결과에서 활성단층의 존재를 확인하지 않았기 때문에 당연히 고강도 내진설계도 반영되지 않았다.

영화 〈터널〉을 보셨나요?

그럼에도 도로공사는 규모 6.2 지진이 발생했을 경우 지반의 하중을 견딜 수 있도록 내진 1등급으로 설계되어 있어 문제가 없다는 주장을 폈다. 그 당시까지도 활성단층 위에 시설물을 설치할 경우 초강도 내진설계에 대한 기준이 없었는데도 도로공사는 일반적인 건축물 설계에 반영되는 기준을 제시하며 억지 주장을 폈다.

행정안전부는 2013년에 지진화산재해대책법을 개정하여 사회기반시설의 지반안전을 위해 활성단층에 대한 조사연구를 시작했다. 그 뒤 활성단층 지역에 시설물을 설치할 경우 활성단층이 고려된 내진 기준에 맞게 설치하도록 권고할 수 있다는 규정을 마련했다.

"장관님, 영화 〈터널〉을 보셨나요?"

의원은 2018년 10월 29일 기획재정위원회 종합국감에서 기재부 장관에게 질문을 던졌다. 아무리 단단히 내진설계를 반영했다고 해도 지반붕괴를 막아주는 구조물이 부실하게 시공됐을 경우 재난은 순식간에 일어난다는 메시지를 전달하기 위한 질문이었다.

도로공사는 엉터리 지반조사 결과를 바탕으로 활성단층지역에 터널을 뚫었고 심지어 지반붕괴를 막아주는 수만 개의 구조물이 누락된 채 시공되어 경찰 수사까지 받았다. 2016년 2월 경찰수사 결과, 울산~포항 고속도로 구간의 7개 터널공사에서 설계수량 10만 7천 개 중 30%인 3만 4천여 개의 록볼트(rockbolt)가 누락된 것으로 확인됐다. 암반을 단단하게 지탱해주는 록볼트 수만 개가 빠진 채 시공된 터널이 언제 무너질지 모르는 상황이었다.

때마침 11월 7일 새벽 태풍 콩레이의 영향으로 200mm 이상의 폭우가 쏟아지면서 산사태로 주변 옹벽이 무너져 경주시 양북면 국도 4번 도로가 솟구치는 사고가 발생했다. 록볼트를 단단히 박은 옹벽은 버텼지만 부실 시공된 계단식 옹벽과 기축 옹벽은 도로사면의 산사태를 막아주지 못했던 것이다. 지질도에는 이 지역은 제3기 응회암으로 기록되어 있었는데, 현장조사 결과 이 지역은 자갈과 모래가 섞여 있는

2018년 11월 7일 태풍 콩레이의 영향으로 솟구친 경주시 양북면 국도 4번 도로 현장

퇴적층으로 제4기층이었다는 게 확인됐다. 엉터리 지반조사가 부실시공을 불러왔고, 산사태로 도로가 전복되는 최악의 상황을 맞게 됐다.

그럼에도 도로공사는 록볼트 누락과 관련해 대한토목학회에서 정밀안전진단을 실시한 결과 터널안전에는 이상이 없는 것으로 판명되어 별도의 보강공사나 재시공을 하지 않았다고 했다. 시설안전진단을 하는 공식 감리기관도 아닌 민간학회가 실시한 정밀진단결과를 어떻게 신뢰할 수 있다는 말인지 알 수가 없었다. 도로공사의 해명은 오히려 의혹을 부풀리고 있었다.

현재 양북1터널의 상황을 보면 2021년까지 경주 포항 일대의 활성단층지도를 완성하겠다는 행정안전부의 발표를 믿고 기다릴 여유가 없었다. 2016년과 2017년 경주 포항 지진이 발생한 뒤 양북1터널 주변에서는 크고 작은 여진이 계속 관측되고 있었다. 2016년 9월 12일 경주 지진이 발생한 지 하루 뒤에 양북1터널 경주 방향 입구에서 남동

쪽으로 불과 2km 떨어진 지점에서 규모 2.3 여진이 관측됐다. 그해 12월 25일엔 북쪽으로 5km 떨어진 지점에서 규모 2.5 여진이 발생했다. 포항 지진 직후인 2017년 12월 19일 양북1터널 포항 쪽 입구와 동경주IC 구간에서도 규모 2.1 여진이 발생했다.

노선변경으로 다스(DAS) 물류 비용 절감

울산~포항 고속도로는 준비과정부터 석연치 않은 부분이 많았다. 울산-포항 구간은 애초 동해안을 잇는 '남북7축 고속도로' 가운데 하나로, 예비타당성 조사를 거쳐 기본설계까지 마쳤지만 총사업비가 1조 원대에서 1조 7천억 원대로 껑충 뛰자 참여정부에서 제동을 걸었다.

기재부의 의뢰를 받은 한국개발연구원(KDI)이 2006년에 타당성 재검증을 실시했다. 결과보고서에 따르면, "(국가기간교통망 네트워크 측면에서 남북 간 연결구간은 주요한 사업으로 판단되나) 본 사업구간의 경우 수요가 많이 발생하지 않는 구간으로 경제성이 없는 것으로 나타나 지원 가능성 여부를 신중하게 판단해야 한다. 현 시점에서 울산~포항 간 고속도로 건설의 필요성은 높지 않다"고 밝혔다. 경제성 분석결과 B/C(비용대비 편익) 값이 1에 크게 못미치는 0.6~0.7로 나왔다.

사실상 경제성이 낮아 용도폐기된 사업이 이명박 정부가 들어선 뒤 다시 추진됐다. 이명박 전 대통령은 울산~포항 고속도로 조기완공을 공약으로 내걸고 당선한 뒤 2008년 9월 이 구간을 '광역경제권 30대 선도프로젝트'에 포함시켰다. 30대 선도프로젝트에 포함된 국책사업은 예비타당성 조사까지 면제됐다.

2009년 실시설계로 일부 구간이 설계변경이 되면서 사업비가 2조 1천억 원으로 불어났지만 당시 포항이 지역구인 대통령 친형의 '형님예산' 덕분에 사업은 급물살을 타게 됐다. 30대 선도프로젝트에 포함된 '남북7축 고속도로(울산~포항~영덕)' 중 포항~영덕 구간은 사업추진이 함흥차사였는데, 울산~포항 구간은 이명박 정부에서 엄청난 속도로 추진됐다. 울산~포항 구간이 형님 고속도로였기 때문에 가능했다는 소문이 파다했다.

1심 재판에서 이명박 전 대통령이 실소유주로 밝혀진 자동차부품기업 '다스(DAS)'도 울산~포항 고속도로 개통으로 가장 큰 수혜를 입었다. 2006년 타당성 재검증을 할 때까지만 해도 동해안에 가깝게 지나던 노선이 2009년 실시설계를 하면서 다스 본사와 공장이 있는 경주시 외동읍 방향으로 노선이 변경됐다. 남경주 IC에서 다스까지 거리는 불과 5km 남짓이다. 또한 실시설계 당시 노선이 변경되면서 도로공사가 지반조사에서 파악하지 못했던 활성단층대에 양북1터널을 뚫게 된 것이다.

한국도로공사는 2016년 울산~포항 고속도로 개통으로 연간 1,300억 원의 물류비용 절감효과가 기대된다고 발표했다. 평소 국도를 이용해 75km로 1시간 걸리던 거리가 울산~포항 고속도로(53.7km) 개통으로 30분대로 단축되어 운행편익 510억 원, 시간편익 739억 원으로 연간 총 1,308억 원의 물류비용이 절감됐다는 분석을 내놨다.

도로공사가 발표한 물류비용 절감 혜택을 가장 많이 본 수혜자가 궁금해졌다. 그래서 도로공사로부터 울산~포항 고속도로 구간별(울산, 범서, 남경주, 동경주, 남포항 등) 통행료 징수현황 자료를 받아보았다. 예상대로 울산 IC 통행료 징수액이 다른 구간에 비해 월등히 높았다. 포항과 비교할 때 울산 쪽 통행량이 네 배가 넘었다. 결국 연간 1,300억 원의 물류비용 절감의 수혜자는 울산 공업단지에 자재 등을 공급하는 중소기업으로, 다스가 지목될 수밖에 없었다.

안전 불감증에 빠진 도로공사

울산~포항 구간 고속도로 공사가 시작된 2009년과 지금의 상황은 많이 달라졌다. 2016년 경주 지진과 2017년 포항 지진이 이어지면서 우리나라도 더 이상 지진 안전지대가 아니라는 것이 드러났다. 더구나 실시설계 당시 노선변경으로 활성단층대에 7.5km의 터널이 뚫렸다는 것이 드러났음에도 도로공사는 아무런 경각심을 갖지 않았다. 도로공사는 국정감사에서 지적사항이 나오지 않게 하기 위한 로비에만 여념이 없었다.

국정감사 당일 아침 도로공사 사장이 의원에게 전화를 걸어왔다. 민주당 중진의원 출신이었던 사장은 국민안전을 위협하는 대형 터널의 부실공사를 정치적으로 해결하려고 했다. 의원은 국민의 생명을 위협하는 안전사업에는 어떠한 타협과 조정도 있을 수 없다는 원칙을 지켜냈다. 의원은 국정감사에서 기재부 장관에게 국토부 장관과 협의하여 긴급예산을 편성해서라도 활성단층 위에 건설된 모든 구조물에 대해 긴급안전진단을 실시할 것을 요구했다.